计量经济学理论与应用

毛锦凰　王　星　编著

中国财经出版传媒集团

经济科学出版社
Economic Science Press

图书在版编目（CIP）数据

计量经济学理论与应用/毛锦凰，王星编著．－－北京：经济科学出版社，2022.6

ISBN 978 - 7 - 5218 - 3710 - 0

Ⅰ.①计… Ⅱ.①毛…②王… Ⅲ.①计量经济学 - 研究 Ⅳ.①F224.0

中国版本图书馆 CIP 数据核字（2022）第 094819 号

责任编辑：李一心
责任校对：隗立娜
责任印制：范 艳

计量经济学理论与应用

毛锦凰 王 星 编著

经济科学出版社出版、发行 新华书店经销

社址：北京市海淀区阜成路甲 28 号 邮编：100142

总编部电话：010 - 88191217 发行部电话：010 - 88191522

网址：www. esp. com. cn

电子邮箱：esp@ esp. com. cn

天猫网店：经济科学出版社旗舰店

网址：http://jjkxcbs. tmall. com

北京季蜂印刷有限公司印装

710×1000 16 开 23 印张 370000 字

2022 年 6 月第 1 版 2022 年 6 月第 1 次印刷

ISBN 978 - 7 - 5218 - 3710 - 0 定价：77.00 元

（图书出现印装问题，本社负责调换。电话：010 - 88191510）

（版权所有 侵权必究 打击盗版 举报热线：010 - 88191661

QQ：2242791300 营销中心电话：010 - 88191537

电子邮箱：dbts@ esp. com. cn）

前　言

计量经济学作为一门课程，在我国高等院校的经济学科、管理学科等相关专业开设已经有 30 多年的历史，并作为高等学校经济学类各专业的 8 门共同核心课程之一，计量经济学已成为经济学乃至其他社会科学不可或缺的研究方法。

计量经济学的教学目的是通过课程学习和软件操作，使学生能够了解现代经济学的发展特征，了解经济数量分析在经济学课程体系中的地位，了解经济数量分析在经济学科的发展和实际经济工作中的作用，通过掌握基本的计量经济学分析方法，对现实经济问题能够建立简单的计量经济学模型，通过模型估计结果掌握分析现实经济问题的方法。目前国内计量经济学教材可谓是汗牛充栋，在教学过程中很难选择一本适合学生的教材，大部分教材要么侧重于理论知识和过程推导，要么以纯软件讲解为主，理论讲授和实践应用相结合的教材较少，理论讲授和实践应用相分离导致学生对于计量经济学的学习充满畏惧，在学习完理论课程之后又无法应用到现实经济分析中。因此，本书在讲授计量经济学理论课程的基础上，每个章节都使用大量的实用案例（经济学、管理学、社会学等）和具体的实验案例，对理论知识进行巩固，并通过 EViews 软件增强学生应用计量经济学理论的能力，使学生从实践中学习，开启思维、善于动手。每章开始于一个现实问题—计量经济学专题—对该问题的解释与论证—实用案例—EViews 软件的实现—实验练习。

　　本书避免进行高深的数学证明，尽量使原理、方法的讲授简单直观、通俗易懂。在理论讲授基础上列举大量案例，并通过 EViews 软件演示，将抽象的计量经济学理论过程具体化，消除学生学习计量经济学的畏惧情绪，并在课后通过备择实验练习和课程论文写作训练，激发学习兴趣，巩固学习效果。

　　本书主要包括一元线性回归模型、多元线性回归模型、放宽基本假定的计量经济学模型、联立方程模型、时间序列模型、初步的面板数据模型等。本书适合经济学、管理学等相关专业本科生使用，也可以作为研究生阶段计量经济学课程的补充和参考。

CONTENTS

目　录

第一章

导　　论

影响一个国家和地区经济增长的因素有哪些？影响商品价格的因素有哪些？一项产业政策的实施效果如何评价，影响政策效果的因素有哪些？价格为什么围绕价值上下波动？在学习完计量经济学课程后，你将会知道如何用计量经济学方法分析以上问题，或者如何检验一个经济学理论。

▇ 第一节　什么是计量经济学

17世纪牛顿（Newton）和莱布尼茨（Leibniz）提出微积分，19世纪初勒让德尔（Legendre）和高斯（Gauss）分别提出最小二乘法，1821年高斯提出正态分布理论，19世纪末英国统计学家高尔登（Galton）提出"回归"概念，20世纪20年代斯图登特（Student）和费希尔（Fisher）提出抽样分布和精确小样本理论，尼曼（Neyman）和皮尔逊（Pearson）提出假设检验理论。至此，数理统计的理论框架基本形成。这时，人们自然想到要用这些知识解释、分析、研究经济问题，从而诞生了计量经济学。

据说在经济学中，应用数学方法的历史可追溯到三百多年前的英国古典政治经济学的创始人威廉·配第的《政治算术》的问世（1676年）。"计量经济学"一词首先由挪威经济学家费里希（Frisch）仿照生物计量学（biometrics）一词于1926年提出。1930年由费里希、廷伯根、弗希尔（Frisch,Tinbergen and Fisher）等人发起在美国成立了国际计量经济学会。1933年1

月开始出版《计量经济学》（Econometrica）杂志，标志着计量经济学成为一门独立的学科，目前它仍是计量经济学界最权威的杂志。计量经济学从数理统计学中分离出来并逐渐成为一门独立的学科，不同的人对计量经济学有不同的看法，并形成了不同的定义。

计量经济学奠基人费里希1933年在《计量经济学》杂志创刊号中写道："用数学方法探讨经济学可以从好几个方面着手，但任何一个方面都不能和计量经济学混为一谈。计量经济学与经济统计学绝非一码事；它也不同于我们所说的一般经济理论，尽管经济理论大部分具有一定的数量特征；计量经济学也不应被视为数学应用于经济学的同义语。经验表明，统计学、经济理论和数学这三者对于真正了解现代经济生活的数量关系来说，都是必要的，但本身并非是充分条件。三者结合起来，就是力量，这种结合便构成了计量经济学。"表明计量经济学是定量化的经济学和经济学的定量化的结合。

美国现代经济词典认为，计量经济学是用数学语言来表达经济理论，以便通过统计方法来论述这些理论的一门经济学分支。萨缪尔森、科普曼斯、斯通三位著名经济学家在1954年计量经济学家评审委员会的报告中认为，"计量经济学可定义为，根据理论和观测的事实，运用合适的推理方法，对实际经济现象进行的数量分析"。

"计量经济学太数学化了，这是我的好朋友不读经济学专业的原因。"

"最好不要看两样东西的产生过程：香肠和计量经济学估计量。"[1]

"计量经济学可以被定义为分析现实经济现象的定量分析方法。"[2]

"我的经验是'经济方法'只不过是对研究者在开始研究之前就已相信的事实的一种证实罢了。"

可见不同的人对计量经济学有不同的看法，但从定义中也可以看出，计量经济学不是对经济的一般度量，它与经济学、统计学、数学有着密切的关系。具体来说，计量经济学是经济学、统计学和数学的有机结合。计量经济

---

① Ed Leamer, "Let's take the Con out of Econometrics," American Economic Review, Vol. 73, No. 1, P. 37.

② Paul A. Samuelson, T. C. Koopmans, and J. R. , Stone "Report of the Evaluative Committee for Econometrica," Econometrica, 1954, P. 141.

学就是在经济理论的指导下，根据实际观测的统计数据，运用数学和统计学的方法，借助于计算机技术从事经济关系与经济活动数量规律的研究，并以建立和应用计量经济模型为核心的一门经济学科。

从以上不同的定义和认识中，可以得出计量经济学具有以下几个特征：第一，计量经济学是经济学的一个分支学科，是一门应用经济学科，它是以经济现象为研究对象的；第二，计量经济学目的在于揭示经济关系与经济活动的数量规律；第三，计量经济学是经济理论、统计学、数学三者的综合；第四，计量经济学核心内容是建立和应用具有随机特征的计量经济模型。

如何将经济概念定量化呢？途径之一就是科学地引入数学、统计学的方法，并使之与经济理论有效结合，最终对经济理论进行定量化分析研究。因此，计量经济学研究的对象是经济关系，要解决的是经济问题，它是一门经济科学，如果离开研究方法背后的经济背景、方法本身的经济学解释、方法应用的经济学对象，这些所谓的方法都将是一堆无用的符号。因此，在计量经济学的学习过程中，尤其是初学者，切忌埋头于数学公式推导和统计推断，而是要从经济理论出发，提出具有客观存在的具有现实意义的经济问题和经济现象，在透彻认识经济理论和经济现象基础上开展计量经济学分析，这样构建的计量经济学模型、参数的估计和模型的检验，才具有经济学意义。

■ 第二节　计量经济学与其他 相关学科的关系

计量经济学是经济理论、统计学、数学的结合，是经济学、统计学、数学的交叉融合。它与相关学科的关系如图 1.1 所示。

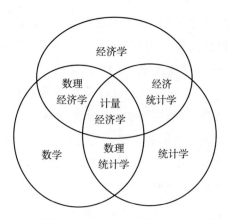

图1.1　计量经济学是经济学、数学和统计学的结合

图 1.1 可以看出：计量经济学是数理经济学、经济统计学和数理统计学的交集，而数理经济学是经济学与数学的交集，数理统计学是数学和统计学的交集，经济统计学是经济学与统计学的交集。显然，每一交集都形成了一门特定的学科，有其独立的研究对象或特点，这些特定学科彼此不能混淆或替代。

（1）经济学与数学结合形成了数理经济学。着重于经济现象的定性研究，而计量经济学着重于经济现象定量方面的研究。虽然数理经济学也是着重于研究经济的定量方面，但是它不注重经济变量关系的随机特征，它是用数学形式表达经济理论，并不关心经济理论的可测性，且模型所反映的经济变量之间的关系是确定的。而计量经济学的主要特征在于利用由数理经济学提出的数学方程及实际数据来验证经济理论，模型所反映的经济变量间的关系是非确定性的、随机的相关关系。数理经济学为计量经济学提供建模依据。计量经济学与相关学科的关系应用主要体现在以下几个方面：第一，计量经济模型的选择和确定，包括对变量和经济模型的选择，需要经济学理论提供依据和思路；第二，计量经济分析中对经济模型的修改和调整，如改变函数形式、增减变量等，需要有经济理论的指导；第三，计量经济分析结果的解读和应用也需要经济理论的指导。

（2）经济学与统计学结合形成了经济统计学。经济统计所关心的是描述性的统计量，着重于收集、整理并以图表的形式表达数据，并不利用所收集的数据来验证经济理论。而计量经济学则利用经济统计所提供的数据来估计经济变量之间的数量关系并加以验证。

（3）数学与统计学结合形成数理统计学。为各种类型数据的收集、整理与分析提供切实可靠的数学方法，是计量经济学建立计量经济模型的主要工具。但是数理统计学在研究变量之间的关系时，要求各种变量必须服从某种规律，即服从某种分布。在现实经济生活中，各经济变量很难完全满足这一假定，但又必须研究经济变量之间的关系，所以计量经济学必须在数理统计方法技术的基础上，开发出特有的分析方法技术。计量经济学与数理统计学是有严格区别的。数理统计学作为一门数学学科，它可以应用于经济领域，也可以应用于其他领域，如社会学和自然科学等。但它与经济理论、经济统计学结合而形成的计量经济学，则主要限于经济领域。计量经济学对统计学的应用，至少有两个重要方面：一是计量经济分析所采用的数据的收集与处理、参数的估计等，需要使用统计学的方法和技术来完成；二是参数估计值、模型的预测结果的可靠性，需要使用统计方法加以分析、判断。

计量经济学对数学的应用也是多方面的：首先，对非线性函数进行线性转化的方法和技巧，是数学在计量经济学中的应用；其次，任何的参数估计归根结底都是数学运算，较复杂的参数估计方法或者较复杂的模型的参数估计，更需要有相当的数学知识和数学运算能力；最后，在计量经济理论和方法的研究方面，需要用到许多的数学知识和原理。

因此，计量经济学是经济理论、统计学和数学三者的统一。计量经济模型建立的过程，是综合应用经济理论、统计学、数学方法的过程。如上所述，理论模型的设定、样本数据的收集是直接以经济理论为依据，建立在对所研究经济现象的透彻认识基础上的，而模型参数的估计和模型有效性的检验则是统计学和数学方法在具体经济研究中的具体应用。没有理论模型和样本数据，统计学和数学方法将没有发挥作用的"对象"和"原料"；反过来，没有统计学和数学所提供的方法，原料将无法成为"产品"。因此，计量经济学广泛涉及了经济学、统计学、数学这三门学科的理论、原则和方法，缺一不可。

■ 第三节　计量经济学的内容体系

克莱因（R. Klein）认为："计量经济学已经在经济学科中居于最重要的地位"，"在大多数大学和学院中，计量经济学的讲授已经成为经济学课程表中最有权威的一部分"。萨缪尔森（P. Samuelson）认为："第二次世界大战后的经济学是计量经济学的时代。"可见计量经济学在经济学科中占有极其重要的地位，甚至有"无计量不经济"的说法，整个课程体系也已形成了庞大的内容体系，一般按研究内容、范围的不同分为不同层次或各种专门的计量经济学。

一、经典计量经济学与非经典计量经济学

经典计量经济学与非经典计量经济学的划分主要是从计量经济学的发展时期及其理论方法上的特征来把握。经典计量经济学一般指 20 世纪 70 年代以前发展起来的计量经济学，由费里希创立，哈维默（T. Haavelmo）建立了它的概率论基础，克莱因（L. R. Klein）成为其理论与应用的集大成者，经典计量经济学在理论方法上具有以下几个方面的共同特征：第一，在模型类型上，采用随机模型；第二，在模型导向上，以经济理论为导向；第三，在模型结构上，采用线性或可化为线性的模型，反映变量之间的因果关系；第四，在数据类型上，采用时间序列数据或截面数据；第五，在估计方法上，采用最小二乘法或极大似然法；第六，在应用模型的领域，主要是传统的应用领域，例如生产、需求、消费、投资、货币需求，以及宏观经济等。非经典计量经济学一般指 20 世纪 70 年代以后发展起来的计量经济学，也称现代计量经济学，主要包括微观计量经济学、非参数计量经济学、时间序列计量经济学和动态计量经济学等。与经典计量经济学理论方法上的几个方面的特征相对应，非经典计量经济学包括模型类型非经典计量经济学问题、模型导向非经典计量经济学问题、模型结构非经典计量经济学问题、数据类型非经典计量经济学问题、估计方法非经典计量经济学问题等方面的内容。

二、理论计量经济学和应用计量经济学

计量经济学的内容可以概括为两个方面：一是方法论；二是实践应用。由此构成了计量经济学的两大部分，即理论计量经济学和应用计量经济学。理论计量经济学是以介绍、研究计量经济学的理论与方法为主要内容，侧重于理论与方法的数学证明与推导，与数理统计联系极为密切。除了介绍计量经济模型的数学理论基础、普遍应用的计量经济模型的参数估计方法与检验方法外，还研究特殊模型的估计方法与检验方法，应用了广泛的数学知识，目的在于为应用计量经济学提供方法论。应用计量经济学则以建立与应用计量经济学模型为主要内容，强调应用模型的经济学和经济统计学基础，侧重于建立与应用模型过程中实际问题的处理。例如生产函数、消费函数、投资函数、供求函数、劳动就业问题等等。应用计量经济学研究的是具体的经济现象和经济关系，研究它们在数量上的联系及其变动的规律性。

三、微观计量经济学和宏观计量经济学

宏观计量经济学与微观计量经济学的划分对应于宏观经济学与微观经济学的划分。宏观计量经济学主要利用计量经济学的理论与方法，建立宏观计量经济模型，对宏观经济进行分析、评价和预测。例如，通过消费函数、投资函数、国民收入恒等式建立简单宏观计量经济模型，研究国内生产总值、居民消费、投资、政府支出之间的关系。自计量经济学创立以来，宏观计量经济学一直是其主要研究领域，除经典宏观计量经济模型理论、方法以外，单位根检验、协整理论、动态计量经济学等非经典计量经济学理论、方法也是宏观计量经济学的主要研究内容。微观计量经济学于 2000 年诺贝尔经济学奖公报中正式提出，赫克曼（J. Heckman）和麦克法登（D. McFaddan）对微观计量经济学作出原创性贡献，其内容集中于"对个人和家庭的经济行为进行经验分析"，主要包括面板数据模型的理论方法、离散选择模型的理论方法、选择性样本模型的理论方法，这些理论方法都属于非经典计量经济学的范畴。

四、广义计量经济学和狭义计量经济学

从学科角度，可以将计量经济学划分为广义计量经济学与狭义计量经济学。广义计量经济学是利用经济理论、数学和统计学定量研究经济现象的数量经济方法的统称，内容包括回归分析、时间序列分析、投入产出分析等。

狭义计量经济学就是我们通常定义的计量经济学，以揭示经济现象中的因果关系为目的，主要研究经济变量之间的因果关系，采用的数学方法主要是在回归分析基础上发展起来的计量经济学方法。这也是本书的主要内容。本书将要介绍的内容以经典计量经济学、宏观计量经济学、狭义计量经济学为主，是理论计量经济学与应用计量经济学的结合，并结合 EViews 软件操作和实验案例，掌握计量经济学分析问题的方法和原理。

▇ 第四节　计量经济学中的数据类型

数据的收集与整理，是影响模型质量好坏重要的因素之一。用于经济分析的数据有三类：时间序列数据、横截面数据和面板数据。

一、时 间 序 列 数 据

时间序列数据（time series data set）是由一个或几个变量不同时间的观测值所构成的。如每日（股票价格）、每周（货币供给量）、每月（工资）、每季度（消费价格指数）、每年（国内生产总值、汽车销售数量）等。时间序列数据一个重要的特征是数据搜集中的数据频率，最常见的按天、周、月、季度和年。

表 1.1 是时间序列数据，来自国家统计局公布的 2012～2021 年我国国内生产总值、人均 GDP、总人口、人均可支配收入等数据。在计量经济学分析时间序列数据时，数据应该按时间先后次序排列。

表 1.1　　　　　　　　　　2012~2021 年全国部分经济发展数据

序号	年度	GDP（亿元）	人均 GDP（元）	总人口（万人）	人均可支配收入（元）
1	2012	538580	39771	135922	16510
2	2013	592963	43497	136726	18311
3	2014	643563	46912	137646	20167
4	2015	688858	49922	138326	21966
5	2016	746395	53783	139232	23821
6	2017	832036	59592	140011	25974
7	2018	919281	65534	140541	28228
8	2019	986515	70078	141008	30733
9	2020	1013567	71828	141212	32189
10	2021	1143670	80976	141260	35128

资料来源：国家统计局。

虽然许多计量经济学研究都使用时间序列数据，但使用时间序列数据时，需要注意一些问题。在后面的章节中我们将详细介绍这类数据应用时该注意哪些问题，及如何分析时间序列数据。

二、横 截 面 数 据

横截面数据（Cross Sectional Data），就是在给定时点对个人、家庭、企业、城市、省、国家或一系列其他单位采集的样本所构成的数据。例如，人口普查每 10 年进行一次，某一时点全球贸易量，某一年全国经济状况等。横截面数据分析广泛应用于经济学和其他社会科学领域之中，如劳动经济学、公共财政学、产业组织理论、城市经济学、人口和健康经济学。对检验微观经济假设和评价经济政策而言，在一定时点上，有关个人、家庭、企业和城市的数据都是至关重要的。表 1.2 给出了 2021 年全国 31 个省份的经济发展情况。

表 1.2　　　　　　　　2020 年全国 31 个省份的经济发展数据

序号	省份	GDP（亿元）	人口（万人）	人均 GDP（元）	人均可支配收入（元）
1	北京	36103	2189	164889	69434
2	天津	14084	1387	101614	43854
3	河北	36207	7464	48564	27136
4	山西	17652	3490	50528	25214
5	内蒙古	17360	2403	72062	31497
6	辽宁	25115	4255	58872	32738
7	吉林	12311	2399	50800	25751
8	黑龙江	13699	3171	42635	24902
9	上海	38701	2488	155768	72232
10	江苏	102719	8477	121231	43390
11	浙江	64613	6468	100620	52397
12	安徽	38681	6105	63426	28103
13	福建	43904	4161	105818	37202
14	江西	25692	4519	56871	28017
15	山东	73129	10165	72151	32886
16	河南	54997	9941	55435	24810
17	湖北	43444	5745	74440	27881
18	湖南	41782	6645	62900	29380
19	广东	110761	12624	88210	41029
20	广西	22157	5019	44309	24562
21	海南	5532	1012	55131	27904
22	重庆	25003	3209	78170	30824
23	四川	48599	8371	58126	26522
24	贵州	17827	3858	46267	21795
25	云南	24522	4722	51975	23295
26	西藏	1903	366	52345	21744
27	陕西	26182	3955	66292	26226

序号	省份	GDP（亿元）	人口（万人）	人均 GDP（元）	人均可支配收入（元）
28	甘肃	9017	2501	35995	20335
29	青海	3006	593	50819	24037
30	宁夏	3921	721	54528	25735
31	新疆	13798	2590	53593	23845

资料来源：国家统计局。

如果时间序列数据在计量分析时存在自身的特殊问题，横截面数据也有其问题，如异方差问题。在后面的章节中我们将会进一步讨论这些问题。

三、面板数据

有些数据既有横截面数据的特点又有时间序列数据的特点，这类数据被称为面板数据或混合数据。例如，对相同的家庭在不同的年份进行的两次数据调查，我们将这两年的数据合并为一个新的数据集，就是一个面板数据集。

把不同年份的横截面数据混合起来，通常是分析一项政策影响的有效方法。政府部门可以搜集政策变化前后的数据。例如，2012 年实施了住房限购政策，假设我们在 2010 年调查了 31 个省份大中城市 2700 个住房的数据，2015 年有 2700 个新的住房数据，最终合并在一起的 5400 个数据就是混合面板数据。表 1.3 就是面板数据，是全国 31 个省份 2012～2020 年地区生产总值，包含 31 个省份的横截面数据，又有 5 年的时间序列数据。

表 1.3　　　　全国 31 个省份 2012～2020 年地区生产总值　　　单位：亿元

省份	2016 年	2017 年	2018 年	2019 年	2020 年
北京	27041	29883	33106	35445	36103
天津	11477	12451	13363	14056	14084

省份	2016 年	2017 年	2018 年	2019 年	2020 年
河北	28474	30641	32495	34979	36207
山西	11946	14484	15958	16962	17652
内蒙古	13789	14898	16141	17213	17360
辽宁	20393	21693	23511	24855	25115
吉林	10427	10922	11254	11727	12311
黑龙江	11895	12313	12847	13544	13699
上海	29887	32925	36012	37988	38701
江苏	77351	85870	93208	98657	102719
浙江	47254	52403	58003	62462	64613
安徽	26308	29676	34011	36846	38681
福建	29609	33842	38688	42327	43904
江西	18389	20211	22717	24667	25692
山东	58763	63012	66649	70541	73129
河南	40249	44825	49936	53718	54997
湖北	33353	37235	42022	45429	43444
湖南	30854	33828	36330	39894	41782
广东	82163	91649	99945	107987	110761
广西	16117	17791	19628	21237	22157
海南	4090	4498	4911	5331	5532
重庆	18023	20066	21589	23606	25003
四川	33139	37905	42902	46364	48599
贵州	11792	13605	15353	16769	17827
云南	16369	18486	20881	23224	24522
西藏	1173	1349	1548	1698	1903
陕西	19046	21474	23942	25793	26182
甘肃	6908	7337	8104	8718	9017
青海	2258	2465	2748	2941	3006
宁夏	2781	3200	3510	3749	3921
新疆	9631	11160	12809	13597	13798

资料来源：国家统计局。

■ 第五节 计量经济学建模与应用

计量经济学是以问题为导向、以模型为核心的，因此建立计量经济学模型将是整个计量经济学学习的重点。

一、计量经济学模型

模型是对现实的描述与模拟。建立模型的目的在于对真实现象进行解释、预测和控制。科学研究中使用着各种各样的模型。不同学科、领域所使用的模型的形式与结构也不尽相同。例如，语义模型（也称逻辑模型）、物理模型、几何模型、数学模型和计算机模拟模型等。语义模型是用语言来描述现实，例如，对供给不足下的生产活动，我们可以以"产出量是由资本、劳动、技术等投入要素决定的，在一般情况下，随着各种投入要素的增加，产出量也随之增加，但要素的边际产出是递减的"来描述。物理模型是用简化的实物来描述现实，例如，一栋楼房的模型，一架飞机的模型。几何模型是用图形来描述现实，例如，一个零部件的加工图。数学模型可以是一个或一组代数方程、微分方程、差分方程、积分方程或统计学方程，也可以是它们的某种适当的组合，通过这些方程定量地或定性地描述系统各变量之间的相互关系或因果关系。计算机模拟模型是随着计算机技术而发展起来的一种描述现实的方法，通过数字计算机、模拟计算机或混合计算机上运行的程序表达的模型，在经济研究中有广泛的应用，例如，人工神经元网络技术就是一种计算机模拟技术。

现实世界有各种主要变量和次要变量，非常错综复杂，因而除非把次要的因素排除在外，否则就不可能进行严格的分析，或使分析复杂得无法进行，经济模型就是对经济现象或过程的一种数学模拟，即经济现象的表示或模仿，简单地表示现实世界的情况，如投入产出模型、均衡模型、最优化模型等。每一种经济假说都可以看作一个经济模型。根据所采用数学方法的不同，对经济活动揭示的程度不同，构成各类不同的经济数学模型。在这里，我们着重区分数理经济模型和计量经济模型。数理经济模型揭示经济活动中各个因素之间的理论关系，用确定性的数学方程加以描述。计量经济模型揭示经济活动中各个因素之间的定量关系，是用随机性的数学方程加以描述的。

什么是计量经济模型？简单地说，计量经济模型是为了研究分析某个系统中经济变量之间的数量关系而采用的随机代数模型，是以数学形式对客观经济现象所作的描述和概括。计量经济学方法及其应用，都是围绕建立、估计、检验和运用计量经济模型这一核心进行的。人们可以通过各种各样的模型来揭示和阐明自然现象和社会经济现象的本质与发展规律。例如，产出是由资本、劳动、技术等投入要素决定的。在一般情况下，随着各种投入要素的增加，产出量也随之增加，但要素的边际产出是递减的。对于生产活动中的这种变量关系，可以用如下随机数学方程来描述：

$$Y = AK^{\alpha}L^{\beta}\mu \qquad (1.1)$$

式（1.1）中：Y 表示产出；A 表示技术水平；K 表示资本投入；L 表示劳动投入，u 表示随机误差项，a、β 表示待定参数。式（1.1）就是一个计量经济模型的理论形式。

计量经济模型有多种形式，根据研究的对象和内容不同，计量经济模型有微观计量经济模型和宏观计量经济模型。微观计量经济模型主要描述微观主体经济活动中的变量之间的关系，如生产函数模型、需求函数模型等。宏观计量经济模型则研究宏观经济活动中主要变量间的相互依存关系，如发达市场经济国家模型、发展中国家模型、中央计划经济国家模型等。根据表现形式不同，计量经济模型有些是单一方程模型，如生产函数模型（1.1）；有些是联立方程模型，例如宏观经济系统模型包括 2 个随机方程、1 个恒等式，共有 3 个方程：

$$C_t = \alpha_0 + \alpha_1 Y_t + \mu_{1t}$$
$$I_t = \beta_0 + \beta_1 Y_t + \beta_2 Y_{t-1} + \mu_{2t} \qquad (1.2)$$
$$Y_t = C_t + I_t + G_t$$

经济系统因为相互影响，相互制约，单一方程无法准确描述经济之间的关系，需要建立联立方程模型。

二、计量经济学建模步骤

计量经济学是以问题为导向、以模型为核心研究现实经济问题，因此利用计量经济学的理论、方法研究现实经济问题也是围绕模型展开的，一般包括六个步骤：问题的提出、理论模型的设定、样本数据的收集、模型参数的估计、模型的检验、模型的应用，具体步骤见图1.2。

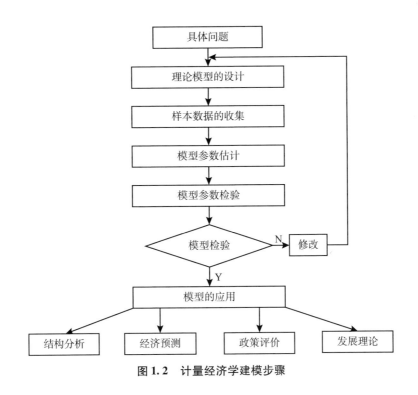

图 1.2　计量经济学建模步骤

（一）提出问题

计量经济学是以问题为导向的，在建立计量经济学模型之前，需要明确所研究的问题，如劳动力和资本投入对于产出的影响，即在资本投入不变的情况下，劳动力投入增加一个单位，产出变化多少个单位，或者在劳动力投入不变的情况下，资本投入增加一个单位，产出变化多少个单位，每个国家和地区由于自然禀赋、劳动力成本、资本丰裕程度等差异，相同的投入可能产生不同的产出，因此对于该问题可以通过构建如 1.5.1 的生产函数来进行分析。

（二）理论模型设计

选择适当的数学形式描述这些变量之间的关系。首先，要有科学的理论依据。设定模型之前必须对所研究的经济现象的相互关系作出科学的理论分析，尽可能使模型真实地反映经济现象实际的依存关系，切忌简单生搬硬套。其次，模型要选择适当的数学形式。模型的数学形式可以是单一方程，也可以是联立方程，每一个方程可以表现为线性形式也可以表现为非线性形式。这要根据研究的目的、所研究的经济问题的复杂程度以及对数据资料的掌握情况来决定。最后，方程中的变量要具有可观测性。因为只有可观测的变量才可能取得实际的统计数据，才可能对模型中的参数作出适当的估计。没有样本观察数据的支持，就如同无米之炊，无法得到模型的参数估计值，进一步的研究也将无法展开。

设定模型是计量经济研究的关键步骤，建立模型既是一门科学，也是一门艺术。好的模型，要依靠丰富的专业知识和适当的方法，更要依靠对建模实践的不断总结。

（三）样本数据的收集

建立理论模型之后，应该根据模型中变量的含义，收集并整理所需要的样本数据。计量经济研究中常用的数据有：时间序列数据（表 1.1）、截面数据（表 1.2）和面板数据（表 1.3）。数据是建立计量经济模型的基本原料，因此样本数据的质量直接关系到模型的质量。样本数据质量的好坏与样本数据的完整性、准确性、可比性和一致性有密切关系。数据的完整性是指经济数据作为系统状态和其外部环境的数量描述必须是完整的。样本数据百分之百的完整无缺是难以达到的，但对于少数遗失数据，可以采用科学方法人为地补充，以达到相对完整。数据的准确性是指：第一，它必须准确反映研究对象的状态；第二，它必须是模型中所要求的数据。数据的可比性问题就是通常所说的数据统计口径必须是一致的。数据的一致性是指样本数据的来源与被估计总体应属于同一个总体。

（四）模型参数的估计

模型参数的估计是计量经济学的核心。在建立理论模型并收集整理了符合模型要求的样本数据后，就可以选择适当的方法估计模型，得到模型参数的估计量。参数是计量经济模型中表现经济变量相互依存程度的因素，通常参数在模型中是一个相对稳定的量。在利用计量经济模型研究的经济现象的总体中，参数一般来说是未知的。由于随机误差项的存在，我们不可能精确地去计算参数的数值。我们能够获得的往往只是所研究总体的若干样本的观测值，如何通过样本观测数据正确地估计总体模型的参数，这是计量经济学的核心内容。经过实际估计所得出的参数数值称为参数的估计值，用一定的方法获得参数估计过程的公式，称为参数的估计式，只要将变量的样本观测值直接代入估计式，即可得到参数的估计值。模型参数的估计过程是一个纯技术的过程，包括对模型进行识别（就联立方程模型而言）、变量之间的相互关系的研究、估计方法的选择、计算机软件的使用等方面。

估计模型中参数的方法有很多种。对于单一方程模型，常用的方法有普通最小二乘法、极大似然估计法、广义最小二乘法、工具变量法等。对于联立方程模型，常用的方法有间接最小二乘法、二阶段最小二乘法和三阶段最小二乘法等。对这些方法我们将在以后的章节中具体介绍。

（五）模型的检验

当模型中的参数被估计以后，应当说就初步完成了建模的过程，但是这样的模型还不能直接加以应用。首先，这是因为我们在设定模型时，对所研究的经济现象的规律性认识可能并不充分，所依据的经济理论对研究对象也许还不能作出正确的解释和说明，或者虽然经济理论是正确的，但可能我们对问题的认识只是从某些局部出发，或者只是考察了某些特殊的样本，以局部去说明全局的变化规律，可能会导致偏差。其次，我们用以估计参数的统计数据或其他信息可能并不十分可靠，或者是较多地采用了经济突变时期的数据，不能真实代表所研究的经济关系，也可能由于样本容量太小，所估计的参数只是抽样的某种偶然结果。此外，我们所建立的模型，所用的方法、统计数据，还可能违反计量经济模型的基本假定，这时也会得出不合适的结论。

因此，在得到模型参数的估计量后，可以说一个计量经济模型已经初步建立起来了。但是，它能否客观地揭示所研究的经济现象中诸因素之间的关系，能否付诸应用，还需要通过检验才能决定，只有模型通过了检验，才可以付诸应用，如果不能通过检验，则必须重新修正模型。

模型的检验就是对估计的模型参数进行检验。所谓检验就是对参数估计值加以评定，确定它们在理论上是否有意义，在统计上是否显著，只有通过检验的模型才可以应用。对计量经济学模型的检验包括经济意义检验、推及推断检验、计量经济检验和模型预测检验。

经济意义检验（经济合理性检验）是对模型参数估计值的符号、大小、相互关系在经济意义上的合理性所做的检验，主要是将模型参数的估计值与事先设定的模型参数取值范围进行比较，看其是否与预期值（或理论值）相符。如果所估计的模型与经济理论相符，说明我们所观测的事实证实了这种理论；如果所估计的模型与经济理论不相符，应设法从模型设定、估计方法、统计数据等方面找出不相符的原因，并采取必要的修正措施，否则参数估计值视为不可靠。只有当模型中的参数估计量通过经济意义的检验，方可进行下一步检验。模型参数估计量的经济意义检验是一项最基本的检验，经济意义不合理，不管其他方面的质量多么高，模型也是没有实际价值的。

统计推断检验就是利用数理统计学中的统计推断方法对模型参数估计结果的可靠性进行的检验。统计推断检验通过计算一系列统计量以及对这些统计量的分析，从不同侧面论证模型变量选择、函数形式确定、参数估计的科学性和可靠性。通常最广泛应用的统计推断检验准则有拟合优度检验、单个变量的显著性检验和整个回归模型的显著性检验等，分别采用可决系数、t、F 作为检验统计量。统计推断检验有时也称为一级检验。

计量经济检验是针对计量经济模型的基本假设展开的。因为计量经济模型是建立在若干基本假设的前提之下的，不满足基本假设的模型，会使通常的计量经济方法失去效用，使参数估计量的性质得不到保证，使模型失去应用价值。计量经济检验，是从参数估计的条件上证明所建立的模型是否成立。目的在于判断所采用的计量经济方法是否令人满意，计量经济方法的假设条件是否得到满足，从而确定统计检验的可靠性。计量经济检验一般包括异方差性检验、自相关性检验、多重共线性检验等。

模型预测检验主要检验模型参数估计量的稳定性以及相对样本容量变化时的灵敏度，以确定所建立的模型是否可以用于样本观测值以外的范围，即模型的所谓超样本特性检验。它主要包括以下两个方面的检验：（1）换一组样本数据重新估计模型参数，将新得到的参数估计值与原来的参数估计值进行比较，检验二者之间差异的显著性。（2）将所建立的模型用于样本以外的实际预测，将得到的预测值与实际值进行比较，检验二者之间差异的显著性。

模型的稳定性检验，是通过分析样本容量变化对模型参数估计值的影响，判断模型稳定性的高低。预测检验是将估计了参数的模型用于实际经济活动的预测，然后将模型预测的结果与经济运行的实际对比，以此检验模型的有效性。具体做法是将样本范围内和实际已经发生的样本范围外的解释变量的观测值代入模型，计算出被解释变量的理论值，再将计算出的被解释变量的理论值与实际发生值进行比较。如果理论值与实际值差异较小，就表明模型对实际经济系统的代表功能较强，应用价值较大；如果理论值与实际值差异较大，则说明模型不能有效模拟实际经济系统的运行规律，应用价值较小，应予以舍弃。预测检验包括拟合值检验、内插检验、外推检验等。

三、计量经济学模型的应用

经过检验的模型，一般认为是对客观经济活动的一个较好的模拟，是比较可靠的，可以应用于经济分析。计量经济模型的应用包括四个方面：结构分析、经济预测、政策评价、检验与发展经济理论。

结构分析就是利用已经建立的模型对经济变量之间的相互关系作出分析，主要分析经济变量或结构参数的变化对整个经济系统的影响。比如，分析当其他条件不变时，模型体系中的解释变量发生一定的变动，对被解释变量的影响程度。计量经济学结构分析不同于人们通常所说的，诸如产业结构、产品结构、消费结构、投资结构中的结构分析，它研究的是当一个变量或几个变量发生变化时，对其他变量乃至整个经济系统产生什么样的影响。常用的经济结构分析方法有乘数分析、弹性分析与比较静力分析等。

经济预测就是运用已建立起来的计量经济模型对被解释变量的未来值作出预测或推算。这种预测可以是提供被解释变量未来的一个可能取值，即点预测；也可以是提供被解释变量未来取值的一个可能范围，即区间预测。经济预测可以是对被解释变量在未来时期状态的动态预测，也可以是对被解释变量在不同空间状况的空间预测。

政策评价是将经济目标作为被解释变量，将经济政策作为解释变量，利用计量经济模型对各种可供选择的经济政策方案的实施后果进行模拟测算，从中选择较好的政策方案。政策的优劣对经济发展有较大影响，在多种可供选择的政策中择其优者加以实施，是经济管理者的重要任务。计量经济模型的一大应用就是政策评价，政策评价也称为政策分析或政策模拟。所谓政策评价，就是利用估计好的计量经济模型在许多不同政策方案之间进行选择，主要通过工具目标法、政策模拟和最优控制法使目标达到最优的政策或政策组合。计量经济模型揭示的是经济系统中变量之间的相互联系，将经济目标作为被解释变量，经济政策作为解释变量，可以很方便地评价各种不同的政策对目标的影响。

检验经济理论，就是按照经济理论设定理论模型，利用实际经济数据对模型进行参数估计和检验，得出经济理论是否与客观经济事实相符的结论。发展经济理论，就是针对某一经济活动设定各种可能的模型，利用实际经济数据对各种模型进行参数估计和检验，从中发现与实际经济数据拟合最好的模型。

计量经济模型提供了一种检验经济理论的方法。从建立计量经济模型的步骤中不难发现，一个成功的模型，必须很好地拟合样本数据，而样本数据则是已经发生的经济活动的客观再现，所以在模型中表现出来的经济活动的数量关系，则是经济活动所遵循的经济规律，即理论的客观再现。于是，就提出了计量经济模型的两方面功能：一是按照某种经济理论（可以是已有的理论，也可以是构建的新观念）去建立模型，然后用实际的样本数据去估计模型，如果得到的结果能够验证建模所依据的经济理论，表示模型很好地拟合了经济社会中变量间的关系，经济社会活动从统计上看遵循这一经济规律，表明已有的经济理论在此情形下是有效的，或者为所发展的新理论假说提供了实证依据。如果不能得到验证，表示利用此样本不能检验该假说是否有效，或者表明这种理论是错误的。这就是检验理论。二是用表现已经发生的经济活动的样本数据去拟合各种模型，拟合最好的模型所表现出来的数量关系，则是经济活动所遵循的经济规律，这就是发现和发展理论。

■ 第六节　EViews 软件介绍

一、EViews 简介

EViews（Econometric Views）软件是 QMS（Quantitative Micro Software）公司开发的、基于 Windows 平台的应用软件，其前身是 DOS 操作系统下的 TSP 软件。EViews 软件是由经济学家开发，主要应用在经济学领域，可用于回归分析与预测（regression and forecasting）、时间序列（time series）、横截面数据（cross-sectional data）及面板数据（panel date）分析。

二、EViews 的主界面

EViews 主界面如图 1.3 所示

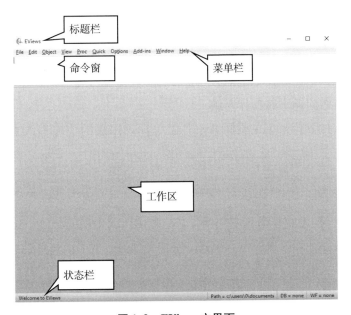

图 1.3　EViews 主界面

1. 标题栏

EViews 窗口的顶部是标题栏，标题栏左边是控制框；右边是控制按钮，有【最小化】、【最大化（或还原）】、【关闭】三个按钮。

2. 菜单栏

标题栏下面是菜单栏。菜单栏中排列着按照功能划分的 10 个主菜单选项，用鼠标单击任意选项会出现不同的下拉菜单，显示该部分的具体功能。10 个主菜单选项提供的主要功能如下：

【File】有关文件（工作文件、数据库、EViews 程序等）的常规操作，如文件的建立（New）、打开（Open）、保存（Save/Save As）、关闭（Close）、导入（Import）、导出（Export）、打印（Print）、运行程序（Run）等；选择下拉菜单中的 Exit 将退出 EViews 软件。

【Edit】通常情况下只提供复制功能（下拉菜单中只有 Cut、Copy 项被激活），应与粘贴（Paste）配合使用；对某些特定窗口，如查看模型估计结果的表达式时，可对窗口中的内容进行剪切（Cut）、删除（Delete）、查找（Find）、替换（Replace）等操作，选择 Undo 表示撤销上步操作。

【Objects】提供关于对象的基本操作。包括建立新对象（New Objects）、从数据库获取/更新对象（Fetch/Update from DB）、重命名（Rename）、删除（Delete）。

【View】和【Procs】二者的下拉菜单项目随当前窗口不同而改变，功能也随之变化，主要涉及变量的多种查看方式和运算过程。我们将在以后的实验中针对具体问题进行具体介绍。

【Quick】下拉菜单主要提供一些简单常规用法的快速进入方式。如改变样本范围（Sample）、生成新序列（Generate Series）、显示对象（Show）、作图（Graph）、生成新组（Empty Group）以及序列和组的描述统计量、新建方程和 VAR。

【Options】系统参数设定选项。与一般应用软件相同，EViews 运行过程中的各种状态，如窗口的显示模式、字体、图像、电子表格等都有默认的格式，用户可以根据需要选择 Options 下拉菜单中的项目对一些默认格式进行修改。

【Add-ins】Add-ins 必须在 EViews 8 以上的功能选单里，用点选的方式

执行，不是用执行程序方式执行。假如你尚未安装套件，执行方式如下
1. 功能选单寻找 Add-ins = > Download Add-ins 2. 出现 Add In Objects 的对话框，对话框中点选你要的套件，例如 BayesLinear，然后点选右方的 Install 选钮 3. 后面会出现 install 方块，请点选 OK 4. 然后会显示已经安装了套件的信息。

　　【Windows】提供多种在打开窗口种进行切换的方式，以及关闭所有对象（Close All Objects）或关闭所有窗口（Close All）。

　　【Help】EViews 的帮助选项。选择 EViews Help Topics 按照索引或目录方式在所有帮助信息种查找所需项目。下拉菜单还提供分类查询方式，包括对象（Object）、命令（Command）、函数（Function）、矩阵与字符串（Matrix&String）、程序（Programming）五个方面。

三、EViews 操作方式

方式		说明	
		面向对象	面向过程
交互方式	菜单方式	A. 对象菜单方式 主要通过主菜单【Objects】、【View】和【Procs】来完成各种操作。	B. 快速菜单方式 通过【Quick】菜单操作。通过是先选择操作方法，再选择操作对象。
	命令方式	C. 对象命令（Object Command）方式 与对象菜单相对应的对象命令及菜单上没有对应项的对象命令，通常采用"对象.视图（或过程）"的命令格式。	D. 辅助命令（Auxiliary Commands）方式 与 TSP 语法一致的面向过程命令，通常采用"命令＋参数"的格式。该操作方式主要是为了与 TSP 命令保持一致。
	示意图	EViews　A　　B File Edit Object View Proc Quick Options Add-ins Window Help Command　C　　　　D	
程序方式		通过编程实现重复性批处理操作，或者实现交互方式无法完成的复杂操作	

※注：四种交互方式可以混合使用，本试验教程着重介绍 A、B 方式

本 章 小 结

（1）计量经济学是以经济理论为指导，以经济数据为依据，以数学、统计方法为手段，通过建立、估计、检验经济模型，揭示客观经济活动中存在的随机因果关系的一门应用经济学的分支学科。计量经济学与经济学、统计学、数学联系密切，也有明显的区别。按研究内容、范围的不同，计量经济学分为经典计量经济学与非经典计量经济学、理论计量经济学与应用计量经济学、宏观计量经济学与微观计量经济学、广义计量经济学与狭义计量经济学等。

（2）计量经济研究围绕模型展开，一般包括理论模型的设定、模型参数的估计、模型的检验、模型的应用等步骤。计量经济学模型中涉及的变量类型主要有被解释变量与解释变量、内生变量与外变量、虚拟变量等，变量之间的关系主要包括单向因果关系、相互因果关系、恒等关系。

（3）计量经济学模型中的方程分为随机方程、恒等方程两大类。计量经济学模型包括单方模型与联立方程模型、时间序列模型、静态模型与动态模型、均衡模型与非均衡模型等。

（4）计量经济学中应用的数据包括时间序列数据、截面数据、面板数据和虚拟变量数。数据的质量问题大体上可概括为完整性、准确性、可比性和一致性四个方面。采集真实可靠、数量充足的经济数据不是一件容易的事情，在进行计量经济研究的时候必须加以注意。对经济数据的加工处理必须注意经济意义，避免出现影响整个研究的有效性的问题。

（5）计量经济学作为一门独立的学科，一般认为正式诞生于20世纪30年代初。理论与方法的迅速发展和在经济活动实践中的广泛应用，使计量经济学在经济学科中具有十分突出的地位。

（6）计量经济学在我国的真正快速发展是在改革开放之后。目前，计量经济学在我国得到了广泛的应用，是高等学校经济学类各专业的8门共同核心课程之一。

（7）EViews软件是计量经济学模型专门的计算软件。

思 考 题

一、简答题

1. 计量经济学是一门什么样的学科？

2. 计量经济学与经济理论、统计学、数学的联系和区别是什么？

3. 经典计量经济学与非经典计量经济学是如何划分的？

4. 计量经济学研究中如何进行理论模型的设定？

5. 计量经济学模型的检验包括哪几个方面？为什么要进行模型的检验？

6. 如何利用计量经济学模型进行政策评价？

7. 计量经济学模型中包含的变量之间的关系主要有哪些？

8. 计量经济学中常用的数据类型有哪些？各举一例说明。

9. 计量经济学作为一门独立的经济学科正式诞生的标志是什么？

10. 试论计量经济学在经济学科中的地位。

二、分析题

1. 下列模型是否属于计量经济学模型？为什么？

（1）$S_t = 112.0 + 0.12R_t$，其中 S_t 为第 t 年农村居民储蓄增加额（单位：亿元），R_t 为第 t 年城镇居民可支配收入总额（单位：亿元）。

（2）$S_{t-1} = 4432.0 + 0.30R_t$，其中 S_{t-1} 为第 t−1 年底农村居民储蓄余额（单位：亿元），R_t 为第 t 年农村居民纯收入总额（单位：亿元）。

2. 写出影响个人支出的因素有哪些，每个自变量是如何影响支出的变化的。研究个人支出情况的计量经济学模型是选择截面数据还是时间序列数据更合适？

第二章

一元线性回归模型

我们想知道一个人的工资水平与他的教育水平及其他因素之间的关系，可以构造如下的方程：

$$wage = \beta_0 + \beta_1 educ + \mu \qquad (2.1)$$

其中，wage 表示小时工资；educ 是受教育年数；β_1 度量了在其他条件不变的情况下，每增加一年教育所获得的小时工资增长量。μ 是指除了受教育年限外其他因素，包括劳动经验、工作环境、先天禀赋、职业道德及无数其他因素集合。

■ 第一节　回归分析概述

"回归"一词是由英国生物学家高尔顿（F. Galton）[①] 在研究人体身高的遗传问题时首先提出的。根据遗传学的观点，子辈的身高受父辈影响，以 X 记父辈身高，Y 记子辈身高。虽然子辈身高一般受父辈影响，但同样身高的父亲，一般而言，父辈身高较高者，其子辈身高也高，依此推论，祖祖辈辈遗传下来，身高必然向两极分化，而事实上并非如此，显然有一种力量将身高拉向中心，即子辈的身高有向中心回归的特点。"回归"一词即源于

[①]　Francis Galton, "Family Likeness in Stature", Proceedings of Royal Society, London, Vol. 40, 1886, pp. 42 – 72.

此，其子身高并不一致，因此，X 和 Y 之间存在一种相关关系。高尔顿的回归定律还被他的朋友 K. 皮尔逊（Kard Pearson）证实，皮尔逊曾收集过一些家庭群体的 1000 多名成员的身高记录。他发现：“对于一个父亲高的群体，儿辈的平均身高低于他们父辈的身高，而对于一个父亲矮的群体，儿辈的平均身高则高于其父辈的身高。这样就把高的和矮的儿辈一同‘回归’到所有男子的平均身高。”[①]

一、“回归”一词的含义

回归，研究一个随机变量 Y 对另一个（X）或一组（X_1，X_2，…，X_k）变量的相依关系的统计分析方法。研究一个或多个随机变量 Y_1，Y_2，…，Y_i 与另一些变量 X_1，X_2，…，X_k 之间的关系的统计方法，又称多重回归分析。通常称 Y_1，Y_2，…，Y_i 为因变量（或被解释变量），X_1、X_2，…，X_k 为自变量（或解释变量）。回归分析是一类数学模型，特别当因变量和自变量为线性关系时，它是一种特殊的线性模型。最简单的就是一个自变量和一个因变量，且它们大体上呈现线性关系，称之为一元线性回归，即模型为 $Y = a + bX + \varepsilon$，这里 X 是自变量，Y 是因变量，ε 是随机误差项，通常假定随机误差的均值为 0，方差为 $\sigma^2 (\sigma^2 > 0)$，且 σ^2 与 X 的取值无关。若进一步假定随机误差遵从正态分布，就叫作正态线性模型。一般的情形，若有 k 个自变量和一个因变量，因变量的值可以分解为两部分：一部分是由自变量的影响，即表示为自变量的函数，其中函数形式已知，但含一些未知参数；另一部分是由于其他未被考虑的因素和随机性的影响，即随机误差项。当函数形式为未知参数的线性函数时，称为线性回归分析模型；当函数形式为未知参数的非线性函数时，称为非线性回归分析模型。当自变量的个数大于 1 时称为多元回归分析模型，当因变量个数大于 1 时称为多重回归模型。

二、回归分析的主要内容

在我们现实生活中，处于同一个过程的变量往往是相互依赖和制约的，

---

① K. Pearson and A. Lee, "On the Laws of Inheritance", Biometrika, Vol. 2, 1993, pp. 357–462.

这二者的关系可以分为两种形式：一种是确定性的关系（譬如可以用一个直线方程来表示）；另一种是不确定的，虽然有关系，但是关系的表现形式却是不确定的，依赖于实际的情形，不能用一个精确的函数表达。

举个例子来说：人的血压 y 与年龄 x 的关系，人的年龄越大血压就会越高，但是相同年龄的人，血压未必相同。也就是说血压 y 与 x 是有关系的，但是二者的关系无法用一个确定的函数表示。血压 y 的取值是可观测的，但是却是不确定的，在回归分析中，这种变量称为不可控变量。在线性方程里自变量与因变量相对应，不可控变量也就是自变量。由此引入回归分析的概念：研究一个随机变量（不可控变量）与一个或者几个可控变量之间相互关系的统计方法，就是回归分析，回归分析的主要内容有：

如何确定因变量与自变量之间的回归模型；如何根据样本观测数据估计并检验回归模型及其未知参数；判别影响因变量的重要自变量；根据已经知道的值来估计和预测因变量的条件平均值并给出预测精度等。通常在数据挖掘里面或者信息检索里面我们的应用无非是根据一系列训练样本（已观测样本）来预测一个未知的不可控变量的值。

三、经济学中回归分析的例子

（1）经济学家想研究个人消费支出对税后或可支配实际收入的依赖关系，这种分析有助于估计边际消费倾向（MPC）。就是实际收入变化引起消费支出的平均变化。

（2）垄断厂商想知道产品需求对价格变化的实际反应。通过定价模型，能估计出产品需求的价格弹性，从而确定实现利润最大化的价格。

（3）劳动经济学家想研究货币工资变化率对失业率的关系。把货币工资变化同失业率联系起来的菲利普斯曲线，根据菲利普斯模型能预测给定某个失业率，货币工资的平均变化。

（4）货币经济学家得知，其他条件不变，通胀率越高，人们更愿意放弃货币。对这两个量回归，给定各种通胀率可以预测人们保存货币的比率。

（5）公司的销售部想知道消费者对产品需求与广告支出的关系。回归分析有助于算出广告支出的需求弹性，即广告费每变化1%，需求的变化情况，将会对公司制定广告费预算提供有意义的参考。

（6）农业经济学家想研究农作物收成对气温、降雨量、阳光量和施肥量的依赖关系。回归分析能对给定的解释变量的值预测农作物的平均收成。

回归分析就是研究变量之间的依赖关系。

四、回归与依赖关系

在现实世界中，我们常与各种变量打交道，在解决实际问题过程中，我们常常会遇到多个变量同处于一个过程之中，它们之间互相联系、互相制约。常见的关系有两种：一类为"确定的关系"即变量间有确定性关系，其关系可用函数表达式表示。例如：路程 S 时间 t 与速度 v 之间有关系式：$S = vt$；圆的面积 S 与半径 r 之间有关系式 $S = \pi r^2$。

另外还有一些变量，他们之间也有一定的关系，然而这种关系不是一一对应关系，不能用函数的形式来表达，这种关系往往表现为统计依赖关系。例如：人的身高与体重有一定的关系，一般来讲身高高的人体重相对大一些，但是它们之间不能用一个确定的函数关系表示出来，因为饮食习惯、生活水平、体育锻炼等都会影响人的体重。又如农作物产量 Y 与施肥量 X 之间的关系。一般来说，农作物的产量 Y 随着施肥量 X 的变化而变化。随着 X 的增加，Y 也增加。但给定一个 X 的值，与之相关的 Y 的值不确定。因为，除了施肥量，还有其他因素如阳光、气温、降雨等都在影响农作物的产量。这时，我们无法建立农作物产量 Y 与施肥量 X 之间确定的函数关系。这个性质的意义在于：这些解释变量固然都重要，但不能使农业经济学家准确地预测农作物的收成。一是测量误差的存在，二是还有一些影响收成的因素，我们很难一一找出。因此，无论我们考虑了多少变量，却无法完全解释农作物收成这个因变量，它的值不是确定性的而是具有随机性。这样，农作物的产量 Y 与施肥量 X 之间的关系就只有统计依赖关系，因变量 Y 是一个随机变量。

回归分析中，我们主要处理的是随机变量之间存在的依赖关系，也就是有着概率分布的变量。

五、回归与因果关系

虽然回归分析是研究一个变量对另一个（些）变量的依赖关系，但回归分析后显示具有依赖关系并不意味着具有因果关系。例如，根据经济理论，收入与消费之间存在一定的因果关系，对他们进一步作回归分析，说明收入差异对消费的影响究竟有多大，通过回归分析研究收入对消费的依赖程度。如果两个变量，没有因果关系，例如，上海的消费与非洲的死亡率，实际上并无直接联系，如果我们用两个变量的数据，使用回归分析后结果显示有线性关系，统计上显示具有依赖关系，并不能说明他们具有因果关系。

"一个统计关系式，不管多强也不管多么有启发性，却永远不能确立因果方面的联系：对因果关系的理念，必须来自统计学以外，最终来自这种或那种理论。"

——肯达尔（Kendall）、斯图亚提（Stuart）

在我们引用的农作物收成与降雨量的例子中，我们把农作物收成看作依赖于降雨量等变量，是普通常识提示了我们如何确定它们之间的关系。因为经验和常识告诉我们，降雨量的多少影响农作物的收成，而不是农作物的收成改变降雨量的多少。

从逻辑上说，显示具有统计依赖关系的变量并不意味着他们一定具有因果关系。要确定变量之间的因果关系，必须要有先验的或理论上的支持。计量经济学就是利用回归分析来研究具有因果关系的变量之间的依赖程度。

六、回归与相关关系

与回归分析密切相关而在概念上不同的是相关分析。相关分析是研究两个或两个以上处于同等地位的随机变量间的相关关系的统计分析方法。例如，人的身高和体重之间；空气中的相对湿度与降雨量之间的相关关系都是相关分析研究的问题。相关分析与回归分析之间的区别在于回归分析侧重于研究随机变量间的依赖关系，以便用一个变量去预测另一个变量；相关分析侧重于发现随机变量间的种种相关特性。回归分析将变量分为因变量和自变量，对因变量和自变量的处理方法存在着不对称性，而相关分析的变量是对等的，不存在因变量和自变量的区别，变量之间相关程度大小用相关系数 r_{xy} 来表示，取值介于 −1 到 1 之间。回归分析是研究具有因果关系的变量之间的依赖关系，即一个变量（因变量）对另一个（些）变量（自变量）的依赖关系。其目的在于通过自变量的已知或给定值，估计或预测因变量的平均值。

■ 第二节　一元线性回归模型

一、一个例子

购买住房可能是一个人一生中最重要的决策，而影响决策最重要的因素之一是房地产的价格。如果高估了房价，那么可能会带来很大的损失；如果低估了价格，那么住房很有可能被出价更高的人买走。接下来我们看一个房地产定价模型，房地产的估价就成为是否买房的重要因素，许多房地产估价师运用回归分析来开展工作。

假如你打算在北京买一套住房，但你觉得房东要价太高，房东认为 230 万元的要价是合理的，因为大约一年前隔壁一套稍大点的住房就卖了这个价格。你不能确定两套住房的面积，并进行比较；而且这是去年的价格，你如何才能决定是否支付 230 万元呢？

你决定收集过去几周在当地出售所有住房的数据，并建立一个以房价为被解释变量、住房面积为解释变量的回归模型。这个数据是截面数据，因为所有的观测值都来自一个时间点。理论模型为：

$$\text{price} = \beta_0 + \beta_1 \text{size} + \mu \tag{2.2}$$

式（2.2）中，price 代表住房的价格；size 代表住房的面积；u 代表影响价格的其他因素。你收集了最近几周的房地产交易数据后发现，共有43套住房售出，于是，你采用43个样本的观测值估计出了回归方程（模型中参数的值是如何估计出来的，利用43个样本的观测值所得的参数值是否可靠等问题，在后面的内容中将详细说明）：

$$\widehat{price} = 40.0 + 13.8size \qquad (2.3)$$

你怎么运用估计出来的回归方程帮助你预测160平方米的房子价格，然后比较预测值与要价230万元呢？当我们把160代入方程（2.3）中，得到：

$$\widehat{price} = 40.0 + 13.8 \times 160 = 260.8 \ （万元）$$

对比房东的要价，这套房子的价格还比较合理，你开始认为房价过高，是个总体的想法，对这一套房子来说，价格并不高。

其实，影响房价的因素不仅是面积，还有其他因素，这些就是多变量（元）模型探讨的问题，将会在后面的章节中详细讨论。

二、一元线性回归模型

$$Y_i = \beta_0 + \beta_1 X_i + \mu_i \qquad (2.4)$$

式（2-4）中，Y_i 和 X_i 表示因变量（被解释变量）和自变量（解释变量）的第 i 个观测值（$i = 1$，…，n）；β_0 和 β_1 为待估参数（回归系数）；μ_i 为随机误差项，是随机变量，随机误差项的相关性质后面的章节中将详细讨论。

一元线性回归模型指只有一个解释变量 X 的模型。在第三章我们将涉及多个解释变量的问题，即多元线性回归模型。

随机误差项（随机干扰项）μ_i 产生的原因如下：

（一）遗漏的其他解释变量

影响因变量的因素有很多，但在一元线性回归模型中，只有一个自变量，其他影响因素并没有消失，而是包含在随机误差项中。例如，我们在讨论房地产定价问题时，只使用了居住面积作为解释变量，省略了其他诸如地理位置、交通状况、土地价格等因素。被忽略的其他因素就包含在随机误差项中。

（二）模型设定的偏误

由于经济现象的复杂性，即使我们有了解释一种经济现象的理论，并且获得了数据，我们却常常不知道回归关系式是什么形式。变量之间的真实关系往往是未知的，因此，模型的设定可能和真实情况有偏误。例如，如果真实模型是 $Y_i = \alpha + \beta r_i + v_i$，而我们设定的模型是 $Y_i = \alpha + \beta r_i + u_i$，则 X_i^2 的影响将包括在随机误差项中。

（三）测量的误差

变量的测量误差也往往包含在随机误差项。例如，假设为新建筑的价值，我们估计函数 $Y_i = \alpha + \beta r_i + v_i$，式中 r_i 为建筑贷款的利率，但在实际估计中则使用模型 $Y_i = \alpha + \beta X_i + u_i$，式中 X_i 为银行最低贷款利率。用银行最低贷款利率替代建筑贷款的利率所引起的误差也包括在随机误差项 u_i 中。

（四）其他影响因素

不管计量经济学模型的设计有多么具体，总会存在一些无法预测的随机影响因素。由于人类行为的随机性，即使我们能够把所有变量都引入模型中，但仍然有个别 Y 的变化受到其他变量的影响，这些影响因素也被包括在随机误差项中。

三、总体回归模型

回归分析就是根据自变量的已知或给定的值，去估计和（或）预测因变量的（总体）均值。下面看一个例子说明总体回归模型的含义。

假如一个小区有 60 户人家，我们要研究每月每户消费支出 Y 与每月每户可支配收入 X 的关系。也就是说如果知道了某户每月的收入，要预测出在这个收入水平的每月消费支出的（总体）平均水平（因为每户的消费水平除了受收入的影响之外还受其他因素的影响，我们无法预测出每户的实际消费水平，只能试图预测平均消费水平）。为达到这个目的，将 60 户按照组内分为 10 组，分析每一收入组的消费支出情况（见表 2.1）。

表2.1　　　　　　　某地区居民家庭可支配收入与消费支出情况　　　　单位：元

X	800	1000	1200	1400	1600	1800	2000	2200	2400	2600
	550	650	790	800	1020	1100	1200	1350	1370	1500
	600	700	840	930	1070	1150	1360	1370	1450	1520
	650	740	900	950	1100	1200	1400	1400	1550	1750
Y	700	800	940	1030	1160	1300	1440	1520	1650	1780
	750	850	980	1080	1180	1350	1450	1570	1750	1800
		880		1130	1250	1400		1600	1890	1850
				1150				1620		1910
合计	3250	4620	4450	7070	6780	7500	6850	10430	9660	12110

资料来源：模拟数据。

表2.1的解释为，对于每月收入800元的5户人家每月消费支出为550元到750元不等。当 X = 2400 元，6 户人家的每月消费支出在 1370 元到 1890 元之间。换句话说，表2.1中每列给出的是对应于一定收入水平 X 的消费支出 Y 的分布，也就是说它给出了以 X 的确定值为条件的 Y 的条件分布。根据总体信息，可以算出每一个给定 X 的 Y 的概率分布 p（Y│X），即 Y 的条件概率。

当 X = 800 元时，5 户人家的消费支出 Y 的值分别是：550 元、600 元、650 元、700 元和 750 元。因此，给定 X = 800，得到这组的每户消费支出的概率是 1/5。可以记为：$P(Y=550|X=80) = \frac{1}{5}$。同理，$P(Y=650|X=1000) = \frac{1}{6}$，等等。表2.2 给出各个收入水平下消费支出的条件概率。

表2.2　　　　　　各收入水平下消费支出的条件概率与条件期望　　　单位：元

$P(Y│X_i)$	800	1000	1200	1400	1600	1800	2000	2200	2400	2600
X	1/5	1/6	1/5	1/7	1/6	1/6	1/5	1/7	1/6	1/7
	1/5	1/6	1/5	1/7	1/6	1/6	1/5	1/7	1/6	1/7

续表

P(Y│X$_i$)	800	1000	1200	1400	1600	1800	2000	2200	2400	2600
	1/5	1/6	1/5	1/7	1/6	1/6	1/5	1/7	1/6	1/7
	1/5	1/6	1/5	1/7	1/6	1/6	1/5	1/7	1/6	1/7
X	1/5	1/6	1/5	1/7	1/6	1/6	1/5	1/7	1/6	1/7
	–	1/6	–	1/7	1/6	1/6	–	1/7	1/6	1/7
	–	–	–	1/7	–	–	–	1/7	–	1/7
合计	650	770	890	1010	1130	1250	1370	1490	1610	1370

现在对每一个给定收入水平 X 条件下，我们能算出消费支出 Y 的均值，称为条件均值或条件期望（值），记作：$E(Y│X = X_i)$，读为"在 X 的值为 x_i 时 Y 的均值（期望值）"，也可以记作 $E(Y│X_i)$。计算如下：将表 2.1 中的 Y 值乘以相应的条件概率，然后求和。例如，收入水平 X = 800 时，消费支出 Y 的条件均值（期望值）是：

$$550 \times \frac{1}{5} + 600 \times \frac{1}{5} + 650 \times \frac{1}{5} + 700 \times \frac{1}{5} + 750 \times \frac{1}{5} = 650$$

即收入水平 X = 800 的组内消费水平 Y 的平均值为 650 元。同理，可计算出每个收入水平 X 下的消费支出 Y 的条件均值（期望值），结果见表 2.2 的末行。

接下来，根据表 2.1 的数据做散点图，见图 2.1。从图 2.1 中可看出，不同收入水平下消费支出的分布状况，即对应于各个 X 值，Y 的分布状况。虽然每户的消费支出各异，但我们可以清楚地看出：随着收入水平 X 的增加，不同收入水平下组内消费水平的均值在增加；或者说，随着收入的增加，虽然同组内个体的消费水平有差异，但消费支出平均值在增加。换句话说，Y 的条件均值随 X 增加而增加。

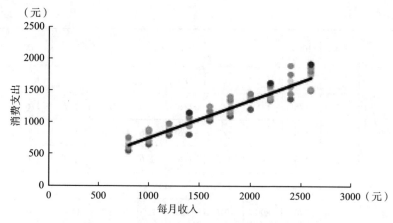

图 2.1　不同收入水平的消费支出及条件期望

从图 2.1 中可以看出，给定收入水平 X 下的 Y 的条件均值 $E(Y|X_i)$ 落在一条向上倾斜的直线上，这条直线叫总体回归线，也就是说，自变量 X 的值确定的条件下，因变量 Y 的条件均值（期望值）的轨迹称为总体回归线。回归直线或回归曲线是穿过这些条件均值（期望值）的线。从图 2.2 中可看出，每一个条件均 $E(Y|X_i)$ 值都是 X_i 的一个函数，这条线的函数表达式为：

$$E(Y|X_i) = f(X_i) \tag{2.5}$$

其中，$f(X_i)$ 表示解释变量 X_i 的某个函数。方程（2.5）称为总体回归函数（PRF），它表示 X_i 在给定下 Y 分布的（总体）均值与 X_i 有函数关系。换句话说，方程（2.5）或总体回归函数说明了应变量 Y 的均值是怎样随自变量 X 的变化而变化的。

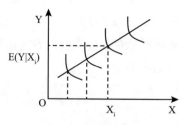

图 2.2　总体回归线

函数 f(Xᵢ) 的具体形式如何确定呢? 这是个重要的问题, 因为在实际研究经济问题时, 我们不可能得到全部总体的数据作分析, PRF 的函数形式理论和经验可以给我们参考。例如, 经济学家提出消费支出与收入有线性关系 (凯恩斯绝对收入理论), 根据这个假设, 我们知道消费支出的条件均值 $E(Y \mid X_i)$ 是收入 X_i 的线性函数, 其形式如下:

$$E(Y \mid X_i) = \beta_0 + \beta_1 X_i \qquad (2.6)$$

其中 β_0 和 β_1 为待估参数, 称为回归系数; 方程 (2.6) 称为线性总体回归函数。回归分析中, 关键就是根据 Y 和 X 的观测值估计未知参数 β_0 和 β_1 的值, 即估计出 PRF 的具体形式 (这个问题在后面的内容中将详细说明)。

从上面的例子中, 我们可以看到, 随着收入增加, 消费支出的条件均值也在增加。但对某一户人家来说, 消费支出与他的收入水平的关系是如何的呢? 从表2.1 和图2.1 中, 我们都可以清楚地看出, 某一户的消费支出不一定随收入的增加而增加。例如, 从表2.1 中对于每月 1000 元收入的两户的消费支出可以看到, 一位是 650 元, 少于每月收入 800 元两户的消费支出 (700 元和 750 元), 也低于收入水平收入 1000 元的条件均值 770 元。但比较给定收入水平的平均消费支出水平, 可以看到, 每月收入为 1000 元的平均消费支出 (770 元) 比每月收入为 800 元的平均消费支持 (650 元) 高。

那么, 个体消费支出与平均消费水平之间的关系如何呢? 我们从图2.1 中看到, 当收入水平给定时, 各户的消费支出聚集在消费支出的条件均值周围。我们可以把给定消费水平 X_i 的每个值 Y_i 与条件均值 $E(Y \mid X_i)$ 的关系表示如下:

$$Y_i = E(Y \mid X_i) + \mu_i \qquad (2.7)$$

个值 Y_i 与均值 $E(Y \mid X_i)$ 的离差为

$$\mu_i = Y_i - E(Y \mid X_i) \qquad (2.8)$$

离差值 μ_i 是一个随机变量, 被称为随机干扰项或随机误差项。

假定 $E(Y \mid X_i)$ 与 X_i 是线性关系, 方程 (2.8) 就可以写成

$$Y_i = E(Y \mid X_i) + \mu_i$$
$$= \beta_1 + \beta_2 X_i + \mu_i \qquad (2.9)$$

我们可以这样解释方程 (2.9), 即家庭消费支出的多少受两部分因素的影响: 一是收入水平即自变量 (这部分称为系统性或确定性部分); 二是

除了自变量以外的其他因素集合 μ_i（这部分称为非系统性成分）。

例如，给定收入水平 $X = 800$，在此收入水平下，个体消费支出由两部分组成：（1）该收入水平下的平均消费支出（条件期望），即 $\beta_1 + \beta_2(800)$；（2）其他因素 μ_i（随机或非确定性部分）。

$$Y_1 = 550 = \beta_1 + \beta_2(800) + \mu_1$$
$$Y_2 = 600 = \beta_1 + \beta_2(800) + \mu_2$$
$$Y_3 = 650 = \beta_1 + \beta_2(800) + \mu_3$$
$$\cdots\cdots$$

四、样本回归模型

在实际经济问题中，总体的信息无法得到或者获取全部信息的成本较高，我们往往抽取一部分样本对其研究，根据样本回归函数估计总体回归函数 PRF。

假如我们不知道总体的数据，我们仅有的信息是给出一个 X 的值随机抽样得到一个 Y 的值。见表 2.3 它和假设的总体数据表 2.1 不同，对应于给定的每一个 X 的值只有一个 Y 的值，而且都是随机抽取的。

表 2.3　　　　　　　　　　总体的一个随机样本

X	800	1000	1200	1400	1600	1800	2000	2200	2400	2600
Y	700	650	900	950	1100	1150	1200	1400	1550	1500

问题是：我们能否从样本预测整个总体中给定每个 X 条件下 Y 的平均消费支出水平？换句话说，可否根据样本信息估计总体回归函数 PRF？我们设想从总体中再随机抽取一组样本。如表 2.4 所示。

表 2.4　　　　　　　　　　总体的另一个样本

X	800	1000	1200	1400	1600	1800	2000	2200	2400	2600
Y	550	880	900	800	1180	1200	1450	1350	1450	1750

将表 2.3 和表 2.4 的数据绘制成散点图。画两条样本回归线：SRF_1 和 SRF_2。哪一条与真实的总体回归线更接近呢？如果我们无法得到 PRF 的图形，我们就无从比较图 2.3 中的两条样本回归线哪一条线接近总体回归线。有 N 个样本，就会得到 N 条样本回归线，这 N 条样本回归线一般情况下位置各异。

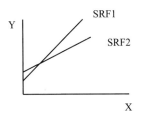

图 2.3　样本的回归线

由样本数据得到的样本回归线的函数表达式为：

$$\hat{Y}_i = \hat{\beta}_1 + \hat{\beta}_2 X_i \qquad (2.10)$$

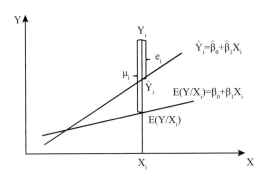

图 2.4　总体回归线与样本回归线的关系

式（2.10）称为样本回归函数，记作 SRF（sample regression function）。其中 $\hat{Y}$ 读作"Y – hat"

$\hat{Y}_i$——条件均值 $E(Y \mid X_i)$ 的（样本）估计值；

$\hat{\beta}_1$——总体回归系数 β_1 的（样本）估计值；

$\hat{\beta}_2$——总体回归系数 β_2 的（样本）估计值。

所抽取样本的个值可表示为：

$$\hat{Y} = \hat{\beta}_1 + \hat{\beta}_2 X_i + e_i \qquad (2.11)$$

我们称方程（2.11）为样本回归函数的随机形式，其中 e_i 表示（样本）残差，表明样本点与回归线上的点的偏离。可把它看作总体回归函数随机误差项 u_i 的估计值。

总的来说，由于我们无法真正得到研究对象的总体信息，更多的时候仅仅依据随机抽取的一个样本，而不是多个样本。所以，回归分析的主要目的就是根据 SRF 来估计 PRF。两者之间的关系如图 2.4 所示。然而，我们根据 SRF 仅仅能得到 PRF 的近似值，由于抽样的随机性和差异性，所得到的 PRF 估计值可能高估也可能低估。

这样我们将面临一个非常重要的问题就是：既然我们认识到 SRF 仅仅是 PRF 的一个近似估计，能不能设计一种方法，使得用这种方法得到的 SRF 能尽可能的接近 PRF 呢？具体来说，给定一个样本数据，是否有一种方法能使计算得到的 $\hat{\beta}_1$ 尽可能地"接近"总体回归参数 β_1；$\hat{\beta}_2$ 尽可能地"接近" β_2，尽管总体回归参数 β_1 和 β_2 的真实值客观存在但却永远无法估计得到。

■ 第三节　一元线性回归模型的参数估计

计量经济研究的直接目的是确定总体回归函数，然而能够得到的只是来自总体的若干样本的观测值，要用样本信息建立的样本回归函数"尽可能接近"地去估计总体回归函数。为此，可从不同的角度去确定建立样本回归函数的准则，也就有了估计回归模型参数的多种方法。例如，用产生该样本概率最大的原则去确定样本回归函数，称为极大似然估计；用使估计的剩余平方和最小的原则确定样本回归函数，称为最小二乘准则。本章只介绍在古典假定下的最小二乘法，也称为普通最小二乘估计（ordinary least squares estimators，OLS 或 OLSE）。

一、普通最小二乘法的原理

我们来看一个一元线性回归模型：

$$Y_i = \beta_1 + \beta_2 X_i + \mu_i$$

在前面我们不止一次地提道：总体回归函数由于信息不完全等原因无法直接得到，实际研究中我们只能通过抽样估计出样本回归函数（SRF）作为总体回归函数（PRF）的近似替代。

$$Y_i = \hat{\beta}_1 + \hat{\beta}_2 X_i + \hat{\mu}_i$$
$$= \hat{Y}_i + e_i$$

其中，$\hat{\beta}_1$ 和 $\hat{\beta}_2$ 是样本回归系数，也是总体回归系数 β_1 和 β_2 的估计值；$\hat{Y}_i$ 既是个值 Y_i 的估计值也是条件均值 $E(Y \mid X_i)$ 的估计值，e_i 称为残差项，它表明个值 Y_i 与估计值 $\hat{Y}_i$ 的偏差，是随机误差项 μ_i 的估计量。

对于随机抽取的样本，给定 X 和 Y 的观测值，如何计算得到 SRF 使得它尽可能地靠近真实的 Y 值？

为了说明这个问题，我们先看下面的一个模拟实验。

对于给定的 Y 和 X 的观测值（如表 2.5 所示），利用表 2.5 中第（1）列和第（2）列的数据，假如有两位同学分别采取了两种不同的方法估计 SRF 的系数。

表 2.5   SRF 如何决定的模拟实验

变量	Y_i	X_i	$\hat{Y}_{1i}$	$\hat{\mu}_{1i}$	$\hat{\mu}_{1i}^2$	$\hat{Y}_{2i}$	$\hat{\mu}_{2i}$	$\hat{\mu}_{1i}^2$
	（1）	（2）	（3）	（4）	（5）	（6）	（7）	（8）
	4	1	2.929	1.1	1.147	4	0	0
值	5	4	7	−2	4	7	−2	4
	7	5	8.357	1.357	1.841	8	−1	1
	12	6	9.714	2.286	5.226	9	3	9
总和	28	16	—	0	12.214	—	0	14

资料来源：模拟数据。

第一位同学通过计算后得到 $\hat{\beta}_1 = 1.572$，$\hat{\beta}_2 = 1.375$（暂时不考虑这两个数值是怎样算出来的），得到 SRF1 的方程为：$\hat{Y}_{1i} = 1.572 + 1.357 X_i$；将表中第（2）列 X 的数值代入该方程中计算出的估计值 Y_i，记作 $\hat{Y}_{1i}$，对应

表中的第（3）列。

第二位同学通过另一种方法计算得到 $\hat{\beta}_1 = 3$，$\hat{\beta}_2 = 1$，得到 SRF2 的方程为：$\hat{Y}_{2i} = 3.0 + 1.0X_i$；将表中第（2）列 X 的数值代入 SRF2 中计算出的估计值 Y_i，记作 $\hat{Y}_{2i}$，对应表中的第（6）列。

由于两位同学计算的参数值不同，所得到的回归方程不同，估计值与真值之间的残差也不同，分别计算残差 e_{1i} 和 e_{2i}，对应表中的第（4）列和第（7）列；残差的平方对应表中的第（5）列于第（8）列。两位同学所得到的回归函数图形如图2.5所示。

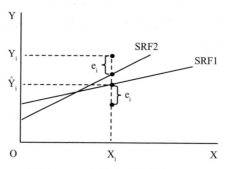

图 2.5　两个样本回归线的比较

那么我们应该选择哪位同学计算所得的参数值呢？对于给定的 Y 和 X 的观测值，我们希望样本回归函数（SRF）得到的参数估计值尽可能地接近实际的 Y。

为回答这个问题，我们可以采用如下准则：

（1）残差和最小，即 $\sum e_i = \sum (Y_i - \hat{Y}_i)$ 尽可能小。这乍看有说服力，但不是一个很好的准则。我们可以从图2.6中的散点图看出。

如果采纳残差和 $\sum e_i$ 最小的准则，很可能点离开 SRF 很远，e_i 的分布很远，但其代数和却很小（甚至为零）。如图2.6中 e_1，e_2，e_3 和 e_4 分别取值10，-2，$+2$，-10；比较发现，$e_1 + e_4 = 0$，$e_2 + e_3 = 0$；显然，e_1 和 e_4 分布离 SRF 远得多。但如果我们将残差平方后或者取绝对值后求和，就可以避免因为取值正负相互抵消这种问题。

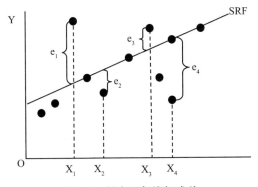

图 2.6　样本回归线与残差

（2）残差平方和最小（最小二乘准则），即

$$\sum e_i^2 = \sum (Y_i - \hat{Y}_i)^2$$
$$= \sum [Y_i - (\hat{\beta}_1 + \hat{\beta}_2 X_i)]^2$$
$$= \sum (Y_i - \hat{\beta}_1 - \hat{\beta}_2 X_i)^2 \tag{2.12}$$

式（2.12）尽可能的小。该方法通过对残差的平方，避免了前面所说的残差正负相互抵消的问题。在第一种方法下，虽然样本点在 SRF 周围散布得很远，但残差和可能很小（甚至为零）。而在最小二乘准则下，样本点离 SRF 越远，其平方和也越大。

当给定 Y 和 X 的观测值：

$$Q = \sum e_i^2 = f(\hat{\beta}_1, \hat{\beta}_2) \tag{2.13}$$

从式（2.13）可以看出，残差平方和是参数估计量的函数，不同的 $\hat{\beta}_1$ 和 $\hat{\beta}_2$ 的值将得到不同的 SRF，从而得到不同的残差值，进而有不同的残差平方和的值。

我们现在回到前面的问题，该选择哪位同学计算的 SRF 呢？或者说哪位同学的回归结果更好呢？比较两位同学估计结果的残差平方和，列（5）为 12.214，列（8）为 14，12.214 小于 14，因此第一位同学的参数值最优。

由最小二乘原理或方法选出来的 $\hat{\beta}_1$ 和 $\hat{\beta}_2$，将使得对于给定的样本或一组数据，残差平方和 $\sum e_i^2$ 尽可能小。换言之，对于给定的样本，最小二乘法为我们提供估计参数值 $\hat{\beta}_i$ 的思路，即使得 $\sum e_i^2 = f(\hat{\beta}_1, \hat{\beta}_2)$ 值最小而得到的 $\hat{\beta}_1$ 和 $\hat{\beta}_2$ 值将是最优的。

二、普通最小二乘参数估计量的推导

关于函数的极值或者最值的讨论，微积分提供了很好的方法。下面我们通过微分法，计算能使残差平方和最小的 $\hat{\beta}_1$ 和 $\hat{\beta}_2$。

根据微积分极值的讨论中一阶偏导定理。函数（2.14）中 Q 对 $\hat{\beta}_1$，$\hat{\beta}_2$ 的一阶偏导为 0 时，Q 具有最小值，即：

$$\begin{cases} \dfrac{\partial Q}{\partial \hat{\beta}_1} = 0 \\ \dfrac{\partial Q}{\partial \hat{\beta}_2} = 0 \end{cases} \tag{2.14}$$

当函数 $Q = \sum (Y_i - \hat{\beta}_1 - \hat{\beta}_2 X_i)^2$ 分别对 $\hat{\beta}_1$ 和 $\hat{\beta}_2$ 求一阶偏导，并令其为零，可得到下列方程组（推导过程省略）：

$$\begin{cases} \sum (Y_i - \hat{\beta}_1 - \hat{\beta}_2 X_i) = 0 \\ \sum (Y_i - \hat{\beta}_1 - \hat{\beta}_2 X_i) X_i = 0 \end{cases} \tag{2.15}$$

解这个关于 $\hat{\beta}_1$，$\hat{\beta}_2$ 的二元方程组，得：

$$\begin{cases} \hat{\beta}_1 = \dfrac{\sum X_i^2 \sum Y_i - \sum X_i \sum Y_i X_i}{n \sum X_i^2 - (\sum X_i)^2} \\ \hat{\beta}_2 = \dfrac{n \sum Y_i X_i - \sum Y_i \sum X_i}{n \sum X_i^2 - (\sum X_i)^2} \end{cases} \tag{2.16}$$

若我们定义 $x_i = (X_i - \bar{X})$ 和 $y_i = (Y_i - \bar{Y})$，用小写字母表示离差。参数估计量（2.16）的离差形式如下：

$$\begin{cases} \hat{\beta}_1 = \dfrac{\sum x_i y_i}{\sum x_i^2} \\ \hat{\beta}_2 = \bar{Y} - \hat{\beta}_1 \bar{X} \end{cases} \tag{2.17}$$

三、应用普通最小二乘法估计参数的例子

在家庭可支配收入与消费的例子中，对于给定的一个样本，参数的估计可通过表2.6得到：

$$\hat{\beta}_0 = \overline{Y} - \hat{\beta}_0 \overline{X}$$
$$= 1567 - 0.777 \times 2150$$
$$= -103.172$$

$$\hat{\beta}_1 = \frac{\sum x_i y_i}{\sum x_i^2} = \frac{5769300}{7425000} \approx 0.777$$

表 2.6　　　　　　　　　　　**收入与消费的一个样本**

参数估计的计算表

样本	X_i	Y_i	x_i	y_i	$x_i y_i$	x_i^2	y_i^2	X_i^2	Y_i^2
1	800	594	-1350	-973	1313550	1822500	946729	640000	352836
2	1100	638	-1050	-929	975450	1102500	863041	1210000	407044
3	1400	1122	-750	-445	333750	562500	198025	1960000	1258884
4	1700	1155	-450	-412	185400	202500	169744	2890000	1334025
5	2000	1408	-150	-159	23850	22500	25281	4000000	1982464
6	2300	1595	150	28	4200	22500	784	5290000	2544025
7	2600	1969	450	402	180900	202500	161604	6760000	3876961
8	2900	2078	750	511	383250	562500	261121	8410000	4318084
9	3200	2585	1050	1018	1068900	1102500	1036324	10240000	6682225
10	3500	2530	1350	963	1300050	1822500	927369	12250000	6400900

资料来源：本章总体为60户人家收入消费模拟数据。

由该样本估计的回归方程为：

$$\hat{Y}_i = -103.172 + 0.777 X_i$$

上面得到的估计量是以最小二乘原理计算得到的，所以叫作最小二乘（OLS）估计量。

四、一元线性回归模型的基本假设

对一元线性回归模型的基本假定有两个方面：一是对变量和模型的假定；二是对随机扰动项 u_i 的假定。

在一元线性回归模型中对变量和模型的假定，首先是假定解释变量 X_i 是确定性变量，是非随机的，这是因为在重复抽样中 X_i 是取一组固定的值。或者 X_i 虽然是随机的，但与随机扰动项 u_i 也是不相关的。

其次是假定模型中的变量没有测量误差。此外，还要假设模型对变量和函数形式的设定是正确的，即不存在设定误差。

为了使对模型的估计具有良好的统计性质，在计量经济研究中对无法直接观测的随机扰动项 μ_i 的分布，需要作如下一些基本假设：

假定1：随机误差项 μ_i 的均值为零。对给定的 X 值，随机误差项（干扰项）的均值或期望值为零，或者说 μ_i 的条件均值为零，记为：

$$E(\mu_i \mid X_i) = 0 \tag{2.18}$$

这个假定是说，凡是模型不显含的因素，归于 μ_i，对 Y 的均值没有系统的影响，正的干扰与负的干扰互相抵消，以至于这些不显含的影响对被解释变量 Y 的影响为零。

假定2：随机误差项 μ_i 的方差为同方差。给定 X 值，随机扰动项 μ_i 的条件方差都等于某一个常数 σ^2。

$$Var(\mu_i \mid X_i) = E[\mu_i - E(\mu_i) \mid X_i]^2 = E(\mu_i^2 \mid X_i) = \sigma^2 \tag{2.19}$$

其中，Var 表示方差。

同方差假定就是看随机扰动项 μ_i 的条件方差是否随着解释变量 X_i 的变化而变化，如图2.7和图2.8所示。

图2.7是说，对于每个 μ_i 的条件方差都是等于某个正的常数 σ^2。同方差性代表分散度相同或者方差相同。而图2.8则表示 μ_i 的条件方差随 X 值的不同而不同，这种分布称为异方差，或者说分散度不同或方差不相同。

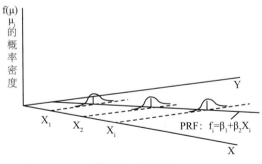

图 2.7　同方差

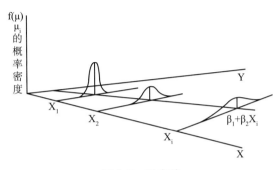

图 2.8　异方差

假定 3：随机误差（干扰）项无自相关。随机扰动项 μ_i 与 μ_j 之间不相关，或者说对于所有的 i 和 j(i≠j)，μ_i 与 μ_j 的协方差为零。

$$\begin{aligned} \text{Cov}(\mu_i,\ \mu_j \mid X_i,\ X_j) &= E[\mu_i - E(\mu_i) \mid X_i][\mu_j - E(\mu_j)] \\ &= E(\mu_i \mid X_i)(\mu_j \mid X_j) = 0 \end{aligned} \quad (2.20)$$

设定 μ_i 与 μ_j 不相关，是指这些干扰之间不存在交互影响。

假定 4：随机扰动项 μ_i 与解释变量 X_i 不相关，可表示为：

$$\begin{aligned} \text{Cov}(\mu_i,\ X_i) &= E[\mu_i - E(\mu_i)][X_i - E(X_i)] \\ &= E[\mu_i(X_i - E(X_i))]，由假定 3\ E(\mu_i) = 0 \\ &= E(\mu_i,\ X_i) - E(X_i)E(\mu_i) \\ &= E(\mu_i,\ X_i)，因 E(\mu_i) = 0 \\ &= 0 \end{aligned} \quad (2.21)$$

这个假定表明模型中的 X_i 和 μ_i 是相互独立的，Y 变化受解释变量 X 和

随机干扰项 μ_i 两部分的影响。如 X_i 和 μ_i 相关，我们就无法估计它们对 Y 的独立影响。

假定5：正态性假定，即假定随机扰动项 μ_i 服从期望为零方差为 σ^2 的正态分布，表示为：

$$\mu_i \sim N(0, \sigma^2) \tag{2.22}$$

以上这些对随机扰动项 μ_i 分布的假定是德国数学家高斯最早提出的，也称为高斯假定或古典假定。满足以上古典假定的线性回归模型，也称为古典线性回归模型（classical linear regression model，CLRM）。

五、普通最小二乘估计量的统计性质

估计量分布的理想性质是，它的均值等于总体参数的真实值。为了检验参数估计量的可靠性和显著性，有必要讨论参数估计量的统计性质，即从数理统计的角度衡量参数估计量的优劣，衡量的标准主要是线性、无偏性和有效性。这些性质包含在著名的高斯－马尔可夫定理中，即估计量是最佳线性无偏（best linear unbiasedness property）。在符合经典假定或高斯假定条件下，最小二乘估计量具有最佳线性无偏性质。

（一）线性性

即估计量 $\hat{\beta}_0$ 和 $\hat{\beta}_1$ 是 Y_i 的线性组合。

令 $k_i = \dfrac{x_i}{\sum x_i^2}$，因 $\sum x_i = \sum (X_i - \bar{X}) = 0$，故有：

$$\hat{\beta}_1 = \frac{\sum x_i y_i}{\sum x_i^2} = \frac{\sum x_i (Y_i - \bar{Y})}{\sum x_i^2} = \frac{\sum x_i Y_i}{\sum x_i^2} + \frac{\bar{Y} \sum x_i}{\sum x_i^2}$$

$$\hat{\beta}_1 = \sum \frac{x_i}{\sum x_i^2} Y_i = \sum k_i Y_i \tag{2.23}$$

$$\hat{\beta}_0 = \bar{Y} - \hat{\beta}_1 \bar{X}$$

$$= \frac{1}{n} \sum Y_i - \sum k_i Y_i \bar{X}$$

$$= \sum \left(\frac{1}{n} - \bar{X}k_i \right) Y_i = \sum w_i Y_i \qquad (2.24)$$

（二）无偏性

无偏性是指参数估计量 $\hat{\beta}_0$ 和 $\hat{\beta}_1$ 的均值（期望值）分别等于总体参数值 β_0 和 β_1，即：

$$\hat{\beta}_1 = \sum k_i Y_i = \sum k_i (\beta_0 + \beta_1 X_i + \mu_i)$$

$$= \beta_0 \sum k_i + \beta_1 \sum k_i X_i + \sum k_i \mu_i$$

易知 $\sum k_i = \dfrac{\sum x_i}{\sum x_i^2} = 0 \quad \sum k_i X_i = 1$

故 $\hat{\beta}_1 = \beta_1 + \sum k_i \mu_i$

$$E(\hat{\beta}_1) = E(\beta_1 + \sum k_i \mu_i) = \beta_1 + \sum k_i E(\mu_i) = \beta_1 \qquad (2.25)$$

$$E(\hat{\beta}_0) = E(\beta_0 + \sum w_i \mu_i) = E(\beta_0) + \sum w_i E(\mu_i) = \beta_0 \qquad (2.26)$$

（三）有效性

有效性是指在所有线性、无偏估计量中，参数估计量 $\hat{\beta}_0$ 和 $\hat{\beta}_1$ 的方差最小。

1. 先求 $\hat{\beta}_0$ 与 $\hat{\beta}_1$ 的方差

$$\text{Var}(\hat{\beta}_1) = \text{Var}(\sum k_i Y_i) = \sum k_i^2 \text{Var}(\beta_0 + \beta_1 X_i + \mu_i)$$

$$= \sum k_i^2 \text{Var}(\mu_i) = \sum \left(\frac{x_i}{\sum x_i^2} \right)^2 \sigma^2 = \frac{\sigma^2}{\sum x_i^2}$$

$$\text{Var}(\hat{\beta}_0) = \text{Var}(\sum w_i Y_i) = \sum w_i^2 \text{Var}(\beta_0 + \beta_1 X_i + \mu_i)$$

$$= \sum \left(\frac{1}{n} - \bar{X}k_i \right)^2 \sigma^2 = \sum \left[\left(\frac{1}{n} \right)^2 - 2\frac{1}{n}\bar{X}k_i + \bar{X}^2 k_i^2 \right] \sigma^2$$

$$= \left(\frac{1}{n} - \frac{2}{n}\bar{X} \sum k_i + \bar{X}^2 \sum \left(\frac{x_i}{\sum x_i^2} \right)^2 \right) \sigma^2$$

$$= \left(\frac{1}{n} + \frac{\bar{X}^2}{\sum x_i^2} \right) \sigma^2 = \frac{\sum x_i^2 + n\bar{X}^2}{n \sum x_i^2} \sigma^2 = \frac{\sum x_i^2}{n \sum x_i^2} \sigma^2$$

2. 证明最小方差性

假设 $\hat{\beta}_1^*$ 是其他估计方法得到的关于 $\hat{\beta}_1$ 的线性无偏估计量:

$$\text{Var}(\hat{\beta}_1^*) = \sum c_i Y_i$$

其中, $c_i = k_i + d_i$, d_i 为不全为零的常数。

则容易证明:

$$\text{Var}(\hat{\beta}_1^*) \geqslant \text{Var}(\hat{\beta}_1)$$

同理, 可以证明 β_0 的最小二乘估计量 $\hat{\beta}_0$ 具有最小方差。

既是无偏的, 同时又具有最小方差的估计量, 称为最佳无偏估计量。由以上的分析可以看出, 在古典假定条件下, OLS 估计量 $\hat{\beta}_0$ 与 $\hat{\beta}_1$ 是参数 β_0 和 β_1 的最佳线性无偏估计量, 这一结论就是著名的高斯 – 马尔可夫定理, 正是由于在总体参数的各种无偏估计中, 最小二乘估计量具有最小方差的特性, 才使最小二乘法在数理统计学中和计量经济学中获得了最广泛的应用。

第四节　拟合优度的测量

样本回归直线是对样本数据的一种拟合, 对于同一组样本数据, 使用不同的方法去估计回归直线的参数, 可以拟合出不同的回归直线。从散点图上看, 所有的样本观测值都恰好在回归直线上的情况是极少见的, 回归直线与样本观测值总是存在或正或负的偏离。样本回归直线与样本观测数据之间的拟合程度, 称为样本回归直线的拟合优度。如果所有的样本观测值都落在回归直线上, 则称为完全拟合。在计量经济学中, 拟合优度是在总离差分解的基础上确定样本决定系数或可决系数去度量的。判定系数就是度量样本回归线对样本数据拟合程度的统计量。

计算步骤如下:

$$Y_i = \hat{Y}_i + e_i \tag{2.27}$$

写成离差形式:

$$y_i = \hat{y}_i + e_i \tag{2.28}$$

两边平方并对样本求和, 得到:

$$\sum y_i^2 = \sum \hat{y}_i^2 + \sum \hat{y}_i e_i + \sum e_i^2$$
$$= \sum \hat{y}_i^2 + \sum e_i^2 \qquad (2.29)$$

（因为可以证明 $\sum \hat{y}_i e_i = 0$）

对于所有的样本点，出现在式（2.29）中的平方和，可以描述成：

总离差平方和（TSS），实测的样本值 Y 与其均值的总变异：

$$\sum y_i^2 = \sum (Y_i - \bar{Y}_i)^2 \qquad (2.30)$$

回归平方和（ESS），或称为解释平方和，估计值 Y 围绕其均值的变异，可由回归方程解释的 Y 的变化：

$$\sum \hat{y}_i^2 = \sum (\hat{Y}_i - \bar{Y})^2 \qquad (2.31)$$

残差平方和（RSS），残差或未解释的围绕回归线 Y 值的变化：

$$\sum e_i^2 = \sum (Y_i - \hat{Y}_i)^2 \qquad (2.32)$$

这样，式（2.29）就可以表示成：

$$TSS = ESS + RSS \qquad (2.33)$$

式（2.33）说明，Y 的观测值围绕其均值得总变异（离差）可分解成两部分：一部分来自样本回归线，另一部分来自随机干扰项（非显性影响因素）。

观测值 Y 的变异可分解成两个部分。

根据上述关系，可以用

$$R^2 = \hat{\beta}_1^2 \left(\frac{\sum x_i^2}{\sum y_i^2} \right) \qquad (2.34)$$

检验样本回归线的拟合优度，R^2 称为可决系数（coefficient of determination）。

观察式（2.34），可决系数 R^2 的取值范围为 [0，1]，回归平方和所占的比重越大，相应的残差平方和的比重越小，样本回归线的解释能力越强，对样本点的拟合越好。如果"完全"拟合，则 $R^2 = 1$，该统计量 R^2 的值越接近 1，样本回归线对样本点的拟合优度越高。

实际计算可决系数时，在参数值已经估计出后，一个较为简单的计算公式为：

$$R^2 = \frac{ESS}{TSS} = 1 - \frac{RSS}{TSS} \qquad (2.35)$$

■ 第五节　回归系数的假设检验

在对一元线性回归模型进行检验的时候，我们知道虽然拟合优度 R^2 度量了估计的回归直线与样本观察值之间拟合程度，但是 R^2 本身却不能告诉我们估计的回归系数是否在统计上是显著的，也就是是否显著不为零。如果回归系数显著不为零，则其对应的解释变量对被解释变量的影响是重要的，否则就是不重要的，需要进一步分析影响被解释变量的其他因素。

如果一元线性回归模型中的回归系数显著不为零，则其对应的解释变量对被解释变量的影响是重要的，否则就是不重要的，鉴于回归系数的假设检验对多元回归模型设立的重要性，必须对回归系数的显著性进行检验。

一、回归系数的 t 检验

在一元线性回归模型中，如果随机干扰项 μ_i 和解释变量 X_i 满足基本假定的要求，那么参数估计量也服从正态分布。

由于总体方差 σ^2 未知，σ^2 的无偏估计量为 $\hat{\sigma}^2$，$\hat{\sigma}^2$ 为：

$$\hat{\sigma}^2 = \frac{\sum e_i^2}{n-2} \qquad (2.36)$$

因此 OLS 估计量服从自由度为（$n-2$）的 t 分布，而不是正态分布。即

$$t = \frac{\hat{\beta}_i - \beta_i}{S(\hat{\beta}_i)} \sim t(n-2) \qquad (2.37)$$

二、t 检验步骤

具体检验步骤如下：

（1）提出假设：原假设 H_0：$\beta_i = 0$

备则假设 H_1： $\beta_i \neq 0$

（2）在 H_0 成立的条件下，计算 t 统计量。

$$t = \frac{\hat{\beta}_i - \beta_i}{S(\hat{\beta}_i)} = \frac{\hat{\beta}_i}{\hat{\sigma}\sqrt{c_{ii}}}$$

（3）在给定显著性水平 α 的条件下，查表得临界值 $t_{\frac{\alpha}{2}}(n-2)$。

（4）判断。

若 $|t| \geq t_{\frac{\alpha}{2}}(n-2)$，则拒绝 H_0： $\beta_i = 0$，接受（不拒绝） H_1： $\beta_i \neq 0$。说明 β_i 所对应的解释变量 X_i 对因变量 Y_i 有显著影响。

若 $|t| \leq t_{\frac{\alpha}{2}}(n-2)$，则接受（不拒绝） H_0： $\beta_i = 0$，即 β_i 显著不为零，说明 β_i 对应的解释变量 X_i 对因变量 Y_i 的影响不显著。

三、回归系数的 P 值检验

一元线性回归模型参数的显著性检验，也可以通过 P 值来检验，即如果 β_i 所对应的 P 值小于给定的显著性水平 α，则拒绝原假设，说明 β_i 显著不等于零。

P 值是一种概率，一种在原假设为真的前提下出现观察样本以及更极端情况的概率，表示拒绝原假设的最小显著性水平，也可以认为是观察到的（实例的）显著性水平，表示对原假设的支持程度，是用于确定是否应该拒绝原假设的另一种方法。

一般地，用 X 表示检验的统计量，当 H_0 为真时，可由样本数据计算出该统计量的值 C，根据检验统计量 X 的具体分布，可求出 P 值。具体地说：

左侧检验的 P 值为检验统计量 X 小于样本统计值 C 的概率，即： $P = P\{X < C\}$。

右侧检验的 P 值为检验统计量 X 大于样本统计值 C 的概率，即： $P = P\{X > C\}$。

双侧检验的 P 值为检验统计量 X 落在样本统计值 C 为端点的尾部区域内的概率的 2 倍： $P = 2P\{X > C\}$（当 C 位于分布曲线的右端时）或 $P = 2P\{X < C\}$（当 C 位于分布曲线的左端时）。若 X 服从正态分布和 t 分布，其分布曲线是关于纵轴对称的，故其 P 值可表示为 $P = P\{|X| > C\}$。

计算出 P 值后，将给定的显著性水平 α 与 P 值比较，就可作出检验的结论：

如果 α > P 值，则在显著性水平 α 下拒绝原假设。

如果 α ≤ P 值，则在显著性水平 α 下不拒绝原假设。

在实践中，当 α = P 值时，也即统计量的值 C 刚好等于临界值，为慎重起见，可增加样本容量，重新进行抽样检验。

■ 第六节　参数估计量的置信区间

一、参数估计量的置信区间

要判断样本参数的估计值在多大程度上可以"近似"地替代总体参数的真值，往往需要通过构造一个以样本参数的估计值为中心的"区间"，来考察它以多大的可能性（概率）包含着真实的参数值。这种方法就是参数检验的置信区间估计。

在变量的显著性检验中已经知道

$$t = \frac{\hat{\beta}_i - \beta_i}{S_{\hat{\beta}_i}} \sim t(n-k-1) \qquad (2.38)$$

如果给定置信水平 $1-\alpha$，从 t 分布表中查得自由度为 $(n-k-1)$ 的临界值 $t_{\frac{\alpha}{2}}$，那么 t 值处在 $\left(-t_{\frac{\alpha}{2}}, t_{\frac{\alpha}{2}}\right)$ 的概率是 $1-\alpha$，表示为 $P\left(-t_{\frac{\alpha}{2}} < t < t_{\frac{\alpha}{2}}\right)$。将式（2.38）代入，得到 $P\left(-t_{\frac{\alpha}{2}} < \frac{\hat{\beta}_i - \beta_i}{S_{\hat{\beta}_i}} < t_{\frac{\alpha}{2}}\right) = 1-\alpha$。则可得到 $P(\hat{\beta}_i - t_{\frac{\alpha}{2}} \times S_{\hat{\beta}_i} < \beta_i < \hat{\beta}_i + t_{\frac{\alpha}{2}} \times S_{\hat{\beta}_i})$。于是，在 $1-\alpha$ 的置信水平下 β_i 的置信区间是

$$\left(\hat{\beta}_i - t_{\frac{\alpha}{2}} \times S_{\hat{\beta}_i}, \quad \hat{\beta}_i + t_{\frac{\alpha}{2}} \times S_{\hat{\beta}_i}\right) \qquad (2.39)$$

如果存在这样一个区间，称之为置信区间（confidence interval）；$1-\alpha$ 称为置信系数（置信度）（confidence coefficient），α称为显著性水平（level of significance）；置信区间的端点称为置信限（confidence limit）或临界值（critical values）。

二、如何缩小参数估计量的置信区间

在实际应用中，我们当然希望置信水平越高越好，置信区间越窄越好。如何才能缩小置信区间？从式（2.39）中不难看出：

（1）增大样本容量 n。在同样的置信水平下，n 越大，从 t 分布表中查得自由度为（n－k－1）的临界值 $t_{\frac{\alpha}{2}}$ 越小；同时，增大样本容量，在一般情况下可使估计值的标准差 $S_{\hat{\beta}}$ 减小，从而可以缩小置信区间。

（2）提高模型的拟合优度，因为样本参数估计量的标准差与残差平方和呈正比，模型拟合优度越高，残差平方和应越小。

（3）提高样本观测值的分散程度。在一般情况下，样本观测值越分散，标准差越小，置信区间越小。

第七节　预　　测

预测是回归分析应用的一个重要方面。预测可以分为点预测和区间预测两种。

所谓点预测，就是给定 X = X_0 时，利用样本回归方程 $\hat{Y}_i = b_1 + b_2X_i$，求出相应的样本拟合值 $\hat{Y}_0$，以此作为因变量个别值 Y_0 和其均值 $E(Y \mid X_0)$ 即 $E(Y_0)$ 的估计值。

由于抽样波动的影响及随机扰动项 μ_i 的零均值假定不完全与实际相符，因此，点预测值 $\hat{Y}_0$ 与个别值 Y_0 及其均值 $E(Y \mid X_0)$ 都存在一定误差。我们希望能够以一定的概率将误差控制在一定范围之内，从而确定 Y_0 和 $E(Y \mid X_0)$ 可能取值的波动范围，这就是区间预测。

一、点预测

对于模型 $Y_i = \beta_0 + \beta_1Y_i + u_i(i = 1, 2, \cdots, n)$，如果给定样本以外的解释变量的观测值 x_f，有 $Y_f = \beta_0 + \beta_1X_f + u_f$。由于 X_f 是样本点以外的解释变量值，所以 u_f 和 $u_i(i = 1, 2, \cdots, n)$ 是不相关的，根据 $Y_i = \beta_0 + \beta_1Y_i + u_i$

模型估计的回归函数,可以得到被解释变量 Y_f 的点预测值:

$$\hat{Y}_f = \hat{\beta} + \hat{\beta}_1 X_f \qquad (2.40)$$

但是,严格地说,这只是被解释变量的预测值的估计值,而不是预测值。原因在于:一是模型中的参数估计量是不确定的;二是随机扰动项的影响。所以,我们得到的仅是预测值的一个估计值,预测值仅以某一个置信水平处于以该估计值为中心的一个区间中,即区间预测问题。

二、均值区间预测

如果已经知道实际的预测值 y_f,那么预测误差为 $e_f = y_f - \hat{y}_f$。显然,e_f 是一随机变量。我们可以做如下推导:

$$\begin{aligned} E(e_f) &= E(y_f - \hat{y}_f) \\ &= E(\beta_0 + \beta_1 x_f + u_f) - E(\hat{\beta}_0 + \hat{\beta}_1 x_f) \\ &= \beta_0 + \beta_1 x_f - (\beta_0 + \beta_1 x_f) = 0 \end{aligned} \qquad (2.41)$$

同时,

$$\begin{aligned} D(e_f) &= Cov(e_f, e_f) = Cov(y_f - \hat{y}_f, y_f - \hat{y}_f) \\ &= Cov(y_f, y_f) - 2Cov(y_f, \hat{y}_f) + Cov(\hat{y}_f, \hat{y}_f) \\ &= \sigma_u^2 + D(\hat{y}_f) - 2Cov(y_f, \hat{y}_f) \end{aligned} \qquad (2.42)$$

因为 y_f 与原样本不相关,故有:

$$Cov(y_f, \hat{y}_f) = 0, \quad D(e_f) = \sigma_u^2 + D(\hat{y}_f)$$

可以计算出来:

$$D(e_f) = \left(1 + \frac{1}{n} + \frac{x_f - \bar{x}}{\sum_{i=1}^{n} (x_i - \bar{x})^2} \right) \sigma_u^2 \qquad (2.43)$$

因 y_f 和 e_f 均服从正态分布,可利用它们的性质构造统计量,求区间预测值。利用构造统计量为:

$$N_{\hat{y}_f} = \frac{\hat{y}_f - E(y_f)}{\sqrt{\left(\frac{1}{n} + \frac{x_f - \bar{x}}{\sum_{i=1}^{n} (x_i - \bar{x})^2} \right) \sigma_u^2}} \sim N(0, 1) \qquad (2.44)$$

将用估计值代入式(2.44),有:

$$t_{\hat{y}_f} = \frac{\hat{y}_f - E(y_f)}{\sqrt{\left(\dfrac{1}{n} + \dfrac{x_f - \bar{x}}{\sum\limits_{i=1}^{n}(x_i - \bar{x})^2}\right)\hat{\sigma}_u^2}} \sim t(n-2) \tag{2.45}$$

这样，可得显著性水平 α 下 $E(y_f)$ 的置信区间为：

$$\left(\begin{array}{l} \hat{y}_f - t_{\frac{\alpha}{2}} \times \sqrt{\left(\dfrac{1}{n} + \dfrac{x_f - \bar{x}}{\sum\limits_{i=1}^{n}(x_i - \bar{x})}\right)\hat{\sigma}_u^2}, \\[4ex] \hat{y}_f + t_{\frac{\alpha}{2}} \times \sqrt{\left(\dfrac{1}{n} + \dfrac{x_f - \bar{x}}{\sum\limits_{i=1}^{n}(x_i - \bar{x})}\right)\hat{\sigma}_u^2} \end{array}\right) \tag{2.46}$$

式（2.46）称为 y_f 的均值区间预测。

三、个值区间预测

同理，利用 e_f 构造统计量，有

$$N_{e_f} = \frac{e_f}{\sqrt{\left(1 + \dfrac{1}{n} + \dfrac{x_f - \bar{x}}{\sum\limits_{i=1}^{n}(x_i - \bar{x})^2}\right)\sigma_u^2}}$$

$$= \frac{y_f - \hat{y}_f}{\sqrt{\left(1 + \dfrac{1}{n} + \dfrac{x_f - \bar{x}}{\sum\limits_{i=1}^{n}(x_i - \bar{x})^2}\right)\sigma_u^2}} \sim N(0, 1) \tag{2.47}$$

将用估计值代入式（2.47），有

$$t_{e_f} = \frac{e_f}{\sqrt{\left(1 + \dfrac{1}{n} + \dfrac{x_f - \bar{x}}{\sum\limits_{i=1}^{n}(x_i - \bar{x})^2}\right)\hat{\sigma}_u^2}}$$

$$= \frac{y_f - \hat{y}_f}{\sqrt{\left(1 + \dfrac{1}{n} + \dfrac{x_f - \bar{x}}{\sum\limits_{i=1}^{n}(x_i - \bar{x})^2}\right)\hat{\sigma}_u^2}} \sim t(n-2) \tag{2.48}$$

根据置信区间的原理，得显著性水平 α 下 y_f 的置信区间：

$$\left(\begin{array}{l} \hat{y}_f - t_{\frac{\alpha}{2}} \times \sqrt{\left(1 + \dfrac{1}{n} + \dfrac{x_f - \bar{x}}{\sum\limits_{i=1}^{n}(x_i - \bar{x})^2}\right)\hat{\sigma}_u^2}, \\[2em] \hat{y}_f + t_{\frac{\alpha}{2}} \times \sqrt{\left(1 + \dfrac{1}{n} + \dfrac{x_f - \bar{x}}{\sum\limits_{i=1}^{n}(x_i - \bar{x})^2}\right)\hat{\sigma}_u^2} \end{array} \right) \qquad (2.49)$$

式（2.49）称为 y_f 的个值区间预测，显然，在同样的 α 下，个值区间要大于均值区间。式（2.46）和式（2.49）也可表述为：y_f 的均值或个值落在置信区间内的概率为 $1-\alpha$，$1-\alpha$ 即为预测区间的置信度，如图2.9所示。

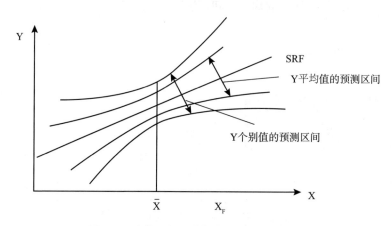

图2.9　均值区间预测与个值区间预测关系

■ 第八节　实　　验

一、实验目的

本章实验通过实际案例对 EViews 软件的基本操作进行详细介绍，使学生了解和掌握 EViews 软件的常用操作，具体内容包括：

（1）EViews 工作文件的创建、存储、调用；序列对象的基本操作；数据文件预处理的常用操作，如新序列的建立、图像、表格等。

（2）建立新文件、输入数据、扩展工作区间、数据初步分析。

（3）一元线性回归模型参数估计和参数显著性检验。

二、实验内容与步骤

我们通过一个简单的回归分析例子来显示一个 EViews 过程，不对 EViews 的详细功能展开讨论，目的是使学生先对 EViews 软件有个初步了解。

例 2.1 某省人均可支配收入与人均年消费支出的数量关系。

STEP 1：双击桌面上 EViews 快捷图标，打开 EViews（图 2.10）。

图 2.10 打开 EViews

STEP 2：点击 EViews 主画面顶部按钮 file/new/Workfile，弹出 workfile range 对话框（图 2.11）。在 workfile frequency 中选择 Annual，在 start date 和 end date 中分别输入 2004 和 2020，点击 OK，出现图 2.12 所示画面，Workfile 定义完毕。

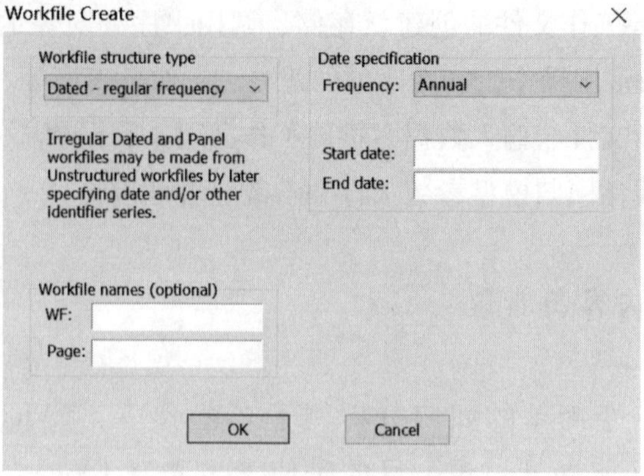

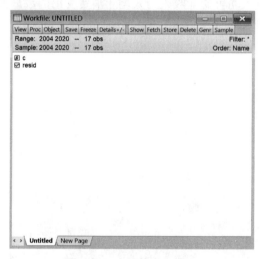

图 2.11　**Workfile 创建**

图 2.12　**工作簿定义窗口**

　　STEP 3：点击 EViews 主画面顶部按钮 objects/new objects，弹出 new objects 对话框（图 2.12），在 Type of Object 中选择 series，并给 new objects 一个名字 X，然后点击 OK，弹出一个表格 series。

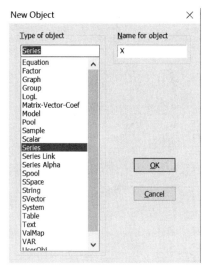

图 2.13 对象建立

在如图 2.14 所示的对话框中即可输入变量及变量值。

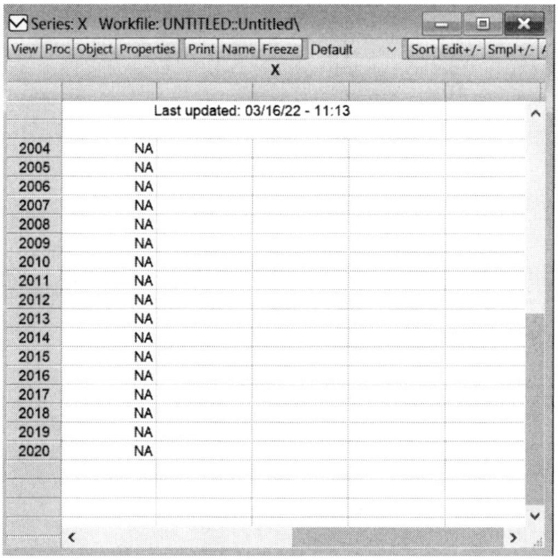

图 2.14 序列表格

STEP 4：同第三步建立序列 Y，并在录入数据窗口（见图 2.15）输入
X 和 Y 的数值，结果如图 2.16 所示。

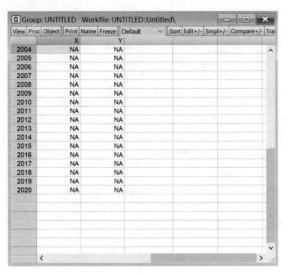

	X	Y
2004	NA	NA
2005	NA	NA
2006	NA	NA
2007	NA	NA
2008	NA	NA
2009	NA	NA
2010	NA	NA
2011	NA	NA
2012	NA	NA
2013	NA	NA
2014	NA	NA
2015	NA	NA
2016	NA	NA
2017	NA	NA
2018	NA	NA
2019	NA	NA
2020	NA	NA

图 2.15　录入数据窗口

	X	Y
2004	3539	4650
2005	3855	4845
2006	3749	5001
2007	4319	5320
2008	4665	5645
2009	5059	6215
2010	5638	6554
2011	5619	7006
2012	5773	7503
2013	6207	7990
2014	6730	8871
2015	7874	10313
2016	8669	11432
2017	9327	12258
2018	10197	13644
2019	11839	15514
2020	13891	17921

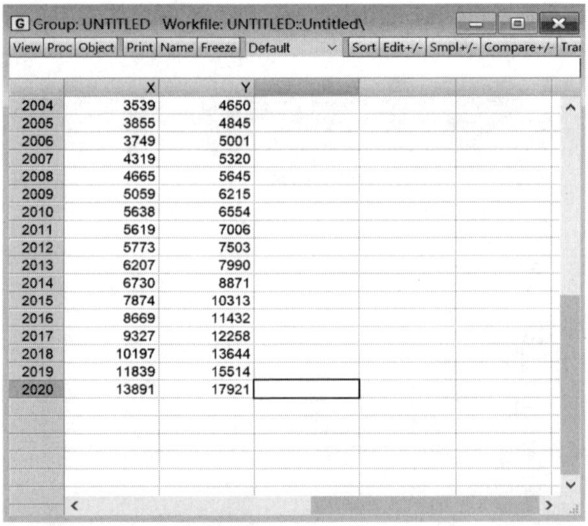

图 2.16　数据组窗口

STEP 5：点击图 2.16 Group 对话框中的 View/Graph 按钮，出现一个下拉菜单，选择 line，即可看见序列 X、Y 的线性图（见图 2.17）。

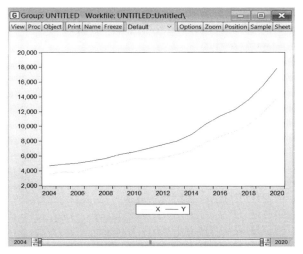

图 2.17　X、Y 线性图

STEP 6：点击 EViews 主画面上的 quick/estima equation，弹出 Equation specification 框（图 2.18），在 Equation specification 下的空框中输入 YCX，点击 OK，得到 Y 对 X 回归模型估计结果（见图 2.19）。

图 2.18　普通最小二乘估计对话框

图 2.19　回归结果

变量显著性检验（t 检验）、点预测和区间预测实验部分将在第三章多元线性回归模型进行。

三、实验小结

本章实验主要介绍 EViews 软件的结构和基本特征，一元线性回归模型的参数估计在 EViews 中的实现过程。通过学习可以对 EViews 软件的基本操作有一个初步的了解。

四、备择实验

表 2.7 是我国 2001 ~ 2020 年的财政收入 Y（亿元）和国内生产总值 X（亿元）的数据，试根据数据画出两个变量的折线图，建立以财政收入（Y）为因变量，国内生产总值（X）为自变量的一元线性回归模型，估计回归系数并解释回归系数的经济意义。

表 2.7   我国 2001～2020 年财政收入和国内生产总值   单位：亿元

年份	Y	X
2001	110863.1	16386.04
2002	121717.4	18903.64
2003	137422	21715.25
2004	161840.2	26396.47
2005	187318.9	31649.29
2006	219438.5	38760.2
2007	270092.3	51321.78
2008	319244.6	61330.35
2009	348517.7	68518.3
2010	412119.3	83101.51
2011	487940.2	103874.43
2012	538580	117253.52
2013	592963.2	129209.64
2014	643563.1	140370.03
2015	688858.2	152269.23
2016	746395.1	159604.97
2017	832035.9	172592.77
2018	919281.1	183359.84
2019	986515.2	190390.08
2020	1013567	182913.88

资料来源：国家统计局。

本 章 小 结

1. 相关分析是研究变量之间的相关关系的形式和程度的一种统计分析方法，回归分析是研究不仅存在相关关系而且存在因果关系的变量之间的依存关系的一种分析理论与方法，相关分析与回归分析既有联系又有区别。

2. 含有随机误差项是计量经济学模型与数理经济模型的一大区别。随机误差项反映各种误差的综合影响。

3. 给定解释变量条件下被解释变量的期望轨迹称为总体回归曲线或总体回归线，描述总体回归曲线的函数称为总体回归函数。总体回归函数的随机设定形式，称为总体回归模型。只含有一个解释变量的线性总体回归模型称为一元线性总体回归模型，简称一元线性回归模型或简单线性回归模型。含有多个解释变量的线性总体回归模型称为多元线性总体回归模型，简称多元线性回归模型。

4. 根据样本数据对总体回归函数做出的估计称为样本回归函数，由样本回归函数绘制的曲线称为样本回归曲线或样本回归线。在样本回归函数中引入残差项后得到的随机方程，称为样本回归模型。

5. 线性回归模型的参数估计方法很多，但各种估计方法都是建立在一定的假设前提之下的，一元线性回归模型的基本假设主要包括：解释变量是确定性变量；随机误差项与解释变量不相关，不存在序列相关，服从零均值、同方差的正态分布；回归模型是正确设定的。

6. 普通最小二乘法是最常用的参数估计方法，其基本思想是使样本回归函数尽可能好地拟合样本数据。最大似然法的应用虽然没有普通最小二乘法普遍，但在计量经济学中占有重要位置。最大似然法的基本思想是使从模型中取得样本观察数据的概率最大。在满足模型基本假设条件下，普通最小二乘估计量与最大似然估计量相同，都是最佳线性无偏估计量。

7. 拟合优度指样本回归线对样本数据拟合的精确程度，拟合优度检验就是检验样本回归线对样本数据拟合的精确程度。

思 考 题

一、名词解释

1. 计量经济学　　　　2. 总体回归函数　　　　3. 样本回归函数

4. 随机干扰项　　　　5. 残差项　　　　　　　6. 回归系数

7. 普通最小二乘法　　8. 总离差平方和　　　　9. 回归平方和

10. 残差平方和　　　　11. 拟合优度　　　　　12. 显著性检验

13. P 值检验　　　　　14. 区间预测

二、简答题

1. 在计量经济模型中，为什么会存在随机误差项？

2. 什么是相关分析？什么是回归分析？相关分析与回归分析的关系如何？

3. 什么是总体回归函数？什么是总体回归模型？

4. 什么是样本回归函数？什么是样本回归模型？

5. 总体回归模型与样本回归模型的区别与联系。

6. 回归分析与相关分析的联系和区别。

7. 最小二乘法的基本原理是什么？

8. 参数估计量的无偏性和有效性的含义是什么？

9. 一元线性回归模型的经典假设主要有哪些？

10. t 检验的原理与步骤？

11. 点估计与区间估计的区别？

三、计算与分析题

1. 已知一模型最小二乘的回归结果如下：

$$\hat{Y}_i = 101.4 - 4.78X_i$$

$$标准差 \quad (45.2) \quad (1.53)$$

$$n = 30 \quad R^2 = 0.31$$

其中，Y 表示政府债券价格（百美元），X 表示利率（%）。

回答以下问题：

（1）系数的符号是否正确，并说明理由；

（2）该模型参数的经济意义是什么。

2. 下面是某类居民的日收入 X（元）与日消费 Y（元）的 10 组观测资料：

收入（X）	28	30	33	40	15	13	26	58	35	43
消费（Y）	17	19	18	25	10	5	18	32	19	26

据此可计算得：$\sum X_i = 321$，$\sum Y_i = 189$，$\sum X_i^2 = 11881$，$\sum Y_i^2 = 4109$，$\sum X_i Y_i = 6962$。

建立消费（Y）对收入（X）的回归直线。

第三章

多元线性回归模型

在现实经济问题当中，只有少数被解释变量能被一个解释变量很好地解释。例如：一个人的体重，不仅受到身高的影响，饮食结构、生活习惯、性别、遗传因素、生活水平等对体重均有影响，因此在研究体重问题时，补充更多的解释变量能更好地解释体重的变化规律。同样地，在经济领域中，如商品的需求数量除了受价格的影响之外，还会受到人们收入水平、相关商品价格、消费偏好、年龄、性别、广告等一系列因素的影响。因此，很多经济问题需要构建含有多个解释变量的回归模型。

第一节　构建多元线性回归模型的动因

先看一个小时工资的例子，我们引入教育对工资的影响建立了一元线性回归模型

$$\text{Wage} = \beta_0 + \beta_1 \text{edu} + \mu \tag{3.1}$$

参数 β_1 度量了在其他条件不变的条件下，教育对工资的影响。但在一元线性回归模型中，我们把除了教育之外的其他影响工资收入的非显性影响因素放入了随机误差项中。事实上，工作经历也会影响工资水平，我们在一元回归分析中，把该影响因素放在随机误差项中，并且工作经历和受教育水平无关，即随机误差项与解释变量无关，这是一个很脆弱的假定，从而对导致用 OLS 法估计出来的参数有误。

第二个例子考虑高中阶段，每个学生的平均开支对考试成绩的影响。建立一元线性回归模型如下：

$$avgscore = \beta_0 + \beta_1 expend + \mu \qquad (3.2)$$

系数 β_1 说明了在其他条件不变的情况下，平均支出对考试成绩的影响。其他影响考试成绩的因素被包含在随机误差项中，例如学校的奖学金、平均家庭收入等因素。而平均家庭收入与平均支出很大程度上相关，从而使该模型不符合经典假设条件，用 OLS 法估出的参数值有偏误，失去意义。

从以上例子可以看出，一元线性回归模型有可能会把影响因变量的其他自变量放在随机误差项中，从而引起参数估计有误。在工资例子中，还可以包括在职培训的数量、工作经历、个人能力等变量，从而构建多元线性回归模型。

一、一般多元线性回归模型系数的含义

多元线性回归模型如下：

$$Y_i = \beta_0 + \beta_1 X_{1i} + \beta_2 X_{2i} + \beta_3 X_{3i} + \cdots + \beta_k X_{ki} + \mu_i \qquad (3.3)$$

式（3.3）中，Y_i 是被解释变量，X_i 是解释变量，由于有 k 个自变量和一个截距项，所以方程包含了 k + 1（未知的）总体参数，μ_i 是随机误差项，β_1 为偏回归系数。

偏回归系数的含义：β_1 度量了在保持其他解释变量不变的情况下，X_1 每变化一个单位时，Y 的条件均值的变化。

例如，考虑大学成绩（GPA）的决定因素，从一所规模较大的大学选取的 141 名学生的大学平均成绩（colGPA）、高中的平均成绩（hsGPA）和大型能力测试分数（ACT）；大学和高中的 GPA 都采用学分制。我们得到如下的 OLS 法估计的回归模型：

$$colGP\hat{A} = 1.29 + 0.453hsGPA + 0.0094ACT \qquad (3.4)$$

我们该如何解释这个方程呢？

截距项为 1.29，表示在 hsGPA 和 ACT 成绩都为零时预测大学 GPA 为 1.29，其实该项没有什么意义。

hsGPA 的系数表示，保持 ACT 不变，如果 hsGPA 提高 1 分，则大学

colGPA 会提高 0.453 分。换句话说，如果我们选择 A 和 B 同学，其 ACT 成绩相同，但 A 的 hsGPA 比学生 B 的高出 1 分，那么，我们预计 A 的大学 GPA 将比学生 B 的高 0.453 分。

ACT 的系数表示，在保持 hsGPA 不变时，ACT 分数变化 10 分，对 colGPA 的影响还不到 1/10 分，这个影响很小。

二、受控实验：保持其他因素不变，单个变量对因变量的影响

在 GPA 的例子中，ACT 的系数所度量的是 hsGPA 保持不变的情况下，ACT 对 colGPA 的影响。多元回归所得到的解释变量的系数可以做其他条件不变的解释，在经济学研究中，很难获得其他变量不变时某些变量的数据，或者说在大学成绩抽样时我们几乎不可能获得 hsGPA 受限制的随机样本。如果能搜集到 hsGPA 相同的样本，就可以对这个观测数据做一个 colGPA 对 ACT 的简单回归分析。事实上，数据来自一所大学的随机样本，在获得数据过程中，对 hsGPA 和 ACT 都没有施加任何限制。

三、多个自变量同时改变对因变量的影响

继续以第一节工资例子，对工人的 526 个观测数据，在解释工资（wage）变异的方程中加入了 educ（受教育年限）、exper（工作经历）和 tenure（现职的任期）。估计的方程为：

$$\log(\text{wage}) = 0.284 + 0.092\text{educ} + 0.0041\text{exper}$$
$$+ 0.022\text{tenure} \tag{3.5}$$

讨论工作经历 exper 和工作年数 tenure 都增加一年，二者对工资的影响（保持 educ 不变的情况下）。总影响是 $0.0041 + 0.022 = 0.0261$ 或 2.6%，由于 exper 和 tenure 都增加一年，所以只要把他们的系数相加并乘以 100（对于对数模型来说，系数可作百分比解释），就得到了总影响的百分数。

四、一元回归与多元回归参数估计值的比较

通过对《计量经济学导论：现代观点》中关于 401 养老金方案的分析：

参与率（prate）是有资格拥有一个 401 账户的工人参与此方案的百分比；贡献率（mrate）是指企业对一个工人所贡献的 1 美元向工人养老基金贡献的数量；年龄（age）是 401 养老金的年龄。估计贡献率（match rate）对参与率（participation）的影响。样本数据 1534 个，将 prate 对 mrate 和 age 回归，得到：

$$prate = 80.12 + 5.52mrate + 0.243age \qquad (3.6)$$

如果我们去掉 age 做 prate 对 mrate 的一元回归得到：

$$prate = 80.12 + 5.86mrate \qquad (3.7)$$

从式（3.6）与式（3.7）比较可以看出，多元回归估计值和一元回归估计值明显不同，但相差不大。（一元回归估计值只比多元回归估计值大 0.06）。进一步分析 mrate 和 age 的相关程度为 0.12，说明两个变量之间相关度低，加入 age 变量之后对 mrate 的参数估计值影响不大，但 age 对因变量 prate 有显著影响。

第二节　多元线性回归模型基本假设

同一元线性回归模型一样，多元线性回归模型也需要进行一系列基本假设：

假设1：解释变量是非随机的或固定的，且各 X 之间互不相关（无多重共线性）。

假设2：随机误差项具有零均值、同方差及无序列相关性。

$$(E(\mu_i \mid X_i) = 0) \qquad (3.8)$$

$$Var(\mu_i) = \sigma^2 \qquad (3.9)$$

$$Cov(\mu_I, \ \mu_j) = 0, \ i \neq j \qquad (3.10)$$

假设3：解释变量与随机项不相关。

$$Cov(\mu_i, \ X_i) = 0 \qquad (3.11)$$

假设4：随机误差项满足正态分布。

$$\mu_i \sim N(0, \ \sigma^2) \qquad (3.12)$$

第三节 多元回归模型的参数估计

为了估计多元回归模型的参数，我们以 3 变量（包含常数项）回归模型为例，介绍普通最小二乘法（OLS）。

一、最小二乘估计量的推导

一个多元变量的样本回归模型

$$Y_i = \beta_0 + \beta_1 X_{1i} + \beta_2 X_{2i} + e_i \tag{3.13}$$

其中 e_i 是残差，是总体回归函数随机误差项 μ_i 的估计值。

OLS 方法是选择一组待估参数值，使残差平方和（RSS）最小，用符号表示：

$$\min \sum e_i^2 = \min \sum (Y_i - \hat{Y}_i)^2 = \min \sum [Y_i - (\hat{\beta}_0 + \hat{\beta}_1 X_{1i} + \hat{\beta}_2 X_{2i})]^2$$

对 4 个待估参数分别求一阶偏导，并令一阶偏导同时为零，然后解这个联立方程组，得到下面的正规方程：

$$\overline{Y} = \hat{\beta}_0 + \hat{\beta}_1 \overline{X}_1 + \hat{\beta}_2 \overline{X}_2$$

$$\sum Y_i X_{1i} = \hat{\beta}_0 \sum X_{1i} + \hat{\beta}_1 \sum X_{2i}^2 + \hat{\beta}_2 \sum X_{1i} X_{2i} \tag{3.14}$$

$$\sum Y_i X_{2i} = \hat{\beta}_0 \sum X_{2i} + \hat{\beta}_1 \sum X_{1i} X_{2i} + \hat{\beta}_2 \sum X_{3i}^2$$

由正规方程组可导出如下公式：

$$\begin{cases} \hat{\beta}_0 = \overline{Y} - \hat{\beta}_1 \overline{X}_1 - \hat{\beta}_2 \overline{X}_2 \\[2mm] \hat{\beta}_1 = \dfrac{(\sum y_i x_{1i})(\sum x_{2i}^2) - (\sum y_i x_{2i})(\sum x_{1i} x_{2i})}{(\sum x_{1i}^2)(\sum x_{2i}^2) - (\sum x_{1i} x_{2i})^2} \\[4mm] \hat{\beta}_2 = \dfrac{(\sum y_i x_{2i})(\sum x_{1i}^2) - (\sum y_i x_{1i})(\sum x_{1i} x_{2i})}{(\sum x_{1i}^2)(\sum x_{2i}^2) - (\sum x_{1i} x_{2i})^2} \end{cases} \tag{3.15}$$

小写字母表示样本均值的离差形式。

二、最小二乘估计量的性质

同一元线性回归模型一样，多元线性回归模型在满足基本假定的前提下，参数估计量仍然具有线性性、无偏性和最小方差性。

（一）线性性

最小二乘（OLS）法的原理是使残差（误差项的估计值）平方和最小。

$$
\begin{aligned}
\min S &= (\mathbf{Y} - \mathbf{X}\hat{\boldsymbol{\beta}})'(\mathbf{Y} - \mathbf{X}\hat{\boldsymbol{\beta}}) \\
&= \mathbf{Y}'\mathbf{Y} - \hat{\boldsymbol{\beta}}'\mathbf{X}'\mathbf{Y} - \mathbf{Y}'\mathbf{X}\hat{\boldsymbol{\beta}} + \hat{\boldsymbol{\beta}}'\mathbf{X}'\mathbf{X}\hat{\boldsymbol{\beta}} \\
&= \mathbf{Y}'\mathbf{Y} - 2\hat{\boldsymbol{\beta}}'\mathbf{X}'\mathbf{Y} + \hat{\boldsymbol{\beta}}'\mathbf{X}'\mathbf{X}\hat{\boldsymbol{\beta}}
\end{aligned} \tag{3.16}
$$

因为 $\mathbf{Y}'\mathbf{X}\hat{\boldsymbol{\beta}}$ 是一个标量，所以有 $\mathbf{Y}'\mathbf{X}\hat{\boldsymbol{\beta}} = \hat{\boldsymbol{\beta}}'\mathbf{X}'\mathbf{Y}$，根据一阶条件：

$$
\frac{\partial S}{\partial \hat{\boldsymbol{\beta}}} = -2\mathbf{X}'\mathbf{Y} + 2\mathbf{X}'\mathbf{X}\hat{\boldsymbol{\beta}} = 0 \tag{3.17}
$$

化简得：

$$
\mathbf{X}'\mathbf{Y} = \mathbf{X}'\mathbf{X}\hat{\boldsymbol{\beta}} \tag{3.18}
$$

因为（$\mathbf{X}'\mathbf{X}$）是一个非退化矩阵，所以有：

$$
\hat{\boldsymbol{\beta}} = (\mathbf{X}'\mathbf{X})^{-1}\mathbf{X}'\mathbf{Y} \tag{3.19}
$$

由于 $\mathbf{X}$ 的元素是非随机的，$(\mathbf{X}'\mathbf{X})^{-1}\mathbf{X}'$ 是一个常数矩阵，则 $\hat{\boldsymbol{\beta}}$ 是 $\mathbf{Y}$ 的线性组合，为线性估计量。

（二）无偏性

求出 $\hat{\boldsymbol{\beta}}$，估计的回归模型写为：

$$
\mathbf{Y} = \mathbf{X}\hat{\boldsymbol{\beta}} + \hat{\mathbf{u}} \tag{3.20}
$$

其中 $\hat{\boldsymbol{\beta}} = (\hat{\beta}_0\ \hat{\beta}_1 \cdots \hat{\beta}_{k-1})'$ 是 $\boldsymbol{\beta}$ 的估计值列向量，$\hat{\mathbf{u}} = \mathbf{Y} - \mathbf{X}\hat{\boldsymbol{\beta}}$ 称为残差列向量。因为：

$$
\hat{\mathbf{u}} = \mathbf{Y} - \mathbf{X}\boldsymbol{\beta} = \mathbf{Y} - \mathbf{X}(\mathbf{X}'\mathbf{X})^{-1}\mathbf{X}'\mathbf{Y} = [\mathbf{I} - \mathbf{X}(\mathbf{X}'\mathbf{X})^{-1}\mathbf{X}']\mathbf{Y} \tag{3.21}
$$

所以 $\hat{\mathbf{u}}$ 也是 $\mathbf{Y}$ 的线性组合。$\hat{\boldsymbol{\beta}}$ 的期望和方差是：

$$
\begin{aligned}
E(\hat{\boldsymbol{\beta}}) &= E[(\mathbf{X}'\mathbf{X})^{-1}\mathbf{X}'\mathbf{Y}] = E[(\mathbf{X}'\mathbf{X})^{-1}\mathbf{X}'(\mathbf{X}\boldsymbol{\beta} + \mathbf{u})] \\
&= \boldsymbol{\beta} + (\mathbf{X}'\mathbf{X})^{-1}\mathbf{X}' \cdot E(\mathbf{u}) = \boldsymbol{\beta}
\end{aligned} \tag{3.22}
$$

（三）最小方差性

$$Var(\hat{\boldsymbol{\beta}}) = E[(\hat{\boldsymbol{\beta}}-\boldsymbol{\beta})(\hat{\boldsymbol{\beta}}-\boldsymbol{\beta})']$$
$$= E[(\mathbf{X'X})^{-1}\mathbf{X'uu'X}(\mathbf{X'X})^{-1}]$$
$$= E[(\mathbf{X'X})^{-1}\mathbf{X'}\sigma^2 \mid \mathbf{X}(\mathbf{X'X})^{-1}]$$
$$= \sigma^2(\mathbf{X'X})^{-1} \tag{3.23}$$

根据高斯–马尔可夫定理：在满足多元线性基本假设前提下，OLS 估计量是最佳线性无偏估计量（BLUE）。

第四节　调整的可决系数

对于给定的样本值 y_t，无论模型形式如何变化，TSS 总是保持不变，随着模型中解释变量个数的增加，RSS 趋向于变小，即可决系数 R^2 变大。为考虑模型中解释变量个数的变化对 R^2 的影响，调整的可决系数 $\overline{R}^2$ 定义如下：

$$\overline{R}^2 = 1 - \frac{RSS/(T-k)}{TSS/(T-1)} \tag{3.24}$$

可决系数 R^2 与调整后的可决系数 $\overline{R}^2$ 关系如下：

$$\overline{R}^2 = 1 - (1-R^2)\frac{n-1}{n-k} \tag{3.25}$$

从式（3.25）可看出：对于 $k>1$，$\overline{R}^2 < R^2$。这意味着随着解释变量 X_i 个数的增加，调整后的可决系数比未调整的增加得慢。

下面以菲利普斯曲线为理论依据，构建多元线性回归模型，来理解相关概念。

$$Y_i = \beta_0 + \beta_1 X_{1i} + \beta_2 X_{2i} + \mu_i \tag{3.26}$$

其中，Y_i 是真实通货膨胀率（%）；X_1 为失业率（%）；X_2 是期望或预期通胀率（%）。此模型被称为"期望菲利普斯曲线"，根据宏观经济理论，预期 β_1 是负的，β_2 是正的。

1970～1982 年美国真实通货膨胀率 Y、失业率 X_1 及预期通胀率 X_2 如表3.1 所示。

表 3.1　　　　　1970~1982 年美国真实通货膨胀率 Y、失业率 X_1 及
预期通胀率 X_2　　　　　单位: %

年份	Y	X_1	X_2
1970	5.92	4.9	4.78
1971	4.30	5.9	3.84
1972	3.30	5.6	3.13
1973	6.23	4.9	3.44
1974	10.97	5.6	6.84
1975	9.14	8.5	9.47
1976	5.77	7.7	6.51
1977	6.45	7.1	5.92
1978	7.60	6.1	6.08
1979	11.47	5.8	8.09
1980	13.46	7.1	10.01
1981	10.24	7.6	10.81
1982	5.99	9.7	8.00

资料来源:《计量经济学》古扎拉蒂。

估计模型如下:

$$\hat{Y}_i = 7.1933 - 1.3925X_{1i} + 1.4700X_{2i}$$
$$(1.5948)\ (0.3050)\ (0.1758)$$
$$R^2 = 0.8766,\ \overline{R}^2 = 0.85$$

偏回归系数 -1.3925 的含义是,在保持 X_2(期望通货膨胀率)不变时,1970~1982 年,失业率每减少(增加)1 单位(这里是 1 个百分点)真实通货膨胀率的增加(减少)1.4%。同理,在保持失业率不变时,系数 1.4700 意味着,在同时期,预期或期望通货膨胀率每增加 1 个百分点,真实通货膨胀率平均增加约 1.47%。$R^2 = 0.8766$,$\overline{R}^2 = 0.85$,在多元线性回归模型中,由于解释变量个数会影响可决系数大小,因此,多元线性回归模型用调整的可决系数衡量回归方程的拟合程度,调整的可决系数表示两个解释变量合起来能够解释真实通货膨胀率变异的 85%。

第五节　偏回归系数显著性检验

同一元线性回归模型相比，如果多元线性回归模型中某个偏回归系数显著不为零，则其对应的解释变量对被解释变量的影响是重要的，否则就是不重要的，应该把这个解释变量从模型中剔出，重新建立更为简单的模型。

由于总体方差 σ^2 未知，σ^2 的无偏估计量为 $\hat{\sigma}^2$，$\hat{\sigma}^2$ 为：

$$Y_i = \beta_0 + \beta_1 X_{1i} + \beta_2 X_{2i} + \mu_i \tag{3.27}$$

其中，k 为解释变量个数。因此 OLS 估计量服从自由度为（n – k – 1）的 t 分布，而不是正态分布。即：

$$t = \frac{\hat{\beta}_i - \beta_i}{S(\hat{\beta}_i)} \sim t(n - k - 1) \tag{3.28}$$

一、t 检验步骤

具体检验步骤如下：

（1）提出假设：原假设　$H_0: \beta_i = 0$

备则假设 $H_1: \beta_i \neq 0$

（2）在 H_0 成立的条件下，计算 t 统计量：

$$t = \frac{\hat{\beta}_i - \beta_i}{S(\hat{\beta}_i)} = \frac{\hat{\beta}_i}{\hat{\sigma}\sqrt{C_n}}$$

（3）在给定显著性水平 α 的条件下，查表得临界值 $t_{\alpha/2}(n - k - 1)$。

（4）判断。

若 $|t| \geq t_{\alpha/2}(n - k - 1)$，则拒绝 $H_0: \beta_i = 0$，不拒绝 $H_1: \beta_i \neq 0$。说明 β_i 所对应的解释变量 X_i 对因变量 Y_i 有显著影响；

若 $|t| \leq t_{\alpha/2}(n - k - 1)$，则不拒绝 $H_0: \beta_i = 0$，即 β_i 显著不为零，说明 β_i 对应的解释变量 X_i 对因变量 Y_i 的影响不显著。

二、个别偏回归系数的P值检验

对多元回归模型参数的显著性检验，同样可以通过P值来检验。检验方法同一元线性回归模型一样，即如果 β_i 的检验值的 P 值小于给定的显著性水平，则说明 β_i 显著不等于零，即解释变量 X_i 对被解释变量的影响是显著的。

■ 第六节　方程的显著性检验

对于多元线性回归模型，即使每个回归系数对被解释变量的影响都是显著的，但所有解释变量联合起来对解释变量的影响不一定显著，因此，应该对多元线性回归模型中全部解释变量对被解释变量的影响显著性做检验，这个检验就是 F 检验。

当检验被解释变量 Y_t 与一组解释变量 X_1，X_2，X_3，$\cdots$，X_{k-1} 是否存在线性关系时，给出的零假设和备择假设分别是：

H_0：$\beta_1 = \beta_2 = \cdots = \beta_{k-1} = 0$；

H_1：β_i 不全为零，$i = 1$，$\cdots$，$k-1$。

原假设的含义是模型中全部解释变量对被解释变量 Y 都没有解释作用。

注意，备择假设 H_1 定义的是"β_i 不全为零"，而不是"β_i 全不为零"，而且 β_i 中不包括 β_0。

首先要构造 F 统计量。由式（2.7）知总平方和（TSS）可以分解为回归平方和（ESS）与残差平方和（RSS）两部分。

$$TSS = ESS + RSS \tag{3.29}$$

与这种分解相对应，相应自由度也可以被分解为两部分。

TSS 具有 $T-1$ 个自由度。这是因为在 T 个变差 $(Y_t - \bar{Y})$，$t = 1$，$\cdots$，T 中存在一个约束条件，即 $(\sum Y_t - \bar{Y}) = 0$。由于回归函数值 $\hat{Y}_t$ 的计算受 k 个 $\hat{\beta}_j$ 控制，相当于有 k 个自由度，而在 ESS 计算式（2.4）中这 k 个回归系

数 $\hat{\beta}_j$ 又受 $\bar{Y} = \bar{X}\hat{\beta}$ 一个条件约束，或者说受 $\sum Y_t - \bar{Y}$ 一个条件约束，所以 ESS 具有 k – 1 个自由度。因为 RSS 中含有 T 个残差，$\hat{\mu}_t = Y_t - \hat{Y}_t$，t = 1，2，…，T，这些残差值是由 k 个估计的回归系数计算而来，即被 k 个回归系数所约束，所以 RSS 具有 T – k 个自由度。与 TSS 的分解相对应，自由度 T – 1 也被分解为两部分：

$$(T - 1) = (k - 1) + (T - k) \tag{3.30}$$

定义 F 统计量为：

$$F = \frac{ESS/k - 1}{RSS/T - k} \tag{3.31}$$

给定零假设 H_0 和备择假设 H_1，

H_0：$\beta_1 = \beta_2 = \cdots = \beta_{k-1} = 0$；

H_1：β_i 不全为零，i = 1，…，k – 1。

在 H_0 成立条件下，有：

$$F = \frac{ESS/k - 1}{RSS/T - k} \sim F(k - 1，T - k) \tag{3.32}$$

给定显著性水平为 α：

若用样本计算的 $F \leqslant F_\alpha(k - 1，T - k)$，则接受 H_0；

若用样本计算的 $F \geqslant F_\alpha(k - 1，T - k)$，则拒绝 H_0。

若 F 检验的结论是接受 H_0，则说明 k – 1 个解释变量都不与 Y_t 存在线性关系。此时，假设检验应该到此为止。当 F 检验的结论是拒绝 H_0 时，说明至少有一个解释变量与 Y_t 存在线性关系。应该进一步做 t 检验，从而确定模型中哪些是重要解释变量，哪些不是重要解释变量。

F 统计量的定义也可以用回归模型的可决系数 R^2 表示。根据式（3.31）：

$$F = \frac{ESS/k - 1}{RSS/T - k} = \frac{\dfrac{ESS}{TSS}(T - k)}{\dfrac{TSS - ESS}{TSS}(k - 1)} = \frac{R^2}{1 - R^2}\frac{T - k}{k - 1} \tag{3.33}$$

■ 第七节 预 测

同一元线性回归模型一样，多元线性回归模型也有 Y_{T+1} 的点预测、

Y_{T+1}的区间预测和 $E(Y_{T+1})$ 的区间预测。

一、Y_{T+1} 点预测

设 $T+1$ 期解释变量行向量用 $\mathbf{C}$ 表示：

$$\mathbf{C} = (1 \quad X_{T+1,1} \quad X_{T+1,2} \quad \cdots \quad X_{T+1,k-1}) \tag{3.34}$$

$\hat{\boldsymbol{\beta}}$ 已知，则 $T+1$ 期被解释变量 Y_{T+1} 的点预测式为：

$$\hat{Y}_{T+1} = \mathbf{C}\hat{\boldsymbol{\beta}} = \hat{\beta}_0 + \hat{\beta}_1 X_{T+1,1} + \cdots + \hat{\beta}_{k-1} X_{T+1,k-1} \tag{3.35}$$

二、单个 Y_{T+1} 的置信区间预测

先推导预测误差的分布，定义预测误差是预测值与实际观测值之差：

$$e_{T+1} = \hat{Y}_{T+1} - Y_{T+1} \tag{3.36}$$

则预测误差 e_{t+1} 的期望和方差是：

$$E(e_{T+1}) = E[\hat{Y}_{T+1} - Y_{T+1}]$$
$$= E[\mathbf{C}\hat{\boldsymbol{\beta}} - (\mathbf{C}\boldsymbol{\beta} + \mu_{T+1})] = 0 \tag{3.37}$$

$$\mathrm{Var}(e_{T+1}) = \mathrm{Var}[\mathbf{C}\hat{\boldsymbol{\beta}} - (\mathbf{C}\boldsymbol{\beta} + \mu_{T+1}]$$
$$= \mathrm{Var}(\mathbf{C}\hat{\boldsymbol{\beta}}) + \mathrm{Var}(\mu_{T+1})$$
$$= \mathbf{C}\sigma^2(\mathbf{X}'\mathbf{X})^{-1}\mathbf{C}' + \sigma^2$$
$$= \sigma^2[\mathbf{C}(\mathbf{X}'\mathbf{X})^{-1}\mathbf{C}' + 1] \tag{3.38}$$

用 s^2 代替 σ^2，$s^2(e_{t+1}) = s^2[\mathbf{C}(\mathbf{X}'\mathbf{X})^{-1}\mathbf{C}' + 1]$ 是 $\mathrm{Var}(e_{t+1})$ 的无偏估计量。于是有：

$$t = \frac{e_{T+1} - E(e_{T+1})}{s(e_{T+1})} = \frac{(\hat{Y}_{T+1} - Y_{T+1}) - 0}{s(e_{T+1})}$$

$$= \frac{\mathbf{C}\hat{\boldsymbol{\beta}} - Y_{T+1}}{s(e_{T+1})} \sim t(T-k) \tag{3.39}$$

那么，有 $P\left\{\left|\dfrac{\mathbf{C}\hat{\boldsymbol{\beta}} - Y_{T+1}}{s(e_{T+1})}\right| \leqslant t_\alpha(T-k)\right\} = 1 - \alpha$

由以上部分计算可以得出 Y_{T+1} 的置信区间是：

$$\mathbf{C}\hat{\boldsymbol{\beta}} \pm t_{\alpha/2(T-k)} S(e_{T+1}) \tag{3.40}$$

其中 $S(e_{T+1}) = S\sqrt{\mathbf{C}(\mathbf{X'X})^{-1}\mathbf{C'}}$。

三、$E(Y_{T+1})$ 的置信区间预测

首先求点预测式 $\mathbf{C}\hat{\boldsymbol{\beta}}$ 的抽样分布：

$$E(\hat{Y}_{T+1}) = E(\mathbf{C}\hat{\boldsymbol{\beta}}) = \mathbf{C}\boldsymbol{\beta} \tag{3.41}$$

$$\begin{aligned}
\mathrm{Var}(\hat{Y}_{T+1}) &= \mathrm{Var}(\mathbf{C}\hat{\boldsymbol{\beta}}) = E[(\mathbf{C}\hat{\boldsymbol{\beta}} - \mathbf{C}\boldsymbol{\beta})(\mathbf{C}\hat{\boldsymbol{\beta}} - \mathbf{C}\boldsymbol{\beta})'] \\
&= E\{\mathbf{C}(\hat{\boldsymbol{\beta}} - \boldsymbol{\beta})[\mathbf{C}(\hat{\boldsymbol{\beta}} - \boldsymbol{\beta})]'\} \\
&= \mathbf{C}E[(\hat{\boldsymbol{\beta}} - \boldsymbol{\beta})(\hat{\boldsymbol{\beta}} - \boldsymbol{\beta})']\mathbf{C'} \\
&= \mathbf{C}\mathrm{Var}(\hat{\boldsymbol{\beta}})\mathbf{C'} = \mathbf{C}\sigma^2(\mathbf{X'X})^{-1}\mathbf{C'} \\
&= \sigma^2\mathbf{C}(\mathbf{X'X})^{-1}\mathbf{C'}
\end{aligned} \tag{3.42}$$

因为 $\hat{\boldsymbol{\beta}}$ 服从多元正态分布，所以 $\hat{Y}_{T+1}$ 也是一个多元正态分布变量，即：

$$\hat{Y}_{T+1} \sim N(E(Y_{T+1}), \sigma^2\mathbf{C}(\mathbf{X'X})^{-1}\mathbf{C'}) \tag{3.43}$$

构成 t 统计量如下：

$$t = \frac{\hat{Y}_{T+1} - E(Y_{T+1})}{S(\hat{Y}_{T+1})} \sim t(T-k) \tag{3.44}$$

那么，有 $P\left\{\left|\dfrac{\hat{Y}_{T+1} - E(Y_{T+1})}{s(\hat{Y}_{T+1})}\right| \leqslant t_\alpha(T-k)\right\} = 1 - \alpha$

由上式大括号中部分可以计算出 $E(Y_{T+1})$ 的置信区间：

$$\hat{Y}_{T+1} \pm t_{\alpha/2(1,T-k)}S(\hat{Y}_{T+1}) \tag{3.45}$$

其中 $S(\hat{Y}_{T+1}) = S\sqrt{\mathbf{C}(\mathbf{X'X})^{-1}\mathbf{C'}}$。

四、预测的评价指标

第二章介绍过一元线性回归模型的预测，但没有介绍怎样评价预测的优劣。下面介绍 6 个评价回归模型预测能力的指标。这些评价指标适用于对各种模型的预测评价。

（一）预测误差 FE（forecast error）

预测误差定义为（注意：这里的 e_t 表示的是预测误差，不是残差）：

$$e_t = \hat{Y}_t - Y_t, \ t = 1, \ 2, \ \cdots, \ T \tag{3.46}$$

e_t 属于单期（单点）评价。e_t 有测量单位，测量的是预测误差的绝对量。

（二）相对误差 PE（percentage error）

$$PE = \frac{\hat{Y}_t - Y_t}{Y_t}, \ t = 1, \ 2, \ \cdots, \ T \tag{3.47}$$

PE 属于单期（单点）评价。PE 没有测量单位，测量的是相对预测误差。相对误差 PE 更容易用来感知预测误差的大小。

（三）误差均方根 RMSE（root mean squared error）

$$RMSE = \sqrt{\frac{1}{T} \sum_{t=1}^{T} (\hat{Y}_t - Y_t)^2}, \ t = 1, \ 2, \ \cdots, \ T \tag{3.48}$$

误差均方根属于多期（多点）预测的综合评价。误差均方根有测量单位，与 Y_t 的测量单位相同。

（四）绝对误差平均 MAE（mean absolute error）

$$MAE = \frac{1}{T} \sum_{t=1}^{T} |\hat{Y}_t - Y_t|, \ t = 1, \ 2, \ \cdots, \ T \tag{3.49}$$

绝对误差平均属于多期（多点）预测的综合评价。绝对误差平均有测量单位，与 Y_t 的测量单位相同。之所以取绝对值运算是防止正负预测误差值的相互抵消。

（五）相对误差绝对值平均 MAPE（mean absolute percentage error）

$$MAPE = \frac{1}{T} \sum_{t=1}^{T} \left| \frac{\hat{Y}_t - Y_t}{Y_t} \right|, \ t = 1, \ 2, \ \cdots, \ T \tag{3.50}$$

相对误差绝对值平均属于多期（多点）预测的综合评价。相对误差绝对值平均没有测量单位，考查的是相对误差。之所以取绝对值运算是防止正负预测误差值的相互抵消。

（六）泽尔系数 （theil coefficent）

$$\text{Theil} = \frac{\sqrt{\frac{1}{T}\sum_{t=1}^{T}(\hat{Y}_t - Y_t)^2}}{\sqrt{\frac{1}{T}\sum_{t=1}^{T}(\hat{Y}_t)^2} + \sqrt{\frac{1}{T}\sum_{t=1}^{T}(Y_t)^2}}, \tag{3.51}$$

$$t = 1, 2, \cdots, T$$

Theil 的取值范围是 $[0, 1]$。显然在预测区间内，当 $\hat{Y}_t$ 与 Y_t 完全相等时，Theil $=0$；当预测结果最差时，Theil $=1$。

式 （3.46）~式 （3.51）中，$\hat{Y}_t$ 表示预测值，Y_t 表示实际值。注意，公式中的累加范围是用 1 至 T 表示的，当然也可以指样本外的预测评价。

第八节 实 验

一、实验目的

掌握多元线性回归模型的参数估计、调整的可决系数、参数显著性检验、方程显著性检验、点预测与置信区间预测的 EViews 操作方法。

二、实验内容

在一项对某社区家庭对某种商品的消费调查中，得到以下数据资料（见表3.2）。

请用该社区家庭对某商品的消费支出为被解释变量 Y，以商品单价（X_1）、家庭月收入（X_2）为解释变量，对该社区家庭消费商品支出作二元线性回归分析。具体要求如下：

（1）估计回归方程的参数，计算 R^2 及 $\bar{R}^2$；

表 3.2　　　　　某社区家庭对某种消费品需求相关数据

序号	Y	X_1	X_2	序号	Y	X_1	X_2
1	591.9	23.56	7620	6	644.4	34.14	12920
2	654.5	24.44	9120	7	680.0	35.3	14340
3	623.6	32.07	10670	8	724.0	38.7	15960
4	647.0	32.46	11160	9	757.1	39.63	18000
5	674.0	31.15	11900	10	706.8	46.68	19300

资料来源：模拟数据。

（2）对参数进行 t 检验，对方程进行 F 检验；

（3）方程参数的置信区间估计；

（4）如果商品单价为 35 元，则某一月收入为 20000 元的家庭的消费支出是多少？构造该估计值的 95% 的置信区间。

三、实验步骤

（1）建立工作文件并录入全部数据，如图 3.1 所示。

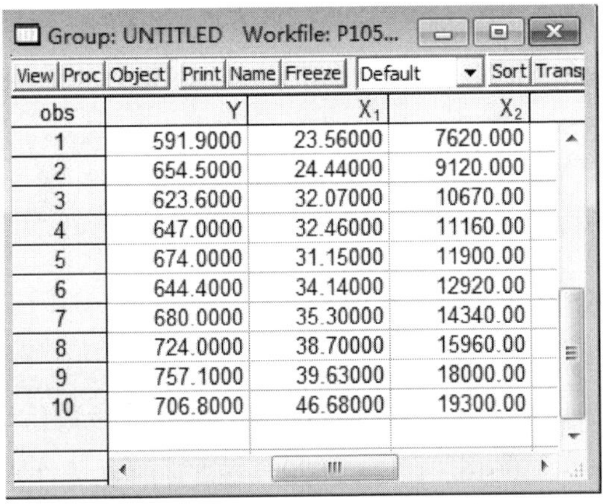

Group: UNTITLED　Workfile: P105...

View | Proc | Object | Print | Name | Freeze | Default | Sort | Trans

obs	Y	X_1	X_2
1	591.9000	23.56000	7620.000
2	654.5000	24.44000	9120.000
3	623.6000	32.07000	10670.00
4	647.0000	32.46000	11160.00
5	674.0000	31.15000	11900.00
6	644.4000	34.14000	12920.00
7	680.0000	35.30000	14340.00
8	724.0000	38.70000	15960.00
9	757.1000	39.63000	18000.00
10	706.8000	46.68000	19300.00

图 3.1　数据录入

（2）建立二元线性回归模型：

$$Y_t = \beta_0 + \beta_1 X_{1t} + \beta_2 X_{2t} + \mu_i$$

点击主界面菜单 Quick \ Estimate　Equation 选项，在弹出的对话框中输入：Y C X_1 X_2

点击确定即可得到回归结果，如图 3.2 所示：

Variable	Coefficient	Std. Error	t-Statistic	Prob.
C	626.5093	40.13010	15.61195	0.0000
X_1	-9.790570	3.197843	-3.061617	0.0183
X_2	0.028618	0.005838	4.902030	0.0017
R-squared	0.902218	Mean dependent var		670.3300
Adjusted R-squared	0.874281	S.D. dependent var		49.04504
S.E. of regression	17.38985	Akaike info criterion		8.792975
Sum squared resid	2116.847	Schwarz criterion		8.883751
Log likelihood	-40.96488	F-statistic		32.29408
Durbin-Watson stat	1.650804	Prob(F-statistic)		0.000292

图 3.2　回归结果

根据图 3.2 的回归结果，得到回归模型的估计结果为：

$$\hat{Y}_i = 626.5093 - 9.7906X_{1i} + 0.0286X_{2i}$$
$$t = (15.6120)(-3.0616)(4.9020)$$
$$R^2 = 0.902218, \quad \overline{R}^2 = 0.874281, \quad D.W. = 1.650804$$
$$\sum e_i^2 = 2116.847 \quad F = 32.29408 \quad df = (2, 7)$$

随机干扰项的方差估计值为 $\hat{\sigma}^2 = \dfrac{2116.847}{7} = 302.4067$。

（3）结果的分析与检验。

①t 检验。

由图 3.2 的估计结果，常数项、X_1、X_2 系数的参数估计的 t 值分别为：$t_0 = 15.6120$，$t_1 = -3.0616$，$t_2 = 4.9020$。在 5% 的显著性水平下，t 统计量的临界值为：$t_{0.025}(7) = 2.3646$，显然有 $|t_i| > t_{0.025}(7)$，i = 0，1，2。所以拒绝原假设 H_0，即回归方程的三个估计参数均显著，通过 t 检验。

②F 检验。

回归模型的 F 值为：F = 32.29408，因为在 5% 的显著性水平下，F 统

计量的临界值为 $F_{0.05}(2，7)=4.74$。由于 $F>F_{0.05}(2，7)$，所以回归方程通过 F 检验，方程线性关系显著成立。

（4）参数的置信区间。

```
Sample: 1 10
Included observations: 10
```

Variable	Coefficient	Std. Error	t-Statistic	Prob.
C	626.5093	40.13010	15.61195	0.0000
X_1	-9.790570	3.197843	-3.061617	0.0183
X_2	0.028618	0.005838	4.902030	0.0017
R-squared	0.902218	Mean dependent var		670.3300
Adjusted R-squared	0.874281	S.D. dependent var		49.04504
S.E. of regression	17.38985	Akaike info criterion		8.792975
Sum squared resid	2116.847	Schwarz criterion		8.883751
Log likelihood	-40.96488	F-statistic		32.29408
Durbin-Watson stat	1.650804	Prob(F-statistic)		0.000292

图 3.3　回归结果

由图 3.3 的回归结果，可以看到：$S_{\hat{\beta}_0}=40.13010$，$S_{\hat{\beta}_1}=3.197843$，$S_{\hat{\beta}_2}=0.005838$。因为参数的区间估计为：$\left[\hat{\beta}_i-t_{\frac{a}{2}}\cdot S_{\hat{\beta}_i}，\hat{\beta}_i+t_{\frac{a}{2}}\cdot S_{\hat{\beta}_i}\right]$，$i=0，1，2$，又因为在 $\alpha=0.05$ 的显著性水平下，$t_{0.025}(7)=2.3646$，所以得：

$$\hat{\beta}_0\pm t_{\alpha/2}\cdot S_{\hat{\beta}_0}=626.5093\pm2.3646*40.13010$$

于是，常数项的 95% 的置信区间为：$\left[531.6177，721.4009\right]$。

同样，有 $\hat{\beta}_i\pm t_{\alpha/2}\cdot S_{\hat{\beta}_i}=-9.790570\pm2.3646*3.197843$。

于是，X_1 项的系数的 95% 的置信区间为：$\left[-17.3522，-2.2290\right]$。

同样，有 $\hat{\beta}_2\pm t_{\alpha/2}\cdot S_{\hat{\beta}_2}=0.028618\pm2.3646*0.005838$。于是，$X_2$ 项的系数的 95% 的置信区间为：$\left[0.0148，0.0424\right]$。

（5）点预测。

①内插预测。

在 Equation 框中，点击"Forecast"，在 Forecast name 框中输入预测值序列命名，计算机默认为 yf，点击"OK"，得到样本期内被解释变量的预测值序列 yf（也称拟合值序列）的图形形式，如图 3.4 所示。同时在 Workfile 中出现一个新序列对象 yf。

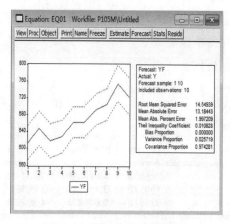

图3.4 预测结果 yf 折线图

②外推预测。

第一步录入数据。双击 Workfile 菜单下的 Range 所在行，出现 Workfile structured 对话框，将右侧 Observation 旁边的数值改为11，然后点击 OK，即可将 Workfile 的 Range 以及 Sample 的 Range 改为11；双击打开 group01 序列表格形式，将编辑状态切换为"可编辑"，在 X_1 序列中补充输入 $X_1 = 35$，同样的方法录入 $X_2 = 20000$。

第二步进行预测。在 Equation 框中，点击"Forecast"，弹出对话框，在其中为预测的序列命名 yf2。点击 OK 即可得到预测结果的图形形式，如图3.5所示。

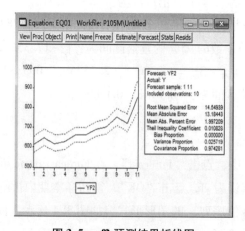

图3.5 yf2 预测结果折线图

　　点击 Workfile 中新出现的序列 yf2，可以看到预测值为 856. 2025，如图 3. 6所示。

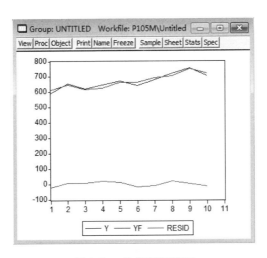

图 3. 6　yf2 预测值

　　第三步结果分析。按住 Ctrl 键，同时选中 y、yf、resid，点击右键，在右键菜单中选 Open/as Group 可打开实际值、预测值、残差序列，在 View 菜单选择 Grap/Line，如图 3. 7 所示。

图 3. 7　yf2 预测折线图

（6）置信区间的预测。

消费支出 Y 的个别值的预测置信区间为：$\hat{Y}_0 \pm t_{\alpha/2} \cdot S_{\hat{Y}_0}$。其中，$S_{\hat{Y}_0}$ 为 Y 的个别值预测的标准差为 $S_{\hat{Y}_0} = \sqrt{\hat{\sigma} \cdot [1 + X_0 (X'X) X_0']}$。

消费支出 Y 均值的预测置信区间为：$\hat{Y}_0 \pm t_{\alpha/2} \cdot S_{E(\hat{Y}_0)}$。其中，$S_{E(\hat{Y}_0)}$ 为 Y 的均值预测的标准差为 $S_{E(\hat{Y}_0)} = \sqrt{\hat{\sigma} \cdot X_0 (X'X) X_0'}$。

①Y 个别值的置信区间的预测。

在 Equation 框中，点击"Forecast"，弹出 Forecast 对话框，如图 3.8 所示。

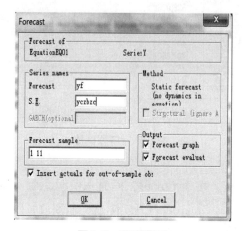

图 3.8　预测界面

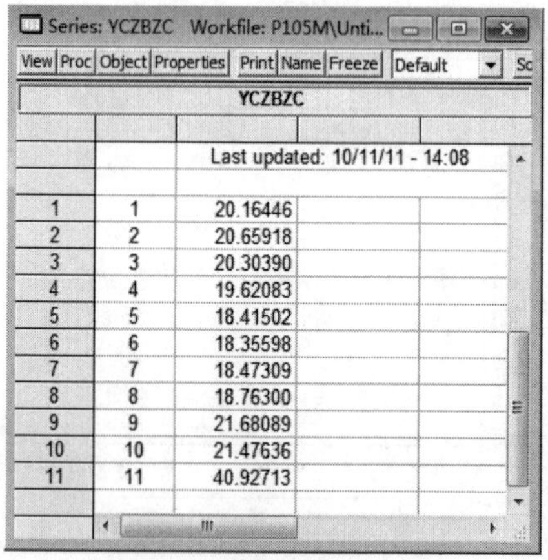

图 3.9　预测值标准差

在图 3.8 中 S. E. 那一栏为预测值的标准差，命名为 yczbzc，然后点 OK，即可在 Workfile 界面看到一个名为 yczbzc 的序列。双击打开这一序列，如图 3.9 所示，在第 11 行（预测行）即可直接显示个别值的预测值标准差为 $S_{\hat{Y}_0} = 40.92713$。把结果代入 $\hat{Y}_0 \pm t_{\alpha/2} \cdot S_{\hat{Y}_0}$，即可得到 Y 个别值的 95% 的置信区间为：$[759.4262, 952.9788]$。

②Y 均值的置信区间的预测。

由于 $S_{\hat{Y}_0} = \sqrt{\hat{\sigma} \cdot [1 + X_0(X'X)X_0']} = 40.92713$，且 $\hat{\sigma}^2 = 302.41$，所以可计算得：$X_0(X'X)X_0' = 4.539$。代入公式即可得到 Y 均值的预测标准差为：$S_{E(\hat{Y}_0)} = \sqrt{\hat{\sigma} \cdot X_0(X'X)X_0'} = 37.049$。再把结果代入均值的置信区间公式 $\hat{Y}_0 \pm t_{\alpha/2} \cdot S_{E(\hat{Y}_0)}$，得到 Y 均值的 95% 的置信区间为：$[768.5964, 943.8086]$。

四、实验小结

本章实验主要是如何估计多元线性回归模型的参数、如何进行参数显著性检验和方程检验及对一元线性回归模型进行预测。预测时一定要先把样本容量扩展到需预测的时期或样本个数，再进行相关预测。

五、备择实验

为了研究财政收入规模大小的变化受税收、国内生产总值的影响程度，我们选择了某地区 2001~2020 年财政收入及其主要影响因素国内生产总值和税收在这 20 年的数据为样本（见表 3.3），试求以财政收入为因变量，国内生产总值和税收为自变量的多元线性回归方程，进行相应的统计检验（t 检验和 F 检验），如果到 2021 年国内生产总值和税收将分别达到 1143669.7 亿元、172731 亿元，请对 2021 年该地区财政收入进行预测，同时请计算出置信区间。

表3.3　我国2001～2020年财政收入（Y）、国民生产总值（X_1）和税收（X_2）

单位：亿元

年份	Y	X_1	X_2
2001	16386.04	110863.1	15301.38
2002	18903.64	121717.4	17636.45
2003	21715.25	137422	20017.31
2004	26396.47	161840.2	24165.68
2005	31649.29	187318.9	28778.54
2006	38760.2	219438.5	34804.35
2007	51321.78	270092.3	45621.97
2008	61330.35	319244.6	54223.79
2009	68518.3	348517.7	59521.59
2010	83101.51	412119.3	73210.79
2011	103874.43	487940.2	89738.39
2012	117253.52	538580	100614.28
2013	129209.64	592963.2	110530.7
2014	140370.03	643563.1	119175.31
2015	152269.23	688858.2	124922.2
2016	159604.97	746395.1	130360.73
2017	172592.77	832035.9	144369.87
2018	183359.84	919281.1	156402.86
2019	190390.08	986515.2	158000.46
2020	182913.88	1013567	154312.29

资料来源：《中国统计年鉴》2002～2021年。

本 章 小 结

1. 本章介绍的是多元线性回归模型，每个解释变量对应的参数被称为偏回归系数，表示在其他解释变量不变的条件下，X_1 的单位变动引起 Y 的变动，其他回归系数具有同样的含义。

2. 多元回归系数可以通过 OLS 进行估计，在满足基本假设条件下，采用 OLS 估计得到的参数具有线性性、无偏性和有效性。

3. 多元线性回归模型参数估计量也需要进行显著性检验（t 检验），与一元线性回归模型不同的是多元线性回归模型需要对方程整体线性关系进行显著性检验，也就是 F 检验，并通过调整可决系数对方程质量进行拟合优度检验。

4. 多元线性回归模型预测包括点值预测、置信区间预测和均值预测。

思 考 题

一、名词解释

1. 多元线性回归模型　　2. 偏回归系数

3. 调整后的可决系数　　4. F 检验

5. 点值预测　　　　　　6. 均值预测

二、简答题

1. 多元线性回归模型的基本假设？

2. 调整的决定系数 $\bar{R}^2$ 及其作用。

3. t 检验和 F 检验的区别与联系。

4. 在满足基本假设条件下，多元线性回归模型参数估计量的性质。

三、计算与分析题

1. 假设要求你建立一个计量经济模型来说明在学校跑道上慢跑一英里或一英里以上的人数，以便决定是否修建第二条跑道以满足所有的锻炼者。你通过整个学年收集数据，得到两个可能方程：

方程 A：$\hat{Y} = 125.0 - 15.0X_1 - 1.0X_2 + 1.5X_3$，$\bar{R}^2 = 0.75$

方程 B：$\hat{Y} = 123.0 - 14.0X_1 + 5.5X_2 - 3.7X_4$，$\bar{R}^2 = 0.73$

其中：Y 为某天慢跑者的人数；X_1 为该天降雨的英寸数；X_2 为该天日照的小时数；X_3 为该天的最高温度（按华氏温度）；X_4 为第二天需交学期论文的班级数。

请回答下列问题：

(1) 这两个方程你认为哪个更合理些，为什么？

(2) 为什么用相同的数据去估计相同变量的系数得到不同的符号？

2. 下面数据是依据 10 组 X 和 Y 的观察值得到的：

$$\sum Y_i = 1110 , \quad \sum X_i = 1680 , \quad \sum X_i Y_i = 204200 , \quad \sum X_i^2 = 315400 ,$$

$$\sum Y_i^2 = 133300$$

假定满足所有经典线性回归模型的假设，求 β_0，β_1 的估计值。

第四章

多重共线性

多元线性回归模型有两个以上的解释变量，如果解释变量之间出现了较高的相关性时，就会出现多重共线性问题，我们看两个多重共线性的例子，观察估计结果的变化。

1. 新建住房数量

设 Y 为第 t 年新建住房数量，选取人口 X_1、国内生产总值 X_2 和新房抵押利率 X_3 三个变量为自变量。搜集数据，估计得到以下三个模型，分别是：

（1）$\hat{Y}_i = -3812.93 - 198.4X_{1i} + 33.82X_{2i}$；

（2）$\hat{Y}_i = 687.9 - 169.66X_{1i} + 0.91X_{3i}$；

（3）$\hat{Y}_i = -1315.75 - 184.75X_{1i} + 14.9X_{2i} + 0.52X_{3i}$。

我们认为新建住房数量受人口数量和收入水平的影响。而在同时具有这两个变量的模型（3）中，X_2、X_3 对 Y 的影响系数与模型（1）、模型（2）的不同。这主要是由于人口、国内生产总值和利率高度相关造成的。计算它们两两之间的相关系数会发现：

$$r(X_1, X_2) = 0.99, \ r(X_2, X_3) = 0.88, \ r(X_1, X_3) = 0.91$$

从三个解释变量之间的相关系数可知，两两之间高度相关影响了模型的回归结果，造成回归参数的差异性。

2. 车辆维修费

研究车辆累计维修费用（不包括油费）Y 的变化，选取累计行驶里程 X_1，以千公里为单位；车辆自购买之日起的年限 X_2，以星期为单位，分别

估计三个模型, 如下:

(1) $\hat{Y}_i = -626.24 + 7.35\,X_{1i}$;

(2) $\hat{Y}_i = -796.07 + 53.45X_{2i}$;

(3) $\hat{Y}_i = 7.29 + 27.58X_{1i} - 151.15X_{2i}$。

根据理论和经验, 行程里程较多的车其维修费用也高; 同理, 车的购买年限越长, 其维修费用就越高; 如果两辆车使用年限相同, 行程较多的车维修费用较高。因此, 参数的预期符号都为正。但 X_2 的系数在模型 (2) 中为正, 在模型 (3) 中为负; 行驶里程的系数在模型 (1) 和模型 (3) 的大小差异较大, 在这个例子中, 累计行驶里程和车辆购买的年限的相关系数为 0.996, 正是因为高度相关性导致参数估计结果差异。

从上面的例子中可看出, 如果解释变量之间存在较高的相关性, 则回归系数不显著或与现实经济意义不符。

■ 第一节   多重共线性的概念

对于模型:

$$Y_i = \beta_0 + \beta_1 X_{1i} + \beta_2 X_{2i} + \cdots + \beta_k X_{ki} + \mu_i \qquad (4.1)$$

其基本假定之一: 解释变量之间不相关。

如果两个或多个解释变量之间出现了相关性, 则称为存在多重共线性。

如果存在:

$$X_i = \lambda X_j\,(i \neq j) \qquad (4.2)$$

即某一个解释变量可以用其他解释变量的线性组合表示, 则称解释变量之间存在完全共线性。

如果存在:

$$X_i = \lambda X_j + \nu_i\,(i \neq j) \qquad (4.3)$$

则称解释变量之间存在近似共线性。

观察以下数据 (见表 4.1):

表 4.1　　　　　　　　　　　　一个人为的数据

X_1	X_2	X_2^*
10	50	52
15	75	75
18	90	97
24	120	129
30	150	152

很明显，$X_{2i} = 5X_{1i}$，因此，它们两者之间有完全的共线性，其相关系数为1；变量 $X_{2i}^* = 5X_{1i} + \nu_i$，或者可以写成 $X_2^* \approx 5X_{1i}$，它们之间不再是完全共线性而是近似共线性。

第二节　多重共线性产生的原因及后果

一、出现多重共线性的原因

（1）经济变量在时间上有共同变化的趋势。当经济处于上升时期，如国民收入、固定资产投资、国民消费、就业率等都增长；当经济处于低迷时期，这些变量又都趋于下降。显然，当模型中选用了若干这样的变量做解释变量时，就会出现多重共线性。

如在经济繁荣时期，各基本经济变量（收入、消费、投资、价格）都趋于增长；衰退时期，又同时趋于下降。生产函数中，资本投入与劳动力投入往往出现高度相关情况，大企业资本投入和劳动力投入都大，小企业两者都相对比较小。

（2）某些解释变量的滞后项作为单独的解释变量加入模型。当期变量与其滞后变量作为两个变量自然是相关的，所以可以肯定，在含有当期变量与其滞后变量做解释变量的模型中有可能存在多重共线性。

（3）模型的总体受到约束。如在做电力消费对收入和住房面积的回归时，变量之间具有相关性，表现在：收入较高的家庭一般来说比收入较低的家庭有较大的住房，使得抽样所得的两个变量的数据之间相关性较强。

（4）模型设定。一些经济问题的研究，需要增加多项式或者交互项，如税收曲线方程中有税率和税率的平方项为解释变量，它们之间具有完全相关性。

（5）一个过度决定模型。即模型中回归元个数大于观测值的次数。

二、出现多重共线性的后果

前面的例子中，我们看到完全多重共线性中，回归系数是不确定的，且标准误是无穷大的。为什么会有这样的结果呢？回想一下偏回归系数 $\hat{\beta}_i$ 的意义：它是在保持其他变量不变的条件下，当 X_i 每变化一单位，因变量 Y 的条件均值的变化率。如果 $X_2 = \lambda X_3$，它们完全线性相关，就没有办法保证 X_3 的值不变的条件：因为当 X_2 的值变化时，X_3 的值按 λ 倍改变。也就是说，没有办法将两个变量对因变量的影响分解开来。实际上，完全共线时，两个变量是无法区分的。而计量经济学应用中，是试图找到每个解释变量对因变量的独立影响，多重共线不再满足相互独立性条件。

对于完全共线性的情形，我们无法得到回归系数的唯一解。通常，在涉及实际经济问题时，解释变量之间并无准确的线性关系，而是存在近似共线性，这时回归系数的估计是有可能的。

我们考虑消费—收入例子，除了收入之外，消费者的财富也是消费支出的重要决定因素。于是，可以建立如下模型：

$$消费_i = \beta_0 + \beta_1 收入_i + \beta_2 财富 + \mu_i$$

这个模型中可能会存在这样的问题：我们拿到收入和财富的数据可能高度相关，因为较富裕的人们一般收入也较高。因此，理论上两个变量都是合适的解释变量，但要分开收入和财富对消费的各自影响也是困难的。

近似多重共线性的后果：

（1）虽然 OLS 估计量是 BLUE，但有大的方差和协方差，故难以对参数作出精确的估计。

（2）由于后果（1），置信区间将会变宽，以至于预测失效。

（3）变量的显著性检验（t检验）不显著。

（4）拟合优度可能会非常高。

（5）OLS 估计量及其标准误对数据的小小变化会很敏感。

第三节 多重共线性的诊断

因为多重共线性是一个程度问题而不是有没有的问题。有意义的区别不在于有与无之间，而在于它的程度如何。因此，我们不做多重共线性的检验，而是测度它在任意样本中显现的程度。

一、简单相关系数

诊断严重多重共线性的方法之一是考察两个解释变量之间的简单相关系数。假如相关系数的绝对值很大，那么可以得出这两个解释变量是高度相关的，我们就认为存在潜在的多重共线性问题。

那么相关系数究竟多高才算高呢？一般经验认为是 0.80，即注意简单相关系数的绝对值是否大于 0.80。一个高的简单相关系数可以表明存在严重的多重共线性，但是较低的相关系数绝不意味着就没有多重共线性。因此，简单相关系数法仅仅是多重共线性存在的充分条件，而不是必要条件。

二、方差膨胀因子

方差膨胀因子（variance inflation factor，VIF）是一种诊断多重共线性严重程度的方法，它是通过观察方程中一给定解释变量被方程中其他所有解释变量解释程度的方法。在方程中每一个解释变量都有一个 VIF 值，它是一个反映参数估计量方差增大程度的指标。一个较高的 VIF 表明，多重共线性导致参数估计量方差增大的程度较大，在此基础上计算出来的 t 统计量偏小。

计算 VIF 的两个步骤：

1. 辅助回归

做每一个 X_i 对其余解释变量的回归，并计算回归方程的可决系数 R^2，记为：R_i^2。

2. 计算 VIF

$$VIF_i = \frac{1}{1 - R_i^2} \tag{4.4}$$

因为原始方程中的每一个解释变量都有一次辅助回归，那么每个解释变量都有一个 R_i^2 及对应的 VIF_i。VIF 的值越高，多重共线性程度就越严重，究竟 VIF 多高才算高呢？一般认为 $VIF > 5$，则存在严重的多重共线性。实际研究中采用方差膨胀因子时会碰到这样的问题，两个变量的相关系数为 0.88（存在多重共线性），但方差膨胀因子仅为 4.4。方差膨胀因子大于 5 说明存在多重共线性，小于 5 不能确定不存在多重共线性。所以，VIF 只是诊断多重共线性的充分条件而非必要条件。

三、拟合优度

若在 OLS 法下：R^2 与 F 值较大，但 t 检验值较小，说明各解释变量对 Y 的联合线性作用显著，但各解释变量间存在共线性而使得它们对 Y 的独立作用不能分辨，故 t 检验不显著。

■ 第四节　多重共线性的补救

完全不存在多重共线性是一个很强的假定。实际中，经济变量随着经济形势的起伏，总要表现出某种程度的共同变化特征。当然，完全多重共线性在实际经济问题中亦很少见，所以多重共线性的一般表现形式是不完全或者近似多重共线性。当解释变量间存在不完全多重共线性时，主要是对模型回归系数的估计带来严重后果。尽管回归系数的普通最小二乘估计量仍具有无偏性，但由于回归系数估计量的方差变大，使回归系数估计量 $\hat{\beta}_i$ 的抽样精度下降，$\hat{\beta}_i$ 的值有可能远离真值 β_i，从而使回归系数估计值变得毫无意义。

为克服模型中的多重共线性，下面介绍几种修正方法。

一、什么都不做

如果研究的目的不是解释单个偏回归系数的意义而是预测，那么多重共线性不是一个主要问题，我们可以忽略它。即使解释变量之间存在较高的相关系数，只要回归系数显著，符号和大小符合预期值，我们不必担心多重共线性问题。在存在多重共线性的情形下，如果一个变量仍然是显著的，说明该变量的影响较强。所以，如果一个变量基于相关理论被选作解释变量，即使存在多重共线性，我们仍然可以将它留下来。

不用修正的实例：

假如你在一家饮料公司市场部工作，并建立了一个关于该公司广告费影响产品销售额的模型：

$$\hat{S}_i = 3080 - 75000P_i + 4.23A_i - 1.04B_i \tag{4.5}$$

式（4.5）中，S_i 表示公司饮料的销售额；P_i 表示公司饮料的平均价格；A_i 表示公司的广告支出；B_i 表示主要竞争对手的广告投入。

从方程估计结果看，各参数估计值都显著，且符合理论预期的参数符号和大小。但从现实经验可知，饮料业的广告竞争很激烈，企业间在广告支出方面都倾向于与他们的竞争对手竞争。这使得我们怀疑两个公司之间的广告投入有相关性，经计算简单相关系数和 VIF 值发现，相关系数值为 0.974，VIF 的值大于 5。

如此大的相关系数表明方程具有严重的多重共线性，但是没有必要采取任何补救措施。因为，方程的估计值合理，统计量显著。除非多重共线性导致方程出现了很多问题，否则不需对方程进行任何调整。

如果我们剔除一个变量，会造成模型设定的偏误。剔除一个变量后，该变量的影响被包含在随机误差项中，因为两个变量是高度相关的，剩下变量参数实际包含了两个变量联合的影响程度，进而会影响偏回归系数的估计值和经济意义。

接下来我们进行补救，从方程中去掉变量 B_i 后，得到如下回归方程：

$$\hat{S}_i = 2586 - 78000P_i + 0.52A_i \tag{4.6}$$

对比可看出，该公司广告投入变量的参数值变小，这个变化我们可以解释为：因为其他竞争企业广告支出对该公司销售额的影响是负的，而且这个负的影响足够大，使得与之相关性较高的该公司广告支出对饮料的销售额影响变小。

通过以上例子说明：无论从理论上还是实际结果来看，从一个方程中去掉一个变量是不明智的。在删除一个具有多重共线性的变量时要考虑删除该变量后对模型设定的影响和参数意义的改变。

由于多重共线性是解释变量之间具有相关性造成的，所以消除一个或多个变量，就可以减少多重共线性的影响。但从模型中直接剔除一个变量，会导致模型设定的偏误，即在分析中使用了不正确的模型。比如说依据经济理论，在解释消费支出时，应选择收入和财富两个解释变量，可是我们发现这两个解释变量高度相关，如果我们因此剔除其中一个变量，消费支出与任意一个变量做回归分析，就会造成模型设定的偏误，参数真值就会失去经济意义。

二、逐步回归法

首先计算被解释变量对每个解释变量的回归方程，得到基本方程。再根据理论上与逻辑上的分析，参考其他先验信息以及统计检验的结果来分析基本方程，从中选出初始方程。然后逐步给基本方程添加新的解释变量，并判断多重共线性的程度。

判断依据如下：

（1）如果加入一个解释变量后新方程的拟合优度改进，且每个偏回归系数又是统计显著的，那么保留该变量；

（2）如果加入一个解释变量后新方程的拟合优度未能改进，对其他偏回归系数也没有影响，那么认为新变量是多余的，剔除该变量；

（3）如果新加入一个解释变量后，方程的拟合优度显著变化，而且也显著地影响了其他偏回归系数的符号和大小，且不能通过显著性检验，可以说明，出现严重多重共线性。这个新的解释变量是主要影响因素，不能盲目剔除该解释变量。

三、合并解释变量

通过经济理论及对实际问题的深刻理解，对发生多重共线性的解释变量引入附加条件从而减弱或消除多重共线性。比如有二元回归模型：

$$Y_t = \beta_0 + \beta_1 X_{t1} + \beta_2 X_{t2} + u_t \qquad (4.7)$$

X_{t1} 与 X_{t2} 间存在多重共线性。如果依据经济理论或实际问题的深入调查研究，能给出回归系数 β_1 与 β_2 的某种关系，例如

$$\beta_2 = \lambda\beta_1 \qquad (4.8)$$

其中 λ 为常数。把上式代入模型（4.7），得

$$Y_t = \beta_0 + \beta_1 X_{t1} + \lambda\beta_1 X_{t2} + u_t = \beta_0 + \beta_1(X_{t1} + \lambda X_{t2}) + u_t \qquad (4.9)$$

令

$$X_t = X_{t1} + \lambda X_{t2} \qquad (4.10)$$

得

$$Y_t = \beta_0 + \beta_1 X_t + u_t \qquad (4.11)$$

模型（4.11）是一元线性回归模型，所以不再有多重共线性问题。用普通最小二乘法估计模型（4.11），得到 $\hat{\beta}_1$，然后再利用式（4.8）求出 $\hat{\beta}_2$。

下面以柯布—道格拉斯（Cobb – Douglass）生产函数为例，做进一步说明。

$$Y_t = KL_t^\alpha C_t^\beta e^{ut} \qquad (4.12)$$

其中 Y_t 表示产出量，L_t 表示劳动力投入量，C_t 表示资本投入量。两边取自然对数后：

$$\ln Y_t = \ln K + \alpha\ln L_t + \beta\ln C_t + u_t \qquad (4.13)$$

因为劳动力（L_t）与资本（C_t）常常是高度相关的，所以 $\ln L_t$ 与 $\ln C_t$ 也高度相关，致使无法求出 α、β 的精确估计值。假如已知所研究的对象属于规模报酬不变，即得到一个条件

$$\alpha + \beta = 1$$

利用这一关系把模型（4.13）变为

$$\ln Y_t = \ln K + \alpha\ln L_t + (1 - \alpha)\ln C_t + u_t \qquad (4.14)$$

整理后，

$$\ln \frac{Y_t}{C_t} = \ln K_t + \alpha \ln\left(\frac{L_t}{C_t}\right) + u_t \tag{4.15}$$

变成了 $\ln(Y_t/C_t)$ 对 $\ln(L_t/C_t)$ 的一元线性回归模型，自然消除了多重共线性。估计出 α 后，再利用关系式 $\alpha + \beta = 1$，估计 β。

四、合并截面数据与时间序列数据

这种方法属于约束最小二乘法（RLS）。其基本思想：先由截面数据求出一个或多个回归系数的估计值，再把它们代入原模型中，通过用因变量与上述估计值所对应的解释变量相减从而得到新的因变量，然后建立新因变量对那些保留解释变量的回归模型，并利用时间序列样本估计回归系数。下面通过一个例子具体介绍合并数据法。

设有某种商品的销售量模型如下，

$$\ln Y_t = \beta_0 + \beta_1 \ln P_t + \beta_2 \ln I_t + u_t \tag{4.16}$$

其中 Y_t 表示销售量，P_t 表示平均价格，I_t 表示消费者收入，下标 t 表示时间。

在时间序列数据中，价格 P_t 与收入 I_t 一般高度相关，所以当用普通最小二乘法估计模型（4.16）的回归系数时，会遇到多重共线性问题。

首先利用截面数据估计收入弹性系数 β_2。因为在截面数据中，平均价格是一个常量，所以不存在对 β_1 的估计问题。

把用截面数据得到的收入弹性系数估计值 $\hat{\beta}_2$ 代入原模型（4.16），得

$$\ln Y_t = \beta_0 + \beta_1 \ln P_t + \hat{\beta}_2 \ln I_t + u_t \tag{4.17}$$

移项整理

$$\ln Y_t - \hat{\beta}_2 \ln I_t = \beta_0 + \beta_1 \ln P_t + u_t \tag{4.18}$$

变换后的因变量（$\ln Y_t - \hat{\beta}_2 \ln I_t$）用 Z_t 表示，则

$$Z_t = \beta_0 + \beta_1 \ln P_t + u_t \tag{4.19}$$

这时已排除收入变量的影响。模型已变换为一元线性回归模型。利用时间序列数据对模型（4.19）作普通最小二乘（OLS）估计，求出 $\hat{\beta}_0$、$\hat{\beta}_1$。这样便求到相对于模型（4.16）的估计式

$$\ln \hat{Y}_t = \hat{\beta}_0 + \hat{\beta}_1 \ln P_t + \hat{\beta}_2 \ln I_t \tag{4.20}$$

其中 $\hat{\beta}_2$ 是用截面数据估计的，$\hat{\beta}_0$、$\hat{\beta}_1$ 是由时间序列数据估计的。

由于把估计过程分作两步，从而避免了多重共线性问题。显然这种估计方法默认了一种假设，即相对于时间序列数据各个时期截面数据所对应的收入弹性系数估计值都与第一步求得的 $\hat{\beta}_2$ 相同。当这种假设不成立时，这种估计方法会带来估计误差。

五、其他补救措施

各种文献提出了大量的多重共线性的补救方法，如外部信息或先验信息、变量替换、重建模型、增大样本容量法等。还有因子分析、主成分分析及岭回归法等，由于这些方法超出了本书的范围，就不再讨论。

■ 第五节 实 验

一、实验目的

多重共线性是违背线性回归模型基本假设情形之一，本次实验旨在让学生掌握如何用 EViews 软件解决模型中多重共线性问题，具体包括：

（1）多重共线性的诊断。

（2）多重共线性的补救。

二、实验内容

影响国内旅游市场收入 Y 的主要因素，除了国内旅游人数和旅游支出以外，还可能与相关基础设施有关。为此，考虑的影响因素主要有国内旅游人数 X_1，城镇居民人均旅游支出 X_2，农村居民人均旅游支出 X_3，并以公路里程 X_4 和铁路里程 X_5 作为相关基础设施的代表。为此设定了如下形式的计量经济模型：

$$Y_i = \beta_0 + \beta_1 X_{1i} + \beta_2 X_{2i} + \beta_3 X_{3i} + \beta_4 X_{4i} + \beta_5 X_{5i} + \beta_6 X_{6i} + \mu_i$$

为估计模型参数，收集我国旅游事业 2001～2020 年的统计数据，如表 4.2 所示。

表 4.2　　　　　　　　2001～2020 年我国旅游业发展情况

年份	Y（亿元）	X_1（百万人次）	X_2（元）	X_3（元）	X_4（万公里）	X_5（万公里）
2001	3522.4	784	708.3	212.7	169.8	7.01
2002	3878.4	878	739.7	209.1	176.52	7.19
2003	3442.3	870	684.9	200	180.98	7.3
2004	4710.7	1102	731.8	210.2	187.07	7.44
2005	5285.9	1212	737.1	227.6	334.52	7.54
2006	6229.7	1394	766.4	221.9	345.7	7.71
2007	7770.6	1610	906.9	222.5	358.37	7.8
2008	8749.3	1712	849.4	275.3	373.02	7.97
2009	10183.7	1902	801.1	295.3	386.08	8.55
2010	12579.8	2103	883	306	400.82	9.12
2011	19305.4	2641	877.8	471.4	410.64	9.32
2012	22706.2	2957	914.5	491	423.75	9.76
2013	26276.1	3262	946.6	518.9	435.62	10.31
2014	30311.9	3611	975.4	540.2	446.39	11.18
2015	34195.1	3990	985.5	554.2	457.73	12.1
2016	39389.8	4435	1009.1	576.4	469.63	12.4
2017	45660.8	5001	1024.6	603.3	477.35	12.7
2018	51278.3	5539	1034	611.9	484.65	13.17
2019	57250.9	6006	1062.6	634.7	501.25	13.99
2020	22286.3	2879	870.3	530.5	519.81	14.63

资料来源：《中国统计年鉴》2002～2021 年。

三、实验步骤

STEP1：利用 EViews 软件，输入 Y、X_1、X_2、X_3、X_4、X_5 等数据，采用这些数据对模型进行 OLS 回归，结果如图4.1所示。

Sample: 2001 2020
Included observations: 20

Variable	Coefficient	Std. Error	t-Statistic	Prob.
X_1	11.43297	0.250776	45.59033	0.0000
X_2	-8.315482	1.200500	-6.926683	0.0000
X_3	3.699114	3.198067	1.156672	0.2655
X_4	-19.21905	2.631807	-7.302606	0.0000
X_5	305.5120	144.6910	2.111479	0.0519
R-squared	0.998980	Mean dependent var	20750.68
Adjusted R-squared	0.998708	S.D. dependent var	17202.22
S.E. of regression	618.2376	Akaike info criterion	15.90394
Sum squared resid	5733266.	Schwarz criterion	16.15287
Log likelihood	-154.0394	Hannan-Quinn criter.	15.95253
Durbin-Watson stat	1.858619		

图 4.1　回归结果

由此可见，该模型，可决系数 $R^2 = 0.99898$，但是部分回归系数（X_3）的 t 检验不显著，而且部分系数（X_4）的符号与预期的相反，这表明很可能存在严重的多重共线性。

STEP2：计算各解释变量的相关系数，选择 X_1、X_2、X_3、X_4、X_5 数据，点"view = 〉 correlations"得相关系数矩阵，如表4.3所示。

表 4.3　　　　　　　　　　　　相关系数

1	0.940735	0.94657	0.8191	0.900175
0.940735	1	0.904748	0.867506	0.832123
0.94657	0.904748	1	0.851779	0.929229
0.8191	0.867506	0.851779	1	0.849356
0.900175	0.832123	0.929229	0.849356	1

由相关系数矩阵可以看出：各解释变量之间的相关系数较高，说明可能存在严重多重共线性。

STEP3：采用逐步回归的办法，检验和解决多重共线性问题。分别作 Y 对 X_1、X_2、X_3、X_4、X_5 的一元回归，结果如表 4.4 所示。

表 4.4　　　　　　　　　逐步回归的 R^2 结果

	X_1	X_2	X_3	X_4	X_5
拟合优度	0.939507	0.285521	0.727572	0.446828	0.476908

STEP4：按拟合优度的大小排序为：$X_1 > X_3 > X_5 > X_4 > X_2$。以与 X_1 的回归方程为基础，顺次加入其他变量逐步回归，加入过程中观察拟合优度的变化是否显著，t 统计量是否通过检验，确定方程为：

$$Y = 11.02X_1 + 7.09X_3 - 20.37X_4 - 4077.21$$

该方程中 X_4 的系数为负，不符合经济意义。

结果说明：在其他因素不变的情况下，当国内旅游人数和农村居民人均旅游支出分别增加 1 个单位时，国内旅游收入将分别增长 11.02 亿元和 7.09 亿元。

四、实验小结

本章主要介绍多重共线性问题的诊断与修正，在分析过程中要注意：

（1）如果模型的拟合优度接近 1，F 检验通过，但有些系数不能通过 t 检验，或模型的自变量之间的简单相关系数较高，或回归系数的符号与实际经济意义不符，都有理由怀疑存在多重共线性。

（2）多重共线性在多元计量模型中普遍存在，要完全消除并不可能，一般只是尽量减弱多重共线性的程度。

五、备择实验

表 4.5 是我国 2001～2020 年中国私人轿车拥有量 Y（万辆），影响私人

轿车拥有量的因素选取城镇居民家庭人均可支配收入 X_1（元）、城镇人口 X_2（万人）、轿车产量 X_3（万辆）、公路长度 X_4（万公里），构建多元线性回归模型如下：

（1）估计模型：

$$Y = \beta_0 + \beta_1 X_1 + \beta_2 X_2 + \beta_3 X_3 + \beta_4 X_4 + \mu$$

（2）检验是否存在多重共线性。

（3）如果存在多重共线性，采用适当的方法补救。

表 4.5　　　　　　　中国私人轿车拥有量及其影响因素的数据

年份	Y	X_1	X_2	X_3	X_4
2001	770.78	6824	48064	70.36	169.8
2002	968.98	7652	50212	109.2	176.52
2003	1219.23	8406	52376	207.08	180.98
2004	1481.66	9335	54283	227.63	187.07
2005	1848.07	10382	56212	277.01	334.52
2006	2333.32	11620	58288	386.94	345.7
2007	2876.22	13603	60633	479.78	358.37
2008	3501.39	15549	62403	503.81	373.02
2009	4574.91	16901	64512	748.48	386.08
2010	5938.71	18779	66978	957.59	400.82
2011	7326.79	21427	69927	1012.67	410.64
2012	8838.6	24127	72175	1077	423.75
2013	10501.68	26467	74502	1210.43	435.62
2014	12339.36	28844	76738	1248.31	446.39
2015	14099.1	31195	79302	1162.97	457.73
2016	16330.22	33616	81924	1211.12	469.63
2017	18515.11	36396	84343	1194.54	477.35
2018	20574.93	39251	86433	1217.38	484.65
2019	22508.99	42359	88426	1028.49	501.25
2020	24291.19	43834	90220	923.98	519.81

资料来源：国家统计局 2022～2021 年。

本 章 小 结

1. 多重共线性就是指模型解释变量之间存在完全线性或近似线性相关的一类问题。如果解释变量之间完全线性相关，则称解释变量之间存在完全共线性；如果解释变量之间存在近似线性相关，则称解释变量之间存在近似共线性。

2. 产生多重共线性的原因有很多，一般主要原因可概括为以下四个方面：（1）经济变量之间往往存在内在联系；（2）经济变量在时间上有同方向变动的趋势；（3）模型中滞后变量的引入；（4）在模型参数的估计过程中，样本之间往往具有一定的相关性。

3. 对存在多重共线性的模型，如果直接用普通最小二乘法估计参数，就会给模型带来严重的不良后果：（1）如果解释变量存在完全共线性，则模型的参数 β 无法估计；（2）如果解释变量之间存在近似共线性，则参数 OLS 估计量的方差随着多重共线程度的提高而增加；（3）变量的显著性检验和模型的预测功能失去意义；（4）参数估计量经济意义不合理。多重共线性的情况如何，直接关系到模型的构造和应用。因此，在建立计量经济学模型时，检验解释变量之间的多重共线性是十分重要的。

4. 多重共线性检验的任务是：（1）检验多重共线性是否存在；（2）估计多重共线性的范围，即判断哪些变量之间存在共线性。检验多重共线性是否存在的标准：一般而言，如果每两个解释变量的简单相关系数比较高，如大于 0.8，则可认为存在着较严重的多重共线性；对于多个解释变量（2个以上）的回归模型，若在 OLS 法下 R 与 F 值较大，但各参数估计量的 t 检验值较小，说明各解释变量对 Y 的联合线性作用显著，但各解释变量间存在共线性而使得它们对 Y 的独立作用不能分辨，故 t 检验不显著。

5. 如果存在多重共线性，需进一步确定多重共线性究竟由哪些变量引起。常用检验方法有：（1）决定系数检验法。根据回归方程的拟合优度，即可决系数 R^2，如果某一回归方程的可决系数 R^2 较大，说明 X_i 与其他解释变量之间存在共线性，如果求出的可决系数 R^2 都比较小，没有一个是接近于 1 的，则可认为模型的解释变量之间不存在严重的多重共线问题。可进一步对上述出现较大可决系数的回归方程做 F 检验，如果 F 检验拒绝原假设，即认为 X_i 与其他解释变量间存在多重共线性，否则就不存在多重共线性。另一等价的检验是，在模型中排除某一个解释变量 X_j，估计模型，如果拟合优度与包含 X_j 时十分接近，则说明 X_j 与其他解释变量之间存在共线性。（2）方差膨胀因子检验。经验表明，如果变量 X_i 的方差膨胀因子 VIF > 10，说明解释变量 X_i 与其余解释变量之间有严重的多重共线性，且这种多重共线性可能会过度地影响最小二乘估计。（3）逐步回归法。以 Y 为被解释变量，逐个引入解释变量，构成回归模型，进行模型估计。根据拟合优度的变化决定新引入的变量是否可以用其他变量的线性组合代替，而不是作为独立的解释变量。如果拟合优度变化显著，则说明新引入的变量是一个独立的解释变量；如果拟合优度变化很不显著，则说明新引入的变量不是一个独立的解释变量，它可以用其他变量的线性组合代替，也就是说它与其他变量之间存在多重共线性。

6. 经过检验，如果认为解释变量之间存在多重共线问题，那么在建立模型时必须加以修正，否则会对模型的精度和应用造成严重影响。下面是常用的几种修正方法：（1）省略引起多重共线性的解释变量；（2）利用外部或先验信息，剔除高度共线性的变量，减少引起多重共线性的解释变量；（3）合并解释变量；（4）合并横截面与时间序列数据；（5）逐步回归法。

思　考　题

一、名词解释

1. 多重共线性　　2. 完全共线性　　3. 近似共线性

4. 方差膨胀因子　5. 逐步回归法　　6. 相关系数

二、简答题

1. 什么是多重共线性？

2. 产生多重共线性的原因是？

3. 多重共线性的后果是什么？

4. 检验多重共线性的方法和思路有哪些？

5. 如何降低或补救多重共线性问题？

三、计算与分析题

假设要求你建立一个计量经济模型来说明在学校跑道上慢跑一英里或一

英里以上的人数，以便决定是否修建第二条跑道以满足所有的锻炼者。你通过整个学年收集数据，得到两个可能的解释性方程：

方程 A：$\hat{Y} = 125.0 - 15.0X_1 - 1.0X_2 + 1.5X_3$，$\bar{R}^2 = 0.75$

方程 B：$\hat{Y} = 123.0 - 14.0X_1 + 5.5X_2 - 3.7X_4$，$\bar{R}^2 = 0.73$

其中：Y——某天慢跑者的人数；X_1——该天降雨的英寸数；X_2——该天日照的小时数；X_3——该天的最高温度（按华氏温度）；X_4——第二天需交学期论文的班级数。

请回答下列问题：

（1）这两个方程你认为哪个更合理些，为什么？

（2）为什么用相同的数据去估计相同变量的系数得到不同的符号？

（3）如何修正该模型？

第五章

异 方 差 性

改革开放以来，中国各地区的医疗机构都有了较快发展，不仅政府建立了一批医疗机构，还建立了不少民营医疗机构。各地医疗机构的发展状况，除了其他因素外主要取决于对医疗服务的需求量，而医疗服务需求与人口数量有关。为了给制定医疗机构的规划提供依据，我们应分析比较医疗机构与人口数量的关系，建立卫生医疗机构数与人口数的回归模型。根据中国2020 年 31 个省份医疗机构数与人口数资料对模型估计的结果如下：

$$\hat{Y}_1 = 3338.2250 + 6.5202 X_i$$

$$(4173.5490) \quad (0.7656)$$

$$t = (0.7999) \quad (8.5165)$$

$$R^2 = 0.7144, \quad \overline{R}^2 = 0.7045, \quad F = 72.5316$$

式中，Y 表示卫生医疗机构数（个），X 表示人口数量（万人）。从回归模型估计的结果看，人口数量对应参数的标准误差较小，t 统计量远大于临界值，说明人口数量对医疗机构确有显著影响，可决系数和修正的可决系数还可以，F 检验结果也明显显著。表明该模型的估计效果还不错，可以认为人口数量每增加 1 万人，平均说来医疗机构将增加 6.5202 个。

然而，这里得出的结论可能是不可靠的，平均说来每增加 1 万人口可能并不需要增加这样多的医疗机构，所得结论并不符合真实情况。那么，有什么充分的理由说明这一回归结果不可靠呢？更为接近真实的结论又是什么呢？

■ 第一节　异方差性及其类型

一、异方差的概念

第二章提出的基本假定中，要求对所有的 $i(i=1, 2, \cdots, n)$ 都有

$$Var(u_i) = \sigma^2 \tag{5.1}$$

也就是说 u_i 具有同方差性。这里的方差 σ^2 度量的是随机误差项围绕其均值的分散程度。由于 $E(u_i) = 0$，所以等价地说，方差 σ^2 度量的是被解释变量 Y 的观测值围绕回归线 $E(Y_i) = \beta_1 + \beta_2 X_{2i} + \cdots + \beta_k X_{ki}$ 的分散程度，同方差性实际指的是相对于回归线被解释变量所有观测值的分散程度相同。

设模型为

$$Y_i = \beta_1 + \beta_2 X_{2i} + \cdots + \beta_k X_{ki} + u_i \quad i=1, 2, \cdots, n \tag{5.2}$$

如果其他假定均不变，但模型中随机误差项 u_i 的方差为

$$Var(u_i) = \sigma_i^2 \quad (i=1, 2, 3, \cdots, n) \tag{5.3}$$

即对于不同的样本点，随机误差项的方差不再是常数，而互不相同，则认为出现了异方差性（heteroskedasticity）。

由于异方差性指的是被解释变量观测值的分散程度是随解释变量的变化而变化的，如图 5.1 所示，所以进一步可以把异方差看成是由于某个解释变量的变化而引起的，则

$$Var(u_i) = \sigma_i^2 = \sigma^2 f(X_i) \tag{5.4}$$

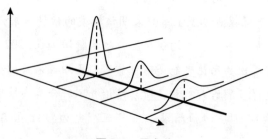

图 5.1　异方差

二、异方差的类型

根据对同方差假设违反原因的不同,异方差有以下三种类型。

(一) 递增型

σ_i^2 随 X 的增大而增大,即在 X 和 Y 的散点图中,表现为随着 X 值的增大 Y 值的波动越来越大(见图5.2)。

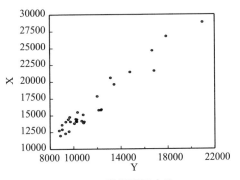

图5.2 递增型异方差

(二) 递减型

σ_i^2 随 X 的增大而减小,即在 X 和 Y 的散点图中,表现为随着 X 值的增大 Y 值的波动越来越小(见图5.3)。

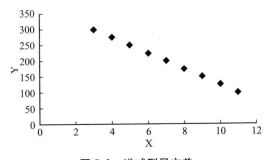

图5.3 递减型异方差

（三）复杂型

σ_i^2 随 X 的变化呈复杂形式，即在 X 和 Y 的散点图中，表现为随着 X 值的增大与 Y 值的波动复杂多变没有系统关系（见图 5.4）。

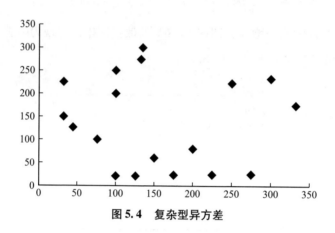

图 5.4　复杂型异方差

三、实际经济问题中的异方差性

在实际经济问题中，哪些情况容易出现异方差性？通过以下几个例子来说明。

例 5.1　在截面数据资料下研究居民家庭的储蓄行为：

$$Y_i = \beta_0 + \beta_1 X_i + \mu_i$$

上式中 Y_i 为第 i 个家庭的储蓄额，X_i 为第 i 个家庭的可支配收入。

对于高收入家庭，储蓄的差异较大；而低收入家庭，储蓄则更有规律性，差异较小。因此 μ_i 的方差随着 X_i 的增加而增加，呈现单调递增型变化。

例 5.2　以绝对收入假设为理论假设，以截面数据为样本建立居民消费函数：

$$C_i = \beta_0 + \beta_1 Y_i + \mu_2$$

将居民按照收入等距离分成 n 组，取每组平均数为样本观测值。一般情况下，居民收入服从正态分布，处于中等收入组人数多，处于两端收入组人数少。而人数多的组平均数的误差小，人数少的组平均数的误差大。所以样本观测值的观测误差随着解释变量观测值的不同而不同。若样本观测值的观察误差构成随机干扰项的主要部分，则对于不同的样本点，随机干扰项的方差互不相同，从而出现异方差性。

例 5.3　以某一行业的企业为样本建立企业生产函数模型

$$Y_i = A_i^{\beta_1} K_i^{\beta_2} L_i^{\beta_3} e^{\mu_i}$$

被解释变量为产出量 Y；解释变量为资本 K、劳动 L、技术 A。那么，每个企业所处的外部环境对产出量的影响被包含在随机误差项中。每个企业所处的外部环境（国际国内环境、行业地位、市场占有率、企业性质、企业规模、所处区域等）对产出量的影响程度不同，造成了随机误差项的异方差性。这时，随机误差项的方差并不随某一个解释变量观测值的变化而呈规律性变化，呈现复杂型。

■ 第二节　异方差产生的原因

由于现实经济活动的错综复杂性，一些经济现象的变动与同方差性的假定经常是相悖的。所以在计量经济分析中，往往会出现某些因素随其观测值的变化而对被解释变量产生不同的影响，导致随机误差项的方差相异。产生异方差有以下主要原因：

一、模型设定误差

模型的设定主要包括变量的选择和模型数学形式的确定。模型中略去了重要解释变量常常导致异方差，实际就是模型设定问题。异方差性表现在随机误差上，但它的产生却与解释变量的变化有紧密的关系。如果计量模型本来应当为 $Y_i = \beta_1 + \beta_2 X_{2i} + \beta_3 X_{3i} + \mu_i$，若 X_{3i} 未纳入模型，直接采用如下模型：

$$Y_i = \beta_1 + \beta_2 X_{2i} + \mu_i^* \tag{5.5}$$

当被略去的 X_{3i} 与 X_{2i} 有呈同方向或反方向变化的趋势时，X_{3i} 随 X_{2i} 的有规律变化会体现在式（5.5）的 μ_i^* 中。若将某些未在模型中出现的重要影响因素归入随机误差项，并且这些影响因素的变化具有差异性，则会对被解释变量产生不同的影响，从而导致误差项的方差随之变化，即产生异方差性。第四章讨论过通过剔除变量的方法避免多重共线性的影响，但是如果剔除了重要的变量又有可能引起异方差性。因此，在建模过程中尤其需要注意避免出现此种问题。除此之外，模型的函数形式不正确，如把变量间本来为非线性的关系设定为线性形式，或者用简单的非线性模型代替复杂的非线性关系，也会导致异方差。

二、测量误差的变化

样本数据的观测误差有可能随研究范围的扩大而增加，或随时间的推移逐步积累，也可能随着观测技术的提高而逐步减小。例如生产函数模型，由于生产要素投入的增加与生产规模相联系，在其他条件不变的情况下，测量误差可能会随生产规模的扩大而增加，随机误差项的方差会随资本和劳动力投入的增加而变化。另外，当用时间序列数据估计生产函数时，由于抽样技术和数据收集处理方法的改进，观测误差有可能会随着时间的推移而降低。

三、截面数据中总体各单位的差异

通常认为，截面数据较时间序列数据更容易产生异方差。例如，运用截面数据研究消费和收入之间的关系时，如果采取不同家庭收入组的数据，低收入组的家庭用于购买生活必需品的比例相对较大，消费的分散程度不大，组内各家庭消费的差异也较小。高收入组的家庭有更多自由支配的收入，家庭消费有更广泛的选择范围，消费的分散程度较大，组内各家庭消费的差异也较大。这种不同收入组家庭的消费偏离均值程度的差异，最终反映为随机误差项偏离其均值的程度有变化，而出现异方差。一般来说，同一时点不同对象的差异会大于同一对象不同时间的差异，因此截面数据中比时间序列数据中更常出现异方差性。不过，在时间序列数据发生较大变化的情况下，也可能出现比截面数据更严重的异方差。

以上只是对产生异方差的经验总结，在建立计量经济学模型的过程中，具体是哪些原因产生异方差，应对变量的经济意义和数据所表现出的特征进行认真分析。

第三节 异方差的影响

如果线性回归模型的随机误差项存在异方差性，会对模型参数估计、模型检验及模型应用带来较大影响。

一、参数估计量非有效

由第二章参数估计的统计特性可知，参数 OLS 估计的无偏性仅依赖于基本假定中随机误差项的零均值假定（即 $E(u_i)=0$），以及解释变量的非随机性，异方差的存在并不影响参数估计式的线性性和无偏性，但不具有有效性。

以一元线性回归模型为例来证明：

$$\hat{\beta}_1 = \frac{\sum x_i y_i}{\sum x_i^2} = \frac{\sum x_i(Y_i - \bar{Y})}{\sum x_i^2} = \frac{\sum x_i[(\beta_0 + \beta_1 X_i + u_i) - (\beta_0 + \beta_1 \bar{X})]}{\sum x_i^2}$$

$$= \beta_1 + \sum k_i u_i \tag{5.6}$$

其中 $k_i = \dfrac{x_i}{\sum x_i^2}$。

证明无偏性时只使用到两个假设：解释变量是外生的；误差的均值为零。

下面证明 OLS 估计量方差在同方差与异方差情况下不相等。

当假设为同方差时，$\hat{\beta}_1$ 的方差为：

$$Var(\hat{\beta}_1) = Var(\beta_1 + \sum k_i u_i) = Var(\sum k_i u_i)$$

$$= \sum Var(k_i u_i) = \sum k_i^2 Var(u_i) \qquad \text{（随机扰动项无}$$
$$\text{自相关性假设）}$$

$$= \sum k_i^2 \sigma^2 = \sum \left[\frac{x_i^2}{(\sum x_i^2)^2} \sigma^2 \right] = \frac{\sigma^2}{\sum x_i^2} \quad \text{（同方差假设）}$$

$$(5.7)$$

当方差为异方差时，$\hat{\beta}_1$ 的方差为：

$$Var(\hat{\beta}_1) = \sum k_i^2 Var(u_i) = \sum k_i^2 \sigma_i^2$$

$$= \sum \left[\frac{x_i^2}{(\sum x_i^2)^2} \sigma_i^2 \right] = \frac{\sum (x_i^2 \sigma_i^2)}{(\sum x_i^2)^2} \qquad (5.8)$$

在模型参数的所有线性估计式中，OLS 估计方差最小的重要前提条件之一是随机误差项为同方差，如果随机误差项是异方差的，将不再保证最小二乘估计的方差最小。也就是说，异方差性虽然不会改变 OLS 估计量的无偏性和一致性，但已失去了有效性，即参数的 OLS 估计量不再具有最小方差。

二、对参数显著性检验的影响

在 u_i 存在异方差时，OLS 估计式不再具有最小方差，如果仍然用不存在异方差性时的 OLS 方式估计其方差，例如在一元回归时仍用 $Var(\hat{\beta}_2) = \sigma^2 / \sum x_i^2$ 去估计参数估计式的方差，将会低估存在异方差时的真实方差，从而低估 $SE(\hat{\beta}_2)$，这将导致夸大用于参数显著性检验的 t 统计量。如果仍用夸大的 t 统计量进行参数的显著性检验，可能造成本应接受的原假设被错误的拒绝，从而夸大所估计参数的统计显著性，t 检验也就失去了意义。

三、对预测的影响

尽管参数的 OLS 估计量仍然无偏，并且基于此的预测也是无偏的，但是由于参数估计量不是有效的，从而对 Y 的预测也将不是有效的。在 u_i 存在异方差时，σ_i^2 与 X_i 的变化有关，参数 OLS 估计的方差 $Var(\hat{\beta}_k)$ 不能唯一确定，Y 预测区间的建立将发生困难。而且 $Var(\hat{\beta}_k)$ 会增大，Y 预测值的精确度也将会下降。

异方差性的存在，会对回归模型的正确建立和统计推断带来严重后果，因此在计量经济分析中，有必要检验模型是否存在异方差。

第四节 异方差的检验

要检验模型中是否有异方差，需要了解随机误差项 u_i 的概率分布。由于随机误差很难直接观测，只能对随机误差的分布特征进行某种推测，因此对异方差性的检验还没有完全可靠的准则，只能针对产生异方差不同原因的假设，提出一些检验异方差的经验办法。本节有选择地介绍几种最常用的方法。

一、图示检验法

（一）相关图形分析

方差描述的是随机变量相对其均值的离散程度，而被解释变量 Y 与随机误差项 u 有相同的方差，所以分析 Y 与 X 的相关图形，可以粗略地看到 Y 的离散程度及与 X 之间是否有相关关系。如果随着 X 的增加，Y 的离散程度有逐渐增大（或减小）的变化趋势，则认为存在递增型（或递减型）的异方差。通常在建立回归模型时，为了判断模型的函数形式，需要观测 Y 与 X 的相关图形，同时也可利用相关图形大致判断模型是否存在异方差性。例如，用 2020 年我国各地区城镇居民人均可支配收入与城镇居民家庭人均现金消费支出的散点图（见图 5.5），其中用 Y 表示城镇居民家庭人均现金消费支出，X 表示城镇居民人均可支配收入。

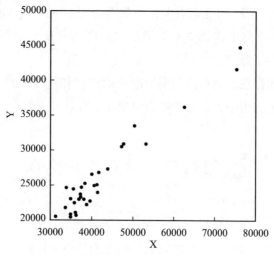

图5.5　消费支出对可支配收入的散点图

从图5.5可以看到，随着X的增加，Y的离散程度有逐渐增大的变化趋势，则认为存在递增型的异方差。

（二）残差图形分析

虽然随机误差项无法观测，但样本回归的残差一定程度上反映了随机误差的某些分布特征，可通过残差的图形对异方差性作观察。例如，一元线性回归模型 $Y_i = \beta_1 + \beta_2 X_i + u_i$，在OLS估计基础上得到残差的平方 e_i^2，然后绘制出 e_i^2 对 X_i 的散点图，如果 e_i^2 不随 X_i 而变化，如图5.6（a）所示，则表明 u_i 不存在异方差；如果 e_i^2 随 X_i 而变化，如图5.6（b）、图5.6（c）、图5.6（d）所示，则表明 u_i 存在异方差。

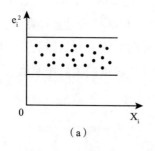

（a）

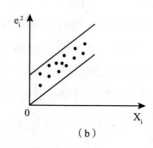

（b）

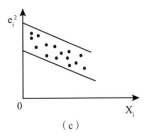 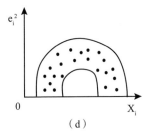

（c）　　　　　　　　　　　　　　（d）

图5.6　残差图

图形法的优点是简单易操作，不足是对异方差性的判断比较粗糙，由于引起异方差性的原因错综复杂，仅靠图形法有时很难准确对是否存在异方差下结论，还需要采用其他统计检验方法。

二、戈德菲尔德—夸特（Goldfeld – Quandt）检验

戈德菲尔德—夸特检验是戈德菲尔德（Goldfeld）和夸特（Quandt）于1965年提出的，可用于检验递增性或递减性异方差。此检验的基本思想是将样本分为两部分，然后分别对两个样本进行回归，并计算比较两个回归的剩余平方和是否有明显差异，以此判断是否存在异方差。

（一）检验的前提条件

（1）此检验只适用于大样本。

（2）除了同方差假定不成立外，其他假定均满足。

（二）检验的具体步骤

（1）将观测值按解释变量 X_i 的大小顺序排序。

（2）将排列在中间的 c 个（约1/4）的观察值删除掉，再将剩余的观测值分为两个部分，每部分观察值的个数为（n－c）/2。

（3）提出假设。即 H_0：两部分数据的方差相等；H_1：两部分数据的方差不相等。

（4）构造 F 统计量。分别对上述两个部分的观察值作回归，由此得到

的两个部分的残差平方和，以 $\sum e_{1i}^2$ 表示前一部分样本回归产生的残差平方和，以 $\sum e_{2i}^2$ 表示后一部分样本回归产生的残差平方和，它们的自由度均为 $[(n-c)/2]-k$，k 为参数的个数。在原假设成立的条件下，因 $\sum e_{1i}^2$ 和 $\sum e_{2i}^2$ 分别服从自由度均为 $[(n-c)/2]-k$ 的 χ^2 分布，可导出

$$F^* = \frac{\sum e_{2i}^2 / \left[\dfrac{n-c}{2}-k\right]}{\sum e_{1i}^2 / \left[\dfrac{n-c}{2}-k\right]} = \frac{\sum e_{2i}^2}{\sum e_{1i}^2} \sim F\left(\frac{n-c}{2}-k, \frac{n-c}{2}-k\right) \qquad (5.9)$$

（5）判断。给定显著性水平 α，查 F 分布表，得临界值 $F_{(\alpha)} = F_{(\alpha)}$ $\left(\dfrac{n-c}{2}-k, \dfrac{n-c}{2}-k\right)$。计算统计量 F^*，如果 $F^* > F_{(\alpha)}$，则拒绝原假设，不拒绝备择假设，即认为模型中的随机误差存在异方差。反之，如果 $F^* < F_{(\alpha)}$，则不拒绝原假设，认为模型中随机误差项不存在异方差。

戈德菲尔德—夸特检验的功效，一是与对观测值的正确排序有关；二是与删除数据的个数 c 的大小有关。经验认为，当 $n=30$ 时，可以取 $c=4$；当 $n=60$ 时，取 $c=10$ 为宜。该方法得到的只是异方差是否存在的判断，在多个解释变量的情况下，对判断是哪一个变量引起异方差还存在局限。

三、怀特（White）检验

White 检验的基本思想是，如果存在异方差，其方差 σ_t^2 与解释变量有关系，分析 σ_t^2 是否与解释变量的某些形式有联系可判断异方差性。但是 σ_t^2 一般是未知的，可用 OLS 估计的残差平方 e_t^2 作为其估计值。在大样本的情况下，作 e_t^2 对常数项、解释变量、解释变量的平方及其交叉乘积等所构成辅助回归，利用辅助回归相应的检验统计量，即可判断是否存在异方差性。下面以两个解释变量的回归模型说明怀特检验的基本思想与步骤。

假设回归模型为：

$$Y_t = \beta_1 + \beta_2 X_{2t} + \beta_3 X_{3t} + u_t \qquad (5.10)$$

并且，设异方差与 X_{2t}，X_{3t}的一般关系为

$$\sigma_t^2 = \alpha_1 + \alpha_2 X_{2t} + \alpha_3 X_{3t} + \alpha_4 X_{2t}^2 + \alpha_5 X_{3t}^2 + \alpha_6 X_{2t} X_{3t} + v_t \qquad (5.11)$$

其中，v_t 为随机误差项。White 检验的基本步骤如下：

（1）用 OLS 法估计式（5.10），计算残差 $e_t = Y_t - \hat{Y}_t$，并求残差的平方 e_t^2。

（2）用残差平方 e_t^2 作为异方差 σ_t^2 的估计，并作 e_t^2 对 X_{2t}、X_{3t}、X_{2t}^2、X_{3t}^2、$X_{2t}X_{3t}$ 的辅助回归，即

$$\hat{e}_t^2 = \hat{\alpha}_1 + \hat{\alpha}_2 X_{2t} + \hat{\alpha}_3 X_{3t} + \hat{\alpha}_4 X_{2t}^2 + \hat{\alpha}_5 X_{3t}^2 + \hat{\alpha}_6 X_{2t}X_{3t} \tag{5.12}$$

式（5.12）中 $\hat{e}_t^2$ 表示 e_t^2 的估计。

（3）计算统计量 nR^2，其中 n 为样本容量，R^2 为辅助回归的可决系数。

（4）在 H_0：$\alpha_2 = \cdots = \alpha_6 = 0$，$H_1$：$\alpha_j（j = 2，3，\cdots，6）$ 中至少有一个不为 0 的原假设下，可证明，nR^2 渐近地服从自由度为 5 的 χ^2 分布。给定显著性水平 α，查 χ^2 分布表得临界值 $\chi_\alpha^2(5)$，如果 $nR^2 > \chi_\alpha^2(5)$，则拒绝原假设，表明模型中随机误差存在异方差。

White 检验的特点是，不仅能够检验异方差的存在性，同时在多变量的情况下，还能判断出是哪一个变量引起的异方差。此方法不需要异方差的先验信息，但要求观测值为大样本。

四、ARCH 检 验

通常，人们在作计量经济分析时对截面数据产生的异方差性给予了足够关注，但对时间序列数据产生的异方差放松了警惕。恩格尔（Engel）于 1982 年提出了在时间序列背景下也有可能出现异方差性，并从理论上提出了一种观测时间序列方差变动的方法，这就是所谓的 ARCH（auto regressive conditional heteroscedasticity）检验方法。ARCH 检验的思想是，在时间序列数据中，可认为存在的异方差性为 ARCH（自回归条件异方差）过程，并通过检验这一过程是否成立去判断时间序列是否存在异方差。

（一）ARCH 过程

设 ARCH 过程为

$$\sigma_t^2 = \alpha_0 + \alpha_1 \sigma_{t-1}^2 + \cdots + \alpha_p \sigma_{t-p}^2 + v_t \tag{5.13}$$

式（5.13）中，p 为 ARCH 过程的阶数，并且 $\alpha_0 > 0$，$\alpha_i \geq 0$（i = 1，

2, …, p）；v_t 为随机误差。

（二） ARCH 检验的基本步骤

（1）提出原假设：

H_0：$\alpha_1 = \alpha_2 = \cdots = \alpha_p = 0$；$H_1$：$\alpha_j (j = 1, 2, \cdots, p)$ 中至少有一个不为 0。

（2）对原模型作 OLS 估计，求出残差 e_t，并计算残差平方序列 e_t^2，e_{t-1}^2，…，e_{t-p}^2，以分别作为对 σ_t^2，σ_{t-1}^2，…，σ_{t-p}^2 的估计。

（3）作辅助回归：

$$\hat{e}_t^2 = \hat{\alpha}_0 + \hat{\alpha}_1 e_{t-1}^2 + \cdots + \hat{\alpha}_p e_{t-p}^2 \tag{5.14}$$

式（5.14）中，$\hat{e}_t^2$ 表示 e_t^2 的估计。

（4）计算式（5.14）辅助回归的可决系数 R^2，可以证明，在 H_0 成立的条件下，基于大样本，$(n-p)R^2$ 渐近服从 $\chi^2(p)$，p 为自由度，亦即式（5.14）中变量的滞后期数；给定显著性水平 α，查 χ^2 分布表得临界值 $\chi_\alpha^2(p)$，如果 $(n-p) R^2 > \chi_\alpha^2(p)$，则拒绝原假设，表明模型中的随机误差项存在异方差[1]。

ARCH 检验的特点是，要求变量的观测值为大样本，并且是时间序列数据；它只能判断模型中是否存在异方差，而不能诊断出是哪一个变量引起的异方差。

五、Glejser 检验

Glejser 检验的基本思想是，由 OLS 法得到残差 e_i，取 e_i 的绝对值 $|e_i|$，然后将 $|e_i|$ 对某个解释变量 X_i 回归，根据回归模型的显著性和拟合优度来判断是否存在异方差。该检验的特点是不仅能对异方差的存在进行判断，而且还能对异方差随某个解释变量变化的函数形式进行诊断。该检验要求变量的观测值为大样本。

Glejser 检验的具体步骤为：

---

① 陆懋祖：《高等时间序列经济计量学》，上海人民出版社 1999 年版，第 300 页。

（1）根据样本数据建立回归模型，并求残差序列 $e_i = Y_i - \hat{Y}_i$。

（2）用残差绝对值 $|e_i|$ 对 X_i 的进行回归，由于 $|e_i|$ 与 X 的真实函数形式并不知道，可用各种函数形式去试验，从中选择最佳形式。Glejser 曾提出如下一些假设的函数形式：$|e_i| = \beta X_i + v_i$；$|e_i| = \alpha + \beta X_i + v_i$；$|e_i| = \beta \sqrt{X_i} + v_i$；$|e_i| = \beta \dfrac{1}{X_i} + v_i$；$|e_i| = \beta \dfrac{1}{\sqrt{x_i}} + v_i$，其中 v 为随机误差项。

（3）根据选择的函数形式作 $|e_i|$ 对 X_i 的回归，用回归所得到的 R^2、t、F 等信息判断，若表明参数 β 显著不为 0，即认为存在异方差性。

上述各种检验方法，很难说哪一种方法最有效。这些检验方法的共同思想是，基于不同的假定，分析随机误差项的方差与解释变量之间的相关性，以判断随机误差项的方差是否随解释变量而变化。其中有的检验方法还能提供随机误差项的方差与解释变量之间关系的某些信息，这些信息对补救异方差性可能是有价值的。

■ 第五节　异方差的修正

通过检验如果证实存在异方差，则需要采取措施对异方差性进行修正，基本思想是在确认异方差形式的基础上，采用适当的估计方法，消除或减小异方差对模型的影响。

一、对模型变换

当可以确定异方差的具体形式时，将模型作适当变换有可能消除或减轻异方差的影响。以一元线性回归模型为例

$$Y_i = \beta_1 + \beta_2 X_i + u_i \tag{5.15}$$

经检验 u_i 存在异方差，并已知 $Var(u_i) = \sigma_i^2 = \sigma^2 f(X_i)$，其中 σ^2 为常数，$f(X_i)$ 为 X_i 的某种函数。显然，当 $f(X_i)$ 是常数时，u_i 为同方差；当 $f(X_i)$ 不是常数时，u_i 为异方差。为变换模型，用 $\sqrt{f(X_i)}$ 去除式（5.15）的两端，得

$$\frac{Y_i}{\sqrt{f(X_i)}} = \frac{\beta_1}{\sqrt{f(X_i)}} + \beta_2 \frac{X_i}{\sqrt{f(X_i)}} + \frac{u_i}{\sqrt{f(X_i)}} \qquad (5.16)$$

记 $Y_i^* = \dfrac{Y_i}{\sqrt{f(X_i)}}$; $X_i^* = \dfrac{X_i}{\sqrt{f(X_i)}}$; $\beta_1^* = \dfrac{\beta_1}{\sqrt{f(X_i)}}$; $v_i = \dfrac{u_i}{\sqrt{f(X_i)}}$, 则有

$$Y_i^* = \beta_1^* + \beta_2 X_i^* + v_i \qquad (5.17)$$

式 (5.17) 的随机误差项为 v_i 的方差为

$$Var(v_i) = Var\left(\frac{u_i}{\sqrt{f(X_i)}}\right) = \frac{1}{f(X_i)}Var(u_i) = \sigma^2 \qquad (5.18)$$

可见, 经变换后的式 (5.18) 的随机误差项 $v_i = \dfrac{u_i}{\sqrt{f(X_i)}}$ 已是同方差。

根据图示法或 Glejser 检验所得到的相应信息, 可以对 $f(X_i)$ 的函数形式作出各种假定, 常见的 $f(X_i)$ 形式有以下几种:

(1) 设 $f(X_i) = X_i$, 即 $Var(u_i) = \sigma^2 X_i$, 这时对式 (5.15) 两端同除 $\sqrt{X_i}$, 得

$$\frac{Y_i}{\sqrt{X_i}} = \frac{\beta_1}{\sqrt{X_i}} + \beta_2 \frac{X_i}{\sqrt{X_i}} + \frac{u_i}{\sqrt{X_i}} \qquad (5.19)$$

令 $v_i = \dfrac{u_i}{\sqrt{X_i}}$, 则 $Var(v_i)$ 为同方差。因为

$$Var(v_i) = Var\left(\frac{u_i}{\sqrt{X_i}}\right) = \frac{1}{X_i}Var(u_i) = \sigma^2 \qquad (5.20)$$

(2) 设 $f(X_i) = X_i^2$, 则 $Var(u_i) = \sigma^2 X_i^2$, 同理, 得

$$\frac{Y_i}{X_i} = \beta_1 \frac{1}{X_i} + \beta_2 \frac{X_i}{X_i} + \frac{u_i}{X_i} \qquad (5.21)$$

令 $v_i = \dfrac{u_i}{X_i}$, 则 $Var(v_i)$ 为同方差。因为

$$Var(v_i) = Var\left(\frac{u_i}{X_i}\right) = \frac{1}{X_i^2}Var(u_i) = \sigma^2 \qquad (5.22)$$

(3) 设 $f(X_i) = (a_0 + a_1 X_i)^2$, 则 $Var(u_i) = \sigma^2(a_0 + a_1 X_i)^2$。同理有

$$\frac{Y_i}{a_0 + a_1 X_i} = \beta_1 \frac{1}{a_0 + a_1 X_i} + \beta_2 \frac{X_i}{a_0 + a_1 X_i} + \frac{u_i}{a_0 + a_1 X_i} \qquad (5.23)$$

令 $v_i = \dfrac{u_i}{a_0 + a_1 X_i}$，则 $\mathrm{Var}(v_i)$ 为同方差。因为

$$\mathrm{Var}(v_i) = \mathrm{Var}\left(\frac{u_i}{a_0 + a_1 X_i}\right) = \frac{1}{(a_0 + a_1 X_i)^2}\mathrm{Var}(u_i) = \sigma^2 \qquad (5.24)$$

二、模型的对数变换

在经济意义成立的情况下，如果对式（5.15）的模型作对数变换，其变量 Y_i 和 X_i 分别用 $\ln Y_i$ 和 $\ln X_i$ 代替，即

$$\ln Y_i = \beta_1 + \beta_2 \ln X_i + u_i \qquad (5.25)$$

对数变换后的模型通常可以降低异方差性的影响。

首先，运用对数变换能使测定变量值的尺度缩小。它可以将两个数值之间原来 10 倍的差异缩小到只有 2 倍的差异。例如，100 是 10 的 10 倍，但在常用对数情况下，$\lg 100 = 2$ 是 $\lg 10 = 1$ 的两倍；再如，80 是 8 的 10 倍，但在自然对数情况下，$\ln 80 = 4.3820$ 是 $\ln 8 = 2.0794$ 的两倍多。

其次，经过对数变换后的线性模型，其残差 e 表示相对误差，而相对误差往往比绝对误差有较小的差异。

但是特别要注意的是，对变量取对数虽然能够减少异方差对模型的影响，但应注意取对数后变量的经济意义。如果变量之间在经济意义上并非呈对数线性关系，则不能简单地对变量取对数，这时只能用其他方法对异方差进行修正。

三、加权最小二乘法（WLS）

加权最小二乘法（weighted least square，WLS）是对原模型加权，使之变成一个新的不存在异方差性的模型，然后采用 OLS 法估计其参数。

为了便于说明问题，以一元线性回归模型为例

$$Y_i = \beta_1 + \beta_2 X_i + u_i \qquad (5.26)$$

异方差的形式为 $\mathrm{Var}(u_i) = \sigma_i^2 = \sigma^2 f(X_i)$，其中 σ^2 为常数，$f(X_i)$ 为 X_i 的某种函数。对式（5.26）按照最小二乘法的基本原则，是使残差平方和

$\sum e_i^2 = \sum (Y_i - \hat{\beta}_1 - \hat{\beta}_2 X_i)^2$ 为最小。在同方差性假定下，普通最小二乘法是把每个残差平方 $e_i^2 (i=1, 2, \cdots, n)$ 都同等看待，都赋予相同的权数1。但是，当存在异方差性时，方差 σ_i^2 越小，其样本值偏离均值的程度越小，其观测值越应受到重视。即方差越小，在确定回归线时的作用应当越大；反之，方差 σ_i^2 越大，其样本值偏离均值的程度越大，其观测值所起的作用应当越小。也就是说，在拟合存在异方差的模型的回归线时，对不同的 σ_i^2 应该区别对待。从样本的角度，对较小的 e_i^2 给予较大的权数，对较大的 e_i^2 给予较小的权数，从而使 $\sum e_i^2$ 更好地反映 σ_i^2 对残差平方和的影响。通常可将权数取为 $w_i = 1/\sigma_i^2 (i=1, 2, \cdots, n)$，由此，当 σ_i^2 越小时，w_i 越大；当 σ_i^2 越大时，w_i 就越小。将权数与残差平方相乘以后再求和，得

$$\sum w_i e_i^2 = \sum w_i (Y_i - \beta_1^* - \beta_2^* X_i)^2 \qquad (5.27)$$

式（5.27）称为加权的残差平方和。根据最小二乘原理，若使得加权的残差平方和最小，即

$$\min: \sum w_i e_i^2 = \sum w_i (Y_i - \beta_1^* - \beta_2^* X_i)^2 \qquad (5.28)$$

可得

$$\hat{\beta}_1^* = \bar{Y}^* - \hat{\beta}_2^* \bar{X}^*$$

$$\hat{\beta}_2^* = \frac{\sum w_i (X_i - \bar{X}^*)(Y_i - \bar{Y}^*)}{\sum w_i (X_i - \bar{X}^*)^2} \qquad (5.29)$$

其中 $\bar{X}^* = \dfrac{\sum w_i X_i}{\sum w_i}$，$\bar{Y}^* = \dfrac{\sum w_i Y_i}{\sum w_i}$。这样估计的参数 β_1^* 和 β_2^* 称为加权最小二乘估计。这种求解参数估计式的方法为加权最小二乘法。

容易证明，对原模型变换的方法与加权最小二乘法实际上是等价的。例如以式（5.26）的一元线性模型为例，如果已知存在异方差，且 $\mathrm{Var}(u_i) = \sigma_i^2 = \sigma^2 f(X_i)$，变换后的模型为

$$\frac{Y_i}{\sqrt{f(X_i)}} = \frac{\beta_1}{\sqrt{f(X_i)}} + \beta_2 \frac{X_i}{\sqrt{f(X_i)}} + \frac{u_i}{\sqrt{f(X_i)}} \qquad (5.30)$$

由前面的讨论知，式（5.30）的随机误差项 $u_i / \sqrt{f(X_i)}$ 已是同方差的。用 OLS 法估计式（5.30）的参数，其剩余平方和为

$$\sum e_i^2 = \sum \left(\frac{Y_i}{\sqrt{f(X_i)}} - \frac{\hat{\beta}_1}{\sqrt{f(X_i)}} - \frac{\hat{\beta}_2 X_i}{\sqrt{f(X_i)}} \right)^2 = \sum \frac{1}{f(X_i)} (Y_i - \hat{\beta}_1 - \hat{\beta}_2 X_i)^2$$

$$(5.31)$$

当对式（5.26）采用加权最小二乘法时，其权数为 $w_i = 1/\sigma_i^2 = 1/\sigma^2 f(X_i)$（$i = 1，2，\cdots，n$），其残差平方和为

$$\sum \left(\frac{e_i^{*2}}{\sigma_i^2} \right) = \sum \frac{1}{\sigma_i^2} (Y_i - \beta_1^* - \beta_2^* X_i)^2 = \sum \frac{1}{\sigma^2 f(X_i)} (Y_i - \beta_1^* - \beta_2^* X_i)^2$$

$$(5.32)$$

将式（5.30）模型变换的残差平方和与式（5.32）加权最小二乘的残差平方和加以对比，可以看出二者的剩余平方和只相差常数因子 σ^2，能使其中一个最小时必能使另一个最小。对模型变换后用 OLS 估计其参数，实际与应用加权最小二乘法估计的参数是一致的。这也间接证明了加权最小二乘法可以消除异方差。只是对原模型变换后的模型拟合优度有可能变小，这是由于对样本观测值加权的结果。

四、可行的广义最小二乘法（FGLS）

实施加权最小二乘法的关键是寻找适当的"权"，或者说是寻找模型中随机干扰项 u 的方差与解释变量的适当的函数形式。如果发现

$$Var(u_i \mid X_{1i}，X_{2i}，\cdots，X_{ki}) = \sigma^2 f(X_{1i}，X_{2i}，\cdots，X_{ki}) \qquad (5.33)$$

则加权最小二乘法总的权即为 $1/\sqrt{f(X_{1i}，X_{2i}，\cdots，X_{ki})}$。但如何寻找 u 的方差与各 X 之间的关系呢？

假设 u 的方差具有如下指数函数的形式：

$$Var(u_i \mid X_{1i}，X_{2i}，\cdots，X_{ki}) = \sigma^2 \exp(\alpha_0 + \alpha_1 X_{1i} + \alpha_2 X_{2i} + \cdots + \alpha_k X_{ki})$$

$$(5.34)$$

则可等价地写出

$$u_i^2 = \sigma^2 \exp(\alpha_0 + \alpha_1 X_{1i} + \alpha_2 X_{2i} + \cdots + \alpha_k X_{ki}) \varepsilon_i \qquad (5.35)$$

其中，ε_i 是条件均值为 1 的随机项。

如果假设 ε_i 与各 X 独立，进一步有

$$\ln u_i^2 = \delta_0 + \alpha_1 X_{1i} + \alpha_2 X_{2i} + \cdots + \alpha_k X_{ki} + v_i \qquad (5.36)$$

其中，v_i 为独立于各 X，且条件均值为 0 的随机项。

上式满足普通最小二乘法的基本假设，当用可观测的值 e_i 代替不可观测的 u_i 时，用普通最小二乘法估计

$$\ln e_i^2 = \delta_0 + \alpha_1 X_{1i} + \alpha_2 X_{2i} + \cdots + \alpha_k X_{ki} + v_i \tag{5.37}$$

得到 $\hat{\delta}_0$，$\hat{\alpha}_1$，$\hat{\alpha}_2$，$\cdots$，$\hat{\alpha}_k$

得到 u 的方差的估计：

$$\hat{\sigma}_i^2 = e_i^2 = \exp(\hat{\delta}_0 + \hat{\alpha}_1 X_{1i} + \hat{\alpha}_2 X_{2i} + \cdots + \hat{\alpha}_k X_{ki}) \tag{5.38}$$

从而，估计的权为

$$\hat{w}_i = 1/\hat{\sigma}_i^2 = 1/\sqrt{\exp(\hat{\delta}_0 + \hat{\alpha}_1 X_{1i} + \hat{\alpha}_2 X_{2i} + \cdots + \hat{\alpha}_k X_{ki})} \tag{5.39}$$

由于加权最小二乘法中的权，或者说原模型中 u 的方差与各 X 间适当的函数关系是估计出来的，因此，这一广义最小二乘法也被称为可行的广义最小二乘法（feasible generalized least square）。

五、异方差的稳健估计

达摩达尔·N. 古扎拉蒂在《计量经济学基础》（11.8 节）中，提醒我们牢记约翰·福克斯的警告："只有在问题严重的时候，误差方差不相等的问题才值得去修正。"作为一个经验的法则，福克斯建议，在普通最小二乘法下得到的斜率的方差是广义最小二乘法下得到的斜率方差的 10 倍还大时，异方差才是我们需要担心的严重问题。

由于在存在异方差时，采用 OLS 方法得到的参数估计量仍然是无偏的，只是由于参数的方差是有偏的，导致假设检验失效，因此，可以考虑修正普通最小二乘法得到的各参数的相应方差。White 提出的一种修正方法，被称为异方差稳健标准误（heteroscedasticity-robust standard error），就是用来解决这个问题的。

一元回归模型下，异方差稳健标准误的求法

$$Y_i = \beta_0 + \beta_1 X_i + u_i \quad \mathrm{Var}(u_i) = \sigma_i^2 \tag{5.40}$$

$\mathrm{Var}(\hat{\beta}_1) = \dfrac{\sum (x_i^2 \sigma_i^2)}{(\sum x_i^2)^2}$。由于 σ_i^2 不能直接观测，White 建议用残差平

方 e_i^2 来代替 σ_i^2，即 $\text{Var}(\hat{\beta}_1) = \dfrac{\sum (x_i^2 e_i^2)}{(\sum x_i^2)^2}$。White 证明了，$\text{Var}(\hat{\beta}_1) =$

$\dfrac{\sum (x_i^2 e_i^2)}{(\sum x_i^2)^2}$ 是 $\text{Var}(\hat{\beta}_1) = \dfrac{\sum (x_i^2 \sigma_i^2)}{(\sum x_i^2)^2}$ 的一致估计量，即随着样本容量的无限

增加，前者收敛于后者。

多元回归模型下，异方差稳健标准误的求法

$$Y_i = \beta_0 + \beta_1 X_{1i} + \beta_2 X_{2i} + \cdots + \beta_k X_{ki} + u_i \quad \text{Var}(u_i) = \sigma_i^2 \qquad (5.41)$$

任何一个偏回归系数 $\hat{\beta}_j (j = 1, \cdots, k)$ 的方差都可以通过下列方式求得：

$$\text{Var}(\hat{\beta}_j) = \frac{\sum (r_{ji}^2 e_i^2)}{(\sum r_{ji}^2)^2} \qquad (5.42)$$

其中，r_{ji} 为将回归元 X_j 对其余回归元做（辅助）回归得到的残差。

詹姆斯·斯托克和马克·W. 沃森（James Stock and Mark Watson）针对异方差性提出了一种不同建议。他们描述道："一般情况下，经济理论几乎不能给出原因来说明为什么误差项是同方差的。所以除非你有充足的理由相信误差是同方差的，否则，谨慎的做法还是接受异方差的假设。"因此，在詹姆斯·斯托克和马克·W. 沃森的教科书体系中，并没有将同方差列入古典假设中，而是对每个模型都进行异方差标准误检验（A. H. 施图德蒙德《应用计量经济学》机械工业出版社 2021 年版，第 210 页）。

■ 第六节　实　　验

一、实验目的

掌握异方差性问题出现的原因、产生的后果、检验方法、修正的原理及相关的 EViews 操作方法。

二、实验内容

以表 5.1 的数据为基础，建立城镇居民人均可支配收入与城镇居民人均

现金消费支出的计量经济学模型，并检验是否存在异方差性及克服异方差性的方法。

表 5.1 　　　　　　　　　2020 年我国城镇居民人均可支配收入
与城镇居民人均现金消费支出 　　　　　　　　　单位：元

地区	城镇居民人均可支配收入	城镇居民人均现金消费支出
北京	75601.5	41726.3
天津	47658.5	30894.7
河北	37285.7	23167.4
山西	34792.7	20331.9
内蒙古	41353.1	23887.7
辽宁	40375.9	24849.1
吉林	33395.7	21623.2
黑龙江	31114.7	20397.3
上海	76437.3	44839.3
江苏	53101.7	30882.2
浙江	62699.3	36196.6
安徽	39442.1	22682.7
福建	47160.3	30486.5
江西	38555.8	22134.3
山东	43726.3	27291.1
河南	34750.3	20644.9
湖北	36705.7	22885.5
湖南	41697.5	26796.4
广东	50257.0	33511.3
广西	35859.3	20906.5
海南	37097.0	23559.9
重庆	40006.2	26464.4
四川	38253.1	25133.2
贵州	36096.2	20587.0
云南	37499.5	24569.4
西藏	41156.4	24927.4
陕西	37868.2	22866.4

地区	城镇居民人均可支配收入	城镇居民人均现金消费支出
甘肃	33821.8	24614.6
青海	35505.8	24315.2
宁夏	35719.6	22379.1
新疆	34838.4	22951.8

资料来源：2021年《中国统计年鉴》。

三、实验步骤

（一）检查模型是否存在异方差性

（1）利用残差图判断。建立残差 resid 关于 x 的散点图，如图 5.7 所示，可以发现随着 x 增加，残差具有增大的趋势，即存在递增性的异方差。

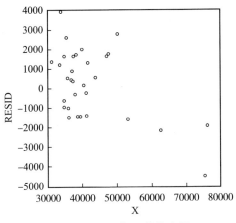

图5.7 resid 与 x 的散点图

（2）用 White 方法检验是否存在异方差。

在一元线性回归的基础上，做 White 检验。在回归式窗口中点击 View 按钮选 Residual Diagnostics 后，选择 Heteroskedasticity Tests 功能，进入界面后选择 White，如图 5.8 所示。

图 5.8　White 检验

检验式存在有无交叉项两种选择，一般选择无交叉项，得到图 5.9 的结果：通过 White 检验中的 p 值可以判断模型存在异方差。

Heteroskedasticity Test: White
Null hypothesis: Homoskedasticity

F-statistic	9.825460	Prob. F(1,29)	0.0039
Obs*R-squared	7.845091	Prob. Chi-Square(1)	0.0051
Scaled explained SS	7.074534	Prob. Chi-Square(1)	0.0078

Test Equation:
Dependent Variable: RESID^2
Method: Least Squares
Date: 03/16/22　Time: 02:00
Sample: 1 31
Included observations: 31

Variable	Coefficient	Std. Error	t-Statistic	Prob.
C	-412640.8	1323580.	-0.311761	0.7575
X^2	0.001854	0.000591	3.134559	0.0039

R-squared	0.253067	Mean dependent var	3118932.
Adjusted R-squared	0.227311	S.D. dependent var	4399785.
S.E. of regression	3867531.	Akaike info criterion	33.23647
Sum squared resid	4.34E+14	Schwarz criterion	33.32899
Log likelihood	-513.1653	Hannan-Quinn criter.	33.26663
F-statistic	9.825460	Durbin-Watson stat	1.516342
Prob(F-statistic)	0.003920		

图 5.9　White 检验

（二）克服异方差

对 Y_t 和 X_t 同取对数，得两个新变量 $\ln Y_t$ 和 $\ln X_t$。用 $\ln Y_t$ 对 $\ln X_t$ 回归，得输出结果整理后得到回归式为：

$$\ln Y_t = 0.7840 + 0.8812\ln X_t \qquad (5.43)$$
$$(0.5286)\quad(0.0497)$$
$$R^2 = 0.9154,\ DW = 2.1619,\ F = 313.9214$$

通过 White 检验可以看到 p 值大于 0.05，所以接收不存在异方差的原假设，即认为已经消除了回归模型的异方差性。

四、实验小结

本实验初步介绍了异方差诊断与处理的方法，并用实际案例进行了详细的检验。

（1）各种异方差检验方法很难说哪一种最有效，因此，在实际操作中需要用各种方法去比较，然后选取相对最佳的方法进行检验。

（2）异方差的修正方法主要采用加权最小二乘法，而加权最小二乘法与对原模型变换的方法实际上是等价的，它们最多相差一个常数因子。

（3）怀特检验中 χ^2 分布的自由度是辅助回归模型中解释变量的个数，而不是原模型中解释变量的个数。如果原模型中有一个解释变量，那么自由度就为 2；如果原模型中有两个解释变量，且做存在交叉项的怀特检验时，自由度就为 5，以此类推。

五、备择实验

表 5.2 是 2020 年我国 31 个省份的粮食产量（被解释变量 Y）与粮食播种面积（X_1）、农业化肥施用量（X_2）、成灾面积（X_3）和农业机械总动力（X_4）的截面数据，利用该数据对模型 $y = \beta_0 + \beta_1 X_1 + \beta_2 X_2 + \beta_3 X_3 + \beta_4 X_4 + \mu_i$ 进行参数估计，并讨论随机误差项的异方差问题。

表 5.2 　　2020 年我国 31 个省份的粮食产量与粮食播种面积、农业
化肥施用量、成灾面积和农业机械总动力的数据

地区	粮食产量 （万吨）	粮食作物播种面积 （千公顷）	化肥施用量 （万吨）	成灾面积 （万公顷）	农用机械总动力 （万千瓦）
北京	30.5	48.9	6.1	0.1	120.2
天津	228.2	350.2	15.3	1.1	365.1

续表

地区	粮食产量（万吨）	粮食作物播种面积（千公顷）	化肥施用量（万吨）	成灾面积（万公顷）	农用机械总动力（万千瓦）
河北	3795.9	6388.8	285.7	9.5	7965.7
山西	1424.3	3130.0	107.4	28.5	1595.3
内蒙古	3664.1	6833.2	207.7	125.9	4056.6
辽宁	2338.8	3527.2	137.6	90.5	2471.3
吉林	3803.2	5681.8	225.3	59.1	3896.9
黑龙江	7540.8	14438.4	224.2	70.2	6775.1
上海	91.4	114.3	6.9	0.0	102.1
江苏	3729.1	5405.6	280.8	4.7	5213.8
浙江	605.7	993.4	69.6	4.4	1813.2
安徽	4019.2	7289.5	289.9	78.0	6799.5
福建	502.3	834.4	100.8	2.1	1260.2
江西	2163.9	3772.4	108.8	32.4	2591.0
山东	5446.8	8281.5	380.9	8.9	10964.7
河南	6825.8	10738.8	648.0	14.6	10463.7
湖北	2727.4	4645.3	267.3	78.2	4626.1
湖南	3015.1	4754.8	223.7	22.1	6589.0
广东	1267.6	2204.7	219.8	2.6	2495.4
广西	1370.0	2806.1	247.9	5.1	3901.4
海南	145.5	270.7	42.6	1.4	615.6
重庆	1081.4	2003.1	89.8	4.7	1498.0
四川	3527.4	6312.6	210.8	23.1	4754.0
贵州	1057.6	2754.1	78.8	10.1	2582.4
云南	1895.9	4167.4	196.7	42.0	2786.7
西藏	102.9	182.3	4.4	0.4	576.8
陕西	1274.8	3001.0	201.9	25.8	2388.0
甘肃	1202.2	2638.3	80.4	14.2	2289.5
青海	107.4	290.0	5.5	1.3	491.4

地区	粮食产量 （万吨）	粮食作物播种面积 （千公顷）	化肥施用量 （万吨）	成灾面积 （万公顷）	农用机械总动力 （万千瓦）
宁夏	380.5	679.2	38.1	3.1	644.1
新疆	1583.4	2230.2	248.2	35.1	2929.4

资料来源：2021 年《中国统计年鉴》。

本 章 小 结

1. 异方差性是指模型违反了古典假定中的同方差性，模型中随机误差项的方差不是常量，而且它的变化与解释变量的变动有关。根据对同方差假设违反原因的不同，异方差有递增型、递减型与复杂型三种类型。

2. 产生异方差通常有以下原因：（1）模型设定误差。（2）测量误差的变化。（3）截面数据中总体各单位的差异。

3. 线性回归模型的随机误差项存在异方差性，会带来以下影响：（1）参数估计量非有效。异方差性并不影响模型参数最小二乘估计值的无偏性，但参数的最小二乘估计量不是有效的估计量。（2）影响参数的显著性检验。变量的统计性检验中，构造了 t 统计量，它是建立在随机误差项为同方差的条件下正确估计了参数方差的基础上的。如果出现了异方差，估计的参数方差出现了偏误，t 统计量检验量失去意义。其他检验也是如此。（3）对预测的影响。异方差的存在，使得参数估计值的方差低估了其真实方差，造成参数的区间估计失真，降低预测精度。

4. 常用的检验异方差性的方法有：（1）图示检验法，包括相关图形分析和残差图形分析两种方式，图形法虽然操作简单，但相对粗糙，只能进行大概的判断。（2）戈德菲尔德—夸特（Goldfeld – Quandt）检验，该检验以 F 检验为基础，需要按照某一被认为有可能引起异方差的解释变量观察值的大小排序，而且该方法只能检验单调递增或单调递减型异方差。（3）White检验，该检验不需要排序，适用于任何形式的异方差。（4）ARCH 检验，该检验要求变量的观测值为大样本，并且是时间序列数据；它只能判断模型中是否存在异方差，而不能诊断出是哪一个变量引起的异方差。（5）Glejser

检验，该检验的特点是不仅能对异方差的存在进行判断，而且还能对异方差随某个解释变量变化的函数形式进行诊断。

5. 经过检验证实存在异方差，可以通过以下方法进行修正：（1）对模型进行变换。如果可以确定异方差的具体形式，将模型做适当变换有可能消除或减轻异方差的影响。（2）模型的对数变换。（3）加权最小二乘法（WLS）。对模型变换后用 OLS 估计其参数，实际与应用加权最小二乘法估计的参数是一致的，也间接证明了加权最小二乘法可以消除异方差。（4）可行的广义最小二乘法（FGLS）。（5）异方差的稳健估计。

思 考 题

一、名词解释

1. 异方差性   2. G – Q（Goldfeld – Quandt）检验

3. 怀特（White）检验   4. ARCH 检验

二、简答题

1. 简述什么是异方差。为什么异方差的出现总是与模型中某个解释变量的变化有关？

2. 试归纳检验异方差方法的基本思想，并指出这些方法的异同。

3. 什么是加权最小二乘法，它的基本思想是什么？

4. 产生异方差的原因是什么？试举例说明经济现象中的异方差性。

5. 如果模型中存在异方差性，对模型有什么影响？这时候模型还能进行应用分析吗？

6. 对数变化的作用是什么？进行对数变化应注意什么？对数变换后模型的经济意义有什么变化？

7. 怎样确定加权最小二乘法中的权数？

三、计算分析题

1. 设消费函数为

$$Y_i = \beta_1 + \beta_2 X_{2i} + \beta_3 X_{3i} + u_i$$

式中，Y_i 为消费支出；X_{2i} 为个人可支配收入；X_{3i} 为个人的流动资产；u_i 为随机误差项，并且 $E(u_i) = 0$，$Var(u_i) = \sigma^2 X_{2i}^2$（其中 σ^2 为常数）。试回答以下问题：

（1）选用适当的变换修正异方差，要求写出变换过程；

（2）写出修正异方差后的参数估计量的表达式。

2. 根据本章第四节的对数变换，我们知道对变量取对数通常能降低异方差性，但须对这种模型的随机误差项的性质给予足够的关注。例如，设模型为 $Y = \beta_1 X^{\beta_2} u$，对该模型中的变量取对数后得如下形式

$$\ln Y = \ln\beta_1 + \beta_2 \ln X + \ln u$$

（1）如果 $\ln u$ 要有零期望值，u 的分布应该是什么？

（2）如果 $E(u) = 1$，会不会 $E(\ln u) = 0$？为什么？

（3）如果 $E(\ln u)$ 不为0，怎样才能使它等于0？

3. 下表中给出2020年各地区农村居民人均可支配收入与人均消费支出数据，要求：

2020年中国各地区农村居民人均可支配收入与人均消费支出数据

单位：元

地区	农村居民人均可支配收入	农村居民人均支出
北京	30125.7	20912.7
天津	25690.6	16844.1
河北	16467.0	12644.2
山西	13878.0	10290.1
内蒙古	16566.9	13593.7
辽宁	17450.3	12311.2
吉林	16067.0	11863.6
黑龙江	16168.4	12360.0
上海	34911.3	22095.5
江苏	24198.5	17021.7
浙江	31930.5	21555.4
安徽	16620.2	15023.5
福建	20880.3	16338.9
江西	16980.8	13579.4
山东	18753.2	12660.4

续表

地区	农村居民人均可支配收入	农村居民人均支出
河南	16107.9	12201.1
湖北	16305.9	14472.5
湖南	16584.6	14974.0
广东	20143.4	17132.3
广西	14814.9	12431.1
海南	16278.8	13169.3
重庆	16361.4	14139.5
四川	15929.1	14952.6
贵州	11642.3	10817.6
云南	12841.9	11069.5
西藏	14598.4	8917.1
陕西	13316.5	11375.7
甘肃	10344.3	9922.9
青海	12342.5	12134.2
宁夏	13889.4	11724.3
新疆	14056.1	10778.2

（1）试建立我国农村居民人均可支配收入与消费支出线性模型；

（2）选用适当的方法检验模型中是否存在异方差；

（3）如果存在异方差，采用适当的方法加以修正。

第六章

序列相关性

研究中国 2000~2020 年居民储蓄存款 Y 和居民收入 X 的关系：

$$Y_t = \beta_0 + \beta_1 X_t + \mu_t$$

用普通最小二乘法估计其参数，结果为：

$$Y_t = -47706.2800 + 27.7278X_t$$

$$(9769.9860) \quad (0.5605)$$

$$t = (-4.8829) \quad (49.4656)$$

$$R^2 = 0.9923, \quad F = 2446.8400$$

检验结果表明：回归系数的标准误差非常小，t 统计量较大，说明居民收入 X 对居民储蓄存款 Y 的影响非常显著。同时可决系数也非常高，F 统计量为 2446.8400，也表明模型异常显著。但此估计结果可能是虚假的，t 统计量和 F 统计量都被虚假地夸大，因此，所得结果是不可信的。至于这到底是为什么，学习了本章以后就明晰了。

第一节　序列相关性及其产生的原因

一、序列相关性

对于模型

$$y_t = \beta_0 + \beta_1 X_{1i} + \beta_2 X_{2i} + \cdots + \beta_k X_{ki} + \mu_t, \quad i = 1, 2, 3, \cdots, n \quad (6.1)$$

随机误差项互不相关的基本假设表现为

$$\text{Cov}(\mu_i, \mu_j) = 0 \quad i \neq j, \quad i, j = 1, 2, 3, \cdots, n \tag{6.2}$$

如果对于不同的样本点，随机误差项之间不再是不相关的，而是存在某种相关性，则认为出现了序列相关性（serial correlation）。

在其他假设成立的条件下，序列相关即意味着

$$E(\mu_i, \mu_j) \neq 0 \tag{6.3}$$

如果仅存在 $E(\mu_i, \mu_{i+1}) \neq 0$，$i = 1, 2, 3, \cdots, n$，称为一阶序列相关或自相关（autocorrelation）。

自相关往往可写成如下形式：

$$\mu_i = \rho\mu_{i-1} + \varepsilon_i \quad -1 < \rho < 1 \tag{6.4}$$

其中，ρ 被称为自协方差系数（coefficient of autocovariance）或一阶自相关系数（first-order coefficient of autocorrelation）。ε_i 是满足以下标准的 OLS 假定的随机干扰项：

$$E(\varepsilon_i) = 0, \quad D(\varepsilon_i) = \sigma^2, \quad \text{Cov}(\varepsilon_i, \varepsilon_{i-s}) = 0 \tag{6.5}$$

由于序列相关性经常出现在以时间序列为样本的模型中，因此，本节将代表不同样本点的 i 用 t 表示。

二、序列相关性的原因

实际经济问题中，序列相关性产生的原因主要来自以下几个方面：

（一）经济变量固有的惯性

经济变量是对经济现象的客观反映。任何一种经济现象都有其历史的延续性与继承性，现在的状况是在过去基础上演进而来的，过去的发展水平、速度、特征都会对现在的状况产生重要影响。同一经济变量，在前期与后续时期总存在一定的相关性，不可能互不相关。大多数经济时间序列存在惯性，如国民生产总值、价格指数、就业和失业、消费和投资等。当经济复苏，宏观经济从谷底开始上升时，大多数经济变量一般会持续上升，在向上移动的过程中，序列某一点的值会大于其前期值。这种向上的"动力"存在，直到经济开始衰退。而当宏观经济从高涨的顶峰开始紧缩下降时，这类

经济变量一般会持续减小，其值可能会小于前期值。这种"阻力"存在，直到经济开始复苏。因此，利用时间序列建立模型时，经济发展的惯性使得模型存在序列相关性。随机误差项作为模型中的一个特殊经济变量，它虽然包含的具体内容很多，不具有单一的经济含义，但它与模型中独立出现的解释变量相类似，不同观测期的取值也不可能完全互不相关，总存在一定的相关性。

此外，经济变量的运行往往表现在时间前后期的相互关联上所形成的惯性。例如，一个企业的固定资产的形成，不仅与当期固定资产投资有关，还与前期多年固定资产投资相关。农作物的单位面积产量，不仅取决于当年投入的生产要素的数量与质量，而且还与往年投入物的数量与质量有关。如果模型忽略了这些前后相连的因素的影响，误差项的系统性影响就会在模型中体现出来，产生序列相关问题。

（二）解释变量选择

在现实经济活动中，某一经济现象的发展变化往往是多种因素综合作用的结果。利用计量经济模型研究经济变量的变化规律或者测度经济变量之间的数量依存关系，只能将重要的影响因素作为独立的解释变量在模型中列出，而将那些次要的影响因素予以舍弃。但这些被略去的次要因素的影响力在模型中并不会消失，它们的综合影响会在随机误差项中反映出来。进入模型随机误差项的次要因素在不同观测期的值可能是高度相关的，这就会带来随机误差项的序列相关。例如，在商品需求函数中，如果解释变量只有收入和商品自身的价格，则随机误差项中将包含其他商品价格对该商品需求的影响，价格变量一般是逐期相关的，从而使模型产生了序列相关性。

（三）模型函数形式设定偏误

在对实际经济问题的研究中，用于分析与测度经济变量之间数量依存关系的模型，是研究者根据一定的经济理论、实践经验确定的。由于研究对象自身的复杂性、经济理论的局限性及人们对研究对象认识的片面性，可能导致对模型形式选择的失准。如果模型形式不能正确反映经济变量之间内在真实的数量依存关系，就会造成随机误差项的序列相关。比如，边际成本与产量之间的函数关系式应为：

$$y_t = \beta_0 + \beta_1 X_t + \beta_2 X_t^2 + \mu_t \qquad (6.6)$$

式（6.6）中，y_t 表示边际成本，x_t 表示产量。由于认识上的偏误，结果设成了线性形式：

$$y_t = \beta_0 + \beta_1 X_t + \varepsilon_t \qquad (6.7)$$

这时，由于 $\varepsilon_t = \beta_2 X_t^2 + \mu_t$ 中包含了带有 X_t^2 对边际成本的系统影响，使得 ε_t 之间很可能出现序列相关。

（四）观测数据的处理

在计量经济分析中使用的时间数据序列，因多种原因在代表性上存在某些缺陷，为增强数据的代表性或弥补其他方面的缺陷，往往需要对原始观测数据进行内插或平滑处理。经过这样处理后的时序资料与原始时间序列数据之间的差异便会在随机误差项中反映出来，并引起随机误差项的序列相关。比如，在回归分析建模中，我们经常要对原始数据进行一些处理，如在具有季节性时序资料的建模中，我们必须消除季节性影响，对数据作修匀处理。但如果采用了不恰当的数据变换，就会带来序列的自相关性。

（五）蛛网现象——农产品市场

蛛网现象是微观经济学中的一个概念，它表示某种商品的供给量受前一期价格影响而表现出来的某种规律性。许多农产品的供给都呈现出蛛网现象，即供给对价格的反应滞后一段时间，因为供给决策的实现需要一定的时间。因此，种植谷物的农民本季度的计划受上一季度价格的影响，所以他们的供给函数为：

$$Q_t = \beta_1 + \beta_2 P_{t-1} + \mu_t \qquad (6.8)$$

假设在 t 时期末，价格 P_t 低于 P_{t-1}，于是在 t + 1 的期初，农民决定比 t 期少生产一些，则 t + 1 期的产量会低于 t 期。显然此时扰动项并不是随机的。因为农民在第 t 年生产多了，他们可能会在 t + 1 年少生产一些，由此形成蛛网模式。

（六）滞后效应

滞后效应是指某一变量对另一变量的影响不仅局限于当期，还会延续若干期。以消费支出对收入的时间序列回归模型为例，当期的消费支出除了依赖于其他变量外，还依赖于前期的消费支出，因此模型形式变为以下形式：

$$C_t = \beta_1 I + \beta_2 C_{t-1} + \mu_t \tag{6.9}$$

出现这种现象的原因是由于心理、技术及制度上的原因，消费者不轻易改变他们的消费习惯。如果忽略了式（6.9）中的滞后项，误差将由于滞后消费对当前消费的影响而反映出一种自相关的形式。

第二节　序列相关性的影响

当线性回归模型的随机误差项存在序列相关时，就违背了线性回归方程设定的基本假设 3，如果仍然用普通最小二乘法估计未知参数，会产生许多不良后果。序列相关性产生的影响与异方差情形类似。

一、模型参数估计量非有效

当模型存在序列相关性时，OLS 估计仍然是无偏估计，但不再具备有效性。这与存在异方差性时的情况一样，说明存在其他的参数估计方法，其估计误差小于 OLS 估计的误差。也就是说，对于存在序列相关的模型，应该改用其他方法估计模型中的参数。

（一）参数估计值仍然是无偏的

以一元线性回归模型为例，其模型为：

$$Y_t = \beta_0 + \beta_1 X_t + \mu_t, \quad t = 1, 2, \cdots, n$$

设随机误差项 μ_t 具有零均值、齐性方差，且与 X_t 独立，但存在序列相关性。在普通最小二乘法下计算得到 $\hat{\beta}_0$、$\hat{\beta}_1$，且有 $\hat{\beta}_1 = \beta_1 + \sum k_t \mu_t$。因此，$E(\hat{\beta}_1) = \beta_1 + \sum k_t E(\mu_t) = \beta_1$ 表明 $\hat{\beta}_1$ 满足无偏性。同理也可以证明 $\hat{\beta}_0$ 是 β_0 的无偏估计量。这个结果说明只要随机误差项 μ_t 与解释变量 X_t 相互独立，无论随机误差项 μ_t 之间是否存在序列相关性，对参数的最小二乘估

计值的无偏性都没有影响。

（二）参数估计值不再具有最小方差性

参数 β_1 的最小二乘估计值 $\hat{\beta}_1$ 的方差为

$$\mathrm{Var}(\hat{\beta}_1) = \mathrm{E}[\,\hat{\beta}_1 - \mathrm{E}(\hat{\beta}_1)\,]^2 = \mathrm{E}(\hat{\beta}_1 - \beta_1)^2 = \mathrm{E}(\sum k_t \mu_t)^2$$

$$= \mathrm{E}[\,\sum k_t^2 \mu_t^2 + 2\sum_{t \neq s} k_t k_s \mu_t \mu_s\,]$$

$$= \sum k_t^2 \mathrm{E}(\mu_t^2) + 2\sum_{t \neq s} k_t k_s \mathrm{E}(\mu_t \mu_s) \qquad (6.10)$$

在随机误差项 μ_t 不存在序列相关的假定下，$\mathrm{E}(\mu_t \mu_s) = 0(t \neq s)$，参数 β_1 的估计值 $\hat{\beta}_1$ 的方差为

$$\mathrm{Var}(\hat{\beta}_1) = \sum k_t^2 \mathrm{E}(\mu_t^2) = \sigma^2 \sum k_t^2 = \frac{\sigma^2}{\sum(X - \bar{X})^2}$$

在随机误差项 μ_t 存在序列相关性的情形下，$\mathrm{E}(\mu_t \mu_s) \neq 0(t \neq s)$。令参数 β_1 的估计值用 $\hat{\beta}_1^*$ 表示，此时

$$\mathrm{Var}(\hat{\beta}_1^*) = \sum k_t^2 \mathrm{E}(\mu_t^2) + 2\sum_{t \neq s} k_t k_s \mathrm{E}(\mu_t \mu_s)$$

$$= \mathrm{Var}(\hat{\beta}_1) + 2\sum_{t \neq s} k_t k_s \mathrm{E}(\mu_t \mu_s) \qquad (6.11)$$

如果随机误差项存在正的序列相关性，也即 $\mathrm{E}(\mu_t \mu_s) > 0(t \neq s)$，那么

$$\mathrm{Var}(\hat{\beta}_1^*) > \mathrm{Var}(\hat{\beta}_1) \qquad (6.12)$$

大多数时间序列数据由于受到经济波动规律的影响，一般随着时间的推移有向上或向下的变动趋势，所以往往表现出正的序列相关性。因而，$\hat{\beta}_1^*$ 的方差也往往会大于 $\hat{\beta}_1$ 的方差，此时参数估计的最小方差性将不再能得到保证。如果随机误差项 μ_t 存在序列相关性，我们仍然用普通最小二乘法估计参数，就很有可能低估了参数估计值的真实方差。同理，可以证明 $\hat{\beta}_0$ 也有类似结果。

二、模型参数的统计检验失效

在随机误差项 μ_t 存在序列相关性的情形下，如果仍然用普通最小二乘法来估计模型参数，则会低估了参数估计值的真实方差，从而低估了参数估

计值的标准误差：$s(\hat{\beta}_1) = \sqrt{\dfrac{\sigma^2}{\sum (X - \bar{X})^2}}$。而 $s(\hat{\beta}_1)$ 的低估将直接导致 $t = \dfrac{\hat{\beta}_1}{s(\hat{\beta}_1)}$ 统计量被过高估计，从而得出回归参数统计检验为显著的结论，但实际上可能是并不显著的。同样，在进行 F 检验时，由于参数估计值的方差的低估，导致 F 统计量的虚增，使得 F 检验失效。

三、模型的预测及经济分析功能失效

在随机误差项 μ_t 存在序列相关性的情形下，用普通最小二乘法估计模型参数，其估计值不再具有最小方差性，失去了最佳性，使得模型的样本估计式失准。估计值真实方差的低估，将导致统计检验的失效以及预测区间的可信度降低，用此模型进行预测和结构分析将会带来较大的偏差甚至错误的解释。

■ 第三节　序列相关性的检验

随机误差项存在自相关性会产生一系列不良影响，因此必须采取相应的措施加以修正。但是，在修正之前应对模型的误差项序列是否存在自相关进行判断，这就是序列相关性的检验。序列相关性检验方法有很多，这些检验方法的共同思路是：首先，采用 OLS 估计模型，以求得随机误差项的近似估计量，即残差；然后，通过分析这些残差之间的相关性以达到判断随机误差项是否具有序列相关性的目的。以下几种常用的检验方法。

一、图示法

与异方差性的图示检验法类似，通过对残差散点图的分析，可以大致判断随机误差项的变化特征。把给定的回归模型直接用普通最小二乘法估计参数，求出残差项 e_t，并把 e_t 作为随机误差项 μ_t 的估计值，画出 e_t 的散点

图。由于把残差项 e_t 作为随机误差项 μ_t 的估计值，随机误差项 μ_t 的性质也应能在残差 e_t 中反映出来。

（一）按时间顺序绘制残差图

如果残差 e_t，$t = 1$，2，$\cdots$，T，随着时间 t 的变化而呈现有规律的变动，则 e_t 存在相关性，进而可以推断随机误差项 μ_t 之间存在序列相关性。如果随着时间 t 的变化，e_t 并不频繁地改变符号，而是取几个正值后又连续地取几个负值（或者，与之相反，几个连续的负值后面紧跟着几个正值），则表明随机误差项 μ_t 存在正的序列相关（见图 6.1）；如果随着时间 t 的变化，e_t 不断地改变符号（见图 6.2），那么随机误差项 μ_t 之间存在负的序列相关。

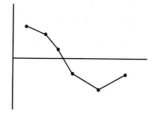

图 6.1　正序列相关

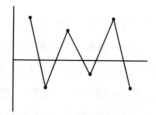

图 6.2　负序列相关

（二）绘制 e_t，e_{t-1} 的散点图

计算 e_t 和 e_{t-1}，以 e_t 为纵轴，e_{t-1} 为横轴，绘制 (e_{t-1}, e_t)，$t = 1$，2，$\cdots$，T 的散点图。如果大部分点落在第 I、第 III 象限，表明随机误差项 μ_t 存在正的序列相关（见图 6.3）；如果大部分点落在第 II、第 IV 象限，表明随机误差项 μ_t 存在负的序列相关（见图 6.4）。

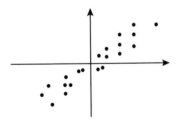

图 6.3　正序列相关图

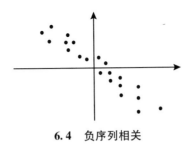

6.4　负序列相关

二、杜宾—瓦特森（Durbin－Watson）检验

（一）适用条件

杜宾—瓦特森检验是杜宾（J. Durbin）和瓦特森（G. S. Watson）于 1951 年提出的一种适用于小样本的检验序列相关性的方法，简称 D－W 检验。该方法的假定条件是：（1）解释变量 X 非随机；（2）随机误差项 μ_t 为一阶自相关，即 $\mu_t = \rho\mu_{t-1} + \varepsilon_t$；（3）回归模型中不应含有滞后内生变量作为解释变量，即不应出现下列形式：$Y_t = \beta_0 + \beta_1 X_t + \beta_2 Y_{t-1} + \mu_t$，其中，$Y_{t-1}$ 为 Y_t 的滞后一期变量；（4）回归模型含有截距项，即截距项不为 0；（5）无缺失数据。当满足上述条件时，可以利用 D－W 方法检验序列相关问题。

（二）具体步骤

（1）提出假设 H_0：$\rho = 0$，即不存在序列相关，H_1：$\rho \neq 0$，即存在序列相关性。

（2）定义 D – W 检验统计量。

为了检验上述假设，构造 D – W 检验统计量首先要求出回归估计式的残差 e_t，定义 D – W 统计量为：

$$DW = \frac{\sum\limits_{t=2}^{n} (e_t - e_{t-1})^2}{\sum\limits_{t=1}^{n} e_t^2} \qquad (6.13)$$

其中 $e_t = Y_t - \hat{Y}_t$，$t = 1,\ 2,\ \cdots,\ n$。

由式（6.13）有

$$DW = \frac{\sum\limits_{t=2}^{n} e_t^2 + \sum\limits_{2}^{n} e_{t-1}^2 - 2\sum\limits_{t=2}^{n} e_t e_{t-1}}{\sum\limits_{t=1}^{n} e_t^2} \qquad (6.14)$$

由于 $\sum\limits_{t=2}^{n} e_t^2$ 与 $\sum\limits_{t=2}^{n} e_{t-1}^2$ 只有一次观测之差，故可认为近似相等，则由式（6.14）得

$$DW \approx \frac{2\sum\limits_{2}^{n} e_{t-1}^2 - 2\sum\limits_{t=2}^{n} e_t e_{t-1}}{\sum\limits_{t=2}^{n} e_{t-1}^2} = 2\left[1 - \frac{\sum\limits_{t=2}^{n} e_t e_{t-1}}{\sum\limits_{t=2}^{n} e_{t-1}^2} \right] \qquad (6.15)$$

随机误差序列 μ_1，μ_2，$\cdots$，μ_n 的自相关系数定义为：

$$\rho = \frac{\sum\limits_{t=2}^{n} \mu_t \mu_{t-1}}{\sqrt{\sum\limits_{t=2}^{n} \mu_t^2} \sqrt{\sum\limits_{t=2}^{n} \mu_{t-1}^2}} \qquad (6.16)$$

在实际应用中，随机误差序列的真实值是未知的，需要用估计值 e_t 代替，得到自相关系数的估计值为：

$$\hat{\rho} = \frac{\sum\limits_{t=2}^{n} e_t e_{t-1}}{\sqrt{\sum\limits_{t=2}^{n} e_t^2} \sqrt{\sum\limits_{t=2}^{n} e_{t-1}^2}} \qquad (6.17)$$

在认为 $\sum\limits_{t=2}^{n} e_t^2$ 与 $\sum\limits_{t=2}^{n} e_{t-1}^2$ 近似相等的假定下，则式（6.17）可化简为：

$$\hat{\rho} \approx \frac{\sum_{t=2}^{n} e_t e_{t-1}}{\sum_{t=2}^{n} e_{t-1}^2} \tag{6.18}$$

所以，式（6.17）可以写成

$$DW \approx 2(1-\hat{\rho}) \tag{6.19}$$

（3）检验序列相关性。

因为自相关系数 $\hat{\rho}$ 的值介于 -1 和 1 之间，所以，$0 < DW = 2(1-\hat{\rho}) \leqslant 4$，而且有 DW 值与 $\hat{\rho}$ 的对应关系如表 6.1 所示。

表 6.1 　　　　　　　　　　DW 值与 $\hat{\rho}$ 的对应关系

$\hat{\rho}$ 值	DW 值	随机误差项的序列相关性
-1	4	完全负序列相关
$(-1, 0)$	$(2, 4)$	负序列相关
0	2	无序列相关
$(0, 1)$	$(0, 2)$	正序列相关
1	0	完全正序列相关

从表 6.1 中可知，当 DW 值显著地接近 0 或者 4 时，则存在序列相关性；而接近 2 时，则不存在序列相关性。这样只要知道 DW 统计量的概率分布，在给定的显著性水平下，根据临界值的位置就可以对原假设 H_0 进行检验。但是 DW 统计量的概率分布很难确定，作为一种变通的处理方法，杜宾和瓦特森分别在 5% 和 1% 的显著水平下，找到了上限临界值 d_U 和下限临界值 d_L，并编制了 D $-$ W 检验的上、下限表。这两个上下限只与样本的大小 n 和解释变量的个数 k 有关，而与解释变量的取值无关。具体的判别规则为：

（1）$0 \leqslant DW \leqslant d_L$，拒绝 H_0，表明随机误差项 μ_t 之间存在正的序列相关；

（2）$4 - d_L \leqslant DW \leqslant 4$，拒绝 H_0，表明随机误差项 μ_t 之间存在正的序列相关；

（3）$d_U \leqslant DW \leqslant 4 - d_U$，接受 H_0，即认为随机误差项 μ_t 之间不存在序列相关性；

（4）$d_L < DW < d_U$ 或 $4 - d_U < DW < 4 - d_L$，不能判定是否存在序列相关性。

上述四条判别规则可用图 6.5 表示。

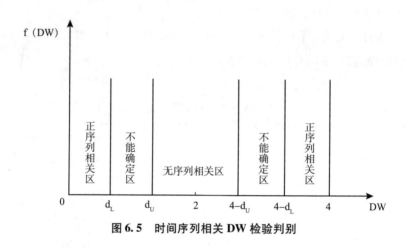

图 6.5　时间序列相关 DW 检验判别

（三）DW 检验特点

DW 检验法的优点在于其计算简单、应用方便，EViews 软件在输出回归分析结果中直接给出了 DW 值，并且人们也习惯将 DW 值作为常规的检验统计量，连同 R^2 值等一起在报告回归分析的计算结果时表明。但 DW 检验也存在以下缺点和局限性：

（1）DW 检验不适应随机误差项具有高阶序列相关的检验，只能检验一阶序列相关性。

（2）DW 检验有两个无法判别的区域，一旦 DW 值落入这两个区域，必须调整样本容量或采取其他的检验方法。

（3）这一方法不适用于对联立方程模型中各单一方程随机误差项序列相关性的检验。

（4）DW 检验不适用于模型中含有滞后的被解释变量的情况。

三、回归检验法

（一）定义

回归检验法适用于任一随机变量序列相关性的检验，并能提供序列相关的具体形式及相关系数的估计值。

（二）具体步骤

第一步，依据模型变量的样本观测数据，应用普通最小二乘法求出模型的样本估计式，并计算出随机误差项 μ_t 的估计值 e_t。

第二步，建立 e_t 与 e_{t-1}、e_{t-2} 的相互关系模型，由于它们相互关系的形式和类型是未知的，需要用多种函数形式进行试验，常用的函数形式主要有：

$$e_t = \rho e_{t-1}^2 + \varepsilon_t$$

$$e_t = \rho \sqrt{e_{t-1}} + \varepsilon_t$$

$$e_t = \rho / \sqrt{e_{t-1}} + \varepsilon_t$$

第三步，对于不同形式的 e_t 与 e_{t-1}、e_{t-2} 的相互关系模型，用普通最小二乘法进行参数估计，得出回归估计式，再对估计式进行统计检验。如果检验的结果是每一种估计式都不显著的，就表明 e_t 与 e_{t-1}、e_{t-2} 是不相关的，随机误差项 μ_t 之间不存在序列相关性。如果通过检验发现某一个估计式是显著的（若有多个估计式显著就选择最为显著的），就表明 e_t 与 e_{t-2} 是相关的，随机误差项 μ_t 之间存在序列相关性，相关的形式就是统计检验显著的回归估计式，相关系数就是该估计式的参数估计值。

回归检验法需要用多种形式的回归模型对 e_t 与 e_{t-1}、e_{t-2} 的相关性进行试验分析，工作量大、计算复杂，显得极为烦琐。

四、拉格朗日乘数（Lagrange Multiplier）检验

布劳殊（Breusch）与戈弗雷（Godfrey）于 1978 年提出的了检验一般

自相关的方法：由于该方法源自拉格朗日（Lagrange）乘数原理，因此被称为 LM 乘数检验。拉格朗日乘数检验克服了 D - W 检验的缺陷，适合于高阶序列相关以及模型中存在滞后被解释变量的情形。

对于模型

$$Y_i = \beta_0 + \beta_1 X_{1i} + \beta_2 X_{2i} + \cdots + \beta_k X_{ki} + \mu_i \qquad (6.20)$$

如果怀疑随机扰动项存在 p 阶序列相关：

$$\mu_t = \rho_1 \mu_{t-1} + \rho_2 \mu_{t-2} + \cdots + \rho_p \mu_{t-p} + \varepsilon_t \qquad (6.21)$$

GB 检验可用来检验如下受约束回归方程

$$Y_t = \beta_0 + \beta_1 X_{1t} + \cdots + \beta_k X_{kt} + \rho_1 \mu_{t-1} + \cdots + \rho_p \mu_{t-p} + \varepsilon_t \qquad (6.22)$$

约束条件为：

$$H_0: \rho_1 = \rho_2 = \cdots = \rho_p = 0$$

约束条件 H_0 为真时，大样本下

$$LM = (n - p) R^2 \sim \chi^2(p) \qquad (6.23)$$

其中，n 为样本容量，R^2 为如下辅助回归的可决系数：

$$\tilde{e}_t = \beta_0 + \beta_1 X_{1t} + \cdots + \beta_k X_{kt} + \tilde{e}_1 \mu_{t-1}$$
$$+ \cdots + \rho \tilde{e}_{t-p} + \varepsilon_t \qquad (6.24)$$

给定 α，查临界值 $\chi_a^2(p)$，与 LM 值比较，做出判断，实际检验中，可从 1 阶、2 阶……逐次向更高阶检验。

线性回归模型中随机误差项序列相关性的检验，在计量经济学的研究中是一个很重要的问题。但目前应用的检验方法都存在一些缺陷和局限，还不能对这一问题进行完全有效的检验，更为完善的检验方法有待于进一步研究。有关于高阶序列相关性的检验，可以参考其他相关教科书。

■ 第四节　序列相关的修正

如果检验发现随机误差项之间存在序列相关性，应当首先分析序列相关产生的原因，引起序列相关的原因不同，修正序列相关的方法也不同。如果是回归模型变量选用不当，则应对模型中包含的解释变量进行调整，去掉无关的以及非重要的变量，引入重要的变量；如果是模型的形式选择不当，则应重新确定正确的模型形式。如果以上两种方法都不能消除序列相关性，则需要采用其他数学方法进行处理以消除序列相关性，然后再对模型中的未知参数进行估计。

一、差分法

差分法将原模型变换为差分模型，用增量数据代替原来的样本数据。

（一）一阶差分法

假设原模型为：

$$Y_t = \beta_0 + \beta_1 X_{1t} + \beta_2 X_{2t} + \cdots + \beta_k X_{kt} + u_t$$
$$t = 1, 2, \cdots, n \tag{6.25}$$

一阶差分法变换后的模型为：

$$\Delta Y_t = \beta_1 \Delta X_{1t} + \beta_2 \Delta X_{2t} + \cdots + \beta_k \Delta X_{kt} + v_t$$
$$t = 2, \cdots, n \tag{6.26}$$

其中 $\Delta Y_t = Y_t - Y_{t-1}$，$v_t = \mu_t - \mu_{t-1}$。

如果，原模型存在完全一阶正相关，即 $\mu_t = \mu_{t-1} + v_t$，其中 v_t 不存在序列相关性，那么差分模型满足应用普通最小二乘法的基本假设。用普通最小二乘法估计差分模型得到的参数估计值，即为原模型参数的无偏、有效估计值。

（二）广义差分法

一阶差分法仅适用于随机误差项的自相关系数 ρ 等于 1 的情形。但在一般情况下，完全一阶正相关的情况并不多见，在这种情况下，随机误差项的序列相关性就要用广义差分法进行修正。

对于模型（6.24）如果随机误差项存在一阶自相关，即 $\mu_t = \rho\mu_{t-1} + \varepsilon_t$，其中，$\rho$ 为随机误差项 μ_t 的自相关系数，且有 $|\rho| < 1$，υ_t 不存在序列相关性。

将式（6.24）滞后一期，并左右两边同乘 ρ，可得

$$\rho Y_{t-1} = \rho\beta_0 + \rho\beta_1 X_{1(t-1)} + \rho\beta_2 X_{2(t-2)} + \cdots$$
$$+ \rho\beta_k X_{k(t-1)} + \rho\mu_{t-1} \tag{6.27}$$

将式（6.25）减去式（6.27），得

$$Y_t - \rho Y_{t-1} = \beta_0(1-\rho) + \beta_1(X_{1t} - \rho X_{1(t-1)}) + \beta_2(X_{2t} - \rho X_{2(t-1)})$$
$$+ \cdots + \beta_k(X_{kt} - \rho X_{k(t-1)}) + (\mu_t - \rho\mu_{t-1}) \tag{6.28}$$

在 ρ 为已知的情况下，我们可以对式（6.28）进行如下变换

$$\begin{cases} Y_t^* = Y_t - \rho Y_{t-1} \\ X_{1t}^* = X_{1t} - \rho X_{1(t-1)} \\ X_{2t}^* = X_{2t} - \rho X_{2(t-1)} \quad (t=2, 3, \cdots, n) \\ \quad\quad\quad \vdots \\ X_{kt}^* = X_{kt} - \rho X_{k(t-1)} \\ v_t = \mu_t - \rho\mu_{t-1} \end{cases} \tag{6.29}$$

将变换后的新变量代入式（6.28），便可得到一个新的模型表示式：

$$Y_t^* = \beta_0(1-\rho) + \beta_1 X_{1t}^* + \beta_2 X_{2t}^* + \cdots + \beta_k X_{kt}^* + v_t$$
$$t=2, 3, \cdots, n \tag{6.30}$$

把上述变换过程称为广义差分变换，把通过广义差分变换得到的模型称为广义差分模型。应该注意到这一变换过程所构建的新变量 Y_t^*、X_{it}^*，由于差分变换要损失一个观测值，样本个数由 n 个减少到 n−1 个。为了避免损失自由度，可以将第一个观测值作如下变换：

$$Y_1^* = Y_1\sqrt{1-\rho^2}, \quad X_1^* = X_1\sqrt{1-\rho^2} \tag{6.31}$$

对原模型进行广义差分变换可以得到广义差分模型，广义差分模型中的随机误差项满足线性回归的经典假设，对广义差分模型进行 OLS 估计，得到的参数估计值仍然是最佳估计量。

二、杜宾（Durbin）两步法

进行广义差分变换的前提是已知 ρ 的值。但 ρ 是随机误差项的自相关系数，μ_t 的值不可观测，使得 ρ 的值也是未知的。所以利用广义差分法处理序列相关性时，估计 ρ 的值可用杜宾（Durbin）两步估计法来实现。

以一元线性回归模型为例，

$$Y_t = \beta_0 + \beta_1 X_t + \mu_t \quad t=1, 2, \cdots, n \tag{6.32}$$

如果随机误差项 μ_t 存在 h 阶自回归形式的序列相关，即

$$\mu_t = \rho_1\mu_{t-1} + \rho_2\mu_{t-2} + \cdots + \rho_h\mu_{t-h} + \varepsilon_t \, (h < n) \tag{6.33}$$

当 $E(\varepsilon_t) = 0$、$\text{Var}(\varepsilon_t) = \sigma_\varepsilon^2$、$E(\varepsilon_t\varepsilon_{t-1}) = 0$ 时，即可利用杜宾两步法对 μ_t 的相关系数 ρ 进行估计。

第一步，对式（6.30）进行差分变换，可得

$$Y_t - \rho_1 Y_{t-1} - \rho_2 Y_{t-2} - \cdots - \rho_k Y_{t-k}$$
$$= \beta_0(1 - \rho_1 - \rho_2 - \cdots - \rho_k)$$
$$+ \beta_1(X_t - \rho_1 X_{t-1} - \rho_2 X_{t-2} - \cdots - \rho_k X_{t-k}) + (\mu_t - \rho_1\mu_{t-1}$$
$$- \rho_2\mu_{t-2} - \cdots - \rho_k\mu_{t-k}) \tag{6.34}$$

整理式（6.34），可得

$$Y_t = \beta_0(1 - \rho_1 - \rho_2 - \cdots - \rho_h) + \rho_1 Y_{t-1} + \rho_2 Y_{t-2} + \cdots + \rho_h Y_{t-h} + \beta_1 X_t$$
$$- (\beta_1\rho_1)X_{t-1} - (\beta_1\rho_2)X_{t-2} - \cdots - (\beta_1\rho_h)X_{t-h} + \varepsilon_t \tag{6.35}$$

第二步：应用普通最小二乘法对包含被解释变量及解释变量的滞后变量在内的模型式（6.35）进行估计，求出随机误差项 μ_t 的自相关系数 ρ_1，ρ_2，$\cdots$，ρ_h 的估计值 $\hat{\rho}_1$，$\hat{\rho}_2$，$\cdots$，$\hat{\rho}_h$。再将 $\hat{\rho}_1$，$\hat{\rho}_2$，$\cdots$，$\hat{\rho}_h$ 代入式（6.25），可得

$$Y_t - \hat{\rho}_1 Y_t - \hat{\rho}_1 Y_{t-1} - \hat{\rho}_2 Y_{t-2} - \cdots - \hat{\rho}_k Y_{t-k}$$
$$= \beta_0(1 - \hat{\rho}_1 - \hat{\rho}_2 - \cdots - \hat{\rho}_k)$$
$$+ \beta_1(X_t - \hat{\rho}_1 X_{t-1} - \hat{\rho}_2 X_{t-2} - \cdots - \hat{\rho}_k X_{t-k}) + \varepsilon_t \tag{6.36}$$

式（6.36）的随机误差项 ε_t 具有零均值、方差齐性、不存在序列相关性的特点。在 $\hat{\rho}_1$，$\hat{\rho}_2$，$\cdots$，$\hat{\rho}_h$ 已知的情况下，可以用普通最小乘法对式（6.34）进行估计，求出参数 β_0、β_1 的估计值 $\hat{\beta}_0$、$\hat{\beta}_1$。此方法也适用于多元线性回归模型。杜宾两步法不但求出了自相关系数 ρ 的估计值 $\hat{\rho}$，而且也得出了模型参数的估计值。

三、迭代法

迭代估计法或科克伦—奥克特（Cochrane – Orcutt）估计法，是用逐步逼近的办法求 ρ 的估计值。仍以式（6.30）为例，假设随机误差项 μ_t 存在一阶自回归形式的序列相关，即 $\mu_t = \rho_1\mu_{t-1} + v_t$，$t = 1$，$2$，$\cdots$，$n$，其中 v_t

满足零均值、方差齐性、无序列相关性。迭代估计的具体步骤为：

第一步，利用 OLS 法估计模型 $Y_t = \beta_0 + \beta_1 X_t + \mu_t$，$t = 1$，$2$，$\cdots$，$n$，计算出残差 e_t。

第二步，根据上一步计算出的残差 e_t 计算 ρ 的估计值 $\hat{\rho}$。

$$\hat{\rho} = \sum_{t=2}^{n} e_t e_{t-1} / \sum_{t=2}^{n} e_{t-1}^2 \qquad (6.37)$$

第三步，利用上一步求得的 $\hat{\rho}$ 值对式（6.32）进行广义差分变换：

$$\begin{cases} Y_t^* = Y_t - \hat{\rho} Y_{t-1} \\ X_t^* = X_t - \hat{\rho} X_{t-1} \end{cases}$$

并得到广义差分模型：

$$Y_t^* = \beta_0 (1 - \hat{\rho}) + \beta_1 X_t^* + v_t \qquad (6.38)$$

第四步，再利用 OLS 法估计 $Y_t^* = \beta_0 (1 - \hat{\rho}) + \beta_1 X_t^* + v_t$，计算出残差 e_t^*，根据残差 e_t^* 计算 ρ 的第二次逼近值 $\hat{\rho}^*$：

$$\hat{\rho}^* = \sum_{t=3}^{n} e_t^* e_{t-1}^* / \sum_{t=3}^{n} e_{t-1}^{*\,2} \qquad (6.39)$$

第五步，重复执行第三、第四步，直到 ρ 的前后两次估计值比较接近，即估计误差小于事先给定的精度 δ：$|\hat{\rho}^* - \hat{\rho}| < \delta$。此时，以 $\hat{\rho}^*$ 作为 ρ 的估计值，并用广义差分法进行变换，得到回归系数的估计值。

■ 第五节　实　　验

一、实验目的

掌握序列相关性问题出现的来源、后果、检验及修正的原理，以及相关的 EViews 操作方法。

二、实验内容

经济理论指出，商品进口主要由进口国的经济发展水平，以及商品进口价格指数与国内价格指数对比因素决定的。由于无法取得价格指数数据，我们主要研究中国商品进口与国内生产总值的关系。以 1995～2020 年中国商品进口额与国内生产总值数据为例，练习检查和克服模型的序列相关性的操作方法（见表6.2）。

表6.2　　　　　1995～2020 年中国商品进口与国内生产总值　　　　单位：亿元

年份	国内生产总值（GDP）	商品进口（M）
1995	61339.9	1320.8
1996	71813.6	1388.3
1997	79715.0	1423.7
1998	85195.5	1402.4
1999	90564.4	1657.0
2000	100280.1	2250.9
2001	110863.1	2435.5
2002	121717.4	2951.7
2003	137422.0	4127.6
2004	161840.2	5612.3
2005	187318.9	6599.5
2006	219438.5	7914.6
2007	270092.3	9561.2
2008	319244.6	11325.6
2009	348517.7	10059.2
2010	412119.3	13962.5
2011	487940.2	17434.8
2012	538580.0	18184.1
2013	592963.2	19499.9
2014	643563.1	19592.4
2015	688858.2	16795.6

续表

年份	国内生产总值（GDP）	商品进口（M）
2016	746395.1	15879.3
2017	832035.9	18437.9
2018	919281.1	21357.3
2019	986515.2	20784.1
2020	1015986.2	20659.6

数据来源：1996~2021年《中国统计年鉴》。

三、实验步骤

（一）建立线性回归模型

利用数据建立 M 关于 GDP 的散点图（SCAT GDP M）（见图6.6）。

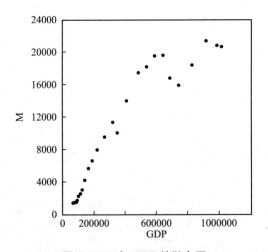

图6.6　M 与 GDP 的散点图

可以看到 M 与 GDP 呈现接近线性的相关关系，因此可以建立如下模型：

$$M = \beta_1 + \beta_2 GDP + \mu_i$$

并对所建立的模型进行普通最小二乘回归，结果如图 6.7 所示。

Dependent Variable: M
Method: Least Squares
Date: 03/17/22 Time: 14:33
Sample: 1995 2020
Included observations: 26

Variable	Coefficient	Std. Error	t-Statistic	Prob.
C	1625.959	816.1232	1.992297	0.0578
GDP	0.022517	0.001628	13.82787	0.0000

R-squared	0.888481	Mean dependent var	10485.30
Adjusted R-squared	0.883834	S.D. dependent var	7563.256
S.E. of regression	2577.790	Akaike info criterion	18.62106
Sum squared resid	1.59E+08	Schwarz criterion	18.71783
Log likelihood	-240.0737	Hannan-Quinn criter.	18.64892
F-statistic	191.2100	Durbin-Watson stat	0.269611
Prob(F-statistic)	0.000000		

图 6.7　M 与 GDP 的普通最小二乘回归结果

即得到的回归方程为：

$$M = 1625.9594 + 0.0225 * GDP$$

$$(816.1232)　(0.0016)$$

$$R^2 = 0.8884,\ DW = 0.2696,\ F = 191.2100$$

从回归方程可以看出，方程总体拟合程度较好，解释变量对被解释变量的影响也较为显著，但从 DW 的值来看，可能存在序列相关性，因此，需要对其进行进一步的检验。

（二）进行序列相关性检验

1. 图示法

做出残差项与时间以及与滞后一期的残差项的折线图（见图 6.8），可以看出随机误差项存在正的序列相关性。

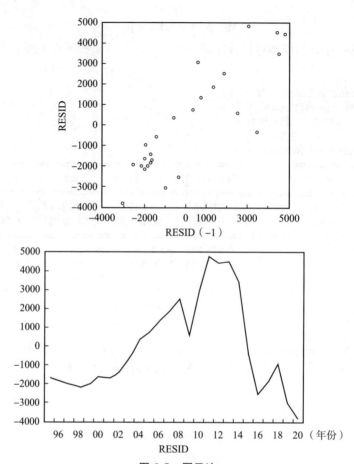

图 6.8　图示法

2. DW 检验

由回归结果输出 DW = 0.2696。若给定 α = 0.05，已知 n = 26，k = 1，查 DW 检验上下界表可得，d_L = 1.30，d_U = 1.46。由于 DW = 0.2696 < 1.30 = d_L，故存在正自相关。

3. LM 检验

在估计窗口中选择 Serial Correlation LM Test，逐步引入 p 阶滞后进行回归，最后设定滞后期 Lag = 4，得到 LM 检验结果图 6.9。

```
Breusch-Godfrey Serial Correlation LM Test:
Null hypothesis: No serial correlation at up to 4 lags

F-statistic              18.12861   Prob. F(4,20)           0.0000
Obs*R-squared            20.37926   Prob. Chi-Square(4)     0.0004


Test Equation:
Dependent Variable: RESID
Method: Least Squares
Date: 03/17/22   Time: 15:53
Sample: 1995 2020
Included observations: 26
Presample missing value lagged residuals set to zero.

    Variable      Coefficient   Std. Error   t-Statistic    Prob.

       C           81.49857     457.7699     0.178034      0.8605
      GDP          -0.000342    0.001048     -0.326093     0.7477
    RESID(-1)      1.226771     0.215917     5.681672      0.0000
    RESID(-2)      -0.624357    0.352858     -1.769427     0.0921
    RESID(-3)      0.511637     0.375812     1.361417      0.1885
    RESID(-4)      -0.312038    0.273383     -1.141397     0.2672

R-squared            0.783818   Mean dependent var      -2.66E-12
Adjusted R-squared   0.729772   S.D. dependent var       2525.708
S.E. of regression   1312.951   Akaike info criterion    17.39712
Sum squared resid    34476784   Schwarz criterion        17.68745
Log likelihood       -220.1625  Hannan-Quinn criter.     17.48072
F-statistic          14.50289   Durbin-Watson stat       1.966946
Prob(F-statistic)    0.000005
```

图 6.9　LM 检验

在 5% 的显著性水平上，$\chi_{0.05}^2 = 9.4880$，图 6.9 中的统计量显示，因为 $Obs * R^2 = 20.3793 > \chi_{0.05}^2 = 9.4880$，所以拒绝原假设，即由于 P 值为 0.0004，可以拒绝原假设，表明存在二阶序列相关性。

4. 回归检验法

对初始估计结果得到的残差序列定义为 E1，首先做一阶自回归（LS E1 E1 （−1））（见图 6.10）。

```
Dependent Variable: E1
Method: Least Squares
Date: 03/17/22   Time: 15:27
Sample (adjusted): 1996 2020
Included observations: 25 after adjustments

    Variable      Coefficient   Std. Error   t-Statistic    Prob.

     E1(-1)        0.892652     0.109089     8.182746      0.0000

R-squared            0.735948   Mean dependent var      67.45470
Adjusted R-squared   0.735948   S.D. dependent var      2553.775
S.E. of regression   1312.282   Akaike info criterion   17.23610
Sum squared resid    41330029   Schwarz criterion       17.28486
Log likelihood       -214.4513  Hannan-Quinn criter.    17.24962
Durbin-Watson stat   1.376766
```

图 6.10　一阶自回归

采用 LM 检验其自相关性，此时 P 值达到 0.1999（见图 6.11），落在接受域，认为误差项不存在自相关。

Breusch-Godfrey Serial Correlation LM Test:
Null hypothesis: No serial correlation at up to 2 lags

F-statistic	1.733693	Prob. F(2,22)	0.1999
Obs*R-squared	3.403752	Prob. Chi-Square(2)	0.1823

Test Equation:
Dependent Variable: RESID
Method: Least Squares
Date: 03/17/22   Time: 15:30
Sample: 1996 2020
Included observations: 25
Presample missing value lagged residuals set to zero.

Variable	Coefficient	Std. Error	t-Statistic	Prob.
E1(-1)	-0.058648	0.136617	-0.429285	0.6719
RESID(-1)	0.400298	0.230295	1.738195	0.0962
RESID(-2)	-0.172117	0.250305	-0.687628	0.4989

R-squared	0.133598	Mean dependent var	-69.78556
Adjusted R-squared	0.054834	S.D. dependent var	1310.348
S.E. of regression	1273.916	Akaike info criterion	17.24974
Sum squared resid	35702942	Schwarz criterion	17.39601
Log likelihood	-212.6218	Hannan-Quinn criter.	17.29031
Durbin-Watson stat	1.907768		

图 6.11　LM 检验

可以得到残差的一阶回归式为：

$$\mu_t = 0.8927\mu_{t-1} + v_t$$

$$(0.1091)$$

$$R^2 = 0.7359, \ S.E. = 1312.2820$$

（三）序列相关性的修正

已经检验到序列存在二阶序列相关，采用科克兰内—奥克特（Cochrane - Orcutt）迭代法进行修正。

在命令窗口中输入命令 LS M C GDP AR（1）AR（2），按回车键即得到修正估计结果见图 6.12。

```
Dependent Variable: M
Method: ARMA Conditional Least Squares (Marquardt - EViews legacy)
Date: 03/17/22   Time: 16:13
Sample (adjusted): 1997 2020
Included observations: 24 after adjustments
Convergence achieved after 23 iterations
```

Variable	Coefficient	Std. Error	t-Statistic	Prob.
C	2613.340	3107.684	0.840928	0.4103
GDP	0.020414	0.005100	4.002980	0.0007
AR(1)	1.150463	0.216185	5.321658	0.0000
AR(2)	-0.328855	0.233343	-1.409319	0.1741

R-squared	0.971349	Mean dependent var	11246.20
Adjusted R-squared	0.967051	S.D. dependent var	7370.424
S.E. of regression	1337.862	Akaike info criterion	17.38654
Sum squared resid	35797485	Schwarz criterion	17.58289
Log likelihood	-204.6385	Hannan-Quinn criter.	17.43863
F-statistic	226.0187	Durbin-Watson stat	1.899284
Prob(F-statistic)	0.000000		

Inverted AR Roots	.62	.53	

图 6.12　序列相关的修正

从图 6.12 中可以看出，经过修正后的 D. W. 统计量为 1.8993，则修正后不存在序列相关性了。

四、实 验 小 结

本实验主要介绍序列相关性问题的诊断与修正。

（1）D. W. 统计量检验仅仅检验残差序列是否存在一阶序列相关，若模型中有滞后内生变量作解释变量，D. W. 统计量检验就不再有效。

（2）相关图和 Q 统计量检验及 LM 检验一般用于检验高阶序列相关，如果在方程中有滞后内生变量作解释变量，这两种方法同样具有有效性。

（3）一阶差分法用于修正模型存在完全一阶正自相关的情形，对于非完全一阶正相关的情况，只要存在一定程度的一阶正相关，差分模型就可以有效地加以克服。

（4）差分法一般只能用于一阶自相关模型的修正，当模型存在高阶序列相关的时候，需要采用柯克兰内 - 奥科特法和德宾两步估计法，当然这两种方法也可以用于一阶自相关模型的修正。

五、备择实验

表 6.3 是 1995～2020 年我国人民币汇率与外商直接投资（FDI）数据，根据数据建立计量经济学模型并检验序列是否存在序列相关性，若存在并对模型加以修正。

表 6.3　　1995～2020 年我国人民币汇率与外商直接投资（FDI）

年份	汇率（X）	FDI（Y）
1995	8.3510	37011
1996	8.3142	24556
1997	8.2898	21001
1998	8.2791	19799
1999	8.2783	16918
2000	8.2784	22347
2001	8.2770	26140
2002	8.2770	34171
2003	8.2770	41081
2004	8.2768	43664
2005	8.1917	44001
2006	7.9718	41473
2007	7.6040	37871
2008	6.9451	27514
2009	6.8310	23435
2010	6.7695	27406
2011	6.4588	27712
2012	6.3125	24925
2013	6.1932	22773
2014	6.1428	23778
2015	6.2284	26575

年份	汇率（X）	FDI（Y）
2016	6.6423	27900
2017	6.7518	35652
2018	6.6174	60533
2019	6.8985	40888
2020	6.8976	38570

数据来源：1996～2021年《中国统计年鉴》。

本 章 小 结

1. 多元线性回归模型的基本假设之一是模型的随机干扰项相互独立或不相关。如果模型的随机干扰项违背了相互独立的基本假设，称为存在序列相关性或自相关性。

2. 产生自相关主要有以下几个原因：（1）经济变量固有的惯性。（2）解释变量的选择。（3）模型函数形式设定偏误。（4）观测数据的处理。（5）蛛网现象。（6）滞后效应。

3. 序列相关性产生的影响与异方差情形类似，主要包括：（1）模型参数估计量非有效。模型存在序列相关时，普通最小二乘估计量依然是无偏、一致的，但不再是有效的。（2）模型参数的统计检验失效。自相关条件下，如果仍用 OLS 法估计参数，则会低估真实的 σ^2 及估计参数的标准误差，从而夸大所估计参数的显著性，造成对模型的统计检验失效。（3）模型的预测及经济分析功能失效。

4. 检验自相关的方法主要包括：（1）图示法。与异方差性的图示检验法类似，通过分析残差分布图大致判断随机误差项的变化特征。（2）DW 检验，该检验是目前检验自相关最常用的方法，但它只适用于检验一阶自相关性。（3）回归检验法，该方法工作量大，计算复杂，适用于对任一随机变量序列相关的检验。（4）LM 乘数检验，该检验适用于高阶序列相关以及模型中存在滞后被解释变量的情形。

5. 引起序列相关的原因不同，修正序列相关的方法也不同。本章主要介绍了：（1）差分法。如果自相关系数 ρ 是已知的，可以使用广义差分法消除自相关。（2）杜宾两步法。如果自相关系数 ρ 是未知的，可采用杜宾两步法求得 ρ 的估计值，然后用广义差分法消除自相关。（3）迭代法，该方法通过逐次迭代寻找更为满意的 ρ 的估计值，然后对广义差分方程估计参数，得到最佳线性无偏估计量。

思 考 题

一、名词解释

1. 序列相关性   2. 广义最小二乘法

3. 广义差分法   4. DW 检验法

二、简答题

1. 简述 DW 检验的局限性。

2. 序列相关性的后果。

3. 简述序列相关性的几种检验方法。

4. 广义最小二乘法（GLS）的基本思想是什么？

5. 解决序列相关性的问题主要有哪几种方法？

6. 差分法的基本思想是什么？

7. 差分法和广义差分法主要区别是什么？

8. 请简述什么是虚假序列相关。

9. 序列相关和自相关的概念和范畴是否是一个意思？

10. DW 值与一阶自相关系数的关系是什么？

三、计算与分析

1. 根据江苏省 1995～2017 年的总产出 Y、劳动投入 L 和资本投入 K 的年度数据，运用普通最小二乘法估计得出了下列回归方程：

$$\ln \hat{Y} = -12.8797 + 1.8297 * \ln L + 0.7048 * \ln K$$

$$(7.9950) \quad (0.9398) \quad (0.0453)$$

$$R^2 = 0.9988, \quad DW = 1.2688$$

上式下面括号中的数字为相应估计量的标准误差。在 5% 的显著性水平之下，由 DW 检验临界值表，得 $d_L = 1.17$，$d_U = 1.54$。问：（1）题中所估计的回归方程的经济含义；（2）该回归方程的估计中存在什么问题？应如何改进?

2. 根据我国 1995～2020 年的财政收入 Y 和国内生产总值 X 的统计资料, 可建立如下的计量经济模型:

$$Y = -4956.6158 + 0.2088 * X$$

$$(2441.4920) \quad (0.0049)$$

$$R^2 = 0.9871, \quad S.E = 7711.6480, \quad F = 1836.9070, \quad D.W = 0.2695$$

请回答以下问题:

(1) 何谓计量经济模型的自相关性?

(2) 试检验该模型是否存在一阶自相关, 为什么?

(3) 自相关会给建立的计量经济模型产生哪些影响?

(4) 如果该模型存在自相关, 试写出消除一阶自相关的方法和步骤 (临界值 $d_L = 1.30$, $d_U = 1.46$)。

3. 对某地区大学生就业增长影响的简单模型可描述如下式

$$gEMP_t = \beta_0 + \beta_1 gMIN_{1t} + \beta_2 gPOP + \beta_3 gGDP_{1t} + \beta_4 gGDP_t + \mu_t$$

式中, 为新就业的大学生人数, MIN_1 为该地区最低限度工资, POP 为新毕业的大学生人数, GDP_1 为该地区国内生产总值, GDP 为该国国内生产总值; g 表示年增长率。

(1) 如果该地区政府以多多少少不易观测的却对新毕业大学生就业有影响的因素作为基础来选择最低限度工资, 则 OLS 估计将会存在什么问题?

(2) 令 MIN 为该国的最低限度工资, 它与随机扰动项相关吗?

(3) 按照法律, 各地区最低限度工资不得低于国家最低工资, 那么 gMIN 能成为 $gMIN_1$ 的工具变量吗?

4. 下表给出了 1995～2020 年中国固定资产投资 X 与工业增加值 Y 的数据。

1995～2020 年中国固定资产投资与工业增加值

年份	固定资产投资（亿元）	工业增加值（亿元）
1995	20019.30	25023.20
1996	22913.50	29528.90

续表

年份	固定资产投资（亿元）	工业增加值（亿元）
1997	24941.10	33022.60
1998	28406.20	34133.90
1999	29854.70	36014.40
2000	32917.70	40258.50
2001	37213.50	43854.30
2002	43499.90	47774.90
2003	53841.00	55362.20
2004	66235.00	65774.90
2005	80994.00	77958.30
2006	97583.00	92235.80
2007	118323.00	111690.80
2008	144587.00	131724.00
2009	181760.00	138092.60
2010	218834.00	165123.10
2011	238782.00	195139.10
2012	281684.00	208901.40
2013	329318.00	222333.20
2014	373637.00	233197.40
2015	405928.00	234968.90
2016	434364.00	245406.40
2017	461284.00	275119.30
2018	488499.00	301089.30
2019	513608.00	311858.70
2020	527270.00	312903.00

资料来源：2021 年《中国统计年鉴》。

要求：（1）用普通最小二乘法估计模型，$Y_t = \beta_1 + \beta_2 X_2 + \mu_t$；

（2）检验模型的自相关状况（5% 显著水平）；

（3）用适当的方法消除模型中存在的问题。

5. 在研究生产中劳动所占份额的问题时，古扎拉蒂采用如下模型：

模型 1：$Y_t = \alpha_0 + \alpha_1 t + \mu_t$

模型 2：$Y_t = \alpha_0 + \alpha_1 t + \alpha_2 t^2 + \mu_t$

其中，Y 为劳动投入，t 为时间。据 1949～1964 年数据，对初级金属工业得到如下结果：

模型 1：$\hat{Y}_t = 0.4529 - 0.0041t$

$$t = (-3.9608)$$

$$R^2 = 0.5284,\ DW = 0.8252$$

模型 2：$\hat{Y}_t = 0.4786 - 0.0127t + 0.0005t^2$

$$t = (-3.2724)\ (2.7777)$$

$$R^2 = 0.6629,\ DW = 1.82$$

其中，括号内的数字为 t 统计量。

请问：（1）模型 1 和模型 2 中是否有自相关。（2）如何判定自相关的存在？（3）怎样区分虚假自相关和真正的自相关。

6. 下表是上海市 1995～2020 年城镇居民人均可支配收入与人均消费支出的数据。

上海市 1995～2020 年城镇居民人均可支配收入与消费支出数据　　　单位：元

年份	人均可支配收入	消费支出
1995	7172	5868
1996	8159	6763
1997	8439	6820
1998	8773	6866
1999	10932	8248
2000	11718	8868
2001	12883	9336
2002	13250	10464
2003	14867	11040
2004	16683	12631

续表

年份	人均可支配收入	消费支出
2005	18645	13773
2006	20668	14762
2007	23623	17255
2008	26675	19398
2009	28838	20992
2010	31838	23200
2011	36230	25102
2012	40118	26253
2013	43851	28155
2014	47710	30520
2015	52962	36946
2016	57692	39857
2017	62596	42304
2018	68034	46015
2019	73615	48272
2020	76437	44839

资料来源：2021 年《上海统计年鉴》。

要求：（1）建立居民收入—消费函数；（2）检验模型中存在的问题，并采取适当的补救措施予以处理；（3）对模型结果进行经济解释。

7. 下表给出了中国能源消费总量（X）与国内生产总值（Y）的数据。

1995～2020 年中国实际 GDP、能源消费总量 单位：亿元

年份	实际 GDP（Y）	能源消费总量（X）
1995	61339	131176
1996	71813	135192
1997	79715	135909
1998	85195	136184

续表

年份	实际GDP（Y）	能源消费总量（X）
1999	90564	140569
2000	100280	146964
2001	110863	155547
2002	121717	169577
2003	137422	197083
2004	161840	230281
2005	187318	261369
2006	219438	286467
2007	270092	311442
2008	319244	320611
2009	348517	336126
2010	412119	360648
2011	487940	387043
2012	538580	402138
2013	592963	416913
2014	643563	428334
2015	688858	434113
2016	746395	441492
2017	832035	455827
2018	919281	471925
2019	986515	487488
2020	1015986	498000

资料来源：2021年《中国统计年鉴》。

要求：（1）检测模型 $Y_t = \beta_1 + \beta_2 X_t + \mu_t$ 的自相关性；（2）采用科克伦－奥克特迭代法处理模型中的自相关问题。

第七章

可化为线性的多元非线性回归模型

前几章介绍的模型均假设未知的总体回归线是线性的，拟合优度检验及变量显著性检验也皆为对函数形式的线性检验。但在实际经济活动中，经济变量之间的关系往往不可能符合线性特点，大多数为非线性关系，即模型为非线性回归模型。此类模型中，有一部分经过适当的变量变换就能转化为线性回归模型，从而将非线性回归模型的参数估计问题转化为线性回归模型的参数估计，这些模型被称为可线性化模型。这类模型的重要特征是相对于参数是线性的，但变量却未必是线性的。在计量经济分析中常用的可线性转化模型主要有对数线性模型、半对数线性模型、倒数线性模型、多项式线性模型等。本章将着重介绍上述几种可线性转化模型。

■ 第一节　双对数线性模型

一、双对数模型线性化方法

对于函数：

$$Y_i = AX_i^{\beta_1} \quad （将在下面估计式中引进随机项） \qquad (7.1)$$

式 (7.1) 中，变量 X_i 和 Y_i 之间是非线性的，但将上式两边取对数，做恒等变换表示成另一种形式：

$$\ln Y_i = \ln A + \beta_1 \ln X_i \qquad (7.2)$$

令 $\beta_0 = \ln A$，代入式（7.2），可得

$$\ln Y_i = \beta_0 + \beta_1 \ln X_i \qquad (7.3)$$

进一步将随机项引入（7.3），可得

$$\ln Y_i = \beta_0 + \beta_1 \ln X_i + \mu_i \qquad (7.4)$$

式（7.4）是一个线性模型，因为参数 β_0 和 β_1 是以线性形式进入模型的，而且还是以对数形式变量为变量的线性模型。因此，将形如式（7.4）的模型称为双对数（double-log）模型（因为两个变量都是以对数形式出现）或称为双对数线性（double-log-liner）模型。

如何使非线性回归模型转化为线性模型呢？双对数线性回归模型可通过对数变换来实现。具体变换方法如下：

令 $Y^* = \ln Y$，$X^* = \ln X$，代入模型（7.4）中得

$$Y_i^* = B_0 + B_1 X_i^* + \mu_i \qquad (7.5)$$

可以发现模型（7.5）与前面讨论的线性回归模型是一样的，因为模型中不仅参数是线性的，而且通过变换后的变量 Y^* 与 X^* 之间也是线性的。对于变形后的模型（7.5），如果它满足古典线性回归模型的基本假定，则非常容易用普通最小二乘法来估计它，并且得到的估计量是最优的线性无偏估计量。

二、模型特点

双对数线性模型有一个显著的特征，其斜率系数可以被解释为弹性，即给 X 一个（很小）的变动所引起的 Y 变动的百分比。用公式表示如下：

$$E = Y \text{变动的\%}/X \text{变动的\%}$$

$$= \frac{(\Delta Y/Y) \times 100\%}{(\Delta X/X) \times 100\%} = \frac{\Delta Y}{\Delta X} \cdot \frac{X}{Y}$$

$$= \text{斜率} \times \frac{X}{Y} \qquad (7.6)$$

假如式（7.6）中 Y 代表商品的需求量，X 代表商品的单位价格，则 E 就是需求的价格弹性；若 X 代表替代商品价格，则 E 为需求交叉弹性；若

X 代表消费者收入水平，则 E 就是需求收入弹性。由于弹性是经济分析中的一个重要指标，如果所研究的经济关系能用双对数线性模型描述，则估计模型之后可以直接利用系数进行弹性分析。因此实际经济活动分析中，双对数线性模型的应用相当广泛。

三、多元对数线性回归模型

以上介绍了包含两个变量的对数线性模型，进一步将双对数线性模型推广到包含多个解释变量的模型。包含三变量的对数线性模型可表示为：

$$\ln Y_i = B_0 + B_1 \ln X_{1i} + B_2 \ln X_{2i} + \mu_i \tag{7.7}$$

式（7.7）中，偏斜率系数 B_1 和 B_2 又称为偏弹性系数。因此，B_1 是 Y 对 X_1 的弹性（X_2 保持不变），即在 X_2 为常量时，X_1 每变动 1%，Y 变化的百分比。由于此时 X_2 为常量，所以称此弹性为偏弹性。类似地，B_2 是 Y 对 X_2 的偏弹性（X_1 保持不变）。概括地说，在多元对数线性模型中，每一个偏斜率系数度量了在其他变量保持不变的条件下，因变量对某一解释变量的偏弹性。

例如，柯布 - 道格拉斯生产函数：$Q = AL^{\alpha}K^{\beta}e^{\mu}$，Q 表示产出量，K 表示资本投入量，L 表示劳动投入量，A、α、β 为未知参数。对于这样的非线性模型，可以通过对数变换，使之线性化。对上式两边取对数得到如下模型：

$$\ln Q = \ln A + \alpha \ln L + \beta \ln K + \mu \tag{7.8}$$

令 $Q^* = \ln Q$，$L^* = \ln L$，$A^* = \ln A$，$K^* = \ln K$，得到线性模型：

$$Q^* = A^* + \alpha L^* + \beta K^* + \mu \tag{7.9}$$

模型中的 α、β 分别为劳动、资本的产出弹性：

$$\alpha = \frac{d(\ln Q)}{d(\ln L)} = \frac{\dfrac{dQ}{Q}}{\dfrac{dL}{L}}, \quad \beta = \frac{d(\ln Q)}{d(\ln k)} = \frac{\dfrac{dQ}{Q}}{\dfrac{dK}{K}} \tag{7.10}$$

在柯布 - 道格拉斯生产函数中，偏斜率系数之后给出了有关规模报酬的信息，即产出对于投入的比例性变化的反应。如果其和为 1，说明该生产函数是规模报酬不变的——即投入翻倍，产出也翻倍。如果其和小于 1，则说明该生产函数是规模报酬递减的——即投入翻倍，产出增加不足 1 倍。如果其和大于 1，则该生产函数是规模报酬递增的——即投入翻倍，产出增加不止 1 倍。

四、线性模型和双对数线性模型的选择

在研究中可能会遇到如何在线性模型和对数线性模型之间进行选择的问题。关于如何选择模型，并不存在绝对的标准，但有如下经验法则。

（一）根据散点图判断

如果散点图中两个变量间的关系近似线性（即呈一条直线），则选择线性模型。但若散点图呈现非线性态势，则需要进一步检验 logY 和 logX 的关系，若散点图中两者关系呈现近似线性态势，则选择双对数模型。遗憾的是，由于在多维空间中生成散点图难度较大，这条经验法则仅适用于检验双变量线性模型的情况，并不适合检验多元线性模型。

（二）切忌仅凭 R^2 选择模型

为什么不能比较这两个模型对应的 R^2 值呢？首先，线性模型中 R^2 度量了 X 对 Y 变动解释的比例，但双对数模型中的 R^2 值则度量了 logX 对 logY 变动解释的比例。Y 的变动与 logY 的变动从概念上说是不同的。数值的对数变换度量了相对或比例变化（如果乘以 100，则是百分比变化），而数值变化则度量了绝对变化。

其次，若要比较两个模型的 R^2 值，因变量的形式必须相同。在式（7.4）中可以看到，因变量为 lnY，与线性回归模型中因变量 Y 显然不同。因此，并不能仅凭 R^2 的大小就判断线性模型和双对数模型的优劣。即使两个模型中因变量相同，也并不建议根据较高 R^2 值来选择模型。因为可以通过增加解释变量的个数使得 R^2 不断增大，因此模型选择的重点并不在 R^2 上。而是应当考虑模型中解释变量间的相关性（即理论基础）、解释变量系数的预期符号、统计显著性以及类似弹性系数这样的度量工具。如果根据以上准则选择的模型，同时恰好有较高的 R^2 值，则认为模型是合适的。

（三）不能仅凭斜率判断

线性模型的斜率度量了因变量的绝对变化率，而双对数模型的斜率则度量了 Y 对 X 的弹性，因而无法仅凭斜率判断选择线性模型还是双对数模型。

（四）可根据弹性判断

如果能计算出线性模型弹性，则可以比较这两个斜率系数。式（7.6）表明弹性等于斜率乘以 X 与 Y 的比值。虽然线性模型的斜率是一个常数，但是线上不同点之间的弹性是不同的，因为不同点之间 X 与 Y 的比值不同。在实践中，线性模型的弹性系数通常是通过 X 与 Y 的样本均值得到的平均弹性，即平均弹性 $= \dfrac{\Delta Y}{\Delta X} \cdot \dfrac{\overline{X}}{\overline{Y}}$，其中，$\overline{X}$ 和 $\overline{Y}$ 是样本均值。线性模型的弹性系数随着不同点而变化，而双对数模型在任何一点上的弹性系数都是相同的。这正是双对数模型称为不变弹性模型的原因。因此，可根据双对数模型这个特点，作为选择线性模型与双对数模型的依据。

■ 第二节　半对数模型

一、半对数模型线性化方法

$$Y_i = \alpha_0 + \alpha_1 \ln X_i + u_i \qquad (7.11)$$

或

$$\ln Y_i = \beta_0 + \beta_1 X_i + u_i \qquad (7.12)$$

由于模型中只有某一侧的变量为对数形式，所以将上述两种模型称为半对数模型。其中，式（7.11）是因变量为线性形式而解释变量为对数形式的模型，称之为线性 – 对数模型（line-log model）。式（7.12）是因变量为对数形式而解释变量为线性形式的增长模型，称之为对数 – 线性模型（logline model）或增长模型（growth model）。半对数模型也是线性模型，因为参数是以线性形式出现在模型中的。类似双对数模型，半对数模型也可以使用 OLS 估计。

将 $Y_i = A \cdot B^{X_i}$ 两边取对数，得到：

$$\ln Y_i = \ln A + X_i \ln B \tag{7.13}$$

令 $\beta_0 = \ln A$，$\beta_1 = \ln B$，则模型（7.13）可表示为：

$$\ln Y_i = \beta_0 + \beta_1 X_i \tag{7.14}$$

引入随机误差项后则表示为：

$$\ln Y_i = \beta_0 + \beta_1 X_i + u_i \tag{7.15}$$

同样的方法，可以将形如 $X_i = A \cdot B^{Y_i}$ 的半对数模型进行线性化处理，处理结果即为式（7.11）。

二、如何测度增长率：半对数模型的一个应用

经济学家、政府以及政策制定者十分感兴趣的主题之一就是关键经济变量的增长率问题，回归分析中就是用半对数模型来测度增长率的。

半对数模型式（7.11）和式（7.12）中的回归系数具有直观的意义：

$$\alpha_1 = \frac{dy}{d(\ln x)} = \frac{dy}{dx/x}, \quad \beta_1 = \frac{d(\ln y)}{dx} = \frac{\dfrac{dy}{y}}{dx} \tag{7.16}$$

即：α_1 表示 x 变化 1% 导致 y 绝对量的变化量；β_1 表示 x 变化 1 个单位导致 y 变化的百分比。特别地，如果在半对数模型式（7.12）中 x 取为 t（年份），变量 t 按时间顺序依次取值为 1，2，…，T，则 t 的系数度量了 y 的年均增长速度，因此，半对数模型（7.12）又称增长模型。对于增长模型，如果 β_1 为正，则 y 有随着时间向上增长的趋势；如果 β_1 为负，则 y 有随着时间向下变动的趋势，因此 t 可称为趋势变量。宏观经济模型表达式中常有时间趋势，在研究经济长期增长性趋势成分时，常常将产出取对数，用时间 t 作解释变量建立回归方程。

三、对数 - 线性模型实例

来推导一下如何测度未偿付消费者信贷的增长率。复利计算公式为：

$$Y_t = Y_0 (1 + r)^t \qquad (7.17)$$

其中，Y_0：Y 的初始值（消费者在银行的初期存款额）。

Y_t：第 t 年的 Y 值。

r：Y 的增长率（复利率）。

将式（7.17）的两边取对数，得到：

$$\ln Y_t = \ln Y_0 + t\ln(1 + r) \qquad (7.18)$$

令 $B_0 = \ln Y_0$，$B_1 = \ln(1 + r)$，则模型（7.18）可表示为：

$$\ln Y_t = B_0 + B_1 t$$

引进随机误差项，得到未偿付消费者信贷的增长模型：

$$\ln Y_t = B_0 + B_1 t + \mu_i$$

四、线性 - 对数模型实例

以上讨论了被解释变量是对数形式而解释变量是线性形式的对数 - 线性模型。下面来介绍被解释变量是线性形式而解释变量是对数形式的模型，即线性 - 对数模型。用一个具体的例子来介绍线性—对数模型。

例 7.1 表 7.1 给出了中国 1997 ~ 2020 年之间的实际 GDP（支出法）数据。请据此估计我国实际 GDP 的长期平均增长率。

表 7.1   中国 1997 ~ 2020 年之间的实际 GDP（支出法）

年份	实际 GDP（gdp）	年份	实际 GDP（gdp）	年份	实际 GDP（gdp）	年份	实际 GDP（gdp）
1997	179.7149	2003	312.6214	2009	669.8459	2015	1124.9900
1998	193.4101	2004	354.0061	2010	761.9940	2016	1188.8140
1999	208.4567	2005	404.4353	2011	856.8301	2017	1300.3650
2000	229.9516	2006	466.2378	2012	929.8603	2018	1406.9350
2001	252.6041	2007	548.0126	2013	1002.5960	2019	1479.1100
2002	279.8777	2008	608.5097	2014	1065.6800	2020	1494.4170

资料来源：《中国统计年鉴》（2021）。

为了估计我国实际 GDP 的长期平均增长率，现考虑构建如下模型：

$$\ln(\mathrm{gdp}_t) = \beta_0 + \beta_1 t + u_t$$

其中，$\mathrm{gdp}_t = \mathrm{GDP}_t / P_t$ 表示剔除价格因素的实际 GDP_t。利用 OLS 法估计得到如图 7.1 所示结果。

Dependent Variable: LOGGDP
Method: Least Squares
Date: 03/14/22　Time: 21:11
Sample: 1997 2020
Included observations: 24

Variable	Coefficient	Std. Error	t-Statistic	Prob.
C	5.102336	0.038609	132.1544	0.0000
T	0.100567	0.002702	37.21874	0.0000

R-squared	0.984367	Mean dependent var	6.359427
Adjusted R-squared	0.983656	S.D. dependent var	0.716742
S.E. of regression	0.091631	Akaike info criterion	-1.862432
Sum squared resid	0.184718	Schwarz criterion	-1.764261
Log likelihood	24.34919	Hannan-Quinn criter.	-1.836388
F-statistic	1385.235	Durbin-Watson stat	0.150605
Prob(F-statistic)	0.000000		

图 7.1　回归结果

根据图 7.1，得到 $\ln(\mathrm{gdp}_t) = 5.1023 + 0.1006t_t$

$$(0.0386)\quad(0.0027)$$

$$t = (132.1544)\quad(37.21874)$$

$$R^2 = 0.9844,\ F = 1385.235,\ \mathrm{D.W.} = 0.1506$$

方程中时间趋势变量的系数估计值为 0.1006，说明我国实际 GDP（支出法）1997～2020 年的年平均增长率为 10.06%。F 值与 R^2 表明模型拟合效果很好，D. W. 统计量显示模型存在（正的）自相关。

■ 第三节　倒　数　模　型

一、倒数模型线性化方法

在社会经济生活中，某些经济变量与其他经济变量的倒数存在数量依存关系。如工资变化率与失业率、平均固定成本与产量等经济变量之间均存在这种类型的依存关系。把形如式（7.19）的模型称为倒数（又称为双曲线函数）模型：

$$Y_i = B_0 + B_1 \left(\frac{1}{X_i} \right) + u_i \qquad (7.19)$$

式（7.19）是一个变量之间是非线性的模型，因为解释变量 X 是以倒数的形式出现在模型中，而模型中参数之间是线性的，因此如果满足 OLS 法的基本假定的要求，则可以运用 OLS 法进行参数估计，进而进行检验及应用。

令式（7.19）中 $X^* = \dfrac{1}{X}$，则模型就变为：

$$Y_i = B_0 + B_1 X_i^* + u_i \qquad (7.20)$$

这样就完成了对倒数模型进行线性化处理。倒数变换模型有一个明显的特征：随着 X 的无限增大（1/X 将接近于零），Y 将趋于极限值 B_0，即存在一个渐近的下限或上限。

二、倒数模型的应用

图 7.2 给出了双曲线函数模型的一些可能的形状。

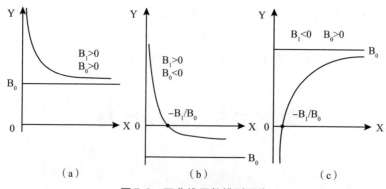

图 7.2　双曲线函数模型图像

在形如图 7.2（a）的倒数模型中，若用 Y 表示生产的平均总成本（AC）（总成本除以产出），X 代表产出。随着产出的不断增加，AC 将逐渐降低（因为总固定成本不变），最终接近其渐近线（$Y = B_0$）。

形如图 7.2（b）的倒数模型的一个重要用途是描述宏观经济学中著名的菲利普斯曲线（Philips curve），菲利普斯根据英国货币工资变化的百分比（Y）与失业率（X）的数据，得到了形如图 7.2（b）的一条曲线。可以看出，工资变化率与失业率为反比关系。图 7.2（b）中，$-B_1/B_0$ 表示自然失业率水平，$Y = B_0$ 表示水平渐近线位置。

形如图 7.2（c）的倒数模型的一个重要用途是用来描绘恩格尔消费曲线（Engel expenditure curve）（以德国统计学家恩格尔的名字命名）。该曲线表明：消费者对某一商品的支出占其总收入或总消费支出的比例。如果用 Y 表示消费者在某一商品上的消费支出，X 表示消费者总收入，则该商品有如下特征：（1）收入有一个临界值，在此临界值之下，不能购买该种商品（比如汽车）。在图 7.2（c）中，收入的临界值水平是（$-B_1/B_0$）。（2）存在一个满足水平，在此水平之上，无论消费者的收入水平有多高，也不会有任何消费（即使是百万富翁通常也不会在同一时间内拥有两辆以上的汽车）。在图 7.2（c）中，消费的满足水平渐近线 $Y = B_0$。

来看这样一个例子：

例 7.2　根据表 7.2 提供的 1995～2020 年中国居民消费者价格指数（Y）与失业率（X），建立相关模型。

表 7.2　　1995～2020 年中国居民消费者价格指数（Y）与失业率（X）

年份	Y	X	年份	Y	X
1995	396.9	2.90	2001	437.0	3.60
1996	429.9	3.00	2002	433.5	4.00
1997	441.9	3.10	2003	438.7	4.30
1998	438.4	3.10	2004	455.8	4.20
1999	432.2	3.10	2005	464.0	4.20
2000	434.0	3.10	2006	471.0	4.10

年份	Y	X	年份	Y	X
2007	493.6	4.00	2014	606.7	4.09
2008	522.7	4.20	2015	615.2	4.05
2009	519.0	4.30	2016	627.5	4.02
2010	536.1	4.10	2017	637.5	3.90
2011	565.0	4.10	2018	650.9	3.80
2012	579.7	4.10	2019	669.8	3.62
2013	594.8	4.05	2020	686.5	4.24

资料来源:《中国统计年鉴》(2021)。

根据表 7.2 提供的数据,运用 OLS 法进行回归分析,结果如下:

$$\hat{Y}_i = 852.2095 - 1239.7584\left(\frac{1}{X_i}\right) \tag{7.21}$$

$$(116.9860) \quad (435.6177)$$

$$t = (7.2847) \quad (-2.8460)$$

$$R^2 = 0.2523$$

从结果可以看出,在 1995~2020 年期间,失业率越高,居民消费者价格指数越高。为了比较,我们根据表 7.2 的数据,运用 OLS 法得到变量之间的线性回归结果如下:

$$\hat{Y}_i = 171.4392 + 91.8795X_i \tag{7.22}$$

$$(134.7393) \quad (35.04314)$$

$$t = (1.2723) \quad (35.0431)$$

$$R^2 = 0.2227$$

观察这两个模型,在线性模型(7.22)中,斜率为正,在其他条件保持不变时,失业率越高,居民消费者价格指数越高。然而,在倒数模型中,斜率却为负,这是因为 X 是以倒数的形式进入模型的。换句话说,在倒数模型中的正的斜率与线性模型中的负的斜率的作用相同。但由于在两个模型中因变量相同,我们可以比较 R^2 值,倒数模型的 R^2 值比线性模型的大,这也表明了倒数模型比线性模型更好地拟合了样本数据。

■ 第四节　其他典型模型

一、指数函数模型

$$Y_t = ae^{bx_t + u_t} \tag{7.23}$$

$b > 0$ 和 $b < 0$ 两种情形的图形分别见图 7.3。显然 x_t 和 y_t 的关系是非线性的。对式（7.23）等号两侧同取自然对数，得：

$$\ln y_t = \ln a + bx_t + u_t \tag{7.24}$$

令 $\ln y_t = y_t^*$，$\ln a = a^*$，则：

$$y_t^* = a^* + bx_t + u_t \tag{7.25}$$

变量 y_t^* 和 x_t 已变换成为线性关系。其中 u_t 表示随机误差项。

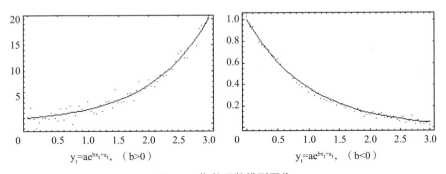

$$y_t = ae^{bx_t + u_t}，（b > 0）\qquad y_t^* = ae^{bx_t + u_t}，（b < 0）$$

图 7.3　指数函数模型图像

二、多项式模型

多项式回归模型在生产与成本函数分析中被广泛地使用。多项式回归模型可表示为

$$Y = B_0 + B_1 X + B_2 X^2 + \cdots + B_K X^K + u \tag{7.26}$$

设：$X_t = X^t (t = 1, 2, \cdots, k)$，则

$$Y = B_0 + B_1 X_1 + B_2 X_2 + \cdots + B_K X_K + u \qquad (7.27)$$

模型转化成多元线性回归模型。

■ 第五节 实 验

一、实验目的

（1）对比线性回归模型和双对数线性模型；

（2）掌握双对数线性模型线性化处理的原理；

（3）掌握可化为线性的非线性回归模型的估计方法。

二、实验内容

表 7.3 给出 1995～2020 年中国的国内生产总值、劳动力投入和固定资本投入的实际数据。

表 7.3　　1995～2020 年我国国内生产总值、劳动力投入和固定资本投入数据

年份	国内生产总值（亿元）	从业人员（万人）	固定资本投入（亿元）	年份	国内生产总值（亿元）	从业人员（万人）	固定资本投入（亿元）
1995	61339	68065	20019	2004	161840	74264	66235
1996	71813	68950	22974	2005	187318	74647	80994
1997	79715	69820	24941	2006	219438	74978	97583
1998	85195	70637	28406	2007	270092	75321	118323
1999	90564	71394	29855	2008	319244	75564	144587
2000	100280	72085	32918	2009	348517	75828	181760
2001	110863	72797	37214	2010	412119	76105	218834
2002	121717	73280	43500	2011	487940	76196	238782
2003	137422	73736	53841	2012	538580	76254	281684

续表

年份	国内生产总值（亿元）	从业人员（万人）	固定资本投入（亿元）	年份	国内生产总值（亿元）	从业人员（万人）	固定资本投入（亿元）
2013	592963	76301	329318	2017	832035	76058	461284
2014	643563	76349	373637	2018	919281	75782	488499
2015	688858	76320	405928	2019	986515	75447	513608
2016	746395	76245	434364	2020	1015986	75064	527270

资料来源：《中国统计年鉴》（2021）。

（1）利用数据资料，进行线性回归模型分析；

（2）利用数据资料，进行双对数线性模型回归分析；

（3）规模报酬总体呈现何种状态。

三、实 验 步 骤

（1）建立工作文件并导入全部数据，建立线性回归模型：

$$Y_i = \beta_0 + \beta_1 X_{1i} + \beta_2 X_{2i} + u_i$$

根据表 7.3 给出的 1995 ~ 2020 年间总产出（用国内生产总值 GDP 度量），劳动投入（用从业人员度量，单位为万人），以及资本投入（用固定资本度量），利用 EViews 软件对其进行线性回归，点击主界面菜单 Qucik/Estimate Equation，在弹出的对话框中输入"ls y c x1 x2"，得到回归结果如图 7.4 所示。

由图 7.4 我们可以得到以下样本回归函数

$$\hat{Y}_i = 44322.39 - 0.0556 X_{1i} + 1.7473 X_{2i}$$

$$(226654.2)\ (3.1371)\ (0.0435)$$

$$t = (0.1956)\ (-0.0177)\ (40.1709)$$

$$R^2 = 0.9926,\ F = 1541.455,\ n = 26$$

通过图 7.4 我们可以看到该模型接近 1，且 F 统计量对应的 P 值为 0，远小于显著性水平 0.05；但 X_1 中 t 统计量对应的 P 值均远远大于显著性水平 0.05。应该说，模型拟合程度较高，但被解释变量与解释变量 X_1、X_2 不满足线性相关关系。

```
Dependent Variable: Y
Method: Least Squares
Date: 03/14/22  Time: 23:42
Sample: 1995 2020
Included observations: 26
```

Variable	Coefficient	Std. Error	t-Statistic	Prob.
C	44322.39	226654.2	0.195551	0.8467
X_1	-0.055593	3.137138	-0.017721	0.9860
X_2	1.747288	0.043496	40.17093	0.0000
R-squared	0.992595	Mean dependent var		393446.2
Adjusted R-squared	0.991951	S.D. dependent var		316604.3
S.E. of regression	28404.84	Akaike info criterion		23.45467
Sum squared resid	1.86E+10	Schwarz criterion		23.59984
Log likelihood	-301.9108	Hannan-Quinn criter.		23.49648
F-statistic	1541.455	Durbin-Watson stat		0.498444
Prob(F-statistic)	0.000000			

图 7.4　回归结果

（2）用双对数函数来解决以上问题，得到双对数线性回归模型。

在 EViews 软件下，点击主界面菜单 Qucik/Estimate Equation，在弹出的对话框中输入 log（Y）C log（X_1）log（X_2），点击确定即可得到回归结果，如图 7.5 所示。

```
Dependent Variable: LOG(Y)
Method: Least Squares
Date: 03/14/22  Time: 23:57
Sample: 1995 2020
Included observations: 26
```

Variable	Coefficient	Std. Error	t-Statistic	Prob.
C	18.36572	6.887494	2.666532	0.0138
LOG(X_1)	-1.408003	0.631547	-2.229452	0.0358
LOG(X_2)	0.849649	0.018932	44.87980	0.0000
R-squared	0.997213	Mean dependent var		12.50614
Adjusted R-squared	0.996971	S.D. dependent var		0.934912
S.E. of regression	0.051458	Akaike info criterion		-2.987927
Sum squared resid	0.060903	Schwarz criterion		-2.842762
Log likelihood	41.84306	Hannan-Quinn criter.		-2.946125
F-statistic	4114.630	Durbin-Watson stat		0.739259
Prob(F-statistic)	0.000000			

图 7.5　回归结果

运用 OLS 法建立我国的柯布—道格拉斯生产函数为：

$$\ln Y_i = 18.3657 - 1.4080 \ln X_{1i} + 0.8496 \ln X_{2i}$$

$$(6.8875)\quad(0.6315)\quad(0.0189)$$

$$t = (2.6665)\quad(-2.2295)\quad(44.8798)$$

$$R^2 = 0.9972，F = 4114.630，n = 26$$

对以上回归方程解释如下：

参数以及总体性都通过显著性检验，R^2 值为 0.9972，表明（对数）劳动力和资本解释了大约 99.72% 的（对数）产出的变动，很高的解释程度表明模型很好地拟合了样本数据。偏斜率系数 − 1.4080 表示产出对劳动投入的弹性，也就是说，− 1.4080 表示在资本投入保持不变的条件下，劳动投入每增加 1 个百分点，平均产出将降低 1.41%。类似地，在劳动投入保持不变的条件下，资本投入每增加 1 个百分点，产出将平均增加 0.85%。

（3）如果将两个弹性系数相加，我们将得到一个重要的经济参数——规模报酬参数，它反映了产出对投入的比例变动。如果两个弹性系数之和为 1，则称规模报酬不变（如同时增加劳动和资本为原来的两倍，则产出也是原来的两倍）；如果两个弹性系数之和大于 1，则称规模报酬递增（如同时增加劳动和资本为原来的两倍，则产出是原来的两倍多）；如果两个弹性系数之和小于 1，则称规模报酬递减（如同时增加劳动和资本为原来的两倍，则产出小于原来的两倍）。在本例中，两个弹性系数之和为 − 0.5584，表明中国经济的特征是规模报酬递减的。

四、实验小结

该实验所设模型为对数模型，对于对数模型线性化处理方法通常采用取对数的形式，简单易行。但在处理问题时一定要考虑到模型的经济意义，例如本实验中涉及的规模报酬问题。

五、备择实验

表 7.4 是 1997 ~ 2020 年上海市年末贷款余额（LOAN，亿元）和国内生产总值（GDP，亿元）的数据资料，试建立合理的模型对两者关系进行探讨（提示：多项式方程）。

表 7.4　　　　　　　　　　上海市年末贷款余额与 GDP　　　　　　单位：亿元

年份	LOAN	GDP	年份	LOAN	GDP
1997	3722	79715	2009	29684	348517
1998	4812	85195	2010	34154	412119
1999	5424	90564	2011	37197	487940
2000	5959	100280	2012	40982	538580
2001	7188	110863	2013	44357	592963
2002	10551	121717	2014	47915	643563
2003	13168	137422	2015	53387	688858
2004	14972	161840	2016	59982	746395
2005	16798	187318	2017	67182	832035
2006	18603	219438	2018	73272	919281
2007	21709	270092	2019	79843	986515
2008	24166	319244	2020	84643	1015986

资料来源：1997～2021 年上海市国民经济和社会发展统计公报。

本 章 小 结

1. 分析和研究实际经济变量之间客观存在的具有代表性的特殊类型的数量依存关系，将有利于拓展计量经济学理论与方法的应用。本节主要介绍了计量经济分析中常用的可线性化模型，主要包括对数线性模型、半对数线性模型、倒数线性模型、指数模型、多项式线性模型。

2. 本质上是线性回归模型的非线性回归模型。

原模型　　　　　　　　　　变换模型

$\ln y = a + b\ln x$　　　　　　　　$y' = \ln y,\ x' = \ln x$

　　　　　　　　　　　　　$y = a + b\ln x\quad x' = \ln x$

　　　　　　　　　　　　　$\ln y = a + bx\quad y' = \ln y$

　　　　　　　　　　　　　$y = a + b\dfrac{1}{x}\quad x' = \dfrac{1}{x}$

$y = ae^{bx}$　　　　　　$y' = \ln y,\ x' = x,\ \beta_1 = \ln a,\ \beta_2 = b$

$y = a + bx + cx^2$　　　　　　$y' = y,\ x' = x^2$

$$y = a + bx + cx^2 + dx^3 \quad y' = y^2, \quad x_2' = x^2, \quad x_3' = x^3$$

3. 回归的不同函数形式模型比较。

从表 7.5 中可以看出，对变量之间是线性的模型，其斜率为一常数，而弹性系数是一个变量。但在双对数模型中，其弹性系数是一常数，而斜率为一变量。表中的其他模型，斜率和弹性系数均为变量。

表 7.5　　　　　　　　　不同函数形式模型比较

模型	形式	斜率 $\left(\dfrac{DY}{DX}\right)$	弹性 $\left(\dfrac{DY}{DX}\cdot\dfrac{X}{Y}\right)$
线性模型	$Y_1 = B_0 + B_1 X_1$	B_1	$B_1\left(\dfrac{Y}{X}\right)$
双对数模型	$\ln Y_1 = B_0 + B_1 \ln X_1$	$B_1\left(\dfrac{Y}{X}\right)$	B_1
对数 – 线性模型	$\ln Y_1 = B_0 + B_1 X_1$	$B_1\ (Y)$	$B_1\ (X)$
线性 – 对数模型	$Y_1 = B_0 + B_1 \ln X_1$	$B_1\left(\dfrac{1}{X}\right)$	$B_1\left(\dfrac{1}{Y}\right)$
倒数模型	$Y_1 = B_0 + B_1\left(\dfrac{1}{X_1}\right)$	$-B_1\left(\dfrac{1}{X^2}\right)$	$-B_1\left(\dfrac{1}{XY}\right)$

注：弹性系数是一个变量，其值依赖于 X 与 Y 或 X 与 Y。在实际运用中，若没有给出具体的 X，Y，则用 $\bar{X}$，$\bar{Y}$ 来测度弹性系数。

思　考　题

一、名词解释

1. 半对数模型　　　　2. 指数函数模型　　　　3. 双对数模型

4. 倒数模型　　　　　5. 多项式模型

二、简答

1. 双对数函数模型与半对数函数模型有哪些异同？

2. 指数函数模型、双曲线函数模型的模型形式具体为什么？他们各自有怎样的特点？适用范围是什么？

3. 如何判断是选择线性模型还是对数模型。

三、计算与分析

1. 观察下列方程并判断其变量是否呈线性? 系数是否呈线性?

1) $Y_i = \beta_0 + \beta_1 X_i^3 + \varepsilon_i$ 2) $Y_i = \beta_0 + \beta_1 \log X_i + \varepsilon_i$

3) $\log Y_i = \beta_0 + \beta_1 \log X_i + \varepsilon_i$ 4) $Y_i = \beta_0 + \beta_1(\beta_2 X_i) + \varepsilon_i$

5) $Y_i = \dfrac{\beta_0}{\beta_1 X_i} + \varepsilon_i$ 6) $Y_i = 1 + \beta_0(1 - X_i^{\beta_1}) + \varepsilon_i$

7) $Y_i = \beta_0 + \beta_1 X_{1i} + \beta_2 X_{2i}/10 + \varepsilon_i$

2. 下表给出了中国 1995~2020 年消费者价格指数 Y（1978 年 = 100）及货币供给 X（百亿元）的数据。

（1）作如下回归：

a. Y 对 X   b. lnY 对 lnX   c. lnY 对 X   d. Y 对 lnX

（2）解释各回归结果；

（3）对每一个模型求 Y 对 X 的变化率；

（4）对每一个模型求 Y 对 X 的弹性，对其中的一些模型，求 Y 对 X 的均值弹性；

（5）根据这些回归结果，你将选择哪个模型? 为什么?

中国 1995~2020 年消费者价格指数（Y）

（1978 年 = 100）与货币供给（X）

年份	Y	X	年份	Y	X
1995	396	607	2004	455	2541
1996	429	760	2005	464	2987
1997	441	910	2006	471	3455
1998	438	1045	2007	493	4034
1999	432	1199	2008	522	4751
2000	434	1346	2009	519	6102
2001	437	1583	2010	536	7258
2002	433	1850	2011	565	8515
2003	438	2212	2012	579	9741

年份	Y	X	年份	Y	X
2013	594	11065	2017	637	16902
2014	606	12283	2018	650	18267
2015	615	13922	2019	669	19864
2016	627	15500	2020	686	21868

3. 根据下面的数据估计模型：

$$\ln Y = \alpha + \beta \ln X + \mu$$

X、Y 的数据

Y	86	79	76	69	65	62	52	51	51	48
X	3	7	12	17	25	35	45	55	70	120

（1）解释 β 的含义；

（2）求 Y 对 X 的变化率；

（3）求 Y 对 X 的弹性；

（4）用相同的数据，估计下面的回归模型：

$$Y = \alpha + \beta X + \mu$$

（5）能否比较两个模型的 R^2 值？为什么？

（6）如何判定哪一个模型更好？

第八章

时间序列的回归分析

为了分析江苏省 2000～2020 年的城镇居民人均可支配收入 X_t 与城镇居民人均消费支出 Y_t 的关系，用 OLS 法作 Y 关于 X 的线性回归，得到如下结果：

$$Y_t = 1178.2405 + 0.6057X_t$$

$$(420.0845) \quad (0.0142)$$

$$R^2 = 0.9897, \quad DW = 0.5164$$

从回归结果来看，$R^2 = 0.9897$ 非常高，个人可支配总收入的回归系数 t 统计量也非常大，边际消费倾向也符合经济假设。凭借经验判断，这个模型的设定是好的，应是非常满意的结果。准备将这个计量结果用于经济结构分析和经济预测。

可是有人提出，这个回归结果可能是虚假的？可能只不过是一种"伪回归"？

经典计量经济学理论是建立在时间序列平稳的基础上的，所假设的变量间的相关系数服从的是正态分布。现代计量经济学研究发现，大部分经济变量是非平稳的，而经典回归分析的做法是：首先采用普通最小二乘法（OLS）对回归模型进行估计，然后根据可决系数或 F 检验统计量值的大小来判定变量之间的相依程度，根据回归系数估计值的 t 统计量对系数的显著性进行判断，最后在回归系数显著不为零的基础上对回归系数估计值给予经济解释。

如果直接将非平稳时间序列当作平稳时间序列来进行分析，会造成什么不良后果？

如何判断一个时间序列是否为平稳序列？

当我们在计量经济分析中涉及非平稳时间序列时，应作如何处理？

这将是本章需要解决的问题。

第一节　平稳和非平稳时间序列

所谓时间序列的平稳性，是指时间序列的统计规律不会随着时间的推移而发生变化。如果一个时间序列非平稳，那么每个时间序列都是特定的一幕，无法将其推广至其他时期。所以从预测的角度看，非平稳的时间序列没有太大的实际价值。另外，如果存在两个或两个以上非平稳时间序列，此时的回归分析将会导致伪回归（spurious）或无谓回归（nonsense regression）现象。也就是说，如果用一个非平稳时间序列对另一个或多个非平稳序列做回归，可能会得到很高的 R^2 值，在常规的 t 检验和 F 检验下，部分或全部回归系数均具有统计显著性，但此时的检验并不可靠。因此，采用时间序列数据作样本建立揭示变量之间结构关系的计量经济学模型，首先遇到的问题是关于时间序列数据的平稳性问题。

一、平稳时间序列

（1）严平稳序列。如果对任意正整数 $n(n < \infty)$ 和时间序数 $t_1 < t_2 < \cdots < t_n$，以及任意实数 τ，其随机变量 X_{t_1}，X_{t_2}，$\cdots$，X_{t_n} 的联合分布有

$$F(X_{t_1}, X_{t_2}, \cdots, X_{t_n}) = F(X_{t_1 + \tau}, X_{t_2 + \tau}, \cdots, X_{t_n + \tau}) \qquad (8.1)$$

满足上述条件的序列称为严平稳时间序列。

例如，概率论中的独立同分布序列就是严平稳过程。

由于分布函数完整地描述了随机变量的统计特性，所以，这里要求平稳随机过程的所有的统计特性都不随时间的平移而变化，这一要求相当严格，在实际中要验证上述条件十分困难。一般来说，所研究的随机过程，若前后的环境和主要条件都不随时间变化，就可以认为它是平稳随机过程。上述严平稳对于有限维分布难以处理和计算，在许多应用领域中，人们想到仅看随

机过程在变动过程中的数字特征是否有变，即只涉及随机过程的一阶、二阶矩情况。因此，可将上述概念适当修改。通常所指的"平稳性"是下述意义下的平稳性。

如果一个随机过程 m 阶矩以下的矩的取值全部与时间无关，则称该过程为 m 阶平稳过程。下面给出最常用的二阶宽平稳时间序列的定义。

（2）宽平稳序列。如果 Y_t 满足如下性质

$$E(Y_t) = \mu, \ Var(Y_t) = \sigma^2, \ Cov(Y_t, \ Y_{t+k}) = \gamma_k < \infty \qquad (8.2)$$

则称 Y_t 为平稳的，并称此为宽平稳时间序列。

即宽平稳性序列的均值函数、方差函数均为常数，而自协方差函数仅与时间间隔 k 有关，但也是有限数。

（3）严平稳序列与宽平稳序列的关系。严格说，严平稳序列的分布，随时间的平移而不变；宽平稳序列的均值与自协方差，随时间的平移而不变。一个严平稳序列 $\{Y_t\}$，对于每个时刻 t 的随机变量 Y_t，可以不存在一阶或二阶矩，因此，它也就不一定是宽平稳序列。反之，一个宽平稳序列 $\{Y_t\}$，它的分布不一定随时间的推移而不变，因此，它也不一定是严平稳序列。当然，在一定条件下，这两种平稳性是可以互相转化的[①]。

对于经济现象中的时间序列，通常讨论它的宽平稳性质。如果一个随机时间序列过程的均值和方差，在时间过程上都是常数，并且在任何两时期之间的协方差仅依赖于该两时期间的距离或滞后，而不依赖于计算这个协方差的实际时间，则称它是平稳的。设 Y_t 为一时间序列，由此，可以认为一个平稳的时间序列，它的数学期望和方差均与时间 t 无关，表明序列将趋于返回它的均值，并以一种相对不变的振幅围绕均值波动；而协方差为一有限数，说明序列只与 Y_t 在变动过程中的间隔有关，与它的具体位置无关。

简单讲，如果一个时间序列是平稳的，不管在什么时候对它进行测量，它的均值、方差和各种滞后的自协方差都保持不变。

从图 8.1 可明显地看出上述特征。

---

① 王耀东等：《经济时间序列分析》，上海财经大学出版社 1996 年版。

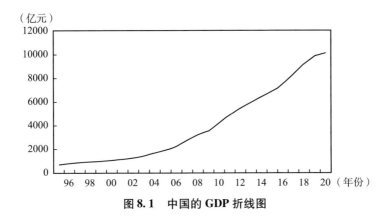

（亿元）

图 8.1　中国的 GDP 折线图

二、时间序列的非平稳性

传统的时间序列计量经济学在进行研究时，通常假定经济数据和产生这些数据的随机过程是稳定的过程，在此基础上对计量经济学模型中的参数作估计和假设检验。

但是，在经济现象中，许多经济变量的时间序列数据并不具有平稳性，或不具有平稳过程的特征。这一点能从图形上直观地看出。例如，美国的国民生产总值（GDP）、个人可支配收入（PDI）、个人消费支出（PCE）等时间序列的数据均为非平稳的（从图形上看，这些时间序列数据都不会由稳定的随机过程生成，原因是它们不具有固定的期望值）。

时间序列的非平稳性是指时间序列的统计规律随着时间的位移而发生变化，即生成变量时间序列数据的随机过程的特征随时间而变化。

在实际中遇到的时间序列数据很可能是非平稳序列，而平稳性在计量经济建模中又具有重要地位，因此有必要对观测值的时间序列数据进行平稳性检验。

定义 1：若随机过程 Y_t 的一阶差分过程为 $Y_t - Y_{t-1}$，并且

$$\Delta Y_t = Y_t - Y_{t-1}$$

是平稳的，则称 Y_t 为一单位根过程（单位根过程是非平稳的）。定义 1 说明了对一个非平稳的序列实现平稳的途径。

下面给出两个典型的随机过程例子。

（1）平稳随机过程的例子，白噪声过程。如果 $\{Y_t,\ t\in T\}$ 过程满足以下条件：

$$E(Y_t)=0,\ \operatorname{Var}(Y_t)=\sigma^2<\infty,\ \forall t\in T;$$

$$\operatorname{Cov}(Y_t,\ Y_{t+k})=0,\ (t+k)\in T,\ k\neq0 \tag{8.3}$$

则称 $\{Y_t,\ t\in T\}$ 为一白噪声过程。

（2）非平稳随机过程的例子，随机游走过程。如果 $\{Y_t,\ t\in T\}$ 有：

$$Y_t=Y_{t-1}+\varepsilon_t \tag{8.4}$$

其中，ε_t 为白噪声过程，则称 $\{Y_t,\ t\in T\}$ 为随机游走过程。由此看出，对随机游走过程进行一次差分就能得到一个白噪声过程（平稳的随机过程）。

随机游走的统计特性：

随机游走过程的均值为零、方差无限大（Y_t 具有永久记忆性）。

$$Y_t=Y_{t-1}+\mu_t=\mu_t+\mu_{t-1}+Y_{t-2}=\mu_t+\mu_{t-1}+\cdots \tag{8.5}$$

$$E(Y_t)=E(\mu_t+\mu_{t-1}+\cdots)=0 \tag{8.6}$$

$$\operatorname{Var}(Y_t)=\operatorname{Var}(\mu_t+\mu_{t-1}+\cdots)=\sum_{-\infty}^{t}\sigma_\mu^2\to\infty \tag{8.7}$$

所以随机游走过程是非平稳的随机过程。

注："随机游走"一词首次出现于 1905 年《自然》（*Nature*）杂志第 72 卷卡尔·皮尔逊和瑞利勋爵（Pearson K. and Rayleigh L.）的一篇通信中。该信件的题目是"随机游走问题"。文中讨论寻找一个被放在野地中央的醉汉的最佳策略是从投放点开始搜索。

（3）对随机游走过程的分析。

随机游走过程是下面我们称之为一阶自回归 AR（1）过程的特例。

$$Y_t=\rho Y_{t-1}+\varepsilon_t \tag{8.8}$$

当 $\rho=1$ 时，是一个随机游走过程，即非平稳过程。

当 $|\rho|>1$ 时，该随机过程生成的时间序列是发散的，表现为持续上升（$\rho>1$）或持续下降（$\rho<-1$），因此也是非平稳过程。

当 $-1<\rho<1$ 时，该随机过程才是平稳过程。

（4）一阶自回归过程 AR（1）又是如下 P 阶自回归 AR（P）过程的特例。

$$Y_t = \rho_1 Y_{t-1} + \rho_2 Y_{t-2} + \cdots + \rho_p Y_{t-p} + \mu_t$$

该随机过程平稳性条件将在下面介绍。

例如，深圳股票综合指数是近似的随机游走序列，即非平稳的（见图 8.2）。

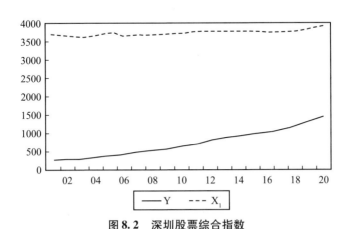

图 8.2　深圳股票综合指数

定义 2：随机过程（随机序列）的单整性。对于随机过程 Y_t，如果必须 d 次差分之后才能变换成为一个平稳过程，而进行 d-1 次差分后仍然是一个非平稳过程，则称此过程（序列）具有 d 阶单整性，记为 $Y_t - I(d)$。

例如一个非平稳随机过程经过一次差分之后可变为一个平稳过程，则称此过程为一阶单整过程，记为 $I(1)$；如果经过一次差分后仍然不是平稳过程，而第二次差分以后才是一个平稳过程，则称该过程为二阶单整过程，记为 $I(2)$；因此，平稳的单整过程为零，记为 $I(0)$。

■ 第二节　时间序列平稳性检验

时间序列的平稳性是时间序列计量分析有效性的基础，因此时间序列的平稳性检验就尤为重要。时间序列平稳性检验的方法主要有：图示分析、相关图检验及单位根检验（unit root test）。其中，单位根检验是统计检验中普遍应用的一种检验方法，所以本节着重介绍单位根检验。

一、单位根过程

定义 3：随机过程 $\{Y_t,\ t=0,\ 1,\ 2,\ \cdots\}$ 是一单位根过程，若

$$Y_t = \rho Y_{t-1} + \mu_t,\ t=1,\ 2,\ \cdots \tag{8.9}$$

其中，$\rho = 1$，$E(\mu_t)=0$，$Var(\mu_t)=\sigma^2 < \infty$，$Cov(\mu_t,\ \mu_{t-s})=0$，$s=0$，1，2，$\cdots$，这里对 μ_t 的假定，意味 μ_t 是平稳序列。由定义可知，单位根过程就是随机游走过程。

根据自回归模型的统计特征可知，

（1）如果 $|\rho| < 1$，则 Y_t 是平稳的。

（2）如果 $|\rho| = 1$，则 Y_t 是一个随机游走过程，即非平稳过程。这时，Y_t 的单整阶数为 1，Y_t 含有一个单位根，但经过一次差分后可变换为平稳过程。

（3）如果 $|\rho| > 1$，则 Y_t 是强非平稳过程，这时它会随着时间 t 的增加，其方差将快速增大。并且，对 Y_t 一次差分后

$$\Delta Y_t = (\rho - 1) Y_{t-1} + \mu_t \tag{8.10}$$

式（8.10）中，ΔY_t 是由非平稳的 Y_{t-1} 和平稳的 μ_t 相加的结果，所以 ΔY_t 仍是非平稳的。

单位根过程是最常见的非平稳性过程之一。由于很多金融、经济现象都是单位根现象，所以它在现代金融学、宏观经济学的理论和实践中有广泛应用，对单位根过程的研究成为当今计量经济学的主要课题之一，特别是 20 世纪 80 年代以来，出现了许多理论上和实践上的重大突破，这就使得研究人员能有效地处理以前不能处理的数据。

例如，研究资本市场的股票价格的变动规律，设 P_t 为某一股票在某一时刻 t 的价格，根据金融学中有效市场的假设，在时刻 t+1 的股票价格 P_{t+1} 可由一单位根过程描述

$$P_{t+1} = \rho P_t + \mu_{t+1},\ \rho = 1$$
$$P_{t+1} = P_t + \mu_{t+1} \tag{8.11}$$

其中，μ_t 独立同分布，且 $E(\mu_t)=0$，$Var(\mu_t)=\sigma^2 < \infty$，对该过程不断作迭代，则

$$P_{t+1} = P_t + \mu_{t+1} = P_{t-1} + \mu_t + \mu_{t+1} \cdots = \mu_1 + \mu_2 + \cdots + \mu_t + \mu_{t+1}$$

$$\text{Var}(P_{t+1}) = \text{Var}(\mu_1 + \mu_2 + \cdots + \mu_t + \mu_{t+1}) = (t+1)\sigma^2 \qquad (8.12)$$

当 $t \to \infty$ 时，P_t 的方差趋于无穷大，传统的中心极限定理在此不适用。此例说明变量的非平稳性是单位根过程引起的。

再例如，设回归模型为

$$Y_t = \alpha + \beta X_t + \mu_t \qquad (8.13)$$

其中，如果解释变量 X_t 是一单位根过程，这时 Y_t 也是非平稳的，则未知参数 α 和 β 的最小二乘估计量有非标准分布，传统的中心极限定理已不再适用。这时，如果仍然建立 Y_t 对 X_t 的回归，则得到的将是虚假回归。有一个解决问题的思路，即对这两个变量求一阶差分

$$\Delta Y_t = Y_t - X_{t=1}, \quad \Delta X = X_t - X_{t-1} \qquad (8.14)$$

由于 X_t 和 Y_t 是非平稳的，如果经过一阶差分以后 ΔY_t 和 ΔX_t 均为平稳的了，这时再作如下的回归

$$\Delta Y_t = a + b\Delta X_t + v_t \qquad (8.15)$$

其中 a 与 b 的参数估计将是一致的，并有正态极限分布。从形式上看，这样处理克服了单位根过程的影响，在统计意义上有效。但由于 X_t 和 Y_t 作为水平变量具有明确的经济含义，而取一阶差分后 ΔY_t 和 ΔX_t 的模型不能表达出水平变量之间所具有的经济意义，也就达不到检验经济理论、进行经济预测的目的。此例表明按照这一思路能克服非平稳，但避免伪回归，建立有明确经济意义的模型是困难的。

二、单位根检验方法

（一）DF 检验

依据单位根的定义，检验时间序列 Y_t 是否存在单位根（或为单整序列）。设序列 Y_t 的生成过程为

$$Y_t = \rho Y_{t-1} + \mu_t, \quad t = 1, 2, \cdots \qquad (8.16)$$

提出零假设和备择假设：

H_0：$\rho = 1$（意味着 Y_t 存在单位根，为非平稳序列）

H_1：$\rho < 1$（意味着 Y_t 为平稳序列）

对上述模型用 OLS 法求参数 ρ 的估计 $\hat{\rho}$，构建 DF 统计量

$$DF = \frac{\hat{\rho} - 1}{se(\hat{\rho})}（该统计量在 H_0 下不服从 t 分布）$$

若用样本计算 DF 统计量有：

DF > 临界值，则不能拒绝零假设，表明 Y_t 非平稳。

DF < 临界值，则拒绝零假设，表明 Y_t 平稳。

此种单位根检验称为迪基—富勒检验（Dickey – Fuller test）。

在 DF 检验中，为了更真实地反映数据生成过程，迪基和富勒提出要检验的模型有如下三种形式：

$$Y_t = \rho Y_{t-1} + \mu_t \quad (1)$$
$$Y_t = \alpha + \rho Y_{t-1} + \mu_t \quad (2) \qquad (8.17)$$
$$Y_t = \alpha + \beta_t + \rho Y_{t-1} + \mu_t \quad (3)$$

当 $\rho = 1$ 时，上述三个模型的区别是：

模型（1）仅表示一个随机游走过程，好处是便于做理论分析，但对实际经济问题来说，模型（1）太严格，只是金融领域里的时间序列常表现这样。

模型（2）表示多了一个截距项（漂移项），这时称其为随机趋势过程，取对数后的宏观经济序列常表现这样。

模型（3）既有截距项，又有时间趋势（带漂移和确定性趋势），这时称其为趋势非平稳过程，增长速度快的宏观经济序列常表现这样。

如果模型（3）的另一种形式为

$$Y_t = \alpha + \beta_t + \mu_t, \ \mu_t = \rho \mu_{t-1} + \varepsilon_t, \ \rho < 1, \ \varepsilon \sim \prod D(0, \sigma^{\cdot 2}) \qquad (8.18)$$

则称其为趋势平稳过程。原因是 $Y_t - \alpha - \beta_t = \mu_t$，而 μ_t 是平稳的，其中该过程由确定性时间趋势 β_t 所主导。趋势平稳过程又称退势平稳过程，这是因为 $Y_t - \beta_t = \alpha + \mu_t$ 为一平稳过程。一般地，取对数后的宏观经济序列具有这样的特征。[1]

---

[1] 有关内容可参见，张晓峒：《应用数量经济学》，机械工业出版社 2009 年版，第 344 ~ 347 页。

以上三个方程两边同时减 Y_{t-1}，则有等价式为

$$\Delta Y_t = (\rho - 1) Y_{t-1} + v_t = \delta Y_{t-1} + v_t$$

$$\Delta Y_t = \partial_0 + (\rho - 1) Y_{t-1} + v_t = \partial_0 + \delta Y_{t-1} + v_t \qquad (8.19)$$

$$\Delta Y_t = \partial_0 + \partial_1 t + (\rho - 1) Y_{t-1} + v_t = \partial_0 + \partial_1 t + \delta Y_{t-1} + v_t$$

对于上述表达式，若 $H_0: \rho = 1$ 或 $H_0: \delta = 0$ 成立，即假设 Y_t 非平稳。这时

$$\tau = \frac{\hat{\rho} - 1}{se(\hat{\gamma})}$$

或

$$\tau = \frac{\hat{\delta}}{se(\hat{\delta})}$$

服从 DF 分布。给定显著性水平 α，查表得临界值，若 $\tau > DF$（临界值），则接受 H_0，说明 Y_t 有单位根，即 Y_t 非平稳；若 $\tau < DF$（临界值），则不接受 H_0，说明 Y_t 没有单位根，即 Y_t 平稳。

Dickey、Fuller 通过蒙特卡洛模拟方法编制了 τ 统计量（DF 统计量）。尽管 τ 统计量与 t 统计量结构相同，但在 $H_0: \rho = 1$ 或 $H_0: \delta = 0$ 成立的条件下，τ 统计量不再服从 t 分布，而服从 Dickey – Fuller（1970）提出的 DF 分布。

（二）ADF 检验

上述 DF 检验中，假定随机扰动项 μ_t 不存在自相关，并且只适用于一阶自回归过程（即 AR（p））。但大多数经济时间序列不满足这个假定，当 μ_t 存在自相关时，直接使用 DF 检验会出现偏误。因此，Dickey 和 Fuller 对 DF 检验进行了扩充，形成了 ADF 检验（augment Dickey – Fuller test）。

在 DF 检验中，设检验模型为

$$Y_t = \rho Y_{t-1} + \mu_t$$

$$Y_t = \alpha + \rho Y_{t-1} + \mu_t \qquad (8.20)$$

$$Y_t = \alpha + \beta_t + \rho Y_{t-1} + \mu_t$$

为了克服上述模型中 μ_t 的自相关问题，这时在模型中引入了多阶自回归过程（即 AR(p)）。

$$Y_t = \rho Y_{t-1} + \sum_{i=1}^{p} \alpha_i \Delta Y_{t-1} + \mu_t \ (1)$$

$$Y_t = \alpha + \rho Y_{t-1} + \sum_{i=1}^{p} \alpha_i \Delta Y_{t-1} + \mu_t \ (2) \qquad (8.21)$$

$$Y_t = \alpha + \beta_t + \rho Y_{t-1} + \sum_{i=1}^{p} \alpha_i \Delta Y_{t-1} + \mu_t \ (3)$$

检验过程与 DF 检验过程一致，只是需要考虑滞后变量 ΔY_{t-i} 的滞后阶数 i 的选取。

ADF 检验应注意的问题：

（1）当样本容量充分大，ADF 检验的极限分布同 DF 检验的极限分布相同，可以使用 DF 检验的临界值代替 ADF 检验的临界值，但在小样本条件下 ADF 分布与 DF 分布不一样，两者不能代替。

（2）DF 检验适用于一阶自回归 AR（1）过程的单位根检验。当时间序列为高阶自回归 AR（p）形式，或者由 DF 检验得到的残差序列存在自相关时，DF 检验无效，应选择 ADF 检验。

（3）如果时间序列 Y_t 在均值上下波动，则应该选择不包含常数和时间趋势的检验方程，即（1）式；如果序列具有非 0 均值，但没有时间趋势，可选择（2）式作为检验方程；若序列随时间变化有上升或下降趋势，采用（3）式。

（4）实际检验时可以从模型（3）开始，然后模型（2），最后模型（1）。何时检验拒绝零假设，即原序列不存在单位根，为平稳序列，何时检验停止。否则，就要继续检验，直到检验完模型（1）为止。当三个模型的检验结果都不能拒绝零假设时，则认为时序列是非平稳的。

（5）选择模型适当的形式。在 ADF 回归式中 DW 的值较低，说明仍然存在自相关，则应在每个模型中增加滞后差分项，即选取适当的滞后差分项，以使模型的残差项是一个白噪声（不存在自相关）。

（6）选择滞后差分项 ΔY_{t-j} 个数 p 的原则是：一方面，p 要尽量小，从而节省自由度；另一方面，p 要尽量大，从而消除误差项中存在的自相关。因此，p 的选择具有两难。另外，在确定 p 的过程中，还可参考 AIC 准则和 SC 准则。从经验的角度，年度数据的序列可考虑至少应取 1 阶滞后；季度数据的序列可考虑至少应取 4 阶滞后；月度数据的序列至少应考虑取 12 阶滞后

（见黄先开，金融数学模型（博士论文），世界图书出版公司 2000 年版）。

■ 第三节 协整检验与误差修正模型

如果经过平稳性检验，发现模型涉及的时间序列部分或者全部是非平稳的，那么，是否可以采用这些时间序列数据作样本建立揭示变量之间结构关系的计量经济学模型？如果可以，需要何种条件？本节将重点讨论以上问题。

一、协整的含义

在现实经济活动中，多数经济时间序列都是非平稳的，然而某些非平稳经济时间序列的某种线性组合却有可能是平稳的。经济理论认为，这种表现说明经济时间序列之间存在一种长期均衡关系。如净收入与消费、政府支出与税收、工资与价格、进口与出口、货币流通量与价格水平、商品现期价格与期货价格等之间就存在长期均衡关系，这些长期均衡关系是不是就是人们要找的经济变量之间的真实关系？尽管上述经济时间序列本身却属于非平稳序列。回答却是肯定的！

如果在两个或多个非平稳变量之间存在长期均衡关系，那么从长期均衡关系中得到的非均衡误差序列则一定是平稳的。经济理论指出，某些经济变量之间确实存在长期均衡（稳定）关系。这种均衡关系意味着经济系统不存在破坏均衡的内在机制。如果变量在短时期受到干扰后偏离其长期均衡点，则该均衡机制会在下一期进行调整，使其重新回到均衡状态。

例如，假设变量 Y_t 表示家庭的消费支出，变量 X_t 表示家庭的可支配收入。它们之间的"长期均衡关系"由下式表示

$$Y_t = \beta_1 + \beta_2 X_t + \mu_t \tag{8.22}$$

其中，μ_t 为误差项。该均衡关系式说明，给定 X_t 的一个值，Y_t 相应的均衡值为 $\beta_1 + \beta_2 X_t$。在 $t-1$ 期末，存在下述三种情形之一：

（1）Y_{t-1} 等于它的均衡值，即 $Y_{t-1} = \beta_1 + \beta_2 X_{t-1}$。

（2）Y_{t-1} 小于它的均衡值，即 $Y_{t-1} < \beta_1 + \beta_2 X_{t-1}$。

（3）Y_{t-1} 大于它的均衡值，即 $Y_{t-1} > \beta_1 + \beta_2 X_{t-1}$。

在时刻 t，假设 Y_t 有一个变化量 ΔX_t，如果变量 X_t 与 Y_t 在 t 到 t − 1 末期都满足它们之间的长期均衡关系，则 Y_t 的变化量 ΔY_t 与 X_t 的变化量 ΔX_t 有以下关系

$$\Delta Y_t = \beta_2 \Delta X_t + \Delta \mu_t \tag{8.23}$$

但是实际情况并非如此。如果在 t − 1 期末，发生了上述第二种情况，那么，Y_t 的变化往往会比第一种情况下 Y_t 的变化量 ΔY_t 大一些；反之，Y_t 的变化往往会比第一种情况下 Y_t 的变化量 ΔY_t 小一些；直至达到均衡状态。

上述现象揭示了一种规律，如果"长期均衡关系"是正确的，则 Y_t 对其均值点的偏离从本质上说是"临时性"，称为"短期性"。因此，一个重要的假设是随机干扰项 μ_t 必须是平稳序列，这个假设的合理性在于 μ_t 表达了 Y_t 与 X_t 的一个线性组合。而两个非平稳变量之间的线性组合是平稳的就是所谓的"协整"或"均衡"关系。因此，协整是对非平稳经济变量长期均衡关系的统计描述。具体来说，对于两个序列 $\{X\}$ 和 $\{Y\}$，如果 $y_t \sim I(1)$，$x_t \sim I(1)$，而且存在一组非零常数 α_1，α_2，使得 $\alpha_1 x_t + \alpha_2 y_t \sim I(0)$ 则称 $\{X\}$ 和 $\{Y\}$ 之间是协整的（cointegrated）。协整具有如下几个特点：（1）具有协整关系的高阶单整变量组合后可降低单整阶数。（2）当且仅当若干非平稳变量有协整时，由这些变量建立的回归模型才有意义，所以，协整检验也是区别真实回归与虚假回归的有效方法。（3）具有协整关系的非平稳变量可以建立误差修正模型。

对于两个变量，如果存在协整关系，则这种协整关系是唯一的。如果有两个线性组合，$\alpha_1 X + \beta_1 Y$ 和 $\alpha_2 X + \beta_2 Y$ 都是平稳的，则

$$(\alpha_1 X + \beta_1 Y) - (\alpha_2 X + \beta_2 Y) = (\alpha_1 - \alpha_2) X + (\beta_1 - \beta_2) Y$$

也应该是平稳的。

另外，X，Y $\sim I(1)$，并且 $(\alpha_1 - \alpha_2)$ 和 $(\beta_1 - \beta_2)$ 是常数，所以 $(\alpha_1 - \alpha_2) X + (\beta_1 - \beta_2) Y$ 应该是非平稳的。两个结果的解释意义矛盾，所以只能是 $\alpha_1 = \alpha_2$，$\beta_1 = \beta_2$，表明协整关系是唯一的。

并且，两个变量若存在均衡关系，那么这两个变量一定具有相同的单整阶数。假设当 X_t 与 Y_t 为不同阶数的单整变量时，例如，$Y_t \sim I(1)$，$X_t \sim I(0)$，结

果是将找不到一个合适的 β，使得 $Y_t = \beta X_t$ 成立。因为，I(0) 变量有不变的均值，I(1) 变量的均值随时间而变化，所以 X_t 不能解释 Y_t 的变化，亦即在一个 I(1) 变量和一个 I(0) 变量之间是不可能找到一种平稳的线性组合的。

当 X_t 含有 N≥2 个分量时，有可能存在多个协整向量。如果存在 r(1 < r≤N−1) 个线性独立的协整向量，则这些协整向量可组成一个 N∗r 阶矩阵 B。这时 B 称为协整矩阵，它的秩为 r。

对于多个变量存在协整关系，情况要复杂一些，可以有不同单整阶数的变量组成协整关系。在这种条件下，较高阶的单整变量之间必定存在协整关系，其相应非协整误差序列的阶数应与较低单整序列的阶数相同。例如三个变量的情况，设有

$$Y_t = \beta_2 X_{2t} + \beta_3 X_{3t} + \mu_t \tag{8.24}$$

其中 Y_t，X_{2t}，X_{3t} 的单整阶数可以不一样，但 μ_t 是平稳的。如 $Y_t \sim I(0)$，X_{2t}，$X_{3t} \sim I(1)$，则 X_{2t} 与 X_{3t} 必定存在协整关系，并且它们的线性组合 $\beta_2 X_{2t} + \beta_3 X_{3t} \sim I(0)$，这样，一定有 $\mu_t \sim I(0)$。

例如，设居民收入时间序列 Y_t 为 1 阶单整序列，居民消费时间序列 C_t 也为 1 阶单整序列，如果二者的线性组合 $\alpha_1 Y_t + \alpha_2 C_t$ 构成的新序列为 0 阶单整序列，则可认为序列 Y_t 与 C_t 之间是（1，1）阶协整。

由此可见，如果两个变量都是单整变量，只有它们的单整阶数相同时，才可能协整。例如，在上述的居民收入 Y_t 和居民消费 C_t，如果它们的单整阶数不相同，就不可能协整。

协整的经济意义是：两个变量，虽然它们具有各自的长期波动规律，但是如果它们是协整的，则它们之间存在着一个长期稳定的比例关系。例如居民收入 Y_t 和居民消费 C_t，如果它们各自都是 1 阶单整，并且它们是（1，1）阶协整，则说明它们之间存在着一个长期稳定的比例关系，而这个比例关系的度量就是"消费倾向"。长期来看，消费倾向应该是不变的。

二、协整检验

发现变量之间的协整关系，对于建立正确的计量经济学模型十分重要。

常用的协整检验有两种方法：一种是 E－G 两步法，主要用于单一方程的协整检验，特别是两个变量的协整检验；另一种是 Johansen 方法，主要用于多变量、联立方程组模型。本节仅介绍单一方程的 E－G 两步法协整检验。

（一）两个变量的 Engle－Granger 检验

在时间序列分析中，最令人关注的一种协整关系是一阶单整变量。为了检验两个均呈现 1 阶单整的变量是否为协整，恩格尔－格兰杰（Engle－Granger）于 1987 年提出两步检验法，又称 EG 检验。

设变量为 X_t 与 Y_t 均是一阶单整变量，即 X_t、Y_t 分别服从 I（1）。

第一步，用 OLS 方法估计如下模型的样本回归模型

$$Y_t = \beta_1 + \beta_2 X_t + \mu_t \tag{8.25}$$

得到

$$\hat{Y}_t = \hat{\beta}_1 + \hat{\beta}_2 X_t \tag{8.26}$$

其残差序列为

$$e_t = Y_t - \hat{Y}_t = \hat{Y}_t - \hat{\beta}_1 - \hat{\beta}_2 X_t \tag{8.27}$$

第二步，检验序列 e_t 的平稳性。如果 e_t 序列是平稳的，则 X_t 与 Y_t 之间存在协整关系；否则，X_t 与 Y_t 之间不存在协整关系。

对序列 e_t 的检验方法主要是 DF 或 ADF 检验。

（二）多个变量的 E－G 两步法

多个变量的协整检验要比两个变量的复杂，原因是多个变量间有可能存在若干个协整关系。假设有 4 个 I(1) 变量 W、X、Y、Z 它们有如下的稳定关系

$$Z_t = \beta_1 + \beta_2 W_t + \beta_3 X_t + \beta_4 Y_t + \mu_t \tag{8.28}$$

按照协整的定义，应有 $\mu_t \sim I(0)$，μ_t 就表示了这四个变量之间长期稳定关系，即

$$\mu_t = Z_t - (\beta_1 + \beta_2 W_t + \beta_3 X_t + \beta_4 Y_t) \tag{8.29}$$

进一步，如果 Z 与 W，X 与 Y 间分别存在协整关系

$$Z_t = \alpha_1 + \alpha_2 W_t + \nu_{1t}$$
$$X_t = \gamma_1 + \gamma_2 Y_t + \nu_{2t} \tag{8.30}$$

则非均衡误差项 v_{1t}、v_{2t} 一定是 I(0) 序列，于是它们的任意线性组合也一定是平稳的。这表明多个变量之间可能会存在多个协整关系。例如，

$$v_t = v_{1t} + v_{2t} = Z_t - \alpha_1 + \alpha_2 W_t + X_t - \gamma_1 - \gamma_2 Y_t \tag{8.31}$$

就一定是 I(0) 序列。

对于多变量的协整检验过程，基本与两个变量的情况一样，只是需要检验的变量一定是同阶单整，在此基础上检验是否有平稳的线性组合。在检验线性组合的平稳性时，需要确定一个变量为被解释变量，其余的为解释变量，然后，对其进行最小二乘估计，如果残差序列是平稳的，则说明变量之间有协整关系；如果残差序列不平稳，则需更换被解释变量，进行同样的最小二乘估计和残差序列的平稳性检验。直至找到一个协整关系为止。如果所有的变量都作为解释变量进行检验后，仍没有得到平稳的残差序列，说明这些变量之间不存在协整关系。

三、误差修正模型

在上述检验协整过程中，两个变量存在协整关系（长期稳定关系），但在短期过程中也许会出现非稳定的情况，这时可把上述所得到的残差项看作为协整误差，并利用这个误差项把 Y_t 的短期行为和它的长期值联系起来。将此联系起来的"关系"就是误差修正模型（ECM）。该模型最初由萨甘（Sargan，1964）运用来分析长期均衡与短期变动的关系，后来由恩格尔（Engle，1987）和格兰杰（Granger，1987）加以运用普及。误差修正模型的功能是可以对短期失衡的部分加以纠正。误差修正模型有许多优点，其中最重要的一点就是解决了长期以来困扰计量经济学的虚假回归问题。

假设如下模型表示收入对消费的影响，并且 Y_t，$X_t \sim I(1)$

$$Y_t = \beta_1 + \beta_2 X_t + \mu_t \tag{8.32}$$

为了避免伪回归，将变量差分后得

$$\Delta Y_t = \beta_2 \Delta X_t + v_t \tag{8.33}$$

其中，$v_t = \mu_t - \mu_{t-1}$。虽然，这时出现在模型里的变量经过差分后为平稳的，但有四个问题值得关注，一是如果 X 与 Y 存在长期稳定的关系，而且 μ 不存在自相关，但差分后可能存在自相关；二是如果对差分后的模型

进行参数估计，则关于变量水平值的重要信息将被忽略。三是差分后的模型只是表达了 X 与 Y 的短期关系，而没有揭示它们之间的长期关系。四是差分变量的回归并不能得到令人满意的结果（经济意义）。

　　误差修正模型是一种具有特殊形式的计量经济模型。下面以一个 ADL（1，1）为例，说明怎样从一个一般的自回归—分布滞后模型来建立误差修正模型。设 ADL（1，1）为

$$Y_t = \alpha_0 + \alpha_1 Y_{t-1} + \beta_0 X_t + \beta_1 X_{t-1} + \mu_t$$

$$Y_t - Y_{t-1} = \alpha_0 + \alpha_1 Y_{t-1} - Y_{t-1} + \beta_0 X_t - \beta_0 X_{t-1} + \beta_0 X_{t-1} + \beta_1 X_{t-1} + \mu_t$$

$$\Delta Y_t = \alpha_0 + (\alpha_1 - 1) Y_{t-1} + \beta_0 (X_t - X_{t-1}) + (\beta_0 + \beta_1) X_{t-1} + \mu_t$$

$$\Delta Y_t = \alpha_0 + (\alpha_1 - 1) Y_{t-1} + (\alpha_1 - 1) X_{t-1} - (\alpha_1 - 1) X_{t-1} + \beta_0 (X_t - X_{t-1})$$
$$+ (\beta_0 + \beta_1) X_{t-1} + \mu_t$$

$$\Delta Y_t = \alpha_0 + \beta_0 \Delta X_t + (\alpha_1 - 1)(Y_{t-1} - X_{t-1}) + (\alpha_1 + \beta_0 + \beta_1 - 1) X_{t-1} + \mu_t$$

　　或 $\Delta Y_t = \alpha_0 + \beta_0 \Delta X_t + (\alpha_1 - 1)(Y_{t-1} - kX_{t-1}) + \mu_t$，其中 $k = \dfrac{\beta_0 + \beta_1}{1 - \alpha_1}$

　　称式（8.34）：

$$\Delta Y_t = \alpha_0 + \beta_0 \Delta X_t + (\alpha_1 - 1)(Y_{t-1} - kX_{t-1}) + \mu_t \qquad (8.34)$$

　　为误差修正模型，记为 ECM。式中 $(\alpha_1 - 1)(Y_{t-1} - kX_{t-1})$ 为误差修正项，$(Y_{t-1} - kX_{t-1})$ 表示 $t-1$ 期非均衡误差。$(\alpha_1 - 1)$ 为修正系数，表示误差修正项对 ΔY_t 的修正速度。

　　由此，可以得到一般的情况，设有如下模型

$$\Delta Y_t = \alpha_0 + \alpha_1 \Delta X_t + \alpha_2 e_{t-1} + \mu_t \qquad (8.35)$$

　　其中，e_{t-1} 为上述样本回归函数残差的一阶滞后值，它是均衡误差项的估计，μ_t 为通常意义下的随机误差。该回归式把 Y_t 的变化和 X_t 的变化以及前期的均衡误差联系起来，ΔX_t 意味着 X_t 中的短期干扰，而误差修正项 e_{t-1} 代表了向长期均衡的调整。如果 α_2 是统计上显著的，并且 α_2 一定是小于 0 的，则它就说明了 Y_t 在一个时期里的失衡有多大的一个比例部分能够在下一时期得到纠正，α_2 为负，说明调整的方向永远与背离均值的方向相反。这一过程就是误差修正的含义。

　　式（8.35）误差修正模型还可写成如下形式

$$\Delta Y_t = \alpha_0 + \beta_0 \Delta X_t + (\alpha_1 - 1)(Y_{t-1} - k_1 - k_2 X_{t-1}) + \mu_t$$

$$k = \frac{\alpha_0}{\alpha_1 - 1}, \quad k_2 = \frac{\beta_0 + \beta_1}{\alpha_1 - 1} \tag{8.36}$$

其中，误差修正项里的括号里的表示与长期稳定关系式相对应，它说明了 X 影响 Y 在前一期的非平稳程度。因此，误差修正模型包含了两部分，一部分是 X 对 Y 的短期影响，另一部分是对前一期水平值偏离均衡值进行了修正。

ECM 有以下特点：

第一，因为 ECM 模型中包含的全部差分变量和非均衡误差都具有平稳性，所以用 OLS 法估计参数不会存在虚假回归问题。

第二，如果 ADL 模型中的变量为一阶非平稳性，只要这些变量存在协整关系 $Y_t = k_0 + k_1 X_t$，那么 ECM 模型中的误差修正项就具有平稳性，所有差分变量也具有平稳性。

第三，ECM 模型中的参数可分为长期参数与短期参数，非均衡误差项中的 k 是长期参数，模型中的 β_0 和 $(\alpha_1 - 1)$ 是短期参数，短期参数表示变量间的短期关系。

第四，任何一个 ADL 模型都可以变换为一个 ECM 模型。

■ 第四节　格兰杰因果关系检验

格兰杰因果关系检验（Granger test of causality）在时间序列计量经济学模型中被广泛采用，在讨论格兰杰因果检验前，我们首先需要对自回归模型（autoregression models，AR）与向量自回归模型（vector autoregression models，VAR）作简单的介绍。

一、时间序列自回归模型

（一）自回归模型

时间序列自回归模型是指仅用它的过去值及随机扰动项所建立起来的模

型，其一般形式为

$$X_t = F(X_{t-1}, X_{t-2}, \cdots, \mu_t) \tag{8.37}$$

建立具体的自回归模型，需解决如下三个问题：模型的具体形式、时序变量的滞后期以及随机扰动项的结构。例如，取线性方程、1 期滞后以及白噪声随机扰动项（$u_t = \varepsilon_t$），模型将是一个 1 阶自回归过程 AR(1)。

$$X_t = \varphi X_{t-1} + \varepsilon_t \tag{8.38}$$

ε_t 特指白噪声。

一般的 p 阶自回归过程 AR(p) 是

$$X_t = \phi_1 X_{t-1} + \phi_2 X_{t-2} + \cdots + \phi_p X_{t-p} + \mu_t \tag{8.39}$$

如果随机扰动项 u_t 是个白噪声（$u_t = \varepsilon_t$），则称式（8.39）为纯 AR(p) 过程（pure AR(p) process），记为

$$X_t = \phi_1 X_{t-1} + \phi_2 X_{t-2} + \cdots + \phi_p X_{t-p} + \varepsilon_t \tag{8.40}$$

如果 u_t 不是一个白噪声，通常认为它是一个 q 阶的移动平均（moving average）过程 MA(q)：

$$\mu_t = \varepsilon_t - \theta_1 \varepsilon_{t-1} - \cdots - \theta_q \varepsilon_{t-q} \tag{8.41}$$

式（8.41）给出了一个纯 MA(q) 过程（pure MA(q) process）。将式（8.39）与式（8.41）结合，得到一个一般的自回归移动平均（autoregressive moving average）过程 ARMA(p, q)：

$$X_t = \phi_1 X_{t-1} + \cdots + \phi_p X_{t-p} + \varepsilon_t - \theta_1 \varepsilon_{t-1} - \cdots - \theta_q \varepsilon_{t-q} \tag{8.42}$$

式（8.42）表明，一个随机时间序列可以通过一个自回归移动平均过程生成，即该序列可以由其自身的过去或滞后值以及随机扰动项来解释。如果该序列是平稳的，即它的行为并不会随着时间的推移而变化，那么就可以通过该序列过去的行为来预测未来。

（二）AR（P）模型的平稳性条件

序列自回归模型作为随机过程的描述，它的平稳性与该随机过程的平稳性是等价的，因此，可通过它所生成的随机时间序列的平稳性来判断。如果一个 P 阶自回归模型 AR(p) 生成的时间序列是平稳的，就是说该 AR(p) 模型是平稳的，否则，就是说该 AR(p) 模型是非平稳的。

考虑式（8.40）的 P 阶自回归模型 AR(p)。

$$X_t = \phi_1 X_{t-1} + \phi_2 X_{t-2} + \cdots + \phi_p X_{t-p} + \varepsilon_t$$

引入滞后算子（lag operator）L：

$$LX_t = X_{t-1}, \quad L^2 X_t = X_{t-2}, \quad \cdots, \quad L^p X_t = X_{t-p}$$

式（8.40）变换为

$$(1 - \phi_1 L - \phi_2 L^2 - \cdots - \phi_p L^p) X_t = \varepsilon_t$$

记 $\Phi(L) = 1 - \phi_1 L - \phi_2 L^2 - \cdots - \phi_p L^p$，则称多项式方程

$$\Phi(z) = (1 - \phi_1 z - \phi_2 z^2 - \cdots - \phi_p z^p) = 0$$

为 AR(p) 的特征方程（characteristic equation）。可以证明，如果该特征方程的所有根在单位圆外（根的模大于1），则 AR(p) 模型是平稳的。

二、时间序列向量自回归模型

（一）向量自回归模型表达式

将单个时间序列自回归模型扩展到多个时间序列，即构成向量自回归模型。

含有 k 个时间序列，p 阶滞后的向量自回归模型 VAR（p）表示如下：

$$Y_t = \mu + A_1 Y_{t-1} + \cdots + A_p Y_{t-p} + \varepsilon_t, \quad t = 1, 2, \cdots, T \quad\quad (8.43)$$

其中，

$$Y_{t-i} = \begin{pmatrix} Y_{1t-i} \\ Y_{2t-i} \\ \vdots \\ Y_{kt-i} \end{pmatrix}, \quad i = 0, 1, 2, \cdots, p$$

$$A_j = \begin{bmatrix} \alpha_{11.j} & \alpha_{12.j} & \cdots & \alpha_{1k.j} \\ \alpha_{21.j} & \alpha_{22.j} & \cdots & \alpha_{2k.j} \\ \vdots & \vdots & & \vdots \\ \alpha_{k1.j} & \alpha_{k2.j} & \cdots & \alpha_{kk.j} \end{bmatrix}, \quad j = 1, 2, \cdots, p$$

$$\mu = (\mu_1, \cdots, \mu_k)', \quad \varepsilon_t = (\varepsilon_{1t}, \varepsilon_{2t}, \cdots, \varepsilon_{kt})'$$

其中，Y_t 是 k 维内生变量向量，p 是滞后阶数，样本数目为 T。A_1，

A_2，…，A_p 是 k×k 系数矩阵。$\varepsilon_t = N(0, \sum)$ 是 k 维随机扰动向量，它们相互之间可以同期相关，但不与自己的滞后项相关。$\sum$ 是 ε_t 的协方差矩阵，是一个 k×k 的正定矩阵。

在建模的过程中只需明确两个量：一个是所含变量个数 k，即共有哪些变量是相互有关系的，并且需要把这些变量包括在 VAR 模型中；另一个是自回归的最大滞后阶数 p，使模型能反映出变量间相互影响的关系并使得模型的随机误差项 ε_t 是白噪声。

VAR 模型从形式上看是联立方程模型，由于每个方程右边不含任何当期变量，因此每个方程都可以看作独立的方程进行普通最小二乘参数估计。

（二）关于向量自回归模型的讨论

向量自回归模型是一种非结构化模型，它主要通过实际经济数据而非经济理论来确定经济系统的动态结构，建模时无须提出先验理论假设。常用于预测相互联系的时间序列系统及分析随机扰动对变量系统的动态冲击，从而解释各种经济冲击对经济变量形成的影响。

由于向量自回归模型没有揭示经济系统中变量之间的直接因果关系，因此也具有应用上的局限性。首先，向量自回归模型主要应用于经济预测，对于经济结构分析和政策评价等应用领域，它的应用存在方法论障碍；其次，即使在经济预测方面，它的应用是有条件的。例如，向量自回归模型的应用条件关键在于宏观经济运行中是否存在结构约束（政府干预）。所以，向量自回归模型更多的是作为一种动态平衡系统，分析该系统受到某种冲击时系统中各个变量的动态变化，以及每一个冲击对内生变量变化的贡献度。

三、格兰杰因果关系检验及其应用

VAR 模型解释了某变量的变化受其自身及其他变量过去的行为的影响。当两个变量在时间上有先导即滞后关系时，可以从统计上考察这种关系是单向的还是双向的。格兰杰（Granger）提出了一个简单的包括两个变量的向量自回归模型检验方法，称为格兰杰因果关系检验（Granger test of causality）。

（一）格兰杰因果关系检验

在时间序列情形下，两个经济变量 X 和 Y 之间的格兰杰因果关系定义为：若在包含了变量 X 和 Y 的历史信息的条件下，对变量 Y 的预测效果只要优于只单独由 Y 的历史信息对 Y 进行的预测效果，即变量 X 有助于解释变量 Y 的将来的变化，则认为变量 X 是变量 Y 的格兰杰原因。考察 X 是否影响 Y 的问题，主要看当期的 Y 能够在多大程度上被过去的 X 解释，在 Y_t 方程中加入 X 的滞后项是否使解释程度显著提高。如果 X 在 Y 的预测中有帮助，或者 X 与 Y 的相关系数在统计上显著时，就可以说"X 是 Y 的格兰杰原因"。

首先建立 VAR 模型：

$$Y_t = \beta_0 + \sum_{i=1}^{m} \beta_i Y_{t-i} + \sum_{i=1}^{m} \alpha_i X_{t-i} + \mu_t \qquad (8.44)$$

$$X_t = \delta_0 + \sum_{i=1}^{m} \delta_i X_{t-i} + \sum_{i=1}^{m} \lambda_i Y_{t-i} + \upsilon_t \qquad (8.45)$$

有四种可能存在的因果关系：

（1）若 X 对 Y 有单向影响，式（8.44）中 X 各滞后项前的参数整体不为零，而式（8.45）Y 各滞后项前的参数整体为零；

（2）若 Y 对 X 有单向影响，式（8.44）中 X 各滞后项前的参数整体为零，而式（8.45）Y 各滞后项前的参数整体不为零；

（3）若 X 与 Y 有双向影响，式（8.44）中 X 各滞后项前的参数整体不为零，且式（8.45）Y 各滞后项前的参数整体也不为零；

（4）若 X 与 Y 是独立的，式（8.44）中 X 各滞后项前的参数整体为零，且式（8.45）Y 各滞后项前的参数整体也为零。

格兰杰检验通过受约束的 F 检验完成。例如：

$$Y_t = \sum_{i=1}^{m} \alpha_i X_{t-i} + \sum_{i=1}^{m} \beta_i Y_{t-i} + \mu_{1t}$$

$$H_0: \alpha_1 = \alpha_2 = \cdots = \alpha_m = 0$$

$$F = \frac{(SSR_r - SSR_{ur})/m}{SSR_{ur}/(n-k)}$$

如果 $F > F_\alpha(m, n-k)$，则拒绝 X 不是 Y 的格兰杰原因的原假设。

$$X_t = \sum_{i=1}^m \lambda_i Y_{t-i} + \sum_{i=1}^m \delta_i X_{t-i} + \mu_{2t}$$

$$H_0: \lambda_1 = \lambda_2 = \cdots = \lambda_m = 0$$

$$F = \frac{(SSR_r - SSR_{ur})/m}{SSR_{ur}/(n-k)}$$

如果 $F < F_\alpha(m, n-k)$ 则不拒绝 Y 不是 X 的格兰杰原因的原假设。

综上所述，X 是 Y 的格兰杰原因。

关于 F 检验的自由度：如果回归模型中包含常数项，则 $k = 2m+1$，如果不包括常数项，则 $k = 2m$。

（二）格兰杰因果关系检验应用的实际问题

在应用格兰杰因果关系检验需要注意以下几个问题：

（1）滞后期长度的选择问题。检验结果对于滞后期长度的选择比较敏感，不同的滞后期可能会得到不同的检验结果。因此，一般而言，需要进行不同滞后期长度下的检验，观测其敏感程度，并且根据模型中随机干扰项不存在序列相关时的滞后期长度来选取滞后期。

（2）时间序列的平稳性问题。格兰杰因果关系检验是针对平稳时间序列的。对于同阶单整的非平稳序列，理论上不能直接采用。如果将变量经过差分使之成为平稳序列之后再进行检验，经济意义就发生了变化，检验的就不是两个变量之间的关系，而是两个变量的增量之间的关系。

（3）样本容量的问题。时间序列的样本容量对检验结果具有影响。试验表明，对于两个平稳序列，随着样本容量的增大，判断出存在格兰杰因果关系的概率显著增大。

（4）格兰杰因果关系检验是必要性条件检验，而不是充分性条件检验。经济行为上存在因果关系的时间序列，是能够通过格兰杰因果关系检验的；而在统计意义上通过格兰杰因果关系检验的时间序列，在经济行为上并不一定存在因果关系。

▣ 第五节　实　　验

一、实验目的

（1）平稳时间序列与非平稳时间序列的相关特征。
（2）时间序列的单位根检验。
（3）协整检验。
（4）误差修正模型（ECM）。
（5）格兰杰因果关系检验。

二、实验内容

表 8.1 为某省 2001～2020 年农业总产值与种植面积、农药使用量、农业机械总动力及有效灌溉面积的数据。

表 8.1　　　　某省 2001～2020 年农业总产值及其他影响因素

年份	农业总产值（亿元）	农作物总播种面积（千公顷）	农药使用量（万吨）	农业机械总动力（万千瓦）	有效灌溉面积（千公顷）
	Y	X_1	X_2	X_3	X_4
2001	254.0	3688.9	1.3	1122.0	982.3
2002	257.3	3649.9	1.3	1185.3	988.3
2003	275.8	3620.9	1.3	1255.4	994.4
2004	331.4	3668.9	1.6	1321.3	1003.3
2005	362.9	3726.0	2.1	1406.9	1030.4
2006	395.8	3658.7	2.2	1466.3	1050.2
2007	458.7	3672.3	3.5	1577.3	1063.0
2008	503.7	3676.6	3.7	1686.3	1254.7

年份	农业总产值（亿元）	农作物总播种面积（千公顷）	农药使用量（万吨）	农业机械总动力（万千瓦）	有效灌溉面积（千公顷）
	Y	X_1	X_2	X_3	X_4
2009	550.6	3693.9	4.0	1822.7	1264.2
2010	628.9	3723.5	4.5	1977.6	1278.5
2011	688.6	3774.3	6.8	2136.5	1291.8
2012	773.0	3770.7	7.4	2279.1	1297.6
2013	853.8	3779.8	7.8	2418.5	1284.1
2014	897.8	3775.8	7.8	2545.7	1297.1
2015	951.2	3768.4	7.9	2685.0	1306.7
2016	985.7	3749.2	7.0	1903.9	1317.5
2017	1068.6	3752.0	5.2	2018.6	1331.4
2018	1166.1	3773.6	4.3	2102.8	1337.5
2019	1306.4	3831.6	4.2	2174.0	1328.9
2020	1423.9	3931.8	4.0	2289.5	1338.6

（1）检验 Y 与 X_1 的平稳性。

（2）对 Y 和 X_1 进行单位根检验。

（3）利用 EG 两步法对序列 Y、X_2 做协整检验。

（4）建立误差修正模型。

三、实验步骤

（一）单位根检验

（1）做序列折线图，确定 ADF 检验中是否存在趋势项与截距项（见图 8.3）。

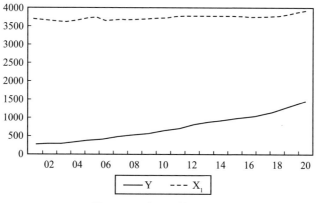

图 8.3　**Y** 与 **X**$_1$ 的折线图

（2）ADF 检验。

在主菜单中选择 Quick/Series Statistics/Unit Root Test，如图 8.4 所示。

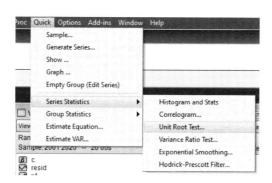

图 8.4　单位根检验

输入待检验的序列名（见图 8.5）。

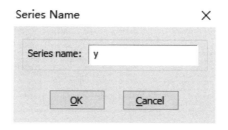

图 8.5　单位根检验对话框

输入 Y，单击 OK 按钮进入单位根检验对话框（见图 8.6）。

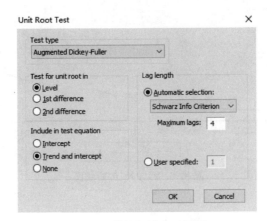

图 8.6 单位根检验对话框

在这里我们选择对原序列 Level 做检验，包含截距项与趋势项，滞后长度选择默认值 4，检验结果如图 8.7 所示。

Null Hypothesis: Y has a unit root
Exogenous: Constant, Linear Trend
Lag Length: 4 (Automatic - based on SIC, maxlag=4)

		t-Statistic	Prob.*
Augmented Dickey-Fuller test statistic		-1.988492	0.5606
Test critical values:	1% level	-4.728363	
	5% level	-3.759743	
	10% level	-3.324976	

*MacKinnon (1996) one-sided p-values.
Warning: Probabilities and critical values calculated for 20 observations
and may not be accurate for a sample size of 15

Augmented Dickey-Fuller Test Equation
Dependent Variable: D(Y)
Method: Least Squares
Date: 03/19/22 Time: 16:37
Sample (adjusted): 2006 2020
Included observations: 15 after adjustments

Variable	Coefficient	Std. Error	t-Statistic	Prob.
Y(-1)	-0.502059	0.252482	-1.988492	0.0820
D(Y(-1))	0.549624	0.277215	1.982664	0.0827
D(Y(-2))	0.157452	0.305710	0.515036	0.6205
D(Y(-3))	-0.268846	0.267621	-1.004578	0.3445
D(Y(-4))	-0.878518	0.288288	-3.047366	0.0159
C	23.35329	19.36409	1.206010	0.2623
@TREND("2001")	37.30737	15.68683	2.378261	0.0447

R-squared	0.810828	Mean dependent var	70.73333
Adjusted R-squared	0.668948	S.D. dependent var	30.94829
S.E. of regression	17.80674	Akaike info criterion	8.901756
Sum squared resid	2536.640	Schwarz criterion	9.232179
Log likelihood	-59.76317	Hannan-Quinn criter.	8.898236
F-statistic	5.714915	Durbin-Watson stat	2.949760
Prob(F-statistic)	0.013854		

图 8.7 Y 序列 ADF 检验结果

检验结果显示，Y 序列以较大的 P 值，即 56.06% 的概率不拒绝原假设，即存在单位根的结论。

将 Y 序列做一阶差分（只需修改 ADF 检验的选项中的差分阶数），然后对 ΔY 进行 ADF 检验（选择含有常数项与趋势项）结果如图 8.8 所示。

Null Hypothesis: D(Y) has a unit root
Exogenous: Constant, Linear Trend
Lag Length: 4 (Automatic - based on SIC, maxlag=4)

		t-Statistic	Prob.*
Augmented Dickey-Fuller test statistic		-4.504700	0.0160
Test critical values:	1% level	-4.800080	
	5% level	-3.791172	
	10% level	-3.342253	

*MacKinnon (1996) one-sided p-values.
Warning: Probabilities and critical values calculated for 20 observations
　　　　and may not be accurate for a sample size of 14

Augmented Dickey-Fuller Test Equation
Dependent Variable: D(Y,2)
Method: Least Squares
Date: 03/19/22　Time: 16:39
Sample (adjusted): 2007 2020
Included observations: 14 after adjustments

Variable	Coefficient	Std. Error	t-Statistic	Prob.
D(Y(-1))	-2.978827	0.661271	-4.504700	0.0028
D(Y(-1),2)	1.844049	0.511917	3.602240	0.0087
D(Y(-2),2)	1.965733	0.502898	3.908810	0.0058
D(Y(-3),2)	1.383920	0.419239	3.301026	0.0131
D(Y(-4),2)	0.470657	0.334231	1.408178	0.2019
C	67.77631	19.98418	3.391499	0.0116
@TREND("2001")	8.911140	2.390361	3.727948	0.0074

R-squared	0.811908	Mean dependent var	6.042857
Adjusted R-squared	0.650685	S.D. dependent var	26.85427
S.E. of regression	15.87164	Akaike info criterion	8.673797
Sum squared resid	1763.362	Schwarz criterion	8.993326
Log likelihood	-53.71658	Hannan-Quinn criter.	8.644219
F-statistic	5.035956	Durbin-Watson stat	2.029803
Prob(F-statistic)	0.026069		

图 8.8　Y 一阶差分 ADF 检验结果

检验结果显示，ΔY 序列不存在单位根，Y 序列为一阶单整。

关于 X_1 序列的单位根检验原理与 Y 一样，如对 X_1 原序列进行单位根检验，结果如图 8.9 所示。

检验结果显示，X_1 序列以较小的 P 值，在 1% 的显著性水平下拒绝原假设，序列不存在单位根。

所以不同类型的时间序列，其单整阶数是不同的。

（二）协整检验

E-G 两步法：

（1）对数据进行预处理，将序列 Y、X_2 对数化，记为 lnY、lnX_2。

```
Null Hypothesis: X1 has a unit root
Exogenous: Constant, Linear Trend
Lag Length: 4 (Automatic - based on SIC, maxlag=4)
```

		t-Statistic	Prob.*
Augmented Dickey-Fuller test statistic		-5.416979	0.0033
Test critical values:	1% level	-4.728363	
	5% level	-3.759743	
	10% level	-3.324976	

```
*MacKinnon (1996) one-sided p-values.
Warning: Probabilities and critical values calculated for 20 observations
        and may not be accurate for a sample size of 15
```

```
Augmented Dickey-Fuller Test Equation
Dependent Variable: D(X1)
Method: Least Squares
Date: 03/19/22   Time: 16:41
Sample (adjusted): 2006 2020
Included observations: 15 after adjustments
```

Variable	Coefficient	Std. Error	t-Statistic	Prob.
X1(-1)	-2.249315	0.415234	-5.416979	0.0006
D(X1(-1))	1.667695	0.338924	4.920551	0.0012
D(X1(-2))	1.522043	0.339085	4.488679	0.0020
D(X1(-3))	1.027164	0.248383	4.135402	0.0033
D(X1(-4))	0.566579	0.208395	2.718772	0.0263
C	8078.113	1498.756	5.389878	0.0007
@TREND("2001")	25.76267	4.136859	6.227591	0.0003

R-squared	0.844957	Mean dependent var	13.72000
Adjusted R-squared	0.728674	S.D. dependent var	37.87089
S.E. of regression	19.72655	Akaike info criterion	9.106532
Sum squared resid	3113.093	Schwarz criterion	9.436956
Log likelihood	-61.29899	Hannan-Quinn criter.	9.103013
F-statistic	7.266416	Durbin-Watson stat	1.336631
Prob(F-statistic)	0.006656		

图 8.9　X_1 序列 ADF 检验结果

（2）对序列 lnY、lnX$_2$ 做单整检验。这里运用 ADF 检验方法（不含截距项和趋势项对原序列、一阶差分序列及二阶差分序列分别作 ADF 检验），检验结果如图 8.10、图 8.11 所示。

```
Null Hypothesis: LOGY has a unit root
Exogenous: Constant, Linear Trend
Lag Length: 0 (Automatic - based on SIC, maxlag=4)
```

		t-Statistic	Prob.*
Augmented Dickey-Fuller test statistic		-1.258995	0.8669
Test critical values:	1% level	-4.532598	
	5% level	-3.673616	
	10% level	-3.277364	

```
*MacKinnon (1996) one-sided p-values.
Warning: Probabilities and critical values calculated for 20 observations
        and may not be accurate for a sample size of 19
```

```
Augmented Dickey-Fuller Test Equation
Dependent Variable: D(LOGY)
Method: Least Squares
Date: 03/19/22   Time: 16:47
Sample (adjusted): 2002 2020
Included observations: 19 after adjustments
```

Variable	Coefficient	Std. Error	t-Statistic	Prob.
LOGY(-1)	-0.204240	0.162224	-1.258995	0.2261
C	1.208465	0.881541	1.370855	0.1893
@TREND("2001")	0.018496	0.015424	1.199156	0.2479

R-squared	0.102702	Mean dependent var	0.090727
Adjusted R-squared	-0.009460	S.D. dependent var	0.038935
S.E. of regression	0.039119	Akaike info criterion	-3.500476
Sum squared resid	0.024485	Schwarz criterion	-3.351354
Log likelihood	36.25452	Hannan-Quinn criter.	-3.475238
F-statistic	0.915655	Durbin-Watson stat	1.380233
Prob(F-statistic)	0.420237		

```
Null Hypothesis: D(LOGY) has a unit root
Exogenous: Constant, Linear Trend
Lag Length: 4 (Automatic - based on SIC, maxlag=4)
```

		t-Statistic	Prob.*
Augmented Dickey-Fuller test statistic		-4.115813	0.0299
Test critical values:	1% level	-4.800080	
	5% level	-3.791172	
	10% level	-3.342253	

```
*MacKinnon (1996) one-sided p-values.
Warning: Probabilities and critical values calculated for 20 observations
        and may not be accurate for a sample size of 14
```

```
Augmented Dickey-Fuller Test Equation
Dependent Variable: D(LOGY,2)
Method: Least Squares
Date: 03/19/22   Time: 16:50
Sample (adjusted): 2007 2020
Included observations: 14 after adjustments
```

Variable	Coefficient	Std. Error	t-Statistic	Prob.
D(LOGY(-1))	-2.330460	0.566221	-4.115813	0.0045
D(LOGY(-1),2)	1.414175	0.495358	2.854853	0.0245
D(LOGY(-2),2)	1.381240	0.451323	3.060426	0.0183
D(LOGY(-3),2)	0.985120	0.257757	3.821890	0.0065
D(LOGY(-4),2)	0.285016	0.194512	1.465290	0.1863
C	0.332938	0.085212	3.907176	0.0058
@TREND("2001")	-0.009106	0.002816	-3.233861	0.0144

R-squared	0.841566	Mean dependent var	-4.70E-05
Adjusted R-squared	0.705765	S.D. dependent var	0.036903
S.E. of regression	0.020018	Akaike info criterion	-4.677566
Sum squared resid	0.002805	Schwarz criterion	-4.358038
Log likelihood	39.74296	Hannan-Quinn criter.	-4.707145
F-statistic	6.197067	Durbin-Watson stat	2.436790
Prob(F-statistic)	0.015074		

图 8.10　ADF 检验结果（lnY）

Null Hypothesis: LOGX2 has a unit root
Exogenous: Constant, Linear Trend
Lag Length: 0 (Automatic - based on SIC, maxlag=4)

	t-Statistic	Prob.*
Augmented Dickey-Fuller test statistic	0.192864	0.9958
Test critical values: 1% level	-4.532598	
5% level	-3.673616	
10% level	-3.277364	

*MacKinnon (1996) one-sided p-values.
Warning: Probabilities and critical values calculated for 20 observations
and may not be accurate for a sample size of 19

Augmented Dickey-Fuller Test Equation
Dependent Variable: D(LOGX2)
Method: Least Squares
Date: 03/19/22 Time: 16:53
Sample (adjusted): 2002 2020
Included observations: 19 after adjustments

Variable	Coefficient	Std. Error	t-Statistic	Prob.
LOGX2(-1)	0.020493	0.106254	0.192864	0.8495
C	0.222581	0.087929	2.531366	0.0222
@TREND("2001")	-0.019020	0.012368	-1.537814	0.1436

R-squared	0.271706	Mean dependent var	0.059154
Adjusted R-squared	0.180669	S.D. dependent var	0.184680
S.E. of regression	0.167167	Akaike info criterion	-0.595708
Sum squared resid	0.447117	Schwarz criterion	-0.446586
Log likelihood	8.659227	Hannan-Quinn criter.	-0.570471
F-statistic	2.984568	Durbin-Watson stat	1.673566
Prob(F-statistic)	0.079151		

Null Hypothesis: D(LOGX2) has a unit root
Exogenous: Constant, Linear Trend
Lag Length: 0 (Automatic - based on SIC, maxlag=4)

	t-Statistic	Prob.*
Augmented Dickey-Fuller test statistic	-3.636670	0.0550
Test critical values: 1% level	-4.571559	
5% level	-3.690814	
10% level	-3.286909	

*MacKinnon (1996) one-sided p-values.
Warning: Probabilities and critical values calculated for 20 observations
and may not be accurate for a sample size of 18

Augmented Dickey-Fuller Test Equation
Dependent Variable: D(LOGX2,2)
Method: Least Squares
Date: 03/19/22 Time: 16:53
Sample (adjusted): 2003 2020
Included observations: 18 after adjustments

Variable	Coefficient	Std. Error	t-Statistic	Prob.
D(LOGX2(-1))	-0.872563	0.239935	-3.636670	0.0024
C	0.252963	0.104710	2.415838	0.0289
@TREND("2001")	-0.018936	0.008455	-2.239614	0.0407

R-squared	0.472354	Mean dependent var	-0.002711
Adjusted R-squared	0.402001	S.D. dependent var	0.207112
S.E. of regression	0.160161	Akaike info criterion	-0.674265
Sum squared resid	0.384772	Schwarz criterion	-0.525870
Log likelihood	9.068387	Hannan-Quinn criter.	-0.653804
F-statistic	6.714064	Durbin-Watson stat	2.157138
Prob(F-statistic)	0.008271		

图 8.11　ADF 检验结果（$\ln X_2$）

可以看出，$\ln Y$ 与 $\ln X_2$ 均为 I(1) 序列，满足协整检验的前提。

（3）以 $\ln Y$ 为因变量，$\ln X_2$ 为自变量进行 OLS 回归。

（4）回归后得到模型的残差序列 resid，做残差序列的折线图（见图 8.12）。

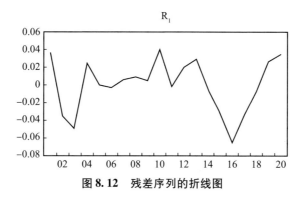

图 8.12　残差序列的折线图

可以看出序列 R_1 是平稳的。

（5）对序列 R_1 作单位根检验（不含截距项与趋势项），ADF 检验结果如图 8.13 所示。

检验的 t 统计量的值为 -3.0205，小于 1% 的显著性水平下的临界值 -2.6924，可以认为回归模型的残差序列 R_1 为平稳序列，表明序列 $\ln Y$ 与 $\ln X_2$ 存在协整关系。

```
Null Hypothesis: R1 has a unit root
Exogenous: None
Lag Length: 0 (Automatic - based on SIC, maxlag=4)
```

		t-Statistic	Prob.*
Augmented Dickey-Fuller test statistic		-3.020508	0.0046
Test critical values:	1% level	-2.692358	
	5% level	-1.960171	
	10% level	-1.607051	

```
*MacKinnon (1996) one-sided p-values.
Warning: Probabilities and critical values calculated for 20 observations
          and may not be accurate for a sample size of 19


Augmented Dickey-Fuller Test Equation
Dependent Variable: D(R1)
Method: Least Squares
Date: 03/19/22  Time: 17:05
Sample (adjusted): 2002 2020
Included observations: 19 after adjustments
```

Variable	Coefficient	Std. Error	t-Statistic	Prob.
R1(-1)	-0.671788	0.222409	-3.020508	0.0073

R-squared	0.336368	Mean dependent var	-2.24E-05
Adjusted R-squared	0.336368	S.D. dependent var	0.034238
S.E. of regression	0.027891	Akaike info criterion	-4.269801
Sum squared resid	0.014003	Schwarz criterion	-4.220094
Log likelihood	41.56311	Hannan-Quinn criter.	-4.261389
Durbin-Watson stat	1.397385		

图 8.13   序列 R_1 的 ADF 检验结果

（三）误差修正模型

以 lnY 为因变量，以 lnX_2 为自变量建立误差修正模型。

（1）lnY 和 lnX_2 之间存在协整关系，故可建立 ECM。

（2）对 lnY 和 lnX_2 做一阶差分，分别记为 dlnY 和 $dlnX_2$。

可直接输入以下命令建立误差修正模型：

$$Ls\,dlnY\,c\,dlnX_2\,R1(-1)$$

结果输出见图 8.14。

```
Dependent Variable: DLOGY
Method: Least Squares
Date: 03/19/22  Time: 17:15
Sample (adjusted): 2002 2020
Included observations: 19 after adjustments
```

Variable	Coefficient	Std. Error	t-Statistic	Prob.
C	0.079862	0.007117	11.22204	0.0000
DLOGX2	0.159325	0.041197	3.867410	0.0014
R1(-1)	-0.788036	0.257918	-3.055371	0.0076

R-squared	0.516088	Mean dependent var	0.090727
Adjusted R-squared	0.455599	S.D. dependent var	0.038935
S.E. of regression	0.028728	Akaike info criterion	-4.117961
Sum squared resid	0.013205	Schwarz criterion	-3.968839
Log likelihood	42.12063	Hannan-Quinn criter.	-4.092724
F-statistic	8.531931	Durbin-Watson stat	1.453328
Prob(F-statistic)	0.003007		

图 8.14   ECM 模型的系数估计

误差修正模型的结果如下：

$$dlnY_t = 0.0799 + 0.1593dlnX_{2t} - 0.7880 R1_{t-1}$$

四、实验小结

本章实验主要介绍单位根检验、协整检验及误差修正模型的理论与实际操作，在计量实证分析中，有以下几点值得注意：

（1）对数据做协整检验之前，要先对序列做平稳性检验，确认被检验序列为同阶单整序列；

（2）在做 ADF 检验时，可根据折线图初步确定检验中是否含截距项与趋势项；

（3）在建立 ARMA 等模型时，先要对模型做平稳性检验；

（4）在涉及变量回归的模型中，应对数据进行格兰杰因果检验，以避免伪回归。

五、备择实验

表 8.2 是 1995～2020 年我国国内生产总值与消费、投资、进口的时间序列数据，试根据数据做以下分析。

（1）检验时间序列 X_1 是否平稳；

（2）建立关于序列 X_1 的 ARIMA 模型；

（3）运用 EG 两步法对 X_1 与 X_2 做协整检验；

（4）运用 Johansen 法对表中四个序列做协整检验，结合所得结果对数据加以分析；

（5）试对变量 Y、X_1、X_2、X_3 做因果检验，结合检验结果对变量之间的因果关系进行简要的分析。

表 8.2　　1995～2020 年我国国内生产总值与消费、投资、进口情况

年份	国内生产总值 Y	最终消费 X_1	投资 X_2	进口 X_3
1995	61339.9	36228.7	20019.0	11048.1

续表

年份	国内生产总值 Y	最终消费 X_1	投资 X_2	进口 X_3
1996	71813.6	43122.3	22974.0	11557.4
1997	79715.0	47548.7	24941.0	11806.6
1998	85195.5	51501.8	28406.0	11626.1
1999	90564.4	56667.3	29855.0	13736.5
2000	100280.1	63748.9	32918.0	18638.8
2001	110863.1	68661.1	37214.0	20159.2
2002	121717.4	74227.5	43500.0	24430.3
2003	137422.0	79735.0	53841.0	34195.6
2004	161840.2	89394.4	66235.0	46435.8
2005	187318.9	101872.5	80994.0	54273.7
2006	219438.5	115364.3	97583.0	63376.9
2007	270092.3	137737.1	118323.0	73296.9
2008	319244.6	158899.2	144587.0	79526.5
2009	348517.7	174538.6	181760.0	68618.4
2010	412119.3	201581.4	218834.0	94699.5
2011	487940.2	244747.3	238782.0	113161.4
2012	538580.0	275443.9	281684.0	114801.0
2013	592963.2	306663.7	329318.0	121037.5
2014	643563.1	338031.2	373637.0	120358.0
2015	688858.2	371920.7	405928.0	104336.1
2016	746395.1	410806.4	434364.0	104967.2
2017	832035.9	456518.2	461284.0	124789.8
2018	919281.1	506134.9	488499.0	140880.3
2019	986515.2	552631.7	513608.0	143253.7
2020	1015986.2	560811.1	527270.0	142936.4

资料来源: 1996~2021年《中国统计年鉴》。

本 章 小 结

1. 时间序列数据是经济分析中最常见也是最重要的一类数据。采用时间序列数据作样本建立揭示变量之间结构关系的计量经济学模型，首先需要考虑时间序列是否平稳。时间序列的平稳性，是指时间序列的统计规律不会随着时间的推移而发生变化。严平稳是指随机过程的联合分布函数与时间的位移无关。宽平稳是指随机过程的均值、方差和协方差不随时间的推移而变化。

2. 大多数经济时间序列是非平稳的，如果直接将非平稳时间序列当作平稳时间序列进行回归分析，则可能造成"伪回归"，即变量间本来不存在相依关系，但回归结果却得出存在相依关系的错误结论。经济学家研究发现，造成"伪回归"的根本原因在于时间序列变量的非平稳性。

3. 时间序列平稳性检验的方法主要介绍了单位根检验，包括：（1）DF检验。（2）ADF检验。为了保证DF检验中随机误差项的白噪声特征，Dickey和Fuller对DF检验进行了扩充，即ADF检验。ADF检验主要通过三个模型完成。

4. 协整是对非平稳经济变量长期均衡关系的统计描述。协整分析对于检验变量之间长期均衡关系很重要，而且也是区别真实回归和伪回归的有效方法。常用的协整检验有两种方法，一种是E-G两步法，主要用于单一方程的协整检验，特别是两个变量的协整检验；另一种是Johansen方法，主要用于多变量、联立方程组模型。本章只介绍了E-G两步法。

5. 任何一组相互协整的时间序列变量都存在误差修正机制。误差修正模型把长期关系和短期动态特征结合在一个模型中。其基本思路是：如果变量之间存在协整关系，即表明这些变量之间存在着长期稳定的关系，但这种长期稳定的关系在短期动态过程的不断调整下才能维持。建立误差修正模型一般采用两步，分别建立区分数据长期特征和短期特征的计量经济学模型。

6. 格兰杰检验方法主要是检验一个经济变量的历史信息是否可用来预测另一个经济变量的未来变动，该检验的重要价值在于预测。格兰杰因果关系不等于实际因果关系，实际因果关系还需借助经济理论进行进一步分析；但统计意义上的格兰杰因果关系也很有意义，对于经济预测起到很大作用。

思 考 题

一、名词解释

1. 时间序列　　　　2. ADF 检验　　　　3. 单位根检验

4. 协整检验　　　　5. 格兰杰因果关系检验

二、简答

1. 对时间序列进行分析，为什么提出平稳性问题？

2. 简述模型出现的"虚假回归"的含义。

3. 什么是平稳、弱相关。为什么随机游走过程是非平稳的？

4. 简述单位根 ADF 检验的基本步骤。

5. 简述多变量扩展的恩格尔格兰杰协整关系检验。

6. 简述误差修正模型估计的恩格尔—格兰杰两步法。

7. 简述格兰杰因果关系检验应用中需要注意哪些问题？

8. 下表给出了 1995～2020 年中国货物进出口额的数据，根据以上数据回答以下问题。

1995～2020 年中国货物进出口额　　　　　　单位：亿元

年份	货物出口总额	货物进口总额
1995	12451.81	11048.13
1996	12576.43	11557.43
1997	15160.68	11806.56
1998	15223.54	11626.14
1999	16159.77	13736.46
2000	20634.44	18638.81
2001	22024.44	20159.18
2002	26947.87	24430.27
2003	36287.89	34195.56
2004	49103.33	46435.76
2005	62648.09	54273.68
2006	77597.89	63376.86

年份	货物出口总额	货物进口总额
2007	93627.14	73296.93
2008	100394.94	79526.53
2009	82029.69	68618.37
2010	107022.84	94699.5
2011	123240.56	113161.39
2012	129359.25	114800.96
2013	137131.43	121037.46
2014	143883.75	120358.03
2015	141166.83	104336.1
2016	138419.29	104967.17
2017	153309.43	124789.81
2018	164127.81	140880.32
2019	172373.63	143253.69
2020	179278.83	142936.4

资料来源：国家统计局。

（1）对货物进口额与出口额分别取对数后进行单位根检验，检验它们的平稳性；

（2）检验取对数后的货物进口额与出口额的单整性；

（3）进行协整检验；

（4）建立误差修正模型。

9. 下表给出了 2000～2020 年上证指数（sh）与恒生指数（hs），根据以上数据回答以下问题。

2000～2020 年上证指数（sh）与恒生指数（hs）

年份	上证指数（sh）	恒生指数（hs）
2000	2073.48	1709.45
2001	1645.97	1346.16

续表

年份	上证指数（sh）	恒生指数（hs）
2002	1357.65	1130.24
2003	1497.04	1621.61
2004	1266.50	1831.99
2005	1161.06	1947.72
2006	2675.47	2802.68
2007	5261.56	3874.22
2008	1820.81	1982.56
2009	3277.14	3052.01
2010	2808.08	3248.17
2011	2199.42	2546.60
2012	2269.13	3113.07
2013	2115.98	3260.66
2014	3234.68	3267.27
2015	3539.18	3021.47
2016	3103.64	2994.61
2017	3307.17	4140.45
2018	2493.90	3404.78
2019	3050.12	3827.55
2020	3473.07	4294.66

资料来源：Wind 数据库。

（1）对上证指数与恒生指数进行单位根检验，检验它们的平稳性；

（2）对上证指数与恒生指数进行格兰杰因果关系检验。

第九章

联立方程模型

是先有鸡，还是先有蛋？

货币供应量及通货膨胀的关系备受经济学家的关注。货币数量论认为：货币量增长是通货膨胀的主要原因。正如经济学家米尔顿·弗里德曼曾指出的："通货膨胀永远而且处处是一种货币现象。"（曼昆，《经济学原理》）

也有经济学家认为："人们持有货币是因为货币是交换媒介。与债券或股票这类其他资产不同，人们可以用货币购买他们购物单上的物品与劳务。他们为这种目的选择持有多少货币取决于这些物品与劳务的价格。价格越高，正常交易要求的货币越多。""这就是说，物价水平上升（货币价值下降）增加了货币需求量。"（曼昆，《经济学原理》）

对货币供应量、经济增长及通货膨胀的关系也一直是各国政府和货币当局争论的问题。在出现通货膨胀时，政府强调是货币当局的货币供应量过多，使得总需求中的投资和消费过快增长，导致了通货膨胀；货币当局又争辩，是由于经济增长过快，投资和消费对货币需求增长，导致物价水平上升，而迫使货币供应量增加。究竟是物价上升导致货币供应量增加，还是货币供应量增加导致物价上涨？为了验证这种类似"是先有鸡，还是先有蛋"的争论，在建立模型时，有人主张建立分析物价水平和经济增长影响货币供应量的方程；也有人主张建立分析货币供应量影响物价水平和经济增长的方程。这两个方程是什么关系？当经济增长、物价水平和货币供应量的样本数据都是既定的，两个方程可以同时估计吗？

■ 第一节 联立方程的基本概念

一、联立方程模型的概念

单方程计量经济学模型，是用单一方程描述某一经济变量与影响该变量变化的诸因素之间的因果关系。所以，它适用于单一经济现象的研究，揭示其中的单向因果关系。

有些必须用一组方程才能描述的经济现象，称之为经济系统。经济系统并没有严格的空间概念。国民经济是一个系统，一个地区的经济也是一个系统，甚至某一项经济活动也是一个系统。例如，我们进行商品购买决策，由于存在收入或预算的制约，在决定是否购买某种商品时，必须考虑到对其他商品的需求和其他商品的价格，这样，不同商品的需求量之间是相互影响、互为因果的。商品购买决策就是一个经济系统。

例9.1 以一个国内生产总值（Y）、居民消费总额（C）、投资总额（I）和政府支出（G）等变量构成的简单的宏观经济系统为例。如果将政府消费额由系统外部给定，并对系统内部其他变量产生影响，就国内生产总值、居民消费总额、投资总额来说，是相互影响并互为因果的。居民消费和投资当然取决于国内生产总值，但反过来又会影响国内生产总值。所以，就无法用一个方程描述它们之间的关系，这时需要建立一个由多方程组成的方程系统。

$$C_t = a_0 + a_1 Y_t + u_{t1}$$
$$I_t = \beta_0 + \beta_1 Y_t + \beta_2 Y_{t-1} + u_{t2} \qquad (9.1)$$
$$Y_t = C_t + I_t + G_t$$

其中，第一个方程表示居民消费总额由国内生产总值决定；第二个方程表示投资总额由国内生产总值和前一年的国内生产总值共同决定；第三个方程表示国内生产总值由居民消费总额、投资总额和政府支出共同决定，在假定进出口平衡的情况下，是一个恒等方程。

例9.2 在市场条件下，某种商品的价格（P）、需求量 Q^D 和供给量 Q^S

由供求平衡条件决定，因此反映供求关系的供求模型应该由需求函数、供给函数和供求均衡条件三个方程组成。

假设，这种商品是农产品：

$$Q_t^D = a_0 + a_1 P_t + a_2 Y_t + u_{t1}$$

$$Q_t^S = \beta_0 + \beta_1 P_t + \beta_2 W_t + u_{t2} \qquad (9.2)$$

$$Q_t^S = Q_t^D = Q_t$$

其中，第一个方程表示农产品需求量由价格和消费者收入决定；第二个方程表示农产品供给量由价格和天气情况决定；第三个方程表示供给量等于需求量，是一个供求均衡恒等式。

二、变量分类

通过以上两个例子可以看出，所谓联立方程模型是指用若干个相互关联的单一方程，同时去表示一个经济系统中经济变量相互联立依存性的模型，即用一个联立方程组去表现多个变量间互为因果的联立关系。联立方程组中每一个单一方程中包含了一个或多个相互关联的内生变量，每一个方程的被解释变量都是内生变量，解释变量则既可以是内生变量，也可以是前定变量。联立方程模型也称为联立方程组模型。

在联立方程计量经济学模型中，对于其中每个随机方程，其变量仍然有被解释变量和解释变量之分。但是对于一个模型系统而言，已经不能用被解释变量和解释变量来划分变量。同一个变量，在这个方程中作为被解释变量，在另一个方程中则可能作为解释变量。

对于联立方程计量经济学模型系统而言，将变量分为内生变量和外生变量两大类，外生变量和滞后内生变量又被统称为前定变量或先决变量。

1. 内生变量

内生变量是具有某种概率分布的随机变量，它的参数是联立方程系统估计的元素，内生变量是由模型系统决定的，同时也对模型系统产生影响。内生变量一般都是经济变量。

一般情况下，内生变量 Y 满足：$Cov(Y_i, u_i) \neq 0$。

在例 9.1 中，国内生产总值、居民消费总额、投资总额；例 9.2 中，商品的需求量、供给量和价格都是内生变量，由模型系统决定。

2. 外生变量

外生变量一般是确定性变量，其参数不是模型系统研究的元素。外生变量影响系统，但不受系统的影响。外生变量一般都是经济变量、条件变量、政策变量、虚拟变量。

外生变量一般满足：$E(X_i，u_i) = 0$。

在例9.1中，政府消费额就是外生变量；例9.2中，消费者收入和天气条件就是外生变量。

3. 前定变量或先决变量

前定变量或先决变量是指外生变量和滞后内生变量。

滞后内生变量是联立方程计量经济学模型中重要的不可缺少的一部分变量，用以反映经济系统的动态性和连续性。

在例9.1中，前期国内生产总值 Y_{t-1} 为滞后内生变量，它与政府消费 G 一起构成了前定变量或先决变量。

在单方程计量经济学模型中，内生变量作为被解释变量，外生变量和滞后内生变量作为解释变量。而在联立方程计量经济学模型中，内生变量既可以作为被解释变量，又可以在不同的方程中作为解释变量。

三、方程的分类

1. 行为方程

行为方程是描述政府、企业、居民经济行为的函数关系式。例如，例9.2 中的需求函数和供给函数都是行为方程，它是建立在特定的经济理论基础上的。需求函数反映的是消费者的经济行为，而供给函数反映生产者的经济行为。由于经济规律本身并非严格的确定性关系，所以行为方程都是随机方程，具有随机误差项。

2. 技术方程

技术方程是指类似于投入多少原料、资金，使之产出多少产品这种技术性关系，也可以称为工艺关系。例如，生产函数是劳动力、资金等因素的投入与产品生产量之间的工艺技术关系。在实际应用中，技术方程一般都是行为方程。

3. 制度方程

制度方程指的是法律、制度、政策等制度规定的经济变量之间的函数关系。例如，税收方程等。

4. 恒等式

恒等式有两种：一种是定义方程，它由经济理论和假设所确定的经济变量之间的定义关系。例如，单价×销售数量 = 销售收入，消费 + 储蓄 = 居民收入。另一种是平衡方程，表示经济变量之间的平衡关系，例如，供给 = 需求 = 供需平衡。恒等式一般都是确定性的方程，其系数已知。

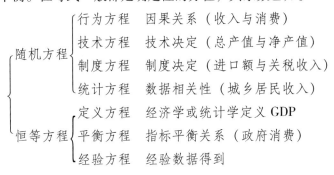

四、联立方程模型的类型

1. 结构式模型

根据经济理论和行为规律建立的描述经济变量之间直接关系结构的计量经济学方程系统称为结构式模型。例如，前例中的宏观经济模型，就是一个结构式模型。

$$C_t = a_0 + a_1 Y_t + u_{t1}$$
$$I_t = \beta_0 + \beta_1 Y_t + \beta_2 Y_{t-1} + u_{t2} \qquad (9.3)$$
$$Y_t = C_t + I_t + G_t$$

其中，国内生产总值（Y）、居民消费总额（C）、投资总额（I）和政府支出（G）。

结构式模型中的每个方程都是结构方程，各结构方程的参数称为结构参数。在结构方程中，解释变量中可以出现内生变量。将一个内生变量表示为其他内生变量、先决变量（前定变量）和随机干扰项的函数形式，称为结构方程的正规形式。

一般来说，结构参数是指边际倾向、弹性或经济理论的其他参数，此种结构参数表示每个解释变量对内生变量的直接影响。

如果模型中结构方程的个数等于内生变量的个数，那么在数学上才是完备的，这种模型叫作完备模型。

2. 简化式模型

将联立方程计量经济学模型中的每个内生变量表示成所有前定变量（先决变量）和随机干扰项的函数，即用所有前定变量作为每个内生变量的解释变量，所形成的模型称为简化式模型。

显然，简化式模型并不反映经济系统中变量之间的直接关系，并不是经济系统的客观描述，因此也不是我们的研究对象。但是，由于简化式模型中作为解释变量的变量中没有内生变量，因此可以用最小二乘法估计每个方程的参数，所以简化式模型在联立方程模型研究中具有重要作用。

简化式模型中的每个方程称为简化式方程，方程的参数称为简化式参数。通常用 $\prod$ 表示简化式参数，于是简化式模型的矩阵形式为：

其中，

$$\prod = \begin{Bmatrix} \pi_{11} & \pi_{12} & \pi_{1k} \\ \pi_{21} & \pi_{22} & \pi_{2k} \\ \pi_{g1} & \pi_{g2} & \pi_{gk} \end{Bmatrix} \tag{9.4}$$

$$E = \begin{Bmatrix} E_1 \\ E_2 \\ E_g \end{Bmatrix} = \begin{Bmatrix} \varepsilon_{11} & \varepsilon_{12} & \varepsilon_{1n} \\ \varepsilon_{21} & \varepsilon_{22} & \varepsilon_{2n} \\ \varepsilon_{g1} & \varepsilon_{g2} & \varepsilon_{gn} \end{Bmatrix} \tag{9.5}$$

$$Y = \begin{Bmatrix} Y_1 \\ Y_2 \\ Y_g \end{Bmatrix} = \begin{Bmatrix} y_{11} & y_{12} & y_{1n} \\ y_{21} & y_{22} & y_{2n} \\ y_{g1} & y_{g2} & y_{gn} \end{Bmatrix} \tag{9.6}$$

$$X = \begin{Bmatrix} X_1 \\ X_2 \\ X_k \end{Bmatrix} = \begin{Bmatrix} x_{11} & x_{12} & x_{1n} \\ x_{21} & x_{22} & x_{2n} \\ x_{k1} & x_{k2} & x_{kn} \end{Bmatrix} \tag{9.7}$$

其中，Y 表示内生变量，X 表示前定变量，g 表示内生变量个数，k 表示前定变量个数。

例 9.3 供求模型

$$\begin{cases} Q_t^D = a_0 + a_1 P_t + a_2 Y_t + u_t \cdots (1) \\ Q_t^S = \beta_0 + \beta_1 P_t + \nu_t \cdots\cdots\cdots (2) \\ Q_t^S = Q_t^D = Q_t \cdots\cdots\cdots\cdots (3) \end{cases} \qquad (9.8)$$

此模型中，内生变量为商品价格 P、供给量 Q^S 和需求量 Q^D，外生变量（前定变量）为消费者收入 Y。模型的简化式就是将内生变量表示成前定变量和随机项的函数：

式（9.8）可以写成：

$$-a_1 P_t = a_0 + a_2 Y_t + u_t - Q_t^D \qquad (9.9)$$

而

$$Q_t^D = Q_t^S = \beta_0 + \beta_1 P_t + \nu_t \qquad (9.10)$$

代入方程可得简约式方程：

$$\begin{cases} P_t = \prod_{11} + \prod_{12} Y_t + \omega_{1t} \\ Q_t = Q_t^D = Q_t^S = \prod_{21} + \prod_{22} Y_t + \omega_{2t} \end{cases} \qquad (9.11)$$

其参数分别为：

$$\begin{cases} \prod_{11} = \dfrac{\beta_0 - a_0}{a_1 - \beta_1} & \prod_{12} = -\dfrac{a_2}{a_1 - \beta_1} & \omega_{1t} = \dfrac{\nu_t - u_t}{a_1 - \beta_1} \\ \prod_{21} = \dfrac{a_1 \beta_0 - a_0 \beta_1}{a_1 - \beta_1} & \prod_{22} = -\dfrac{a_2 \beta_1}{a_1 - \beta_1} & \omega_{2t} = \dfrac{a_1 \nu_t - \beta_1 u_t}{a_1 - \beta_1} \end{cases} \qquad (9.12)$$

其中 $\prod$ 称为简化参数（约简参数），也可以叫作影响乘数或长期乘数，它度量了前定变量的值变化一个单位时对内生变量的影响程度。

前定变量的结构参数只表示前定变量对内生变量的直接影响，而该前定变量的约简参数却表示它对内生变量的总影响，即包括直接影响和间接影响二者之和。

由于简化式方程是将内生变量表示为前定变量和随机项的函数，而前定变量假定为非随机变量，从而它和随机项是相互独立的，因此，可以用 OLS 法来估计简化式方程的系数，进而求出联立方程的结构参数。

3. 递归模型

如果一个模型的结构方程是用下列方法进行排列的：

$$\begin{cases} Y_1 = a_{11}X_1 + a_{12}X_2 + \cdots + a_{1k}X_k + u_1 \\ Y_2 = a_{21}X_1 + a_{22}X_2 + \cdots + a_{2k}X_k + \beta_{21}Y_1 + u_2 \\ Y_3 = a_{31}X_1 + a_{32}X_2 + \cdots + a_{3k}X_k + \beta_{31}Y_1 + \beta_{32}Y_2 + u_3 \\ Y_g = a_{g1}X_1 + a_{g2}X_2 + \cdots + a_{gk}X_k + \beta_{g1}Y_1 + \beta_{g2}Y_2 + \cdots + \beta_{gg-1}Y_{g-1} + u_g \end{cases}$$

$$(9.13)$$

其中，Y、X 分别代表内生变量和外生变量，而且满足随机项条件（假定），称之为递归模型。

递归模型中每一个方程的变量之间的关系都是单向因果关系，所以，对递归模型中逐个方程使用 OLS 法，所得估计量仍具有最小二乘估计量的统计性质。

■ 第二节　联立方程模型的识别

一、识别的定义

在不同的教科书中，给出了三种识别的定义：

（1）如果联立方程模型中某个结构方程不具有确定的统计形式，则称该方程为不可识别。

（2）如果联立方程模型中某些方程的线性组合可以构成与某个方程相同的统计形式，则称该方程不可识别。

（3）根据参数关系体系，在已知简化式模型参数估计值时，如果不能得到联立方程模型中某个结构方程的确定的结构参数估计值，则称该方程不可识别。

认真分析上述定义发现，应该以是否具有确定的统计形式作为识别的基本定义，即上述第一种；其他两种描述实际上是判断识别与否的方法。

统计形式，就是变量和方程关系式。

具有确定的统计形式，即模型系统中其他方程或所有方程的任意线性组合所构成的新的方程都不再具有这种统计形式。

识别问题有两种角度不同但彼此等价的提法：

（1）"参数关系体系"：如果简化式模型的参数已知（简化参数），能否确定相应结构模型中方程的参数？若结构方程的参数可以由相应的简化参数来确定，称这个结构方程可以识别，否则不可识别。

（2）"统计形式的唯一性"：结构模型中的某个方程能够同所有方程的某种线性组合相区分。对于模型中的结构方程，如果它在模型中具有唯一的统计形式，则这个结构方程可以识别，否则不可识别。

一个方程的可识别性又分为恰好识别和过度识别。如果从简化参数估计值中只能得出唯一的一组结构参数估计值，则叫作恰好识别。如果从简化参数估计值中可以得出一组以上的结构参数估计值，则成为过度识别。

对于包含在模型中的定义方程、恒等式或平衡条件，不存在识别问题。

二、结 构 方 程 的 识 别 规 则

1. 识别的阶条件

M——模型所含内生变量的总数

m_i——第 i 个方程包含的内生变量个数

K——模型所包含的前定变量总数

k_i——第 i 个方程包含的前定变量个数

在讨论模型的识别问题时，总是假定模型在数学上是完备的，也就是说，模型中的内生变量和方程数相等。

当 $K - k_i > m_i - 1$ 时，则第 i 个方程式过度识别。

当 $K - k_i = m_i - 1$ 时，则第 i 个方程式恰好识别。

当 $K - k_i < m_i - 1$ 时，则第 i 个方程式不可识别。

例9.4 供需平衡模型

$$Q_t^S = Q_t^D = Q_t$$

$$Q_t^S = Q_t = a_0 + a_1 P_t + a_2 Y_t + a_3 P_t^* + u_{1t} \qquad (9.14)$$

$$Q_t^D = Q_t = \beta_0 + \beta_1 P_t + u_{2t}$$

其中，P_t^* 表示替代品价格。Q、P 是内生变量，Y、P^* 是外生变量，所以 $M = 3$，$K = 2$。

需求方程中：

$$k_1 = 0, \quad m_1 = 2$$

条件 $K - k_1 > m_1 - 1$，所以，需求方程为过渡识别

供给方程中：

$$k_2 = 2, \quad m_2 = 2$$

条件 $K - k_2 < m_2 - 1$，所以，供给方程不可识别。

由于供给方程不可识别，因此，整个模型不可识别。

例 9.5 供需平衡模型

$$Q_t^S = Q_t^D = Q_t$$

$$Q_t^S = Q_t = a_0 + a_1 P_t + a_2 Y_t + u_{1t}$$

$$Q_t^D = Q_t = \beta_0 + \beta_1 P_t + \beta_2 P_{t-1} + u_{2t}$$

模型中，Q、P 是内生变量，Y、P_{t-1} 是外生变量，所以 $M = 3$，$K = 2$。

需求方程中：

$$k_1 = 1, \quad m_1 = 2$$

条件 $K - k_1 = m_1 - 1$，所以，需求方程为恰好识别。

供给方程中：

$$k_2 = 1, \quad m_2 = 2$$

条件 $K - k_2 = m_2 - 1$，所以，供给方程也为恰好识别。

因此，整个模型为可以识别。

识别的阶条件只是模型方程能识别的必要条件而不是充要条件，满足必要条件的方程不一定能够识别。对于恰好识别和过度识别的判断只是在可识别的情况下才有意义。

2. 识别的秩条件：充要条件

方程可识别的充要条件指的是该方程不包含而为其他方程所包含的变量（包括内生变量和前定变量）的系数矩阵的秩等于 $M - 1$，即：

$$R(\Delta) = M - 1$$

其中，Δ 表示不出现在被考察方程内，而出现在其他方程内的所有变量的系数矩阵，称为识别矩阵，R 为求秩符号。

秩的计算：

利用矩阵的初等行变换将一个矩阵 A 化成阶梯形矩阵，然后计算矩阵的秩。

什么是阶梯形矩阵？

（1）若矩阵有零行（元素全部为零），零行全部在下方；

（2）各非零行的第一个不为零的元素的列标随着行标的递增而严格增大。

如：

$$\left\{\begin{matrix} 2 & 0 & -1 & 3 & 5 \\ 0 & 0 & 4 & 0 & 1 \\ 0 & 0 & 0 & 0 & 0 \end{matrix}\right\} 和 \left\{\begin{matrix} -1 & 3 & 5 \\ 0 & 4 & -1 \\ 0 & 0 & 2 \end{matrix}\right\} 都是阶梯形矩阵，$$

而

$$\left\{\begin{matrix} 2 & -1 & 3 & 5 \\ 0 & 4 & 0 & 1 \\ 0 & 0 & 0 & 0 \\ 0 & 0 & 0 & -3 \end{matrix}\right\} 和 \left\{\begin{matrix} -3 & 4 & 5 & 0 \\ 0 & 0 & -2 & 1 \\ 0 & 0 & 2 & 0 \end{matrix}\right\}$$

不是阶梯形矩阵。

定理：任意一个 m×n 矩阵经过若干次初等行变换可以化成阶梯形矩阵。

例 9.6 求下列矩阵的秩

$$A = \left\{\begin{matrix} 2 & 0 & 5 & 2 \\ -2 & 4 & 1 & 0 \end{matrix}\right\}$$

因为：

$$A = \left\{\begin{matrix} 2 & 0 & 5 & 2 \\ -2 & 4 & 1 & 0 \end{matrix}\right\} \xrightarrow{2+1} \left\{\begin{matrix} 2 & 0 & 5 & 2 \\ 0 & 4 & 6 & 2 \end{matrix}\right\}$$

所以，$R(A)=2$

$$B = \left\{\begin{matrix} -1 & 1 & 4 & 0 \\ 3 & -2 & 5 & -3 \\ 2 & 0 & -6 & 4 \\ 0 & 1 & 1 & 2 \end{matrix}\right\}$$

因为：

$$B = \begin{Bmatrix} -1 & 1 & 4 & 0 \\ 3 & -2 & 5 & -3 \\ 2 & 0 & -6 & 4 \\ 0 & 1 & 1 & 2 \end{Bmatrix} \begin{matrix} 2+1*3 \\ 3+1*2 \\ \longrightarrow \end{matrix} \begin{Bmatrix} -1 & 1 & 4 & 0 \\ 0 & 1 & 17 & -3 \\ 0 & 2 & 2 & 4 \\ 0 & 1 & 1 & 2 \end{Bmatrix}$$

$$\begin{Bmatrix} -1 & 1 & 4 & 0 \\ 0 & 1 & 17 & -3 \\ 0 & 2 & 2 & 4 \\ 0 & 1 & 1 & 2 \end{Bmatrix} \begin{matrix} 3+2*-2 \\ 4+2*-1 \\ \longrightarrow \end{matrix} \begin{Bmatrix} -1 & 1 & 4 & 0 \\ 0 & 1 & 17 & -3 \\ 0 & 0 & -32 & 10 \\ 0 & 0 & -16 & 5 \end{Bmatrix}$$

$$\begin{Bmatrix} -1 & 1 & 4 & 0 \\ 0 & 1 & 17 & -3 \\ 0 & 0 & -32 & 10 \\ 0 & 0 & -16 & 5 \end{Bmatrix} \begin{matrix} 4+3*-\dfrac{1}{2} \\ \longrightarrow \end{matrix} \begin{Bmatrix} -1 & 1 & 4 & 0 \\ 0 & 1 & 17 & -3 \\ 0 & 0 & -32 & 10 \\ 0 & 0 & 0 & 0 \end{Bmatrix}$$

所以，$R(B) = 3$

例 9.7

$$Q_t^S = Q_t^D = Q_t$$

$$Q_t^S = Q_t = a_0 + a_1 P_t + a_2 Y_t + u_{1t}$$

$$Q_t^D = Q_t = \beta_0 + \beta_1 P_t + \beta_2 P_{t-1} + u_{2t}$$

第一步，将原模型改写成以下形式：

$$Q_t^S - Q_t^D = 0$$

$$-Q_t^S + a_0 + a_1 P_t + a_2 Y_t + u_{1t} = 0$$

$$-Q_t^D + \beta_0 + \beta_1 P_t + \beta_2 P_{t-1} + u_{2t} = 0$$

并列出系数表（见表 9.1）。

表 9.1　　　　　　　　　　　　　　　系数表

Q_t^D	Q_t^S	P_t	Y_t	P_{t-1}	方程编号
-1	1	0	0	0	(1)
0	-1	a_1	a_2	0	(2)
-1	0	β_1	0	β_2	(3)

假定，要识别的是需求方程（2）。

第二步，划去要识别方程（2）系数所在的行；再划去要识别方程非零系数所在的列，得到识别矩阵：

$$\Delta = \left\{ \begin{matrix} -1 & 0 \\ -1 & \beta_2 \end{matrix} \right\}$$

第三步，判断识别矩阵的秩是否等于 $M-1$。

$$\Delta = \left\{ \begin{matrix} -1 & 0 \\ -1 & \beta_2 \end{matrix} \right\} = \beta_2 \neq 0$$

所以，$R(\Delta) = 2$

根据 $R(\Delta) = M-1 = 3-1 = 2$

所以方程（2）可识别。

第四步，利用阶条件判断是恰好识别还是过度识别。

$$K = 2, \quad k_2 = 1, \quad m_2 = 1$$

条件 $K - k_2 = m_2 - 1$ 满足，所以，需求方程可以识别，且是恰好识别。

第三节 联立方程模型的估计

一、联立方程的估计

联立方程的估计方法可以分为：单方程估计法和系统估计法。

（1）单方程估计法：对联立方程模型中的每一个方程单独进行估计而不考虑其他方程对该方程的约束，也称作有限信息估计法。单方程估计法包括：

普通最小二乘法（OLS）；

间接最小二乘法（ILS）；

工具变量法（IV）；

两阶段最小二乘法（2SLS）；

有限信息最大似然法（LI/ML）。

（2）系统估计法：对联立方程模型中所有方程同时进行估计，同时确定所有参数的估计值，也称作完全信息估计法。系统估计法包括：

三阶段最小二乘法（3SLS）；

完全信息最大似然法（FI/ML）。

二、估计方法

1. 普通最小二乘法（OLS）

由于递归模型的特殊结构，以及由于属于不同方程的同期随机项彼此不相关，使得每个方程中的内生变量与随机项不相关，所以可以直接用 OLS 法分别对各个方程进行估计。但除递归模型之外的联立方程模型均不能直接使用 OLS 法进行估计（因为，在其他联立方程模型中，单个方程中的解释变量往往包括内生变量，违背了经典假设假定）。

2. 间接最小二乘法（ILS）

间接最小二乘法的基本思想是：将恰好识别的结构模型化为约简型，而约简型中的每个方程仅包含前定变量，因而可以用最小二乘法估计约简型中的约简参数，然后由约简参数的估计值推出结构参数的估计值。

间接最小二乘法的基本思想的实现，实际上是在满足下列假设条件的情况下才能完成：

（1）被估计的结构方程必须是恰好识别，因为只有恰好识别才能由约简型参数推导出唯一的一组结构参数。

（2）每个约简型方程的随机干扰项都满足经典假定。

（3）前定变量之间不存在高度多重共线性。

例 9.8 供求模型

$$Q_t^S = Q_t^D = Q_t$$
$$Q_t^S = a_0 + a_1 P_t + a_2 Y_t + u_{1t}$$
$$Q_t^D = \beta_0 + \beta_1 P_t + u_{2t}$$

在这个模型中，内生变量为 3 个（K），外生变量（前定变量）为 1 个（G）。

第一，对模型进行识别。

第二，将结构方程化为约简型。

$$\begin{cases} P_t = \prod_{10} + \prod_{11} Y_t + \omega_{1t} \\ Q = Q_t^D = Q_t^S = \prod_{20} + \prod_{21} Y_t + \omega_{2t} \end{cases}$$

第三，应用 OLS 法对约简参数进行估计。

第四，根据约简参数求出结构参数（见表9.2）。

表9.2　　　　　　　　　　　　结构方程模拟数据

时间编号	Q	P	Y
1	230.00	23.60	800.00
2	260.00	25.40	812.60
3	300.00	30.00	823.40
4	340.00	32.60	830.00
5	351.00	33.00	850.00
6	382.00	34.00	859.60
7	405.00	35.20	900.40
8	435.00	38.40	950.00
9	512.00	40.20	963.80
10	623.00	42.60	1000.00
11	712.00	42.30	1026.00
12	802.00	45.40	1340.60
13	888.00	48.20	1350.00
14	936.00	50.00	1432.40
15	1023.00	50.80	1500.00
16	1134.00	52.00	1502.80

资料来源：模拟数据。

　　用 EViews 软件对简化模型进行估计，求出简化参数，进而求出结构参数（原模型参数）（见图9.1、图9.2）。

Dependent Variable: Q
Method: Least Squares
Sample: 2001 2016
Included observations: 16

Variable	Coefficient	Std.Error	t-Statistic	Prob.
C	-557.6049	72.42534	-7.699031	0.0000
Y	1.077506	0.066456	16.21377	0.0000
R-squared	0.949438	Mean dependent var		583.3125
Adjusted R-squared	0.945826	S.D. dependent var		294.6145
S.E. of regression	68.57236	Akaike info criterion		11.41012
Sum squared resid	65830.36	Schwarz criterion		11.50670
Log likelihood	-89.28100	F-statistic		262.8862
Durbin-Watson stat	1.484406	Prob(F-statistic)		0.000000

图 9.1　简化式模型单方程估计结果

Dependent Variable: P
Method: Least Squares
Sample: 2001 2016
Included observations: 16

Variable	Coefficient	Std. Error	t-Statistic	Prob.
C	6.193159	3.777564	1.639458	0.1234
Y	0.030966	0.003466	8.933559	0.0000
R-squared	0.850760	Mean dependent var		38.98125
Adjusted R-squared	0.840100	S.D. dependent var		8.944288
S.E. of regression	3.576600	Akaike info criterion		5.503171
Sum squared resid	179.0889	Schwarz criterion		5.599744
Log likelihood	-42.02537	F-statistic		79.80848
Durbin-Watson stat	0.490615	Prob(F-statistic)		0.000000

图 9.2　简化式模型单方程估计结果

　　根据估计结果，利用结构式模型和约简式模型参数关系式，求出结构式模型的参数估计值。

3. 两阶段最小二乘法（2SLS）

间接最小二乘法只适用于恰好识别的结构方程。但在实际情况中，恰好识别的结构方程很少出现，一般情况下结构方程都是过度识别的。

两阶段最小二乘法是一种既适用于恰好识别的结构方程，又适用于过度识别的结构方程的单方程估计法，由希尔（Theil）和巴斯曼尼（Basmani）分别于1953年和1957年各自独立提出，是一种应用最普遍的方法。

两阶段最小二乘法的步骤：

设有结构模型：

$$Q_t^D = a_0 + a_1 P_t + a_2 Y_t + u_{t1}$$

$$Q_t^S = \beta_0 + \beta_1 P_t + \beta_2 W_t + u_{t2}$$

$$Q_t^S = Q_t^D = Q_t$$

第一阶段，选择一个在联立方程模型中作为解释变量出现频率较多的一个内生变量作为工具变量，写出其约简式：

$$P_t = \prod_{10} + \prod_{11} Y_t + \prod_{12} W_t + \nu_{1t}$$

应用 OLS 法，对该方程进行估计：

$$\hat{P}_t = -25.5253 + 6.4416 Y_t - 0.1586 W_t$$

第二阶段，将上式代入原模型中，取代 P_t，再次使用 OLS 进行估计，得到结构参数的估计值。

例 9.9　宏观经济模型。

$$C_t = a_0 + a_1 Y_t + a_2 C_{t-1} + u_{t1}$$

$$I_t = \beta_0 + \beta_1 Y_t + u_{t2}$$

$$Y_t = C_t + I_t + G_t$$

2001～2021 年中国宏观经济数据如表 9.3 所示。

表 9.3　　　　　　　　**2001～2020 年中国宏观经济数据**　　　　　　单位：亿元

年份	Y	I	C	G	C_{t-1}	I_{t-1}
2001	109276.2	37214	42240.4	18902.58	15886.5	32918
2002	120480.4	43500	47124.6	22053.15	18902.58	37214
2003	136576.3	53841	51303.9	24649.95	22053.15	43500
2004	161415.4	66235	58004.1	28486.89	24649.95	53841
2005	185998.9	80994	66491.7	33930.28	28486.89	66235
2006	219028.5	97583	76827.2	40422.73	33930.28	80994
2007	270704	118323	90638.4	49781.35	40422.73	97583
2008	321229.5	144587	110994.6	62592.66	49781.35	118323
2009	347934.9	181760	128331.3	76299.93	62592.66	144587
2010	410354.1	218834	152083.1	89874.16	76299.93	181760

年份	Y	I	C	G	C_{t-1}	I_{t-1}
2011	483392.8	238782	179803.8	109247.79	89874.16	218834
2012	537329	281684	205517.3	125952.97	109247.79	238782
2013	588141.2	329318	232252.6	140212.1	125952.97	281684
2014	644380.2	373637	259487.3	151785.56	140212.1	329318
2015	685571.2	405928	286587.8	175877.77	151785.56	373637
2016	742694.1	434364	315806.2	187755.21	175877.77	405928
2017	830945.7	461284	347326.7	203085.49	187755.21	434364
2018	915243.5	488499	377783.1	220904.13	203085.49	461284
2019	983751.2	513608	408017.2	238858.37	220904.13	488499
2020	1006363.3	527270	391980.6	245679.03	238858.37	513608

资料来源：国家统计局，2002~2021年。

判断模型识别情况：

消费方程为恰好识别，采用间接最小二乘法，投资方程为过度识别采用两阶段最小二乘法。

（1）间接最小二乘法估计消费方程。

第一，将模型化为约简形式：

$$C_t = \pi_{10} + \pi_{11}C_{t-1} + \pi_{12}G_t + \varepsilon_{1t}$$
$$Y_t = \pi_{20} + \pi_{21}C_{t-1} + \pi_{22}G_t + \varepsilon_{2t}$$

第二，利用OLS对消费方程进行估计，得出约简参数。

第三，根据约简参数求出原模型结构参数。

（2）两阶段最小二乘法估计收入方程。

第一，选取Y作为工具变量，利用OLS法求出Y的估计值。

第二，将Y的估计值代入原模型，再次利用OLS法进行估计，求出原模型参数估计值。

具体估计步骤和过程见本章实验内容。

4. 三阶段最小二乘法

OLS、间接最小二乘法和两阶段最小二乘法都是单方程估计方法，但联立方程是一个经济系统，单方程之间也会相互影响，因此每个方程的参数估计值都会受到其他方程和变量的影响，因此，需要采用系统估计方法。

三阶段最小二乘法克服了单一方程估计方法的参数不是有效估计的不足，属于系统估计法。

3SLS 的基本思路：完成 TSLS 估计之后，再进行第三步广义最小二乘估计，故有的教科书认 3SLS = TSLS + GLS。我们从一个特例来说明第三步的思想。

设有
$$Y_{1t} = aX_{1t} + u_{1t}$$
$$Y_{2t} = bX_{2t} + u_{2t}$$

显然，若 u_{1t} 与 u_{2t} 不相关，我们可以对第一个方程使用 OLS 得到 a 和 b 的有效估计量，当 u_{1t} 与 u_{2t} 同期相关时，参数估计值不再是有效估计值了，为了提高有效性，一种做法是把设定的联立方程模型转换为适合于同时估计的形式，这种形式是以单一方程表示联立方程组。

引入新的变量：当 $t = 1, 2, \cdots, n$ 时，设

$$Y_i = \begin{cases} Y_{1t} & i = t \\ Y_{2t} & i = n + t \end{cases} \qquad Z_{1i} = \begin{cases} X_{1t} & i = t \\ 0 & i = n + t \end{cases}$$

$$Z_{2i} = \begin{cases} 0 & i = t \\ X_{2t} & i = n + t \end{cases} \qquad \mu_i = \begin{cases} \mu_{1t} & i = t \\ \mu_{2t} & i = n + t \end{cases}$$

同时定义：
$$\sigma_1^2 = \mathrm{Var}(u_{1t}) \quad \sigma_2^2 = \mathrm{Var}(u_{2t}) \quad \sigma_{12} = \mathrm{Cov}(u_{1t}, u_{2t})$$

且
$$E(u_{1t}) = E(u_{2t}) = 0$$

于是有：
$$Y_i = az_{1i} + bZ_{2i} + u_i$$

对新建模型中的随机误差项进行考证，显然有：

$$\mathrm{Var}(u_i) = \begin{cases} \sigma_1^2 & i = t \\ \sigma_2^2 & i = n + t \end{cases}$$

表示存在异方差性，同时

$$\mathrm{Cov}(u_i, u_j) = E(u_i, u_j) = \begin{cases} \sigma_{12} & i = t, \ j = n + i \\ 0 & \mathrm{els} \end{cases}$$

表示存在自相关。

根据前面有关章节的讨论，克服异方差或自相关现象都可以用广义最小二乘法，当随机误差项的方差是未知时，可用样本方差与协方差替代。

具体估计步骤和过程见本章实验内容。

3SLS 估计量的特性：

（1）3SLS 估计量是非无偏，但是一致估计量。

（2）3SLS 估计量比 2SLS 估计量更有效，因为在计估过程中使用的信息比 2SLS 法多。

3SLS 法作为一种系统估计法，其主要困难是参数估计值容易受到模型中个别方程定型偏倚的影响。也就是说，只要有一个方程因制定不当而发生偏误，这种偏误将通过整体性的估计方法传递给整个模型中的每一个参数，使全部参数估计值发生变化。因此在实际应用这种方法时应注意以下条件：

（1）模型的每一个方程都是正确设定的，而且都是可识别的；

（2）原模型中随机扰动项满足经典假定，并且不同方程不同时期之间随机扰动项不相关；

（3）从联立方程中去掉任何定义方程（或恒等式）；

（4）从联立方程中去掉不能识别的方程；

（5）如果是分块对角阵，那么 3SLS 可以分别用于对应每块的方程组。

第四节 实 验

一、实验目的

能够对联立方程模型进行识别，掌握联立方程模型的几种估计方法，并熟练掌握 EViews 软件对联立方程模型参数进行估计。

依据凯恩斯宏观经济调控原理，建立中国宏观经济调控模型。经理论分析，采用基于三部门的凯恩斯总需求决定模型，在不考虑进出口的条件下，通过消费者、企业、政府的经济活动，分析总收入的变动对消费和投资的影响。设理论模型如下：

$$Y_t = C_t + I_t + G_t$$

$$C_t = a_0 + a_1 Y_t + u_{1t}$$

$$I_t = \beta_0 + \beta_1 Y_t + u_{2t}$$

式中，Y_t 为国内生产总值（GDP）；C_t 为消费；I_t 为投资；G_t 为政府支出；C_{t-1} 为滞后一期消费支出；内生变量为 Y_t、C_t、I_t；前定变量或先决变量为 G_t 和 C_{t-1}，即 $M=3$，$K=1$。

实验数据为中国 2001～2020 年宏观经济数据（见表 9.3）。

二、实验步骤

1. 模型的识别性

根据上述理论方程，其结构型的标准形式为

$$-C_t - I_t + Y_t - G_t = 0$$

$$-\alpha_0 + C_t I_t - \alpha_1 Y_t = u_{1t}$$

$$-\beta_0 + I_t - \beta_1 Y_t = u_{2t}$$

标准形式的系数矩阵（$\mathbf{B}$，$\mathbf{\Gamma}$）为

$$(\mathbf{B}, \mathbf{\Gamma}) = \begin{bmatrix} 0 & -1 & -1 & 1 & -1 \\ -\alpha_0 & 1 & 0 & -\alpha_1 & 0 \\ -\beta_0 & 0 & 1 & -\beta_1 & 0 \end{bmatrix}$$

由于第一个方程为恒等式，所以不需要对其识别性进行判断。下面判断消费函数和投资函数的识别性。

（1）消费函数的识别性。

首先，用阶条件判断。这时 $m_2 = 2$，$k_2 = 0$，因为 $K - k_2 = 1 - 0 = 1$，并且 $m_2 - 1 = 2 - 1 = 1$，所以 $K - k_2 = m_2 - 1$，表明消费函数有可能为恰好识别。

其次，用秩条件判断。在（$\mathbf{B}$，$\mathbf{\Gamma}$）中划去消费函数所在的第二行和非零系数所在的第一、二、四列，得

$$(\mathbf{B}_0, \mathbf{\Gamma}_0) = \begin{bmatrix} -1 & -1 \\ 1 & 0 \end{bmatrix}$$

显然，$R(\mathbf{B}_0, \mathbf{\Gamma}_0) = 2$，则由秩条件表明消费函数是可识别的。再根据阶条件，消费函数是恰好识别。

（2）投资函数的识别性。

由于投资函数与消费函数的结构相近，判断过程与消费函数完全一致，故对投资函数的阶条件和秩条件的判断予以省略。结论是投资函数也为恰好识别。

综上所述各方程的判断结果，得出该模型为恰好识别。

2. 联立方程模型的估计

由于消费函数和投资函数均为恰好识别，因此，可以使用间接最小二乘法（ILS）估计参数，选取 GDP、消费零售总额、全社会固定资产投资总额，并用财政支出作为政府支出的替代变量。数据为 2001～2020 年中国宏观经济历史数据（见表9.3）。

（1）恰好识别模型的 ILS 估计。

根据 ILS 法，首先，将结构型模型转变为简化型模型，则宏观经济模型的简化型为

$$Y = \pi_{00} + \pi_{01}G + \upsilon_1$$
$$C = \pi_{10} + \pi_{11}G + \upsilon_2$$
$$I = \pi_{20} + \pi_{21}G + \upsilon_3$$

其中，结构型模型的系数与简化型模型系数的关系为

$$\pi_{00} = \frac{\alpha_0 + \beta_0}{1 - \alpha_1 - \beta_1}, \quad \pi_{01} = \frac{1}{1 - \alpha_1 - \beta_1}, \quad \pi_{10} = \alpha_0 + \alpha_1 \frac{\alpha_0 + \beta_0}{1 - \alpha_1 - \beta_1}$$

$$\pi_{11} = \frac{\alpha_1}{1 - \alpha_1 - \beta_1}, \quad \pi_{20} = \beta_0 + \beta_1 \frac{\alpha_0 + \beta_0}{1 - \alpha_1 - \beta_1}, \quad \pi_{21} = \frac{\beta_1}{1 - \alpha_1 - \beta_1}$$

其次，用 OLS 法估计简化型模型的参数。进入 EViews 软件，确定时间范围；编辑输入数据；选择估计方程菜单，则估计简化型样本回归函数的过程是：按路径 Quick/Estimate Equation/Equation Specification，进入"Equation Specification"对话框。

在"Equation Specification"对话框里，分别键入："GDP C GOV""COM C GOV""INV C GOV"，其中，GDP 表示 Y，COM 表示 C，INV 表示 I，GOV 表示 G。得到三个简化型方程的估计结果，写出简化型模型的估计式：

$$\hat{Y} = -3344.148 + 7.4400G$$

$$\hat{C} = 2891.233 + 3.6197G$$

$$\hat{I} = -5481.738 + 3.4690G$$

即简化型系数的估计值分别为

$$\hat{\pi}_{00} = -3344.148 \quad \hat{\pi}_{01} = 7.4400 \quad \hat{\pi}_{10} = 2891.233$$

$$\hat{\pi}_{11} = 3.6197 \quad \hat{\pi}_{20} = -5481.730 \quad \hat{\pi}_{21} = 3.4690$$

最后，因为模型是恰好识别，则由结构型模型系数与简化型模型系数之间的关系，可唯一地解出结构型模型系数的估计。解得的结构型模型的参数估计值为

$$\hat{\alpha}_0 = 2888.0991 \quad \hat{\alpha}_1 = 0.4475$$

$$\hat{\beta}_0 = 2887.2335 \quad \hat{\beta}_1 = 0.4289$$

从而结构型模型的估计式为

$$Y_t = C_t + I_t + G_t$$

$$C_t = 2888.0991 + 0.4475Y_t + e_{1t}$$

$$I_t = 2887.2335 + 0.4289Y_t + e_{2t}$$

（2）过度识别模型的 TSLS 估计。

考虑在宏观经济活动中，当期消费行为还要受到上一期消费的影响，当期的投资行为也要受到上一期投资的影响，因此，在上述宏观经济模型里再引入 C 和 I 的滞后一期变量 C_{t-1} 和 I_{t-1}。这时宏观经济模型可写为

$$Y_t = C_t + I_t + G_t$$

$$C_t = a_0 + a_1 Y_t + \alpha_2 C_{t-1} + u_{1t}$$

$$I_t = \beta_0 + \beta_1 Y_t + \beta_2 I_{t-1} + u_{2t}$$

用阶条件和秩条件对上述模型进行识别判断（具体的判断过程从略），结论是消费函数和投资函数均是过渡识别，需要运用两阶段最小二乘法对方程组的参数进行估计。

首先，估计消费函数，进入 EViews 软件，确定时间范围；编辑输入数据。然后按路径：Quick/Estimate equation/Equation specification/Method/TSLS，进入估计方程，将 method 按钮点开，这时会出现估计方法选择的下拉菜单（见图9.3），从中选择"TSLS"，即两阶段最小二乘法。

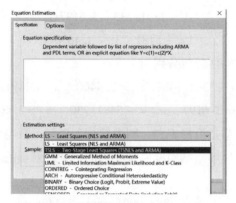

图9.3　选择两阶段最小二乘法的窗口

当 TSLS 法选定之后，便会出现"Equation specification"对话框，见图9.4。

图9.4　两阶段最小二乘法输入变量的窗口

"Equation specification"对话框有两个窗口，第一个窗口是用于写要估计的方程；第二个窗口是用于写该方程组中所有的前定变量，EViews 要求将截距项也看成前定变量。具体书写格式如下。第一个窗口写："COM C GDP COM（−1）"；第二个窗口写："C GOV COM（−1）INV（−1）"。其中，COM（−1）、INV（−1）分别表示消费变量 C 和投资变量 I 的滞后一期。然后按"OK"，便显示出估计结果，见图9.5。

```
Dependent Variable: COM
Method: Two-Stage Least Squares
Date: 03/23/22   Time: 15:47
Sample (adjusted): 2002 2020
Included observations: 19 after adjustments
Instrument specification: C GOV COM(-1) INV(-1)
```

Variable	Coefficient	Std. Error	t-Statistic	Prob.
C	-11770.13	7041.013	-1.671653	0.1140
GDP	0.371429	0.088173	4.212485	0.0007
COM(-1)	0.130191	0.214387	0.607272	0.5522
R-squared	0.995170	Mean dependent var		199282.2
Adjusted R-squared	0.994567	S.D. dependent var		125899.1
S.E. of regression	9280.292	Sum squared resid		1.38E+09
F-statistic	1650.045	Durbin-Watson stat		0.784407
Prob(F-statistic)	0.000000	Second-Stage SSR		1.09E+09
J-statistic	4.000451	Instrument rank		4
Prob(J-statistic)	0.045488			

图 9.5　消费函数的估计结果

根据图 9.5 写出消费函数的 TSLS 估计式为

$$C_t = -11770.13 + 0.3714Y_t + 0.1302C_{t-1}$$

其次，估计投资函数。与估计消费函数过程一样，得到的估计结果见图 9.6。

```
Dependent Variable: INV
Method: Two-Stage Least Squares
Date: 03/23/22   Time: 15:53
Sample (adjusted): 2002 2020
Included observations: 19 after adjustments
Instrument specification: C GOV COM(-1) INV(-1)
```

Variable	Coefficient	Std. Error	t-Statistic	Prob.
C	15804.61	10899.00	1.450098	0.1664
GDP	0.048745	0.125599	0.388101	0.7031
INV(-1)	0.939218	0.223728	4.198030	0.0007
R-squared	0.995706	Mean dependent var		266317.4
Adjusted R-squared	0.995170	S.D. dependent var		170718.3
S.E. of regression	11865.10	Sum squared resid		2.25E+09
F-statistic	1855.092	Durbin-Watson stat		0.584915
Prob(F-statistic)	0.000000	Second-Stage SSR		2.28E+09
J-statistic	9.565836	Instrument rank		4
Prob(J-statistic)	0.001982			

图 9.6　投资函数的估计结果

由图 9.6 写出投资函数的估计式

$$I_t = 15804.61 + 0.0487Y_t + 0.9392I_{t-1}$$

最后，写出该方程组模型的估计式为

$$Y_t = C_t + I_t + G_t$$

$$C_t = -11770.13 + 0.3714Y_t + 0.1302C_{t-1}$$

$$I_t = 15804.61 + 0.0487Y_t + 0.9392I_{t-1}$$

（3）三阶段最小二乘法。

在 EViews 中建立包含方程中各变量数据的 Workfile 窗口之后，点击 object，选择 System 窗口，在窗口中输入表达式，如图 9.7 所示。

图 9.7　系统对象定义窗口

点击图 9.7 中的 Estimate。进入估计方程选择 3SLS，可得到图 9.8 估计结果。

System: UNTITLED
Estimation Method: Three-Stage Least Squares
Date: 03/23/22　Time: 16:55
Sample: 2002 2020
Included observations: 19
Total system (balanced) observations 38
Linear estimation after one-step weighting matrix

	Coefficient	Std. Error	t-Statistic	Prob.
C(1)	-10908.02	6456.111	-1.689565	0.1008
C(2)	0.357848	0.080811	4.428205	0.0001
C(3)	0.163330	0.196485	0.831259	0.4120
C(4)	14876.78	9992.101	1.488854	0.1463
C(5)	0.061091	0.115112	0.530708	0.5993
C(6)	0.917164	0.205045	4.472981	0.0001

Determinant residual covariance	8.30E+15

Equation: COM=C(1)+C(2)*GDP+C(3)*COM(-1)
Instruments: C GOV COM(-1) INV(-1)
Observations: 19

R-squared	0.995278	Mean dependent var	199282.2
Adjusted R-squared	0.994688	S.D. dependent var	125899.1
S.E. of regression	9176.192	Sum squared resid	1.35E+09
Durbin-Watson stat	0.813300		

Equation: INV=C(4)+C(5)*GDP+C(6)*INV(-1)
Instruments: C GOV COM(-1) INV(-1)
Observations: 19

R-squared	0.995712	Mean dependent var	266317.4
Adjusted R-squared	0.995176	S.D. dependent var	170718.3
S.E. of regression	11857.21	Sum squared resid	2.25E+09
Durbin-Watson stat	0.580338		

图 9.8　三阶段最小二乘法估计结果

三阶段最小二乘法得到的联立方程组模型的估计式

$$Y_t = C_t + I_t + G_t$$

$$C_t = -10908.02 + 0.3578Y_t + 0.1633C_{t-1}$$

$$I_t = 14876.78 + 0.611Y_t + 0.9172I_{t-1}$$

通过比较二阶段最小二乘法和三阶段最小二乘法估计式，可以看出系统估计方法的参数估计量具有良好的统计特性，优于单方程估计方法。

三、实验小结

本章主要介绍针对系统方程设定及估计的理论与实际操作，需要注意的是：

（1）不同的系统估计方法适用不同的条件，在估计的过程中，必须要选用合适的方法进行估计；同时，虽然利用系统方法估计参数具有很多优点，这种方法也要付出相应的代价。最重要的是如果错误地指定了系统中的某个方程，这个错误指定的方程中较差的参数估计会扩散到系统中的其他方程，从而给整个系统的估计造成影响。

（2）不同估计方法在解决同一问题时的比较；不同的估计方法都有其局限性，其参数估计量需在模型满足某些假设条件下才具有良好的性质，因而，在估计的过程中需充分注意到参数估计量的可靠性。

四、备择实验

如果将我国的关于价格、消费、工资的模型设定为

$$W_t = \alpha_1 + \alpha_2 I_t + \mu_{1t}$$

$$C_t = \beta_1 + \beta_2 I_t + \beta_3 W_t + \mu_{2t}$$

$$P_t = \gamma_1 + \gamma_2 I_t + \gamma_3 W_t + \gamma_4 C_t + \mu_{3t}$$

式中，I 为固定资产投资；W 为国有企业职工平均工资；C 为居民消费水平指数；P 为价格指数。C、P 上一年为 100%，样本数据见表 9.4。

表9.4　　　　　　　　　　　　样本数据

年份	I（亿元）	W（元）	C	P
2001	37214	11045	100.7	105.9
2002	43500	12701	99.2	108.1
2003	53841	14358	101.2	105.4
2004	66235	16445	103.9	106.6
2005	80994	18978	101.8	109.5
2006	97583	21706	101.5	108
2007	118323	26100	104.8	112.4
2008	144587	30287	105.9	107.5
2009	181760	34130	99.3	110.5
2010	218834	38359	103.3	107.5
2011	238782	43483	105.4	109.8
2012	281684	48357	102.6	109.1
2013	329318	52657	102.6	107.9
2014	373637	57296	102	108.4
2015	405928	65296	101.4	109.5
2016	434364	72538	102	108.2
2017	461284	81114	101.6	106.6
2018	488499	89474	102.1	107.4
2019	513608	98899	102.9	106.1
2020	527270	108132	102.5	97.5

资料来源：国家统计局，2002~2021年。

（1）该方程组是否可以识别？

（2）请使用 ILS、TSLS、3SLS 估计模型参数，并比较。

本 章 小 结

1. 联立方程模型是指用若干个相互关联的单一方程，同时表示一个经济系统中经济变量相互联立依存性的模型，即用一个联立方程组去表现多个变量间互为因果的联立关系。联立方程组中每一个单一方程中包含一个或多个相互关联的内生变量，每一个方程的被解释变量都是内生变量，解释变量则可以是内生变量，也可以是外生变量。通常内生变量的个数应与模型中方程的个数一致。

2. 联立方程模型中，从变量的性质看，一些变量是由模型体现的经济系统本身所决定的，称为内生变量，内生变量的取值是模型求解的结果，由于受模型中随机扰动项的影响，内生变量是随机变量。另一些变量是在模型体现的经济系统之外给定的，在模型中是非随机的，称为外生变量。外生变量数值的变化能够影响内生变量的变化，而内生变量却不能反过来影响外生变量。

3. 联立方程模型中由于内生变量作为解释变量与随机误差项相关，用OLS法估计的参数有偏且不一致而引起的偏倚性，称为联立方程偏倚。

4. 联立方程模型描述经济变量之间现实经济结构关系的模型，称为结构型模型。结构型模型表现变量间直接的经济联系，将某内生变量直接表示为内生变量和前定变量的函数。把每个内生变量都只表示为前定变量及随机扰动项函数的联立方程模型，称为简化型模型。简化型模型能直接用于对内生变量的预测。

5. 联立方程模型的识别可以从多方面去理解，可以从方程是否具有确定的统计形式去认识，也可以从方程中是否排除了必要的变量去理解。但对联立方程识别最直观的理解，是看能否从简化型模型参数估计值中合理求解出结构型模型参数的估计值。由简化型模型的参数求解结构型模型的参数时，能唯一求解，结构方程是恰好识别；能求解但解不唯一，结构方程过度识别；无法求解，则结构方程是不可识别。

6. 判断模型可识别性的方法有模型识别的阶条件和秩条件，两种方法可结合运用。

7. 联立方程模型的估计方法有多种。递归型联立方程模型OLS法估计。恰好识别的联立方程模型可用间接最小二乘法估计。过度识别和恰好识别的联立方程模型可用二阶段最小二乘法和三阶段最小二乘法估计。不可识别的联立方程模型无法估计。

8. 运用EViews软件实现对联立方程模型的估计和检验。

思 考 题

一、名词解释

1. 联立方程　　　　2. 间接最小二乘法　　　3. 两阶段最小二乘法

4. 三阶段最小二乘法　5. 不可识别　　　　　6. 恰好识别

7. 过度识别　　　　8. 内生变量　　　　　9. 外生变量

10. 先决变量　　　11. 滞后内生变量

二、简答题

1. 除了单一方程模型以外,为什么还要建立联立方程模型?

2. 联立方程模型有哪些种类?各类联立方程模型的特点是什么?

3. 什么是联立方程偏倚?为什么会产生联立方程偏倚?

4. 为什么不能直接用普通最小二乘法对联立方程模型的参数进行估计?

5. 在哪种情况下,可直接用最小二乘法估计联立方程模型的参数?

6. 间接最小二乘法的条件、步骤、参数估计的特性是什么?

7. 两阶段最小二乘法的条件、步骤、参数估计的特性是什么?

8. 两阶段最小二乘法的条件、步骤、参数估计的特性是什么?

三、分析题

根据例 9.8 联立方程模型和表 9.3 我国 2001～2020 年宏观经济数据,完成下列问题。

(1) 分别用阶条件和秩条件判断模型的识别性。

(2) 分别用两阶段最小二乘法和三阶段最小二乘法估计此联立方程模型的参数。

第十章

面板数据模型

我们在研究城镇居民和农村居民的消费差异时，根据经济理论和现实经验，一部分来自收入差异，还有一部分差异是由城镇居民和农村居民的身份或地域差异决定的，它不随时间变化，这种差异性主要取决于研究对象是城镇居民还是农村居民，同时，对同一种居民，在收入不变的情况下，消费支出还可能随时间的变化而变化，这种变化的来源在于除随机扰动以外经济环境的一些系统性变化，如经济体制的变迁、科学技术的进步、通货膨胀因素、教育水平等，这种变化是所有居民共同面对的，所导致的居民消费在时间上的差异性，因此，城乡收入差距和消费差距问题研究就需要从两种不同的研究对象——城镇居民和农村居民从时间上加以分析，所搜集的数据结构既不是时间序列数据也不是截面数据，而是两者的结合即面板数据。

面板数据的采集相对较早。1968 年以来美国专门的研究机构相继建立了 PSID（panel study of income dynamics）、L. RHS（longitudinal retirement history Study）、CPS（current population survey）和 HRS（health retirement study）面板数据库。德国、加拿大和欧共体等也分别于 20 世纪八九十年代和 21 世纪初建立了关于社会、经济、家庭的面板数据库。国外学者对面板数据模型的成规模研究始于 20 世纪 70 年代末和 80 年代初，经过 30 多年的发展，面板数据建模研究已经成为计量经济学体系中的一个重要组成部分。

■ 第一节　面板数据的定义

面板数据（panel data）是指固定一组调查对象在等间隔时点连续观测得到的数据，是具有截面和时间两个特征的数据。

时间序列数据或截面数据都是一维数据。时间序列数据是变量按等时间间隔得到的数据；截面数据是变量在固定时点得到的一组数据。面板数据是同时在时间和截面上取得的二维数据。所以，面板数据也称作时间序列与截面混合数据（pooled time series and cross section data）。面板数据是截面上的个体在不同时点的重复观测数据。

面板（panel）原指对一组固定调查对象的多次观测过程。近年来面板数据已经成为计量经济学中的专业术语。

2001～2020 年中国 15 个省级地区城镇居民消费性支出占可支配收入比率值面板数据见图 10.1。其中一个坐标表示时间，另一个坐标表示各地区比值。

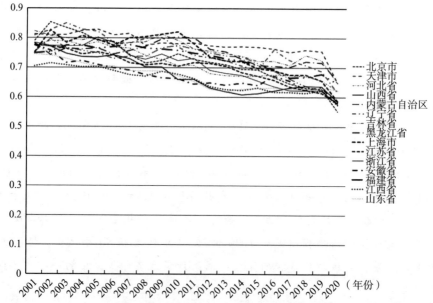

图 10.1　2001～2020 年中国 15 个省份城镇居民支出与可支配收入比值面板数据图

面板数据从横截面（cross section）看，是由若干个体（entity，unit，individual）在某一时点构成的截面观测值，从纵剖面（longitudinal section）看每个个体都是一个时间序列。由图10.1看出，2000年以来，各省份消费对收入比值序列均呈逐年下降态势，尤其是在后期这个比值下降得更快。

面板数据为 Y_{it}，$i = 1$，2，$\cdots$，N；$t = 1$，2，$\cdots$，T

其中 i 对应面板数据中不同个体。N 表示面板数据中的个体数。t 对应面板数据中不同时点，T 表示时间序列的最大长度。若固定 t 不变，$Y_i(i = 1$，2，$\cdots$，N）是横截面上的 N 个随机变量；若固定 i 不变，$Y_t(t = 1$，2，$\cdots$，T）是纵剖面上的一个时间序列（个体）。

面板数据可分为两种特征。一种是截面上个体数少，而每个个体的时间跨度长；另一种是截面上个体数多，而每个个体的时间跨度短。常使用的面板数据主要指后一种情形。

利用面板数据建立模型的好处是：（1）由于观测值的增多，可以增加估计量的抽样精度。（2）对于面板数据模型，如果估计方法恰当，能得到参数的一致估计量，甚至是有效估计量。（3）面板数据可以建立动态模型（自回归模型），比单纯截面数据建模可以获得动态信息。

仍以图10.1为例，2001～2020年15个省份的面板数据。若固定在某一年份上，它是由15个比率值组成的截面数据；若固定在某一省份上，它是由20个比率值组成的一个时间序列。面板数据由15个个体组成，共有620个观测值。

对于面板数据 Y_{it}，$i = 1$，2，$\cdots$，N；$t = 1$，2，$\cdots$，T，如果每个个体在相同的时点都有观测值，则称此面板数据为平衡面板数据（balanced panel data）。若面板数据中的个体存在观测值缺失，则称此面板数据为非平衡面板数据（unbalanced panel data）。

■ 第二节　面板数据的类型

面板数据模型通常分为3类，即混合模型、固定效应模型和随机效应模型。固定效应模型又可分为个体固定效应模型，时点固定效应模型和个体时点双固定效应模型。而随机效应模型又可分为个体随机效应模型，时点随机效应模型和个体时点双随机效应模型。实际中经常使用的是个体固定效应模型和个体随机效应模型。下面分别介绍。

一、混 合 模 型

如果一个面板数据模型定义为：

$$Y_{it} = \alpha + \mathbf{X}'_{it}\boldsymbol{\beta} + \mu_{it}, \quad i = 1, 2, \cdots, N; \quad t = 1, 2, \cdots, T \quad (10.1)$$

其中 Y_{it} 是被解释变量（标量）；α 表示截距项，是一个常量；$\mathbf{X}_{it}$ 是 $k \times 1$ 阶解释变量列向量（包括 k 个解释变量）；$\boldsymbol{\beta}$ 是 $k \times 1$ 阶回归系数列向量（包括 k 个回归系数）；μ_{it} 是随机误差项，其中 $i = 1, 2, \cdots, N$，N 表示面板数据中的个体数，$t = 1, 2, \cdots, T$，T 表示面板数据中时间的长度，则称此模型为混合模型（pooled model）。混合模型的特点是无论对任何个体和截面，回归系数 α 和 $\boldsymbol{\beta}$ 都是相同的。

混合模型（10.1）的假定条件是：

假定 1：$E(\mu_{it}) = 0$，$i = 1, 2, \cdots, N$；$t = 1, 2, \cdots, T$。随机误差项 μ_{it} 的期望等于零。

假定 2：$Var(\mu_{it}) = \delta^2$，$i = 1, 2, \cdots, N$；$t = 1, 2, \cdots, T$。μ_{it} 具有同方差性。

假定 3：$Cov(\mu_{it}, \mu_{i't'}) = 0$，若 $i \neq j$，或 $t \neq t'$。不同个体和不同时点对应的 μ_{it} 相互独立。

假定 4：$Cov(\mu_{it}, X_{jit}) = 0$。对所有的 $j = 1, 2, \cdots, k$，以及 i, t，其中 X_{jit} 是 $\mathbf{X}_{it}$ 的分量。

假定 5：$rk(\mathbf{X}'_{it}\mathbf{X}_{it}) = rk(\mathbf{X}_{it}) = k$。$\mathbf{X}_{it}$ 不降秩。解释变量不存在完全共线性。

假定 6：当 $N \to \infty$，$T \to \infty$ 时，$T^{-1}\mathbf{X}'_{it}\mathbf{X}_{it} \to \mathbf{Q}$。其中 $\mathbf{Q}$ 是一个有限值的非退化矩阵，即解释变量具有有限方差，解释变量具有平稳性。

如果模型是正确设定的，那么无论是 $N \to \infty$，$T \to \infty$，模型参数的混合最小二乘（pooled OLS）都是无偏、有效、一致估计量。

实际中用面板数据建立混合模型的情形很少见，原因就是不同个体或不同截面，特别是不同个体之间很自然会存在差异。

二、固定效应模型

固定效应模型（fixed effects model）分为 3 种类型，即个体固定效应模型、时点固定效应模型和个体时点双固定效应模型。

1. 个体固定效应模型

如果一个面板数据模型定义为

$$Y_{it} = \alpha_i + \mathbf{X}'_{it}\boldsymbol{\beta} + \mu_{it}, \quad i = 1, 2, \cdots, N；t = 1, 2, \cdots, T \quad (10.2)$$

其中 Y_{it} 是被解释变量（标量），$\mathbf{X}_{it}$ 是 $k \times 1$ 阶解释变量列向量（包括 k 个解释变量），α_i 是随机变量，α_i 随个体变化，但不随时间 t 变化，α_i 与 $\mathbf{X}_{it}$ 相关；$\boldsymbol{\beta}$ 是 $k \times 1$ 阶回归系数列向量，对于不同个体回归系数值相同。μ_{it} 是随机误差项，则称此模型（10.2）为个体固定效应模型（entity fixed effects model）。

个体固定效应模型（10.2）的假定条件是：

假定 1：$E(\mu_{it}) = 0$，$i = 1, 2, \cdots, N$；$t = 1, 2, \cdots, T$。随机误差项 μ_{it} 的期望等于零。

假定 2：$Var(\mu_{it}) = \delta^2$，$i = 1, 2, \cdots, N$；$t = 1, 2, \cdots, T$。μ_{it} 具有同方差性。

假定 3：$Cov(\mu_{it}, \mu_{i't'}) = 0$，若 $i \neq j$，或 $t \neq t'$。不同个体和不同时点对应的 μ_{it} 相互独立。

假定 4：$Cov(\mu_{it}, X_{jit}) = 0$。对所有的 $j = 1, 2, \cdots, k$，以及 i，t。

假定 5：$rk(\mathbf{X}'_{it}\mathbf{X}_{it}) = rk(\mathbf{X}_{it}) = k$。$\mathbf{X}_{it}$ 不降秩。解释变量不存在完全共线性。

假定 6：当 $N \to \infty$，$T \to \infty$ 时，$T^{-1}\mathbf{X}'_{it}\mathbf{X}_{it} \to \mathbf{Q}$。其中 $\mathbf{Q}$ 是一个有限值的非退化矩阵，即解释变量具有有限方差，解释变量具有平稳性。

假定 7：α_i，$i = 1, 2, \cdots, N$，是随机变量，且与解释变量 $\mathbf{X}_{it}$ 相关。

可见，混合模型（10.2）和个体固定效应模型（10.1）的唯一区别是，α 在混合模型中是一个常量，而 α_i 在个体固定效应模型中是随机变量，且与解释变量 $\mathbf{X}_{it}$ 相关。α_i 中包含只随个体不同而变化，但不随时间变化的解

释 Y_{it} 变化的因素。

如果模型是正确设定的，那么无论是 $N \to \infty$ ，$T \to \infty$ ，模型回归系数的最小二乘虚拟变量（LSDV）法估计量都是无偏、有效、一致估计量。

个体固定效应模型（10.2）的假定条件下，每个个体对应的随机误差项 μ_{it} 的期望也是零。

$$E(\mu_{it} \mid \alpha_i, \mathbf{X}_{it}) = 0, \ i = 1, \ 2, \ \cdots, \ N \tag{10.3}$$

α_i 作为随机变量描述不同个体建立的回归函数间的差异。因为 α_i 是不可观测的，且与可观测的解释变量 $\mathbf{X}_{it}$ 的变化相联系，所以称式（10.2）为个体固定效应模型。

个体固定效应模型也可以表示为

$$Y_{it} = \alpha_1 D_1 + \alpha_2 D_2 + \cdots + \alpha_N D_N + \mathbf{X}_{it}'\boldsymbol{\beta} + \mu_{it}, \ t = 1, \ 2, \ \cdots, \ T \tag{10.4}$$

其中

$$D_i \begin{cases} 1, & \text{如果属于第 i 个个体}, \\ 0, & \text{其他}。 \end{cases} \quad i = 1, \ 2, \ \cdots, \ N,$$

对于个体固定效应模型，个体效应 α_i 未知，$E(\alpha_i \mid \mathbf{X}_{it})$ 随 $\mathbf{X}_{it}$ 而变化，但不知怎样与 $\mathbf{X}_{it}$ 变化，所以 $E(Y_{it} \mid \mathbf{X}_{it})$ 不可识别。对于短期面板数据，如果个体固定效应模型是正确设定的，那么 β 的混合 OLS 估计量不具有一致性。但是对个体固定效应模型可以识别边际效应。

$$\boldsymbol{\beta} = \frac{\partial E(Y_{it} \mid \alpha_i, \ \mathbf{X}_{it})}{\partial \mathbf{X}_{it}}$$

2. 时点固定效应模型

如果一个面板数据模型定义为

$$Y_{it} = \gamma_t + \mathbf{X}_{it}'\boldsymbol{\beta} + \mu_{it}, \ i = 1, \ 2, \ \cdots, \ N; \ t = 1, \ 2, \ \cdots, \ T \tag{10.5}$$

其中 Y_{it} 是被解释变量（标量），$\mathbf{X}_{it}$ 是 $k \times 1$ 阶解释变量列向量（包括 k 个回归变量），β 是 $k \times 1$ 阶回归系数列向量，对于不同截面（t）回归系数 β 相同。γ_t 是模型截距项，是随机变量，表示对于 T 个时点有 T 个不同的截距项，且其变化与 $\mathbf{X}_{it}$ 有关系。μ_{it} 为随机误差项（标量），满足通常假定条件。则称此模型为时点固定效应模型（time fixed effects model）。

时点固定效应模型（10.5）的假定条件与个体固定效应模型的假定条件类似，唯一区别是这里假定 γ_t 与 $\mathbf{X}_{it}$ 存在相关性。

时点固定效应模型也可以用虚拟变量形式表示为

$$Y_{it} = \gamma_1 W_1 + \gamma_2 W_2 + \cdots + \gamma_N W_N + \mathbf{X}'_{it} \boldsymbol{\beta} + \mu_{it}, \quad t = 1, \ 2, \ \cdots, \ T \qquad (10.6)$$

其中

$$W_i = \begin{cases} 1, & \text{如果属于第 i 个个体,} \\ 0, & \text{其他。} \end{cases} \quad t = 1, \ 2, \ \cdots, \ T,$$

3. 个体时点双固定效应模型

如果一个面板数据模型定义为

$$Y_{it} = \alpha_i + \gamma_t + \mathbf{X}'_{it} \boldsymbol{\beta} + \mu_{it}, \quad i = 1, \ 2, \ \cdots, \ N; \ t = 1, \ 2, \ \cdots, \ T \qquad (10.7)$$

其中，Y_{it} 是被解释变量；$\mathbf{X}_{it}$ 是 $k \times 1$ 阶解释变量列向量（包括 k 个回归变量）；α_i 为随机变量，表示对于 N 个个体有 N 个不同的截距项，且其变化与 $\mathbf{X}_{it}$ 有关系；γ_t 为随机变量，表示对于 T 个时点有 T 个不同的截距项，且其变化与 $\mathbf{X}_{it}$ 有关系；$\boldsymbol{\beta}$ 为 $k \times 1$ 阶回归系数列向量；μ_{it} 为误差项；则称此模型为个体时点双固定效应模型（time and entit fixed effects model）。本模型假定条件与个体固定效应模型（10.2）的假定条件类似，满足假定 $(\mu_{it} | \mathbf{X}_{it}, \ \alpha_i, \ \gamma_t) = 0$。区别是这里假定 α_i 和 γ_t 分别与 $\mathbf{X}_{it}$ 存在相关性。

如果模型形式是正确设定的，并且满足模型通常的假定条件，对模型（10.7）进行混合 OLS 估计，全部参数估计量都不是一致估计量。原因就是 α_i 和 γ_t 分别与 $\mathbf{X}_{it}$ 相关，破坏了对回归模型的基本假定条件。正如个体固定效应模型可以得到一致的甚至有效的估计量一样，一些计算方法也可以使个体时点双固定效应模型得到更有效的参数估计量。

三、随机效应模型

对于面板数据模型

$$Y_{it} = \beta_0 + \mathbf{X}'_{it} \boldsymbol{\beta} + \upsilon_i + \mu_{it}, \quad i = 1, \ 2, \ \cdots, \ N; \ t = 1, \ 2, \ \cdots, \ T \qquad (10.8)$$

如果 Y_{it} 是被解释变量；$\mathbf{X}_{it}$ 是 $k \times 1$ 阶解释变量列向量（包括 k 个回归变量）；$\boldsymbol{\beta}$ 是 $k \times 1$ 阶回归系数列向量，对于不同个体回归系数 $\boldsymbol{\beta}$ 相同；β_0 是常数；υ_i 是随机变量，其分布与 $\mathbf{X}_{it}$ 无关；μ_{it} 为误差项；这种模型称作个体随机效应模型（entity random effects model）。

其假定条件是

假定 1：$E(\mu_{it}) = 0$，$i = 1, 2, \cdots, N$；$t = 1, 2, \cdots, T$。随机误差项 μ_{it} 的期望等于零。

假定 2：$Var(\mu_{it}) = \delta^2$，$i = 1, 2, \cdots, N$；$t = 1, 2, \cdots, T$。μ_{it} 具有同方差性。

假定 3：$Cov(\mu_{it}, \mu_{i't'}) =$，若 $i \neq j$，或 $t \neq t'$。不同个体和不同时点对应的 μ_{it} 相互独立。

假定 4：$Cov(\mu_{it}, X_{jit}) = 0$。对所有的 $j = 1, 2, \cdots, k$，以及 i, t。

假定 5：$E(\upsilon_i) = 0$，$i = 1, 2, \cdots, N$；随机误差项 υ_i 的期望等于零。

假定 6：$Var(\upsilon_i) = \delta_2$，$i = 1, 2, \cdots, N$；$\upsilon_i$ 具有同方差性。

假定 7：$Cov(\upsilon_i, \upsilon_i') = 0$，若 $i \neq i'$。不同个体对应的 υ_i 相互独立。

假定 8：$Cov(\upsilon_i, X_{jit}) = 0$。对所有的 $j = 1, 2, \cdots, k$，以及 i, t。

假定 9：$Cov(\upsilon_i, X_{jit}) = 0$。对所有的 i 和 t。

假定 10：$rk(\mathbf{X}_{it}'\mathbf{X}_{it}) = rk(\mathbf{X}_{it}) = k$。$\mathbf{X}_{it}$ 不降秩。解释变量不存在完全共线性。

假定 11：当 $N \to \infty$，$T \to \infty$ 时，$T^{-1}\mathbf{X}_{it}'\mathbf{X}_{it} \to \mathbf{Q}$。其中 $\mathbf{Q}$ 是一个有限值的非退化矩阵。进一步假定 $\upsilon_i \sim iid(0, \sigma_\upsilon^2)$，$\mu_{it} \sim iid(0, \sigma_\mu^2)$，但并未限定是何种分布。

对于个体随机效应模型 $E(\upsilon_i \mid X_{it}) = 0$，则 $E(Y_{it} \mid \mathbf{X}_{it}) = \beta_0 + \mathbf{X}_{it}'\beta$，对 Y_{it} 可以识别，所以随机效应模型参数的混合 OLS 估计量具有一致性，但不具有有效性。

相类似，也可以定义时点随机效应模型和个体时点双随机效应模型（略），但个体随机效应模型在实际中较为常用。

注意：术语"固定效应模型"和"随机效应模型"用得并不十分恰当，原因是固定效应模型和随机效应模型中的变量都是随机变量，所以上述术语容易产生误解。其实固定效应模型应该称为"相关效应模型"，而随机效应模型应该称为"非相关效应模型"。这种称谓从含义上更为准确。

▊ 第三节　面板数据模型估计方法

面板数据模型中回归系数 β 的估计量既不同于截面数据条件下的回归系数估计量，也不同于时间序列条件下的回归系数估计量，其性质随模型类型的设定是否正确、是否采用了相应正确的估计方法而变化。面板数据模型中的解释变量 X，可以是时变的，也可以是非时变的（如含有虚拟变量）。下面针对不同类型的面板数据模型介绍 5 种估计方法。

一、混合最小二乘估计

混合最小二乘估计方法是在时间上和截面上把 NT 个观测值混合在一起，然后用 OLS 法估计模型参数。对混合模型通常采用的是混合最小二乘估计法。给定混合模型

$$Y_{it} = \alpha + \mathbf{X}'_{it}\boldsymbol{\beta} + \mu_{it}, \ i = 1, \ 2, \ \cdots, \ N; \ t = 1, \ 2, \ \cdots, \ T$$

假定条件见模型（10.1）。把上模型写成向量形式，

$$\mathbf{Y} = \mathbf{Z}\boldsymbol{\theta} + \boldsymbol{\mu}$$

其中，$\mathbf{Y} = (Y'_1, \ \cdots, \ Y'_N)'$ 和 $\boldsymbol{\mu} = (\mu'_1, \ \cdots, \ \mu'_N)$ 都是 $NT \times 1$ 阶列向量。$\boldsymbol{\theta} = (\alpha\boldsymbol{\beta}')_{(k+1) \times 1}$ 是列向量。$Z = (1X'_{it})_{NT \times (k+1)}$ 阶矩阵，其第 1 列是单位列向量。假定条件是 $E(u \mid Z) = 0$，误差项 u 是严格外生的。$E(u\,u' \mid Z) = \Omega$，则 $\boldsymbol{\theta}$ 的混合 OLS 估计公式是

$$\hat{\boldsymbol{\theta}} = (\mathbf{Z}'\mathbf{Z})^{-1}\mathbf{Z}'\mathbf{Y} \tag{10.9}$$

如果模型是正确设定的，且那些假定条件都成立，那么无论是 N→∞，还是 T→∞，模型参数的混合最小二乘估计量都具有无偏性、有效性和一致性。

然而，对于经济面板数据，即使在随机误差项 μ_{it} 服从独立同分布条件下，由 OLS 法得到的方差协方差矩阵通常也不会满足假定条件。因为对于每个个体 i 的误差项 μ_{it} 来说通常是序列相关的。NT 个自相关观测值要比 NT 个相互独立的观测值包含的信息少，从而导致随机误差项 μ_{it} 的标准差常常

被低估，估计量的精度被虚假夸大。

如果模型存在个体固定效应，即 α_i 与 $\mathbf{X}_{it}$ 相关，那么对模型应用混合 OLS 估计方法，估计量不再具有一致性。解释如下：

假定模型实为个体固定效应模型 $Y_{it} = \alpha_i + \mathbf{X}_{it}'\boldsymbol{\beta} + \mu_{it}$，但却被当作混合模型来估计，则相当于模型被写为

$$Y_{it} = \beta_0 + \mathbf{X}_{it}'\boldsymbol{\beta} + (\alpha_i - \beta_0 + \mu_{it}) = \beta_0 + \mathbf{X}_{it}'\boldsymbol{\beta} + \omega_{it}$$

其中 $\omega_{it} = (\alpha_i - \beta_0 + \mu_{it})$。因为 α_i 与 $\mathbf{X}_{it}$ 相关，也即 ω_{it} 与 $\mathbf{X}_{it}$ 相关，从而破坏了模型的经典假定条件，所以个体固定效应模型的回归系数若采用混合 OLS 估计，估计量不再具有一致性。

二、组 内 估 计

对于短期面板数据，组内（within）估计的原理是先把面板数据中每个个体的观测值变换为对其平均数的离差观测值，然后利用离差变换数据用 OLS 法估计模型回归系数 $\boldsymbol{\beta}$。以个体固定效应模型

$$Y_{it} = \alpha_i + \mathbf{X}_{it}'\boldsymbol{\beta} + \mu_{it} \tag{10.10}$$

为例，具体步骤是先对每个个体计算平均数 $\bar{Y}_i, \bar{\mathbf{X}}_i$，$i = 1, 2, \cdots, N$，得如下模型

$$\frac{1}{T}\sum_{t=1}^{T} Y_{it} = \frac{1}{T}\sum_{t=1}^{T} \alpha_i + \sum_{t=1}^{T} \mathbf{X}_{it}'\boldsymbol{\beta} + \frac{1}{T}\sum_{t=1}^{T} \mu_{it}, \ i = 1, 2, \cdots, N$$

$$\bar{Y}_i = \alpha_i + \bar{\mathbf{X}}_i'\boldsymbol{\beta} + \bar{\mu}_i \tag{10.11}$$

其中 $\bar{Y}_i, \bar{\mathbf{X}}_i, \bar{\mu}_i$ 的定义如下：

$$\bar{Y}_i = \frac{1}{T}\sum_{t=1}^{T} Y_{it}, \ i = 1, 2, \cdots, N$$

$$\bar{\mathbf{X}}_i = \frac{1}{T}\sum_{t=1}^{T} \mathbf{X}_{it}, \ i = 1, 2, \cdots, N(\bar{\mathbf{X}}_i 为 k \times 1 阶列向量)$$

$$\bar{\mu}_i = \frac{1}{T}\sum_{t=1}^{T} \mu_{it}, \ i = 1, 2, \cdots, N$$

因为 α_i 在第 i 个个体内不变化，所以 $\alpha_i = \frac{1}{T}\sum_{t=1}^{T} \alpha_i$。用式（10.10）和式（10.11）相减，消去了 α_i，得

$$Y_{it} - \bar{Y}_i = (\mathbf{X}_{it} - \bar{\mathbf{X}}_i)'\boldsymbol{\beta} + (\mu_{it} - \bar{\mu}_i), \ i=1, 2, \cdots, N; \ t=1, 2, \cdots, T$$

$$(10.12)$$

此模型称作组内模型。对上式应用 OLS 估计，得

$$\hat{\boldsymbol{\beta}}_\omega = \frac{\sum_{i=1}^{N} \sum_{t=1}^{T} (\mathbf{X}_{it} - \bar{\mathbf{X}}_i)(Y_{it} - \bar{Y}_i)}{\sum_{i=1}^{N} \sum_{t=1}^{T} (\mathbf{X}_{it} - \bar{\mathbf{X}}_i)(\mathbf{X}_{it} - \bar{\mathbf{X}}_i)'} \qquad (10.13)$$

所得 $\hat{\boldsymbol{\beta}}_\omega$ 称作组内估计量（如果称作离差变换 OLS 估计量则更容易理解其本意）。其中下标 ω 是组内英文的字头［通过式（10.12）理解"组内"的概念则更容易些］。因为在式（10.12）中消去了 α_i，不再含有违反模型假定条件的情形，所以，对于个体固定效应模型，β 的组内估计量是一致估计量。如果 μ_{it} 还满足独立同分布条件，β 的组内估计量 $\hat{\boldsymbol{\beta}}_\omega$ 不但具有一致性，而且还具有无偏性和有效性。

如果对个体固定效应项 α_i 感兴趣，可继续按下式估计 α_i：

$$\hat{\alpha}_i = \bar{Y}_i - \bar{\mathbf{X}}_i'\hat{\boldsymbol{\beta}}_\omega, \ i=1, 2, \cdots, N \qquad (10.14)$$

其中 $\hat{\boldsymbol{\beta}}_\omega$ 由式（10.13）计算。当 $T \to \infty$ 时，$\hat{\alpha}_i$ 是 α_i 的无偏、一致估计量。

利用组内（中心化）数据，计算回归系数估计量的方差协方差矩阵如下：

$$\hat{\mathrm{Var}}(\hat{\boldsymbol{\beta}}_\omega) = \hat{\sigma}_u^2 \Big[\sum_{i=1}^{N} \sum_{t=1}^{T} (\mathbf{X}_{it} - \bar{\mathbf{X}}_i)(\mathbf{X}_{it} - \bar{\mathbf{X}}_i)' \Big]^{-1} \qquad (10.15)$$

其中 $\hat{\sigma}_u^2 = \dfrac{\sum_{i=1}^{N} \sum_{t=1}^{T} \hat{\mu}_{it}^2}{NT - N - k}$。

组内估计法适用于固定效应模型。估计法在短期面板条件下，即便 α_i 的分布以及 α_i 和 $\mathbf{X}_{it}$ 的关系都已经知道，α_i 的估计量仍不具有一致性。

三、最小二乘虚拟变量估计法

以个体固定效应模型为例：

$$Y_{it} = \alpha_i + \mathbf{X}_{it}'\boldsymbol{\beta} + \mu_{it}, \ i=1, 2, \cdots, N; \ t=1, 2, \cdots, T$$

用 N 个虚拟变量 D_i，$i = 1$，2，$\cdots$，N 区别 N 个不同的 α_i，

$$Y_{it} = \alpha_1 D_1 + \alpha_2 D_2 + \cdots + \alpha_N D_N + \mathbf{X}'_{it}\boldsymbol{\beta} + \mu_{it}, \quad t = 1, 2, \cdots, T$$

对上式利用 OLS 法估计回归系数，称这种方法为最小二乘虚拟变量估计法（least square dummy variable estimation，LSDV）。如果模型是正确设定的，且符合模型全部假定条件，则回归系数估计量是无偏、有效、一致估计量。最小二乘虚拟变量估计法适用于固定效应模型。从原理上讲，最小二乘虚拟变量估计法与组内估计法原理上是同一种估计法。

四、一阶差分估计

在短期面板条件下，一阶差分（first difference）估计就是用个体固定效应模型中解释变量与被解释变量的差分变量构成的模型进行 OLS 估计，具体步骤是，对个体固定效应模型

$$Y_{it} = \alpha_i + \mathbf{X}'_{it}\boldsymbol{\beta} + \mu_{it}$$

取其滞后一期关系式（也可以是滞后若干期的关系式），

$$Y_{it-1} = \alpha_i + \mathbf{X}'_{it-1}\boldsymbol{\beta} + \mu_{it-1}$$

上两式相减，得一阶差分模型（α_i 被消去）

$$Y_{it} - Y_{it-1} = (\mathbf{X}_{it} - \mathbf{X}_{it-1})'\boldsymbol{\beta} + (\mu_{it} - \mu_{it-1}), \quad i = 1, 2, \cdots, N; \quad t = 1, 2, \cdots, T$$

令 $\Delta Y_{it} = Y_{it} - Y_{it-1}$，$\Delta \mathbf{X}_{it} = \mathbf{X}_{it} - \mathbf{X}_{it-1}$，$\Delta \mu_{it} = \mu_{it} - \mu_{it-1}$，上式写为，

$$\Delta Y_{it} = \Delta \mathbf{X}'_{it}\boldsymbol{\beta} + \Delta \mu_{it}, \quad i = 1, 2, \cdots, N; \quad t = 1, 2, \cdots, T \quad (10.16)$$

对上式应用 OLS 法估计 β，得到 β 的一阶差分估计公式

$$\hat{\boldsymbol{\beta}}_{FD} = \frac{\displaystyle\sum_{i=1}^{N} \sum_{t=2}^{T} \Delta \mathbf{X}_{it}\Delta Y_{it}}{\displaystyle\sum_{i=1}^{N} \sum_{t=2}^{T} \Delta \mathbf{X}_{it}\Delta \mathbf{X}'_{it}}$$

其中 $\hat{\boldsymbol{\beta}}_{FD}$ 的下标 FD 是一阶差分的英文缩写。若 $T > 2$ 时，μ_{it} 服从独立同分布；$E(\Delta \mathbf{X}_{it}\Delta \mu_{it}) = 0$ 假定条件成立，则 β 的一阶差分估计量 $\hat{\boldsymbol{\beta}}_{FD}$ 具有一致性，但不如组内估计量（或者 LSDV 估计量）$\hat{\boldsymbol{\beta}}_\omega$ 更有效。

五、可行 GLS 估计法（随机效应估计法）

对于随机效应模型，有多种方法可以得到回归系数的一致估计量。比

如：（1）应用广义最小二乘法。（2）如果随机效应项和随机误差项服从正态分布，应用极大似然估计法。（3）使用普通最小二乘法。（4）使用离差变换 OLS 估计法和一阶差分变换 OLS 估计法。模型回归系数的 GLS 估计量和 ML 估计量是渐近相等的。但是在有限样本条件下，估计结果并不一样。

模型回归系数的 OLS 估计量、组内估计量和一阶差分估计量对于随机效应模型来说虽然都是一致估计量，但都不是有效估计量。

对于随机效应模型，常用的估计方法是可行 GLS（feasible GLS）估计法，也称作随机效应估计法。只要模型假定条件成立，可行 GLS 估计量不但是一致估计量，而且是有效估计量。

下面以个体随机效应模型为例介绍可行 GLS 估计法。

有个体随机效应模型

$$Y_{it} = \beta_0 + \mathbf{X}'_{it}\boldsymbol{\beta} + (\upsilon_i + \mu_{it})$$

其中 β_0 为常数。$\upsilon_i + \mu_{it}$ 是服从独立同分布的随机项。υ_i 只与个体 i 有关系，与时间 t 无关，假定条件见模型（10.16）。

对上式计算平均值，得

$$\overline{Y}_{it} = \beta_0 + \overline{\mathbf{X}}'_i\boldsymbol{\beta} + (\upsilon_i - \overline{\mu}_i)$$

其中 $\overline{Y}_{it}$，$\overline{\mathbf{X}}'_i$，$\overline{\mu}_i$ 的定义见式（10.11）。因为 υ_i 只与个体 i 有关系，与时间 t 无关，所以在平均值表达式中仍写为 υ_i。上式两侧同乘 $\hat{\lambda}$ 后与个体随机效应模型表达式相减，得

$$Y_{it} - \hat{\lambda}\overline{Y}_{it} = (1 - \hat{\lambda})\beta_0 + (\mathbf{X}_{it} + \hat{\lambda}\overline{\mathbf{X}}_i)'\boldsymbol{\beta} + \omega_{it} \qquad (10.17)$$

其中 $\omega_{it} = (1 - \hat{\lambda})\upsilon_i + (\mu_{it} - \hat{\lambda}\overline{\mu}_i)$ 渐近服从独立同分布，其中定义，

$\lambda = 1 - \dfrac{\sigma_\mu}{\sqrt{\sigma_\mu^2 + T\sigma_\alpha^2}}$，$\hat{\lambda}$ 是 λ 的一致估计量。对式（10.17）应用 OLS 估计，则所得 β 的估计量称为可行 GLS 估计量或随机效应估计量。当 $\hat{\lambda} = 0$ 时，式（10.17）等同于混合模型的混合 OLS 估计式；当 $\hat{\lambda} = 1$ 时，式（10.17）等同于组内估计式（10.12）。

下面推导 β_0 和 β 的可行 GLS 估计表达式。由式（10.17）得

$$Y_{it} - \hat{\lambda}\overline{Y}_{it} = \beta_0 - \hat{\lambda}\beta_0 + \mathbf{X}'_{it}\boldsymbol{\beta} + \hat{\lambda}\overline{\mathbf{X}}'_i\boldsymbol{\beta} + \omega_{it}$$

$$Y_{it} - \hat{\lambda}\overline{Y}_{it} = \beta_0 + \mathbf{X}'_{it}\boldsymbol{\beta} - \hat{\lambda}\beta_0 + \hat{\lambda}\overline{\mathbf{X}}'_i\boldsymbol{\beta} + \omega_{it}$$

$$Y_{it} - \hat{\lambda}\bar{Y}_{it} = \begin{bmatrix} 1 & \mathbf{X}'_{it} \end{bmatrix} \begin{bmatrix} \beta_0 \\ \boldsymbol{\beta} \end{bmatrix} - \hat{\lambda} \begin{bmatrix} 1 & \bar{\mathbf{X}}'_i \end{bmatrix} \begin{bmatrix} \beta_0 \\ \boldsymbol{\beta} \end{bmatrix} + \omega_{it}$$

令 $Z_{it} = \begin{bmatrix} 1 & \mathbf{X}'_{it} \end{bmatrix}$，$\bar{Z}_i = \begin{bmatrix} 1 & \bar{\mathbf{X}}'_i \end{bmatrix}$，$\theta = \begin{bmatrix} \beta_0 \\ \boldsymbol{\beta} \end{bmatrix}$。上式写为

$$Y_{it} - \hat{\lambda}\bar{Y}_{it} = Z_{it}\theta - \hat{\lambda}\bar{Z}_i\theta + \omega_{it} = (Z_{it} - \hat{\lambda}\bar{Z}_i)\theta + \omega_{it} \tag{10.18}$$

对上式进行 OLS 估计，得

$$\hat{\theta}_{RE} = \begin{bmatrix} \hat{\beta}_0 \\ \hat{\boldsymbol{\beta}} \end{bmatrix} = \frac{\sum\limits_{i=1}^{N}\sum\limits_{t=1}^{T}(Z_{it} - \hat{\lambda}\bar{Z}_i)(Y_{it} - \hat{\lambda}\bar{Y}_i)}{\sum\limits_{i=1}^{N}\sum\limits_{t=1}^{T}(Z_{it} - \hat{\lambda}\bar{Z}_i)(Z_{it} - \hat{\lambda}\bar{Z})'} \tag{10.19}$$

$\hat{\theta}_{RE} = \begin{bmatrix} \hat{\beta}_0 & \hat{\boldsymbol{\beta}}' \end{bmatrix}'$ 就是个体随机效应模型（10.8）回归系数的可行 GLS 估计量。当 $NT \to \infty$，无论是由于 $N \to \infty$，$T \to \infty$，还是 N，T 同时趋近于 ∞，可行 GLS 估计量都是有效、一致估计量。

如果 v_i、u_{it} 都服从独立同分布假定，$\hat{\theta}_{RE}$ 的方差协方差矩阵 $\text{Var}(\hat{\theta}_{RE})$ 可以通过下式计算：$\text{Var}(\hat{\theta}_{RE}) = \hat{\sigma}_u^2 \big[\sum\limits_{i=1}^{N}\sum\limits_{t=1}^{T}(Z_{it} - \hat{\lambda}\bar{Z}_i)(Z_{it} - \hat{\lambda}\bar{Z})' \big]^{-1}$

其中 $\hat{\sigma}_u^2$ 的估计公式 $\hat{\sigma}_u^2 = \dfrac{1}{N(T-1)-k} \sum\limits_{i=1}^{N}\sum\limits_{t=1}^{T} \big[(Y_{it} - \bar{Y}_i) - (\mathbf{X}_{it} - \bar{\mathbf{X}}_i)'\hat{\boldsymbol{\beta}}_\omega \big]^2$，$\hat{\boldsymbol{\beta}}_\omega$ 是 β 的组内估计值。

对于随机效应模型，因为式（10.13）没有破坏模型的假定条件以及 v_i 与 $\mathbf{X}_{it}$ 不相关的假定，所以，可行 GLS 估计量不但是一致估计量，而且是有效估计量。而对于个体固定效应模型，假定 v_i 与 $\mathbf{X}_{it}$ 是相关的，从而破坏了模型的经典假定条件，所以，对于个体固定效应模型，可行 GLS 估计量不是一致估计量。

在实际的面板数据中，N 个个体之间相互独立的假定通常是成立的，但是每个个体本身却常常是序列自相关的，且存在异方差。为了得到正确的统计推断，需要克服这两个问题。

对于第 i 个个体，当 $N \to \infty$，X_i 的方差协方差矩阵仍然是有限值的 $T \times T$ 阶矩阵，所以可以用以前的方法克服异方差。

六、面板数据模型拟合优度的测量

用 OLS 法估计回归模型中的参数时，回归函数对数据拟合的优劣是用可决系数 R^2，即回归平方和与总平方和的比值评价的。这个比值越接近 1，说明拟合的效果越好。这种方法在评价面板数据模型拟合的优劣时，却遇到了困难。因为在面板数据模型的估计过程中使用的不都是 OLS 法。所以，在评价面板数据模型拟合优度时，定义的是面板数据实际观测值与其拟合值相关系数的平方。这样定义的优点是，无论面板数据模型是用何种方法估计的，上述相关系数的平方取值都在 $[0, 1]$ 范围。

如果模型是用 OLS 法估计的（且模型中含有常数项），面板数据 Y_{it} 的总离差平方和平均可以被分解为组内离差平方和平均和组间离差平方和平均的和，即

$$\frac{1}{NT} \sum_{i=1}^{N} \sum_{t=1}^{T} (Y_{it} - \bar{Y})^2 = \frac{1}{NT} \sum_{i=1}^{N} \sum_{t=1}^{T} (Y_{it} - \bar{Y}_i)^2 + \frac{1}{N} \sum_{i=1}^{N} (Y_{it} - \bar{Y})^2$$

(10.20)

其中 $\bar{Y}$ 表示总样本的平均值。$\bar{Y}_i$ 表示每个个体的平均值。等号右侧第一项中的和式部分表示组内离差平方和，第二项中的和式部分表示组间离差平方和。

对于用组内 OLS 法估计的面板数据模型（固定效应模型）拟合优度定义为

$$R_\omega^2 = r^2(\hat{Y}_{it} - \hat{\bar{Y}}_i, \ Y_{it} - \bar{Y}_i)$$

其中 R_ω^2 表示拟合优度，ω 是组内（within）英文的字头。$r^2(\hat{Y}_{it} - \hat{\bar{Y}}_i, \ Y_{it} - \bar{Y}_i)$ 表示 $(\hat{Y}_{it} - \hat{\bar{Y}}_i)$ 和 $(Y_{it} - \bar{Y}_i)$ 相关系数的平方。$\hat{Y}_{it}$ 是对 Y_{it} 的估计；$\hat{\bar{Y}}_i$ 是对 $\bar{Y}_i$ 的估计；$(\hat{Y}_{it} - \hat{\bar{Y}}_i) = (\mathbf{X}_{it} - \bar{\mathbf{X}}_i)' \hat{\boldsymbol{\beta}}_{FE}$。

对于用组间法估计的面板数据模型，拟合优度定义为

$$R_b^2 = r^2(\hat{\bar{Y}}_i, \ \bar{Y}_i)$$

其中 R_b^2 表示拟合优度，b 是组间（between）英文的字头。$r^2(\hat{\bar{Y}}_i, \ \bar{Y}_i)$ 表示 $\hat{\bar{Y}}_i$ 和 $\bar{Y}_i$ 相关系数的平方。$\hat{\bar{Y}}_i$ 是对 $\bar{Y}_i$ 的估计；$\hat{\bar{Y}}_i = \bar{\mathbf{X}}_i' \hat{\boldsymbol{\beta}}_b$，其中 $\hat{\boldsymbol{\beta}}_b$ 是组间估计量。

注意：如果用式（10.11）进行 OLS 估计，就称 β 的估计量是组间估计量，因为估计 β 时，所做的计算是求不同个体的 $\overline{Y}_i$ 和 $\overline{X}_i$ 分别对总平均值 $\overline{Y}$ 和 $\overline{X}$ 的离差。这种运算发生在个体之间，所以称作组间估计。

如果用全部的离差计算 OLS 估计量，拟合优度 R_a^2 定义为

$$R_a^2 = r^2(\hat{y}_{it}, y_{it})$$

其中 $\hat{y}_{it}$ 是对 y_{it} 的估计，$r^2(\hat{y}_{it}, y_{it})$ 表示 $\hat{y}_{it}$ 和 y_{it} 相关系数的平方。

上述 3 个公式可适用于评价所有的面板数据估计模型。如果 R^2 是用来评价随机效用模型，其值要比用 OLS 法估计的模型对应的拟合优度值稍小一些。

■ 第四节　面板数据模型的设定与检验

这里所说的检验包括两类情形。一类是对于一组经济面板数据应该建立何种模型类型的检验，其中包括混合模型、固定效应模型和随机效应模型。另一类是对面板数据模型中回归系数或回归系数之间是否存在某种约束的检验。

对于前一类检验介绍两个统计量，F 统计量和 H（豪斯曼，Hausman）统计量。F 统计量用于检验应该建立混合模型还是固定效应模型。H 统计量用于检验应该建立随机效应模型还是固定效应模型。

对于后一类检验介绍 3 个统计量，F、LR 和 Wald 统计量。3 个统计量都是用来决定解释变量的取舍，或者回归系数之间的某种约束。

先介绍第一类检验的 F、H 两个统计量，然后介绍第二类检验的 F、LR、Wald 3 个统计量。

一、F 检验

F 统计量用来检验对于一组面板数据应该建立混合模型还是固定效应模型。面板数据建模的一项任务就是判别模型中是否存在固定效应。

F 统计量定义为

$$F = \frac{\dfrac{RSS_r - RSS_u}{m}}{\dfrac{RSS_u}{T - k}}$$

其中 RSS_r 表示估计的约束模型的残差平方和，RSS_u 表示估计的非约束模型的残差平方和，m 表示约束条件个数，T 表示样本容量，k 表示非约束模型中被估回归系数个数。在原假设"约束条件成立"条件下，F 统计量服从自由度为（m，T－k）的 F 分布。

$$F \sim F(m, T-k)$$

以检验建立混合模型还是个体固定效应模型为例，这里，混合模型是约束模型（约束 N 个 α_i 相等），个体固定效应模型是非约束模型（α_i 可以随个体不同）。建立假设

H_0：$\alpha_i = \alpha$，$i = 1, 2, \cdots, N$。模型中不同个体的截距相同（混合模型）。

H_1：模型中不同个体的截距项 α_i 不同（个体固定效应模型）。

F 统计量定义为

$$F = \frac{\dfrac{RSS_r - RSS_u}{N - 1}}{\dfrac{RSS_u}{NT - N - k}}$$

其中 RSS_r 表示估计的约束模型，即混合模型的残差平方和，RSS_u 表示估计的非约束模型，即个体固定效应模型的残差平方和。分子对应的自由度，即约束条件个数为 N－1。分母对应的自由度为 NT－N－k。其中 N 表示个体数，k 表示非约束模型（个体固定效应模型）中解释变量对应的回归系数的个数。F 统计量在 H_0 成立条件下服从自由度为（N－1，NT－N－k）的 F 分布。检验规则是，

若用样本计算的 $F \leqslant F_\alpha(N-1, NT-N-k)$，则接受原假设，建立混合模型。

若用样本计算的 $F > F_\alpha(N-1, NT-N-k)$，则拒绝原假设，建立个体固定效应模型。

注意：若检验的是建立混合模型还是时点固定效应模型，请读者自己考虑 F 统计量中自由度的计算方法。

二、H 检验

H 检验用于检验一个回归系数的两种估计量差异的显著性。H 检验由豪斯曼 1978 年提出，是在杜宾（Durbin，1914 年提出）和吴（Wu，1973 年提出）基础上发展起来的。所以 H 检验也称作吴—杜宾检验和杜宾—吴—豪斯曼检验。

先介绍 H（豪斯曼）检验原理。

比如在检验单一回归方程中某个解释变量的内生性问题时得到相应回归系数的两个估计量，一个是 OLS 估计量，一个是 2SLS（两阶段最小二乘）估计量。其中 2SLS 估计量用来克服解释变量可能存在的内生性。如果模型的解释变量中不存在内生性变量，那么 OLS 估计量和 2SLS 估计量都具有一致性，都有相同的概率极限分布。如果模型的解释变量中存在内生性变量，那么回归系数的 OLS 估计量是不一致的，而 2SLS 估计量仍具有一致性，两个估计量将有不同的概率极限分布。

更一般地，假定用两种方法得到 m 个回归系数的两组估计量 $\hat{\theta}$ 和 $\tilde{\theta}$（都是 $m \times 1$ 阶向量），则 H 检验的零假设和备择假设是

$$H_0: \text{plim}(\hat{\theta} - \tilde{\theta}) = 0$$
$$H_1: \text{plim}(\hat{\theta} - \tilde{\theta}) \neq 0$$

假定相应两个估计量的差作为一个统计量也具有一致性，在 H_0 成立条件下，统计量（$\sqrt{N}(\hat{\theta} - \tilde{\theta})$）渐近服从多元正态分布。

$$\sqrt{N}(\hat{\theta} - \tilde{\theta}) \xrightarrow{d} N[0, \text{Var}(\hat{\theta} - \tilde{\theta})]$$

其中 $\text{Var}(\hat{\theta} - \tilde{\theta})$ 是 $\sqrt{N}(\hat{\theta} - \tilde{\theta})$ 的极限分布方差协方差矩阵。则 H 统计量定义为

$$H = (\hat{\theta} - \tilde{\theta})'[\hat{\text{Var}}(\hat{\theta} - \tilde{\theta})]^{-1}(\hat{\theta} - \tilde{\theta}) \sim \chi^2(m) \qquad (10.21)$$

其中 $\hat{\text{Var}}(\hat{\theta} - \tilde{\theta})$ 是 $(\hat{\theta} - \tilde{\theta})$ 的估计的方差协方差矩阵。在 H_0 成立条件下，H 统计量渐近服从 $\chi^2(m)$ 分布。其中 m 表示零假设中回归系数个数。

H 检验原理很简单，但实际中得到 $\text{Var}(\hat{\theta} - \tilde{\theta})$ 的一致估计量 $\hat{\text{Var}}(\hat{\theta} -$

$\tilde{\theta}$）却并不容易。一般来说，

$$\text{Var}(\hat{\theta} - \tilde{\theta}) = \text{Var}(\hat{\theta}) + \text{Var}(\tilde{\theta}) - 2\text{Cov}(\hat{\theta}, \tilde{\theta}) \qquad (10.22)$$

其中 $\text{Var}(\hat{\theta})$，$\text{Var}(\tilde{\theta})$ 在一般软件计算中都能给出。但 $\text{Cov}(\hat{\theta}, \tilde{\theta})$ 不能给出，致使 H 统计量（10.21）中的 $\text{Var}(\hat{\theta} - \tilde{\theta})$ 在实际应用中无法计算。

实际中也常进行如下检验。

H_0：模型中所有解释变量都是外生的。

H_1：模型中某些解释变量是内生的。

在原假设成立条件下，解释变量回归系数的 OLS 估计量 $\hat{\theta}$ 是有效估计量。则有 $\text{Cov}(\hat{\theta}, \tilde{\theta}) = \text{Var}(\hat{\theta})$。于是式（10.22）变为

$$\text{Var}(\hat{\theta} - \tilde{\theta}) = \text{Var}(\hat{\theta}) + \text{Var}(\tilde{\theta}) - 2\text{Cov}(\hat{\theta}, \tilde{\theta}) = \text{Var}(\tilde{\theta}) - \text{Var}(\hat{\theta})$$
$$(10.23)$$

把式（10.23）结果代入式（10.21），得

$$H = (\hat{\theta} - \tilde{\theta})'[\text{Var}(\tilde{\theta}) - \text{Var}(\hat{\theta})]^{-1}(\hat{\theta} - \tilde{\theta}) \qquad (10.24)$$

其中 $\text{Var}(\tilde{\theta})$ 和 $\text{Var}(\hat{\theta})$ 分别是对 $\text{Var}(\tilde{\theta})$ 和 $\text{Var}(\hat{\theta})$ 的估计。与式（10.21）比较，这个结果只要求计算 $\text{Var}(\tilde{\theta})$ 和 $\text{Var}(\hat{\theta})$，H 统计量（10.24）具有实用性。原假设成立条件下，式（10.24）定义的 H 统计量渐近服从 $\chi^2(m)$ 分布。

当 θ 是标量，即只表示一个回归参数时，式（10.24）定义的 H 统计量退化为标量形式

$$H = \frac{(\hat{\theta} - \tilde{\theta})^2}{\text{Var}(\hat{\theta} - \tilde{\theta})} = \frac{(\hat{\theta} - \tilde{\theta})^2}{\text{Var}(\tilde{\theta}) - \text{Var}(\hat{\theta})} \qquad (10.25)$$

渐近服从 1 个自由度的 χ^2 分布。其中 $\text{Var}(\hat{\theta} - \tilde{\theta})$ 表示 $(\hat{\theta} - \tilde{\theta})$ 的样本方差；$\text{Var}(\tilde{\theta})$ 和 $\text{Var}(\hat{\theta})$ 分别表示 $\tilde{\theta}$ 和 $\hat{\theta}$ 的样本方差。

H 检验用途很广。可用来做模型丢失变量的检验、变量内生性检验、模型形式设定检验、模型嵌套检验、建模顺序检验等。本章的检验只是豪斯曼检验的具体应用之一。

下面以检验模型是个体随机效应模型还是个体固定效应模型为例，介绍面板数据中怎样利用 H 统计量确定模型形式的检验。

假定面板数据模型的误差项 μ_{it} 满足通常的假定条件，如果真实的模型是随机效应模型，那么 β 的组内估计量 $\hat{\beta}_W$ 和可行 GLS 估计量 $\tilde{\beta}_{RE}$ 都具有一

致性。如果真实的模型是个体固定效应模型，则参数 β 的组内估计量 $\hat{\boldsymbol{\beta}}_W$ 是一致估计量，但可行 GLS 估计量 $\tilde{\boldsymbol{\beta}}_{RE}$ 是非一致估计量。那么，当对一个面板数据模型同时进行组内估计和可行 GLS 估计时，如果回归系数的两种估计结果差别小，则说明应该建立随机效应模型；如果回归系数的两种估计结果差别大，说明应该建立个体固定效应模型。可以通过 H 统计量检验（$\tilde{\boldsymbol{\beta}}_{RE} -$ $\hat{\boldsymbol{\beta}}_W$）的非零显著性，从而检验面板数据模型中是否存在个体固定效应。H 检验原理总结于表 10.1。

表 10.1　　　　两类不同模型组内估计量与可行 GLS 估计量性质比较

项目	组内估计	可行 GLS 估计	$\hat{\boldsymbol{\beta}}_W - \tilde{\boldsymbol{\beta}}_{RE}$
个体随机效应模型	估计量 $\hat{\boldsymbol{\beta}}_W$ 具有一致性	估计量 $\tilde{\boldsymbol{\beta}}_{RE}$ 具有一致性	小
个体固定效应模型	估计量 $\hat{\boldsymbol{\beta}}_W$ 具有一致性	估计量 $\tilde{\boldsymbol{\beta}}_{RE}$ 具有一致性	大

H_0：个体效应 α_i 与解释变量 $\mathbf{X}_{it}$ 无关（个体随机效应模型）

H_1：个体效应 α_i 与解释变量 $\mathbf{X}_{it}$ 相关（个体固定效应模型）

对于面板数据多元回归模型，H 统计量用式（10.24）计算。对于一元回归模型，H 统计量用式（10.25）计算。

判别规则是：

若用样本计算的 $H \leqslant \chi_a^2(m)$，则接受原假设，应该建立个体随机效应模型。

若用样本计算的 $H > \chi_a^2(m)$，则拒绝原假设，应该建立个体固定效应模型。

$\chi_a^2(m)$ 中的 α 表示显著性水平，m 表示被检验的回归系数个数。

三、Wald 检验

下面介绍面板数据模型中对部分回归系数进行约束的检验。先介绍 Wald 检验，然后介绍 F 检验和 LR 检验。

面板数据模型中可以利用 Wald 统计量对部分回归系数的约束条件是否成立进行检验。Wald 统计量的定义是

$$W = f(\hat{\boldsymbol{\beta}})'_{(1 \times m)} \text{Var}(f(\hat{\boldsymbol{\beta}}))^{-1}_{(m \times m)} f(\hat{\boldsymbol{\beta}})_{(m \times 1)} \tag{10.26}$$

其中 $f(\beta)$ 表示由约束条件改写成 $f(\beta) = 0$ 所组成的形式的列向量。m 表示 $f(\beta)$ 被检验的约束条件的个数，$\text{Varf}(\hat{\boldsymbol{\beta}}) = \left[\dfrac{\partial f(\hat{\boldsymbol{\beta}})}{\partial \hat{\boldsymbol{\beta}}}\right]_{(m \times k)}$ $\left[\text{Var}(\hat{\boldsymbol{\beta}})\right]_{(k \times k)} \left[\dfrac{\partial f(\hat{\boldsymbol{\beta}})}{\partial \hat{\boldsymbol{\beta}}}\right]'_{(k \times m)}$。其中 k 表示面板数据模型中解释变量个数。在原假设 $f(\beta) = 0$ 成立条件下，Wald 统计量渐近服从 m 个自由度的 $\chi^2(m)$ 分布。检验规则是：

若用样本计算的 $W \leqslant \chi^2_a(m)$，则约束条件成立，

若用样本计算的 $W > \chi^2_a(m)$，则约束条件不成立。

四、F 检验和 LR 检验

面板数据模型中同样可以利用 F 和 LR 统计量检验部分回归系数的约束条件是否成立。F 统计量的定义是

$$F = \dfrac{\dfrac{\text{RSS}_r - \text{RSS}_u}{m}}{\dfrac{\text{RSS}_u}{NT - k}} \tag{10.27}$$

其中 RSS_r 表示估计的约束模型的残差平方和；RSS_u 表示估计无约束模型的残差平方和；m 表示约束条件个数；T 表示面板数据的时期数；N 表示面板数据的个体数；k 表示无约束模型中被估回归系数的个数。在约束成立条件下 $F \sim F(m, NT - k)$。判别规则是：

若用样本计算的 $F \leqslant F_\alpha(m, NT - k)$，则约束条件成立；

若用样本计算的 $F > F_\alpha(m, NT - k)$，则约束条件不成立。

其中 α 指显著性水平。NT 指面板数据中观测值个数。

LR 统计量的定义是

$$\text{LR} = -2[\log L(\tilde{\boldsymbol{\beta}}, \tilde{\sigma}^2) - \log L(\hat{\boldsymbol{\beta}}, \hat{\sigma}^2)] \tag{10.28}$$

其中 $\log L(\tilde{\boldsymbol{\beta}}, \tilde{\sigma}^2)$ 表示估计约束模型的对数极大似然函数值，$\log L(\hat{\boldsymbol{\beta}}, \hat{\sigma}^2)$ 表示估计非约束模型的对数极大似然函数值，m 表示要检验的约束条

件个数。在约束成立条件下 LR ~ $\chi^2(m)$。判别规则是:

若用样本计算的 $L \leqslant \chi_a^2(m)$,则约束条件成立,

若用样本计算的 $L > \chi_a^2(m)$,则约束条件不成立。

$\chi_a^2(m)$ 中的 α 指显著性水平。

■ 第五节 实 验

一、实验目的

本章实验通过实际案例对面板数据模型的建模、面板数据模型估计、不同效应模型参数估计的 EViews 软件基本操作进行详细介绍,具体内容包括:

(1)面板数据工作文件的建立,包括 Pool(混合)数据工作文件和 Panel(面板)数据工作文件。

(2)Pool(混合)数据模型的估计、检验与预测。

(3)Panel(面板)数据模型的估计、检验与预测。

二、实验步骤

利用表 10.2 数据(2014~2020 年 15 个省级地区城镇居民家庭年人均消费性支出和年人均收入数据)介绍怎样建立面板数据的 EViews 工作文件以及如何进行面板数据模型的估计、选择、检验与预测等。

表 10.2 2014~2020 年 15 个省级地区城镇居民家庭年
人均消费性支出和年人均收入 单位:元

省份	2014 年	2015 年	2016 年	2017 年	2018 年	2019 年	2020 年
北京	33717	36642	38256	40346	42926	46358	41726
天津	24290	26230	28345	30284	32655	34811	30895

省份	2014 年	2015 年	2016 年	2017 年	2018 年	2019 年	2020 年
河北	16204	17587	19106	20600	22127	23483	23167
山西	14637	15819	16993	18404	19790	21159	20332
内蒙古	20885	21876	22744	23638	24437	25383	23888
辽宁	20520	21557	24996	25379	26448	27355	24849
吉林	17156	17973	19166	20051	22394	23394	21623
黑龙江	16467	17152	18145	19270	21035	22165	20397
上海	35182	36946	39857	42304	46015	48272	44839
江苏	23476	24966	26433	27726	29462	31329	30882
浙江	27242	28661	30068	31924	34598	37508	36197
安徽	16107	17234	19606	20740	21523	23782	22683
福建	22204	23520	25006	25980	28145	30946	30487
江西	15142	16732	17696	19244	20760	22714	22134
山东	18323	19854	21495	23072	24798	26731	27291

资料来源：国家统计局，2002～2021 年。

关于面板数据，EViews 有两种建立工作文件的方法：一种是 Pool（混合）数据工作文件；另一种是 Panel（面板）数据工作文件。实验部分分别就这两种数据类型对模型的估计、检验与预测进行介绍。

（一）Pool（混合）数据工作文件的建立，模型的估计、检验与预测

双击 EViews 图标从而打开 EViews 软件。从 EViews 主选单中单击 File 功能键，选择 New，Workfile，将弹出如图 10.2 的对话窗。该对话窗共有 3 个选项区：（1）Workfile structure type（工作文件类型）；（2）Date specification（日期设定）；（3）Workfile names（optional）（工作文件名）。

图 10.2 **Workfile Create**（创建工作文件）对话窗

Workfile structure type 选项区中共有 3 种工作文件类型可供选择，分别是 Unstructured/Undated（非结构/非日期的）、Dated-regular frequency（日期的—规律的频率）、Balanced Panel（均衡面板）类型。这里，选择 Dated-regular frequency 类型工作文件。

选择 Dated-regular frequency 后，在 Date specification（日期设定）选项区选择 Annual（默认的选择）。在 Start date 选项框中填入 2014，在 End date 选项框中填入 2020。

在 Workfile names（optional）（文件名）选项区的 WF 选项框中填入 case 10.2，单击 OK 键，将自动弹出工作文件 case 10.2 窗口（见图 10.3）。

10.3 Workfile 窗口

首先输入年度面板数据值（1996～2002 年）。在打开工作文件 case 10.2 窗口的基础上，单击 EViews 主功能菜单上的 Objects 键，选 New Object 功能，从而打开 New Object（新对象）选择窗。在 Type of Object 选择区选择 Pool（混合数据），并在 Name of Object 选择区为混合数据起名 Pool01（初始显示为 Untitled）。单击 OK 键，从而打开混合数据（Pool）窗口。在 Pool 窗口中输入 15 个地区的标识 BJ（北京）、TJ（天津）……SD（山东），见图 10.4。

图 10.4　输入建立面板数据所用变量名称

接着在新建的 Pool（混合数据）窗口的工具栏中单击 Sheet 键（第 2 种路径是，单击 View 键，选 Spreadsheet（stacked data）功能），从而打开 Series List（列写序列名）窗口，定义时间序列变量 consume? 和 income?。其中符号? 表示与变量 consume 和 income 相联系的 15 个地区的下标名（15 个个体），见图 10.5。

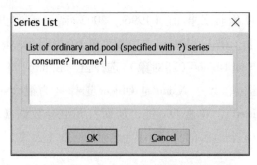

图 10.5　输入建立面板数据所用变量名称

单击 OK 键，Pool（混合数据）窗口变成了一个空数据表格窗口。单击 Pool 窗口功能拦中的 Edit + ／ - 键，使 EViews 处于可编辑状态。可以通过键盘输入数据，也可以用复制和粘贴的方法从其他数据源粘入数据。

注意：（1）Pool 窗口单击 Order + ／ - 键，还可以变换先以截面后以时间为序的阵列式表格排列方式或先以时间后以截面为序的阵列式表格排列方式。

（2）单击 PoolGener 或 Proc／Generate Pool Series by Equation 键，可以通过公式用已有的变量生成新变量。提醒，输入变量名时，不要忘记带变量后缀 "?"（表示个体）。

建立面板数据工作文件之后，就可以估计模型。在 Pool 窗口单击 Estimation 键，随后弹出 Pooled Estimation（混合估计）对话窗（见图 10.9）。

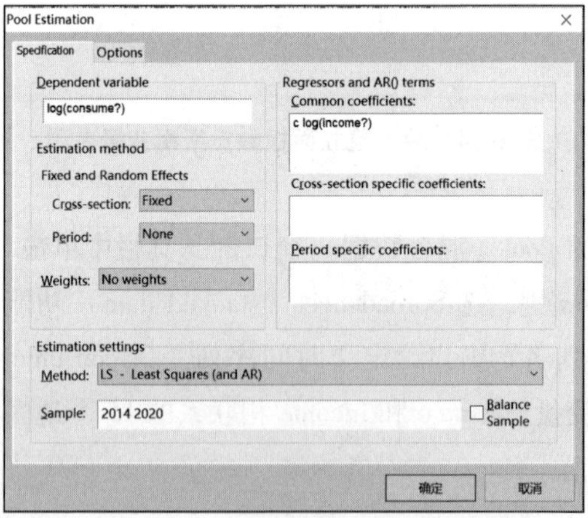

图 10.6　面板数据模型估计窗口

EViews 的面板数据模型估计（Pool Estimation）窗口分成了两个模块：Specification（设定）和 Options（选择）。主要设定都集中在 Specification（设定）模块中。下面介绍 Specification（设定）模块。

Specification（设定）模块共有 4 个选择区。左侧自上而下依次是 Dependent variable（被解释变量）选择框，Estimation Method（估计方法）选项区，Estimation Settings（估计方法设定）选项区。右侧是 Regressors and AR（）Terms（回归变量与 AR 项）选择区。

Dependent variable（被解释变量）选择框用于填入被解释变量名。

在 Estimation Method（估计方法）选项区内有 3 个选项框，用于选择模型类型。

（1）Cross-section（横跨个体）选项框中包括 None（不选），Fixed（固定），Random（随机）选项，分别用来进行无个体效应，个体固定效应和个体随机效应的设定（见图 10.7）。

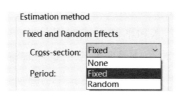

图 10.7　Cross-section（横跨个体）包括 3 个选项

（2）Period（时点）选项框中也包括 None（不选），Fixed（固定），Random（随机）3 项选择分别用来进行无时点效应，时点固定效应或时点随机效应设定（见图 10.8）。

通过对上述两个选项框的选择可以估计混合模型，以及各种搭配的固定效应和随机效应模型。

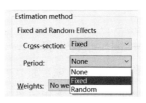

图 10.8　Period（时点）包括 3 个选项

（3）Weights（权数）可以在 5 种加权方法中做选择（见图 10.9）。EViews 默认的选择是不加权（No weights）。

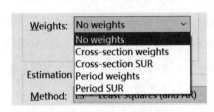

图 10.9　Weight（权数）包括 6 个选项

见图 10.6，在 Estimation Settings（估计方法设定）选择区的 Method 选择框中包括两种估计方法：一种为 LS（最小二乘）方法，一种为 TSLS（两阶段最小二乘）方法。

见图 10.6，在 Regressors and AR（）Terms（回归变量与 AR 项）选择区，若把变量填入 Common coefficients（共同系数）框内意味着解释变量的回归系数（β）在横跨个体和不同时点时保持相同。如果把解释变量填入 Cross-section specific（横跨个体设定）框内意味着解释变量的回归系数（β）随个体不同而不同。如果把解释变量填入 Period specific（时点设定）框内意味着解释变量的回归系数（β）随时点（截面）不同而不同。

图 10.6 给出的就是估计个体固定效应模型的选择结果。单击"确定"键，就可以得到估计结果。

对于个体固定效应模型，如有必要，可以在 Common coefficients 选择框和 Cross section specific 选择框中填入 AR 项。如果把 AR 项填在 Common co-efficients 选择框中相当于假设模型不同个体对应的残差序列具有相同的自回归系数值，如果把 AR 项填在 Cross section specific 选择框中相当于假设模型中每个个体的残差序列具有各自的自回归系数值。

3 类模型估计方法如下。

（1）混合模型（Pool Model）估计步骤。

在 Pool 窗口工具栏中单击 Estimate 键，打开 Pool Estimation（混合估计）窗口见图 10.6。在 Dependent Variable（相依变量）选择框填入 log（consume?）；在 Common coefficients（系数相同）选择框填入 log（income?）；

Cross section specific（个体不同，回归系数不同）选择框中保持空白；在 Period specific（时点设定）选择框中保持空白；在 Fixed and Random 选择区的 Cross-section 和 Period 选择框中选择 None；在 Weights（权数）选择框默认位置处于 No weights。最后单击"确定"键。将得到混合模型 EViews 估计结果（见图 10.10）。

$$\widehat{lnconsume} = 0.3886 + 0.9239 lnincome$$

$$(1.5588) \quad (39.0353)$$

$$R^2 = 0.9367, \quad DW = 0.3531, \quad F = 1523.754$$

```
Dependent Variable: LOG(CONSUME?)
Method: Pooled Least Squares
Date: 04/01/22   Time: 00:29
Sample: 2014 2020
Included observations: 7
Cross-sections included: 15
Total pool (balanced) observations: 105
```

Variable	Coefficient	Std. Error	t-Statistic	Prob.
C	0.388600	0.249283	1.558874	0.1221
LOG(INCOME?)	0.923908	0.023669	39.03530	0.0000

R-squared	0.936684	Mean dependent var	10.11562
Adjusted R-squared	0.936069	S.D. dependent var	0.282228
S.E. of regression	0.071360	Akaike info criterion	-2.423290
Sum squared resid	0.524504	Schwarz criterion	-2.372738
Log likelihood	129.2227	Hannan-Quinn criter.	-2.402805
F-statistic	1523.754	Durbin-Watson stat	0.353128
Prob(F-statistic)	0.000000		

10.10　混合模型的估计结果

（2）个体固定效应模型的 EViews 估计步骤。

在 EViews 的 Pool Estimation 对话窗的 specification 模块中的 Estimation Method（估计方法）选项区的 Cross-section（横跨个体）选项框中选 Fixed（固定），在 Period（时间）选项框中选 None（不选）。其余选项同上。单击"确定"键，得 EViews 输出结果见图 10.11。

Dependent Variable: LOG(CONSUME?)
Method: Pooled Least Squares
Date: 04/01/22   Time: 00:58
Sample: 2014 2020
Included observations: 7
Cross-sections included: 15
Total pool (balanced) observations: 105

Variable	Coefficient	Std. Error	t-Statistic	Prob.
C	2.064911	0.276818	7.459453	0.0000
LOG(INCOME?)	0.764686	0.026291	29.08571	0.0000
Fixed Effects (Cross)				
BJ--C	0.089893			
TJ--C	0.130811			
HB--C	-0.046791			
SX--C	-0.126351			
NM--C	-0.015751			
LN--C	0.036765			
JL--C	0.009922			
HL--C	-0.012334			
SH--C	0.132808			
JS--C	-0.002848			
ZJ--C	0.023273			
AH--C	-0.080787			
FJ--C	0.039415			
JX--C	-0.119641			
SD--C	-0.058384			

Effects Specification

Cross-section fixed (dummy variables)

R-squared	0.984229	Mean dependent var	10.11562
Adjusted R-squared	0.981571	S.D. dependent var	0.282228
S.E. of regression	0.038313	Akaike info criterion	-3.546593
Sum squared resid	0.130645	Schwarz criterion	-3.142180
Log likelihood	202.1961	Hannan-Quinn criter.	-3.382717
F-statistic	370.2848	Durbin-Watson stat	1.338664
Prob(F-statistic)	0.000000		

图 10.11　个体固定效应模型的估计结果

注意：如果在图 10.6 面板数据模型估计窗口中的 Common coefficients 选择框填入被解释变量的滞后项 lnconsume$_{it-1}$（EViews 中用 log(CP? (-1))表示），那么估计的就是面板 N 数据动态模型。

（3）个体随机效应模型的 EViews 估计步骤。

在 EViews 的 Pool Estimation 对话窗的 specification 模块中的 Estimation Method（估计方法）选项区的 Cross-section（横跨个体）选项框中选 Random（随机），在 Period（时间）选项框中选 None（不选）。其余选项同上。单击"确定"键，将得到 EViews 个体随机效应模型估计结果见图 10.12。

```
Dependent Variable: LOG(CONSUME?)
Method: Pooled EGLS (Cross-section random effects)
Date: 04/01/22   Time: 00:38
Sample: 2014 2020
Included observations: 7
Cross-sections included: 15
Total pool (balanced) observations: 105
Swamy and Arora estimator of component variances
```

Variable	Coefficient	Std. Error	t-Statistic	Prob.
C	1.710378	0.253837	6.738090	0.0000
LOG(INCOME?)	0.798361	0.024066	33.17383	0.0000
Random Effects (Cross)				
BJ--C	0.068586			
TJ--C	0.121275			
HB--C	-0.037496			
SX--C	-0.111021			
NM--C	-0.012870			
LN--C	0.036792			
JL--C	0.018258			
HL--C	-0.001493			
SH--C	0.108848			
JS--C	-0.007376			
ZJ--C	0.012035			
AH--C	-0.070719			
FJ--C	0.035963			
JX--C	-0.106671			
SD--C	-0.054111			

Effects Specification		S.D.	Rho
Cross-section random		0.057848	0.6951
Idiosyncratic random		0.038313	0.3049

Weighted Statistics			
R-squared	0.907538	Mean dependent var	2.456445
Adjusted R-squared	0.906640	S.D. dependent var	0.130827
S.E. of regression	0.039974	Sum squared resid	0.164586
F-statistic	1010.969	Durbin-Watson stat	1.062636
Prob(F-statistic)	0.000000		

Unweighted Statistics			
R-squared	0.919388	Mean dependent var	10.11562
Sum squared resid	0.667783	Durbin-Watson stat	0.261904

图 10.12　个体随机效应模型的估计结果

回归系数 β 随个体或时点不同的面板数据模型的 EViews 估计步骤：

以个体固定效应模型为例。在 Pool Estimation（混合估计）窗口的 specification 模块中的 Regressors and AR（）Terms（回归变量与 AR 项）选择区如果把 log（income?）填写在 Cross section specification 选择框处，则输出结果中每个个体对应的解释变量的回归系数的估计值不同（见图 10.13）。如果把 log（income?）填写在 Period specification 处，则输出结果中每个截面对应的解释变量的回归系数的估计值不同（见图 10.14）。

Dependent Variable: LOG(CONSUME?)
Method: Pooled Least Squares
Date: 04/01/22   Time: 00:51
Sample: 2014 2020
Included observations: 7
Cross-sections included: 15
Total pool (balanced) observations: 105

Variable	Coefficient	Std. Error	t-Statistic	Prob.
C	2.026742	0.255411	7.935229	0.0000
BJ--LOG(INCOMEBJ)	0.588006	0.083899	7.008507	0.0000
TJ--LOG(INCOMETJ)	0.747220	0.091405	8.174818	0.0000
HB--LOG(INCOMEHB)	0.870968	0.087713	9.929725	0.0000
SX--LOG(INCOMESX)	0.997258	0.105298	9.470799	0.0000
NM--LOG(INCOMEN...	0.436727	0.097627	4.473443	0.0000
LN--LOG(INCOMELN)	0.726556	0.113583	6.396695	0.0000
JL--LOG(INCOMEJL)	0.808997	0.105022	7.703108	0.0000
HL--LOG(INCOMEHL)	0.858102	0.114960	7.464329	0.0000
SH--LOG(INCOMESH)	0.665964	0.084209	7.908470	0.0000
JS--LOG(INCOMEJS)	0.664004	0.086815	7.648538	0.0000
ZJ--LOG(INCOMEZJ)	0.729159	0.086129	8.465902	0.0000
AH--LOG(INCOMEAH)	0.804277	0.082514	9.747117	0.0000
FJ--LOG(INCOMEFJ)	0.783610	0.088002	8.904487	0.0000
JX--LOG(INCOMEJX)	0.878341	0.083429	10.52803	0.0000
SD--LOG(INCOMESD)	0.993867	0.093594	10.61890	0.0000
Fixed Effects (Cross)				
BJ--C	2.077407			
TJ--C	0.353873			
HB--C	-1.105655			
SX--C	-2.478894			
NM--C	3.455013			
LN--C	0.473728			
JL--C	-0.405943			
HL--C	-0.927849			
SH--C	1.260578			
JS--C	1.110229			
ZJ--C	0.446535			
AH--C	-0.452813			
FJ--C	-0.122328			
JX--C	-1.256830			
SD--C	-2.427054			

Effects Specification

Cross-section fixed (dummy variables)

R-squared	0.989156	Mean dependent var	10.11562
Adjusted R-squared	0.984962	S.D. dependent var	0.282228
S.E. of regression	0.034609	Akaike info criterion	-3.654442
Sum squared resid	0.089834	Schwarz criterion	-2.896168
Log likelihood	221.8582	Hannan-Quinn criter.	-3.347175
F-statistic	235.8952	Durbin-Watson stat	1.868656
Prob(F-statistic)	0.000000		

图 10.13   个体固定变系数模型估计结果

Dependent Variable: LOG(CONSUME?)
Method: Pooled Least Squares
Date: 04/01/22   Time: 00:54
Sample: 2014 2020
Included observations: 7
Cross-sections included: 15
Total pool (balanced) observations: 105

Variable	Coefficient	Std. Error	t-Statistic	Prob.
C	2.680146	2.138192	1.253464	0.2136
LOG(INCOME?)--2014	0.703848	0.207437	3.393077	0.0011
LOG(INCOME?)--2015	0.704820	0.205891	3.423258	0.0010
LOG(INCOME?)--2016	0.706766	0.204438	3.457114	0.0009
LOG(INCOME?)--2017	0.706986	0.202949	3.483563	0.0008
LOG(INCOME?)--2018	0.708615	0.201534	3.516096	0.0007
LOG(INCOME?)--2019	0.709870	0.200144	3.546805	0.0006
LOG(INCOME?)--2020	0.702761	0.199523	3.522203	0.0007
Fixed Effects (Cross)				
BJ--C	0.119395			
TJ--C	0.134166			
HB--C	-0.058846			
SX--C	-0.140858			
NM--C	-0.019360			
LN--C	0.032731			
JL--C	-0.006514			
HL--C	-0.030979			
SH--C	0.162544			
JS--C	0.005808			
ZJ--C	0.041466			
AH--C	-0.090571			
FJ--C	0.041489			
JX--C	-0.130552			
SD--C	-0.059917			

Effects Specification

Cross-section fixed (dummy variables)

R-squared	0.991408	Mean dependent var	10.11562
Adjusted R-squared	0.989235	S.D. dependent var	0.282228
S.E. of regression	0.029283	Akaike info criterion	-4.039691
Sum squared resid	0.071172	Schwarz criterion	-3.483623
Log likelihood	234.0838	Hannan-Quinn criter.	-3.814361
F-statistic	456.0743	Durbin-Watson stat	0.844654
Prob(F-statistic)	0.000000		

图 10.14　时点固定变系数模型估计结果

在个体固定效应模型估计结果窗口单击 View 键，选 Fixed/Random Effects Testing/Redundant Fixed Effects – Likehood Ratio 功能，可以直接得到应该建立固定效应模型还是混合模型的 F 以及似然比 LR 检验结果（分别用 Cross-section F 和 Cross-section Chi-square 表示）（见图 10. 15）。

Redundant Fixed Effects Tests
Pool: POOL01
Test cross-section fixed effects

Effects Test	Statistic	d.f.	Prob.
Cross-section F	19.165062	(14,89)	0.0000
Cross-section Chi-square	145.946830	14	0.0000

Cross-section fixed effects test equation:
Dependent Variable: LOG(CONSUME?)
Method: Panel Least Squares
Date: 04/01/22   Time: 01:00
Sample: 2014 2020
Included observations: 7
Cross-sections included: 15
Total pool (balanced) observations: 105

Variable	Coefficient	Std. Error	t-Statistic	Prob.
C	0.388600	0.249283	1.558874	0.1221
LOG(INCOME?)	0.923908	0.023669	39.03530	0.0000

R-squared	0.936684	Mean dependent var	10.11562
Adjusted R-squared	0.936069	S.D. dependent var	0.282228
S.E. of regression	0.071360	Akaike info criterion	-2.423290
Sum squared resid	0.524504	Schwarz criterion	-2.372738
Log likelihood	129.2227	Hannan-Quinn criter.	-2.402805
F-statistic	1523.754	Durbin-Watson stat	0.353128
Prob(F-statistic)	0.000000		

图 10. 15　F 以及似然比 LR 检验结果

在随机效应模型估计结果窗口单击 View 键，选 Fixed/Random Effects Testing/Correlated Random Effect – Hausman Test 功能，可以直接得到应该建立随机效应模型还是固定效应模型的 Hausman 检验结果（见图 10. 16）。

Correlated Random Effects - Hausman Test
Pool: POOL01
Test cross-section random effects

Test Summary	Chi-Sq. Statistic	Chi-Sq. d.f.	Prob.
Cross-section random	10.121922	1	0.0015

Cross-section random effects test comparisons:

Variable	Fixed	Random	Var(Diff.)	Prob.
LOG(INCOME?)	0.764686	0.798361	0.000112	0.0015

Cross-section random effects test equation:
Dependent Variable: LOG(CONSUME?)
Method: Panel Least Squares
Date: 04/01/22   Time: 01:04
Sample: 2014 2020
Included observations: 7
Cross-sections included: 15
Total pool (balanced) observations: 105

Variable	Coefficient	Std. Error	t-Statistic	Prob.
C	2.064911	0.276818	7.459453	0.0000
LOG(INCOME?)	0.764686	0.026291	29.08571	0.0000

Effects Specification

Cross-section fixed (dummy variables)

R-squared	0.984229	Mean dependent var	10.11562
Adjusted R-squared	0.981571	S.D. dependent var	0.282228
S.E. of regression	0.038313	Akaike info criterion	-3.546593
Sum squared resid	0.130645	Schwarz criterion	-3.142180
Log likelihood	202.1961	Hannan-Quinn criter.	-3.382717
F-statistic	370.2848	Durbin-Watson stat	1.338664
Prob(F-statistic)	0.000000		

图 10.16　Hausman 检验结果

在任何种类的面板数据模型估计（Pool Estimation）结果窗口单击 View 键，选 Coefficient Tests 功能可以对模型的回归系数进行 F、Wald、LR 检验。

面板数据模型的预测。

以个体固定效应模型为例，在 EViews 个体固定效应回归结果窗口单击 Proc 键，选 make model 功能，将打开一个对话窗。单击 solve 键。在打开的对话窗中可以选择静态预测。如果是动态模型，还可以选择动态预测。预测操作结束后，在工作文件中将自动生成一组带后缀 0 的变量紧跟在相应变量的后面（见图 10.17）。

🅰 c	☑ consumesh_0	☑ pfj
☑ consumeah	☑ consumesx	☑ phb
☑ consumeah_0	☑ consumesx_0	☑ phl
☑ consumebj	☑ consumetj	☑ pjl
☑ consumebj_0	☑ consumetj_0	☑ pjs
☑ consumefj	☑ consumezj	☑ pjx
☑ consumefj_0	☑ consumezj_0	☑ pln
☑ consumehb	☑ incomeah	☑ pnm
☑ consumehb_0	☑ incomebj	🅿 pool01
☑ consumehl	☑ incomefj	☑ psd
☑ consumehl_0	☑ incomehb	☑ psh
☑ consumejl	☑ incomehl	☑ psx
☑ consumejl_0	☑ incomejl	☑ ptj
☑ consumejs	☑ incomejs	☑ pzj
☑ consumejs_0	☑ incomejx	☑ resid
☑ consumejx	☑ incomeln	
☑ consumejx_0	☑ incomenm	
☑ consumeln	☑ incomesd	
☑ consumeln_0	☑ incomesh	
☑ consumenm	☑ incomesx	
☑ consumenm_0	☑ incometj	
☑ consumesd	☑ incomezj	
☑ consumesd_0	☑ pah	
☑ consumesh	☑ pbj	

图 10.17　静态预测结果

注意：

（1）个体固定效应模型的 EViews 输出结果中有公共截距项。写输出结果时，应与个体常数项相加才是相应个体的常数项的值。

（2）当对个体固定效应模型选择加权估计时，输出结果将给出加权估计和非加权估计两类统计量评价结果。

（3）在选择个体固定效应模型条件下，在 Regressors and AR（) Terms（回归变量与 AR 项）选项框中填不填 c 输出结果都会有公共常数项出现。

（4）估计个体固定效应模型时，如有必要，可以在 Regressors and AR（) Terms（回归变量与 AR 项）选择区的相应选择框中填入 AR 项克服自相关。

（5）估计个体时点双固定效应模型和时点固定效应模型时，不可以加 AR 项。

（6）输出结果的联立方程组形式表达式可以通过单击 Pool 窗口中的第一个功能键，View 选 Representations 功能获得。

（7）通过单击 Pool 窗口中的第一个功能键，View 选 Residuals/Table，Graphs，Covariance Matrix，Correlation Matrix 功能可以分别得到按个体计算的残差序列表、残差序列图、残差序列的方差协方差矩阵、残差序列的相关系数矩阵等。

（8）EViews 可以做平衡面板数据模型估计，也可以做非平衡面板数据模型估计。默认的选择是做非平衡面板数据模型估计。如果单击 Pooled Estimation 对话窗的 specification 模块右下方的小方块，并使 √ 符号出现，则只能做平衡面板数据模型估计。这意味着要删去那些导致非平衡的面板的数据值，人为地减小样本容量。建议选择默认状态。

（9）EViews 对混合模型采用混合 OLS 估计法估计回归系数。

（10）EViews 对个体固定效应模型采用 LSDV 估计法估计回归系数。

（11）EViews 对随机效应模型采用可行 GLS 估计法估计回归系数。

（二）面板数据 Panel 型工作文件的建立，模型估计与检验

仍以表 10.2 的数据为例，建立面板数据 Panel 型工作文件（2014～2020）。打开 EViews 软件。从 EViews 主选单中单击 File 功能键，选择 New，Workfile，将弹出如图 10.18 的对话窗。该对话窗共有 3 个选项区：（1）Workfile structure type（文件类型）；（2）Date specification（日期设定）；（3）Workfile names（optional）（文件名）。

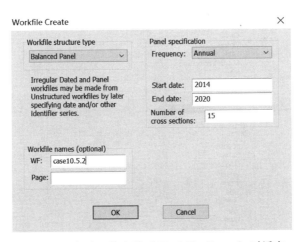

图 10.18 创建工作文件（Workfile Create）对话窗

Workfile structure type 选项区中共有 3 种工作文件类型可供选择，分别是：Unstructured/Undated（非结构/非日期），Dated-regular frequency（日

期—规则频率），Balanced Panel（均衡面板）类型。这里，选择 Balanced Panel（均衡面板）类型工作文件。

选择 Balanced Panel（均衡面板）后。在 Panel specification（日期设定）选项区的 Frequency 选择框选 Annual（默认的选择）。在 Start date 选项框中填入 2014，在 End date 选项框中填入 2020。在 Number of cross sections（个体数）选择框中填入 15（表示 15 个个体）。

在 Workfile names（optional）（文件名）选项区的 WF 选项框中填入 case 10.3，单击 OK 键，将自动弹出工作文件 case 10.3 窗口。

单击 EViews 主功能菜单上的 Objects 键，选 New Object 功能，从而打开 New Object（新对象）选择窗。在 Type of Object 选择区选择 Series（序列），并在 Name of Object 选择区为面板数据起名 Consume（用户自选名，初始显示为 Untitled），见图 10.19。单击 OK 键，打开序列（Series）Consume 窗口。

图 10.19　New Object（新对象）窗口

这时序列表格中尚没有数据，在窗口左侧的标识栏中可以看到，每一项中都有两个标识。第 1 列中的 1，2……即是个体标识，第 2 列中的 96，

97……即是时点标识，分别表示 2014 年，2015 年……单击 Series 窗口工具
栏中的 Edit+/1－键，使表格处于可编辑状态，即可往表格里输入数据。数
据输入后的 Series 窗口见图 10.20。

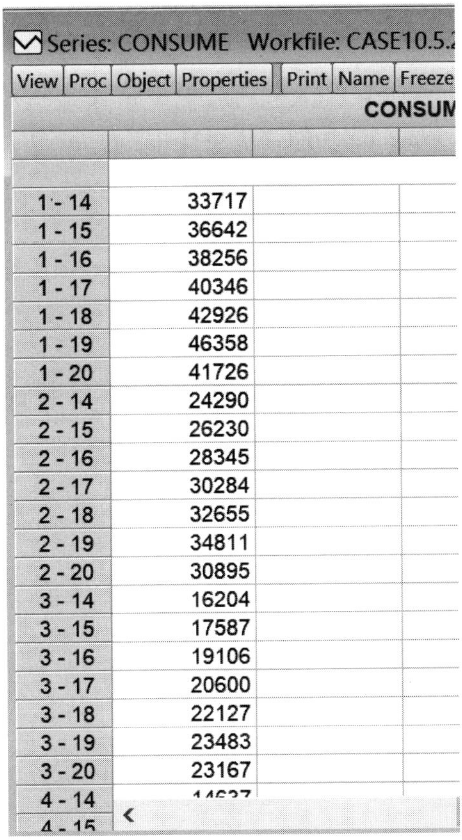

| ☑ Series: CONSUME Workfile: CASE10.5.2 |
View	Proc	Object	Properties	Print	Name	Freeze
					CONSUM
1 - 14	33717
1 - 15	36642
1 - 16	38256
1 - 17	40346
1 - 18	42926
1 - 19	46358
1 - 20	41726
2 - 14	24290
2 - 15	26230
2 - 16	28345
2 - 17	30284
2 - 18	32655
2 - 19	34811
2 - 20	30895
3 - 14	16204
3 - 15	17587
3 - 16	19106
3 - 17	20600
3 - 18	22127
3 - 19	23483
3 - 20	23167
4 - 14	14637
4 - 15

图 10.20　Series 窗口

同理，也可生成 income 序列。注意，在这里不必使用"？"。

Pool（混合）数据型工作文件和 Panel（面板数据）型工作文件窗口上
部的对比见图 10.21，左图是 Pool（混合）数据型工作文件的窗口，右图是
Panel（面板数据）型工作文件的窗口。

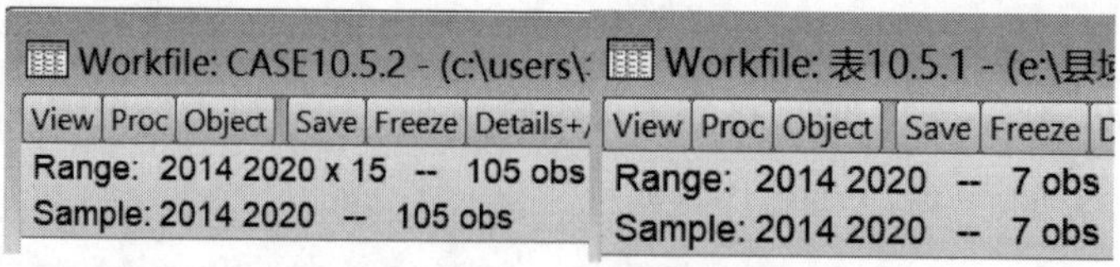

图 10. 21   Pool 数据型工作文件窗口和 Panel 型工作文件窗口上部的对比

面板数据（Panel）型工作文件的模型估计步骤是，单击 EViews 的 Quick 键选 Estimate Equation 功能，从而打开 Equation Estimation 对话窗，见图 10. 22。

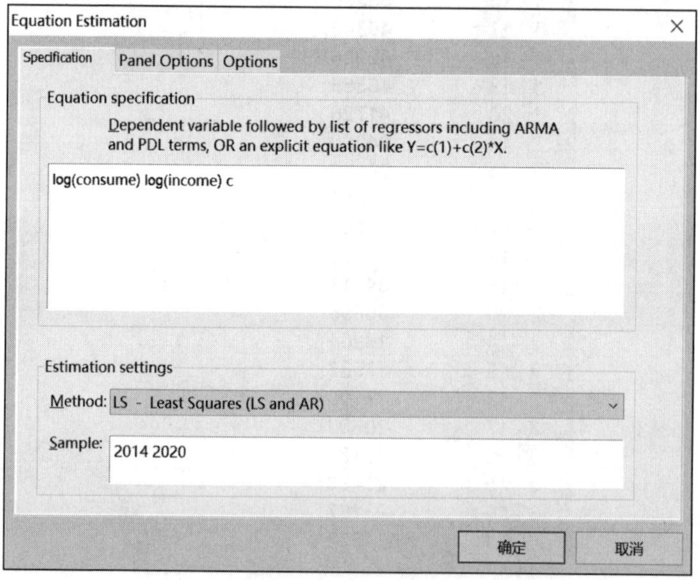

图 10. 22   面板数据（panel）型工作文件中模型估计窗口

在 Equation Estimation 窗口的 Equation specification 选择区填入

log（consume）c log（income）

命令。接着激活 Equation Estimation 窗口中的 Panel Options（面板模型类型选择）模块，见图 10. 23。

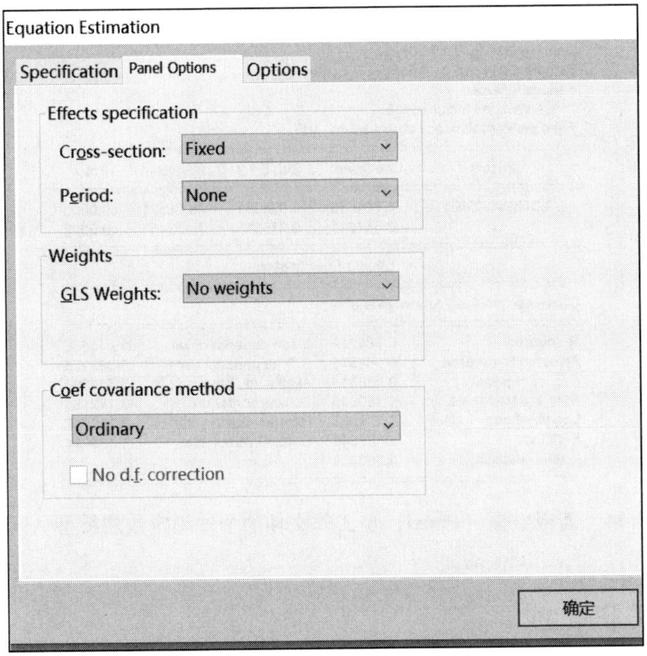

图 10.23 Panel Options（模型类型选择）模块

这个模块的功能与图 10.6 左侧中部的 Estimation Method（估计方法）选项区的功能是一样的。所以对这个模块功能的解释参考对图 10.6 中 Estimation Method（估计方法）选项区的解释。

例如，按图 10.23 的选择，最终得到的是对个体固定效应模型的估计结果，见图 10.24（这是一个 Equation 窗口）。面板数据 Panel 型工作文件的个体固定效应模型的估计结果（见图 10.24）与混合数据 Pool 型工作文件的个体固定效应模型的估计结果（见图 10.11）相同（弹性系数都是0.892 481）。不同的是图 10.24 的输出结果中省略了对截距项（个体固定效应）估计结果的显示。因为面板数据模型最关注的是解释变量回归系数的估计。对模型被解释变量的预测是通过单击个体固定效应输出结果 Equation 窗口上的 Forecast（预测）功能键完成的，可参考单方程预测功能的操作。

```
Dependent Variable: LOG(CONSUME)
Method: Panel Least Squares
Date: 04/01/22   Time: 01:46
Sample: 2014 2020
Periods included: 7
Cross-sections included: 15
Total panel (balanced) observations: 105
```

Variable	Coefficient	Std. Error	t-Statistic	Prob.
LOG(INCOME)	0.764686	0.026291	29.08571	0.0000
C	2.064911	0.276818	7.459453	0.0000

Effects Specification

Cross-section fixed (dummy variables)

R-squared	0.984229	Mean dependent var	10.11562
Adjusted R-squared	0.981571	S.D. dependent var	0.282228
S.E. of regression	0.038313	Akaike info criterion	-3.546593
Sum squared resid	0.130645	Schwarz criterion	-3.142180
Log likelihood	202.1961	Hannan-Quinn criter.	-3.382717
F-statistic	370.2848	Durbin-Watson stat	1.338664
Prob(F-statistic)	0.000000		

图 10.24　面板数据（Panel）型工作文件的个体固定效应模型估计结果

三、实验小结

本章主要介绍针对面板数据模型理论与实际操作，需要注意的是：

（1）面板数据模型有各种数据结构即混合数据（pool date）和 panel 型，两个数据结构不同。

（2）面板数据模型类型需要通过一定检验来确定。

（3）不同类型的模型（混合模型、固定效用模型和随机效应模型）采用不同的估计方法。

四、备择实验

表 10.3 是某地区 8 个县域 2006～2016 年农业相关数据。agdp 表示县域 i 第 t 期农业产值；cluster 表示县域 i 第 t 期特色农业产业区位商；capital 表示县域 i 第 t 期农业固定资本存量，该值由第一产业固定资本存量乘以农业产值占农林牧渔业总产值的比重得到，land 表示县域 i 第 t 期农作物播种面积；labor 表示县域 i 第 t 期农业从业人员数量；fertilizer 表示县域 i 第 t 期化肥施用量。模型构建如下：

$$\text{lnagdp}_{ti} = \beta_0 + \beta_1 \text{lncluster}_{it} + \beta_2 \text{lncapital}_{it} + \beta_3 \text{lnland}_{it} + \beta_4 \text{lnlabor}_{it}$$

$$+ \beta_5 \text{lnfertilizer}_{it} + \mu_i(\text{optional}) + \xi_t(\text{optional}) + \varepsilon_{it}$$

表 10.3   **某地区 8 个县域 2006～2016 年农业相关数据**

area	1	2	3	4	5	6	7	8
agdp2006	48116. 08	36631. 23	40629. 30	15677. 66	25271. 37	14211. 33	21363. 30	38556. 87
agdp2007	54807. 26	41678. 71	46878. 82	19925. 74	30012. 76	16389. 97	31662. 35	39765. 90
agdp2008	50048. 17	44160. 56	48912. 23	20875. 91	28097. 67	17564. 45	34306. 67	42162. 96
agdp2009	51650. 44	47086. 68	49275. 42	21630. 12	29641. 66	16777. 53	36307. 86	42700. 74
agdp2010	57084. 00	51017. 52	55164. 46	23560. 82	33544. 00	18880. 93	43890. 68	47866. 38
agdp2011	57832. 29	95389. 61	66691. 38	30692. 57	33459. 48	27048. 27	40543. 33	53407. 33
agdp2012	76584. 19	101678. 08	69457. 95	32350. 87	40445. 32	28177. 34	44694. 86	60885. 76
agdp2013	75046. 08	102320. 64	67810. 99	32511. 39	41744. 33	27710. 68	44102. 77	61200. 02
agdp2014	71426. 86	110817. 31	73568. 42	36163. 22	41060. 93	28393. 44	45649. 58	61913. 20
agdp2015	68693. 68	112693. 55	76212. 17	38367. 52	40082. 29	27840. 91	45526. 64	60611. 61
agdp2016	72820. 83	112895. 53	77241. 07	40214. 69	41428. 81	27886. 89	41033. 59	54177. 38
clus2006	2. 5762	1. 0199	0. 4472	0. 9311	1. 6206	0. 5106	1. 4921	1. 3886
clus2007	2. 3998	1. 0843	0. 4920	1. 0463	1. 5792	0. 5405	1. 7435	1. 3693
clus2008	2. 3985	1. 1640	0. 4793	1. 0068	1. 5998	0. 5816	1. 7473	1. 3769
clus2009	2. 4061	1. 2677	0. 4798	1. 0031	1. 7343	0. 6169	1. 5892	1. 3818
clus2010	2. 3947	1. 2771	0. 4835	0. 9969	1. 7019	0. 6120	1. 5888	1. 3803
clus2011	2. 2561	1. 3153	0. 4804	0. 8808	1. 6038	0. 6001	1. 5382	1. 3321
clus2012	2. 1827	1. 2679	0. 4568	0. 9506	1. 5181	0. 5824	1. 4730	1. 2837
clus2013	2. 2133	1. 2676	0. 4679	0. 9772	1. 5264	0. 5759	1. 4361	1. 2672
clus2014	2. 1856	1. 2855	0. 4557	0. 9763	1. 5272	0. 5703	1. 4184	1. 2710
clus2015	2. 1195	1. 2924	0. 4609	0. 9949	1. 5099	0. 5813	1. 4297	1. 2707
clus2016	2. 1207	1. 2581	0. 4531	0. 9984	1. 4792	0. 5743	1. 3817	1. 2421
capi2006	76023. 04	65731. 52	14582. 74	1778. 64	30708. 68	55084. 88	47743. 64	19912. 99
capi2007	74379. 03	68339. 85	17430. 58	2794. 85	32737. 33	57344. 76	63427. 17	24040. 81
capi2008	86345. 57	69288. 92	18193. 65	4259. 88	32967. 98	61015. 21	65237. 76	24744. 93

area	1	2	3	4	5	6	7	8
capi2009	91970.55	170596.40	56179.27	11284.08	92049.32	67074.93	100705.85	49883.43
capi2010	100820.02	200164.54	78728.39	17589.62	104413.98	85040.07	141232.64	60746.84
capi2011	107201.25	360447.66	87297.12	22261.84	112818.06	113885.08	143872.60	68871.50
capi2012	122327.16	385913.60	88537.68	22764.37	115886.21	114698.80	146123.23	80350.37
capi2013	136537.00	407623.09	87888.70	22774.69	115362.00	116700.55	145646.20	84340.98
capi2014	155361.13	423969.30	91928.60	28892.05	126651.79	143229.53	149748.68	89905.22
capi2015	186480.88	420094.75	95607.52	35927.45	127745.65	145780.05	155897.86	96058.39
capi2016	210604.82	450843.29	131679.03	38835.92	134952.25	154591.54	174584.90	138765.76
land2006	41460	67453	43527	30320	30593	35653	43393	69500
land2007	41460	69380	43540	33510	31210	34990	55360	69480
land2008	41460	72787	43567	33507	31353	35613	55340	69727
land2009	41460	75410	43550	33450	32650	36140	57170	69760
land2010	41460	75560	33507	36160	43453	31973	57160	69760
land2011	42993	79927	43487	31647	31940	36240	57167	69833
land2012	42993	79980	43573	33493	31913	36220	57140	69947
land2013	42993	80753	43667	34547	33160	36260	56600	69987
land2014	42996	80922	43699	35060	33421	36253	58007	70000
land2015	42996	81853	43843	35900	33847	36303	57207	69977
land2016	42996	81907	43967	37294	34114	36041	57895	69827
labor2006	156800	218400	74100	95000	123300	45800	151900	156900
labor2007	161300	213400	72300	81700	124400	47900	149600	151300
labor2008	162100	213000	71000	78400	119700	44900	142900	155000
labor2009	164700	212500	73500	78100	118900	72400	144500	154300
labor2010	160500	211400	73200	71500	121200	72700	143100	168200
labor2011	161000	209800	70600	70700	118800	75200	139300	153500
labor2012	162900	188800	67100	71500	106900	71100	129500	152600
labor2013	166400	109000	61600	72900	114700	71600	126900	152900
labor2014	168241	109779	64473	73176	110424	71808	128582	150397

area	1	2	3	4	5	6	7	8
labor2015	164866	109549	62513	72424	107936	71857	128662	144702
labor2016	170540	109884	63066	72673	103868	70674	125532	145144
fert2006	6246.68	11177.40	7656.60	4520.45	3098.46	4916.00	8491.95	9914.87
fert2007	6357.00	11766.11	7692.35	3877.32	2767.30	5394.31	8949.80	9517.80
fert2008	7625.00	12005.20	7791.77	4724.09	2737.18	5616.48	8077.91	9863.54
fert2009	6366.00	12055.00	8340.00	4297.00	2779.00	5389.00	8062.00	8800.00
fert2010	5347.79	12212.40	3945.00	5288.62	8423.30	2666.57	7972.02	4700.17
fert2011	6773.71	12412.40	8884.00	3744.33	2958.28	5373.50	8018.84	9717.62
fert2012	8218.00	12440.00	8810.00	3818.00	2886.00	5617.00	8609.00	9666.00
fert2013	8018.88	12053.30	8781.96	3790.49	3017.66	5593.00	8724.55	9685.00
fert2014	8227.82	12861.96	9012.65	3540.93	2849.80	5805.60	9331.34	9610.00
fert2015	8305.40	11948.18	9125.34	3732.67	2890.18	5941.00	9436.91	10138.95
fert2016	8453.03	12285.92	9210.69	3294.50	2916.74	5969.94	9130.26	10201.21

资料来源：某地区 2007～2017 年统计年鉴。

（1）检验该面板数据模型为何种类型。

（2）估计该面板数据模型。

本 章 小 结

　　本章主要介绍了面板数据的含义，面板数据的类型，面板数据模型的类型和相关理论及软件操作。本书重点介绍混合模型、固定效应模型和随机效应模型，系统介绍了面板数据模型的几种估计方法，并就选择哪种模型和面板数据模型中回归系数或者回归系数之间是否存在某种约束而进行检验，前者包括 F 检验和豪斯曼检验，后者主要包括 F、LR 和 Wald 检验，最后通过Eviews 软件操作中的模型建立，面板数据模型的估计方法及软件实现，面板数据模型的设定与检验，固定效应模型和随机效应模型选择的 Hausman 检验原理及操作，熟练掌握面板数据模型的应用。

思 考 题

一、名词解释

1. 面板数据　　2. 混合效应　　3. 固定效应　　4. 随机效应

5. 豪斯曼检验　　6. Wald 检验

二、简答

1. 如何检验面板数据模型属于哪一种模型形式？

2. 面板数据模型有哪些优点？

3. 混合效应模型的基本假设？

4. 固定效应模型的基本假设？

6. 随机效应模型的基本假设？

7. 下表是 2000～2019 年北京、上海、天津和广东四省市专利申请数（件）和 R&D 经费投入（万元），考虑如下模型：

$$Y_{it} = b_0 + b_1 X_{it} + \mu_{it}$$

（1）根据上述回归模型分别估计四个省市关于 X 的回归方程；

（2）将四省市的数据合并成一个大样本，按上述模型估计一个总的回归方程；

（3）估计变截距固定效应模型；

（4）分析上述三类回归方程的估计结果，判断哪种模型更好；

（5）请用 OLS 和 GLS 估计固定影响变系数模型，并对两种估计方法所得估计结果进行比较。

2000～2019 年北京、上海、天津和广东专利申请数、R&D 经费投入情况

年份	北京		上海		天津		广东	
	Y（专利申请数）	X（R&D经费投入）	Y（专利申请数）	X（R&D经费投入）	Y（专利申请数）	X（R&D经费投入）	Y（专利申请数）	X（R&D经费投入）
2000	10344	5905	11337	4050	2789	1611	21123	15799
2001	12174	6246	12777	5371	3081	1829	27596	18259
2002	13842	6345	19970	6695	5360	1827	34352	22761

续表

年份	北京		上海		天津		广东	
	Y（专利申请数）	X（R&D经费投入）	Y（专利申请数）	X（R&D经费投入）	Y（专利申请数）	X（R&D经费投入）	Y（专利申请数）	X（R&D经费投入）
2003	17003	8248	22374	16671	6812	2505	43186	29235
2004	18402	9005	20471	10625	8406	2578	52201	31446
2005	22572	10100	32741	12603	11657	3045	72220	36894
2006	26555	11238	36042	16602	13299	4159	90886	43516
2007	31680	14954	47205	24481	15744	5584	102449	56451
2008	43508	17747	52835	24468	18230	6790	103883	62031
2009	50236	22921	62241	34913	19624	7404	125673	83621
2010	57296	33511	71196	48215	25973	11006	152907	119343
2011	77955	40888	80215	47960	38489	13982	196272	128413
2012	92305	50511	82682	51508	41009	19782	229514	153598
2013	123336	62671	86450	48680	60915	24856	264265	170430
2014	138111	74661	81664	50488	63422	26351	278358	179953
2015	156312	94031	100006	60623	79963	37342	355939	241176
2016	189129	100578	119937	64230	106514	39734	505667	259032
2017	185928	106948	131740	72806	86996	41675	627834	332652
2018	211212	123496	150233	92460	99038	54680	793819	478082
2019	226113	131716	173586	100587	96045	57799	807700	527390

第十一章

实证研究的范式

　　计量经济学的基本理论和方法，有很强的针对性，都是从对实际经济问题的计量研究中提出来的。这些理论方法之所以具有生命力，也完全在于能够用于对实际经济问题的分析。运用计量经济学的基本理论和方法对实际经济管理问题作具体的计量研究，是学习计量经济学的根本目的，也是计量经济学重要的教学环节。计量经济学的应用领域十分广泛，研究的方法也多种多样，不可能在本书中一一列举，但是如何运用计量经济方法去做实证项目研究，还是有某些规律可循的，有一定的范式。目前，一些学校要求学生在学习计量经济理论与方法的同时，以课程论文的形式对实证项目作一些具体的计量经济研究，并将其作为计量经济学教学的组成部分，这对于提高学生的素质和能力是非常有效的。对于计量经济学的初学者来说，以实证项目研究为内容的计量经济学课程论文，往往不知该从何处着手。本章将以完成一个学期的计量经济学课程论文为例，对实证项目的计量经济研究的构成要素、基本步骤等提出建议，包括对一般性原则和常用方法、有关选题、文献综述与评价、数据搜集、论文写作以及一些具体的计量经济建模分析技术等方面的内容展开讨论。应当强调的是，对实际经济问题计量研究的方式并不是唯一的，也不存在什么万能或统一的神奇模式，熟能生巧，实践才是学习实证项目计量经济研究的唯一方法。

■ 第一节　实证项目研究的选题

一、问题的提出

计量经济实证研究首要的问题是选题，选题是确定"做什么和如何开始"的问题。当然，不同学科或不同专业的读者关于选题可能有着不同的想法。选题应从实际需要出发，这取决于你的研究项目的要求，或者你所从事研究方向的需要，或者是你要解决的问题。计量经济实证研究要对所分析的经济问题得出数量上的结论，需要事先对所研究的目标和内在的经济联系有相当的认识，也就是说要有一定的理论准备和调查研究。作为计量经济学的初学者，可以结合已经学习过的经济管理课程，选择需要作实证分析的题目，或许你接触到了经济或管理中有值得从数量上加以实证估计和检验的问题；或者虽然别人已经作过理论上的研究，但缺乏数量上的概念和界线，而你对这方面的数量结论感兴趣。这些都可能成为你选题的目标。

选题是一个不断探索、逐步深化认识的过程，一般而言，"做什么和如何开始"的问题可从两个层面去考虑：首先应确定自己感兴趣的研究领域，例如，"关于中国利率的研究"；然后是在所感兴趣的研究领域中选定感兴趣的具体题目，例如"关于提高住房贷款利率对北京房地产市场的影响分析"。这是两个不同层面的选题，前者只是在金融问题中的利率研究方面确定了一个总的领域，而后者则是具体化地明确一个真正的研究问题。

这里强调"感兴趣的领域"和"感兴趣的具体题目"，因为"兴趣是最好的老师"，在你真正对一个问题发生兴趣的时候，是你对它已经有了相当了解，有了从数量上深究愿望的时候。显然，研究领域要依据自身的专业，或者结合自己在经济学、管理学、社会学等方面的知识结构，去选择感兴趣的领域。一般界定自己感兴趣的领域，应当说不是一件太难的事情，而困惑的往往是如何从这些领域中具体地选择自己感兴趣的题目。

表面上看具体的研究题目从性质上通常分为两种类型，一类是关于理论验证方面的研究，另一类是关于实证应用分析方面的研究，或者是两者的结合。对理论的验证，主要是指对某些已有的观点、理论、命题等，采用定量分析的手段进行具体验证，看这些理论是否符合观测到的现实。这里强调的是定量分析的验证，而不是对理论本身的定性分析。例如，在经济学或金融学的相关课程中，曾学习过有关经济代理行为以及经济变量之间关系的理论、消费的收入决定理论、投资的决定理论；或者诸如"奥肯定律"以及 $MV = TP$ 的数量表达式等。选择题目时就要分析，在这些理论关系中是否存在需要用定量分析手段进行验证的问题？哪些理论是值得进行定量验证的？以及在定量验证过程中对哪些理论有进一步完善的可能。实证应用分析研究，主要指针对现实经济生活中已存在的一些看法和观点，运用计量经济分析方法来阐释自己的观点，或者去发现新的结论。例如，关于中国农村经济问题的讨论中，存在着不同的观点和不同的研究方法，可以运用某地区农村经济的相关数据进行计量经济研究，并将其结果与已有的观点和方法进行比较分析。

二、研究题目的选择

如上所述，课程论文的选题具有多样性和灵活性，尽管不存在万能或神奇的方法和公式，但如下的基本方面可在选题过程中供参考。

（1）要尽量选择在经济和社会领域中受到广泛关注的问题。所研究问题的题目要具体化，不宜空洞。题目应当体现出对所要研究问题的了解程度，要明确究竟是要对理论作验证，还是要对现实经济活动做实证分析。这是进行计量经济学建模的前提。

（2）要明确研究的范围。研究的范围可以是宏观经济领域，例如国民经济的运行、经济政策的传导评价等；研究的范围也可以是微观方面的，例如对某企业的管理、财务分析，或对一个县域经济发展的研究。研究的范围也决定了收集数据的范围。

（3）所选题目的大小要适中。应当充分考虑研究的条件和现实可能性，包括理论把握的程度、数据获得的难易、计量分析方法的条件、完成项目研究的人力和时间的条件，等等。作为课程论文，特别是要考虑完成实证项目的时间约束。题目不能选得太大或过于综合，否则工作量太大，在半个学期的时间内是难以完成的。

（4）要充分考虑数据来源的可能性。没有变量数据来源的模型是不可能进行具体计量研究的。

经过上述各方面的工作后，对所要研究的问题就会有大致的了解，对计量经济实证项目的选题，就会有个大致的判断。这时需要整理自己的思路，对选题所研究的问题进行较为清晰地说明，从而确定具体的题目。研究题目的选择是指确定研究的内容，为实证研究项目或课程论文具体定位。社会经济的计量选题不可能一一列举，作为举例，这里对某些实证研究的选题提出一些建议：

（1）宏观经济方面：例如可研究 GDP 的增长与固定资产投资增长之间的关系；研究税收对利率的影响；研究消费函数、投资函数、货币需求函数；研究财政金融政策的效应等。在宏观经济中选择题目作计量研究，其好处在于相关数据易于从各种年鉴中获得；其不足在于宏观经济的问题往往较为综合，影响因素众多，涉及诸多方面的知识，需要花费较多的时间和力量，作为本科课程论文要求在较短时间内完成有相当的难度，通常只能研究其中一个问题的某个方面。

（2）微观经济方面：例如估计公司的生产、财务成本、供给和需求函数；公司的原材料和产品市场的分析；投资决策分析；股票市场交易制度对股价的效应；商业银行绩效分析，等等。一般来说，微观方面的研究，题目比较具体化，针对性强，适合短时间内进行研究。其不足是微观经济的数据收集有相当的难度。

（3）城市和区域经济方面：例如估计中心城市、城镇、农村等对住房、交通和其他公共设施等的需求；产业结构、行业布局分析；不同区域的财政收支、教育发展、全要素生产率、能源价格、科技进步、人力资本的数量分析，等等。

（4）国际经济贸易方面：例如估计国家的进出口函数；研究汇率以及汇率决定因素之间的关系；研究国外直接投资（FDI）的效应。

（5）发展经济学方面：例如度量国家、省市自治区、不同经济发展区域（如东中西部）的人均 GNI、人均 GDP 的决定因素，投资、消费等对经济的拉动等。

（6）市场营销或产业组织方面：例如度量广告对销售额、利润或市场份额的影响；估计研究与开发（R&D）支出和人力资本生产力之间的关系；研究由于产权调整、兼并、合并与市场份额及利润率之间的关系。

（7）公共财政方面：例如估计中央或地方财政收入、财政支出与其特点；研究经济活动与财政政策变量之间的依存关系；研究农业税减免的效应；研究医疗卫生、道路、教育等与其决定因素之间的关系。

（8）人口、社会学方面：例如解释城市和农村在犯罪、贫困、离婚率、家庭人口、就业等方面的成因，研究人口出生率、居民生活质量及比较差异等。

三、文献资料的利用、综述与评价

在选题过程中除了自己作深入研究以外，选题时也要充分借鉴他人的研究成果，包括图书、期刊等文献，也包括 Internet 网络资源。充分有效地利用各种文献和互联网提供的信息，可以避免重复作别人已经完成的工作，也可以从中发现自己可能的创新之处。

目前，可供利用的图书资料和文献很多，例如可利用 Journal of Economic Literature（JEL）采用的分类系统和一些优秀期刊的信息。Journal of Economic Literature 是国内外大多数大学图书馆必定的季刊杂志，主要提供经过分类的上一季度出版的书籍和期刊文章清单，对每一篇论文确认一组编号并归类于经济学的某一子领域，按照题目进行编排，甚至包括文章的摘要。例如研究劳动力流动性问题，那么首先要在领域分类代码为 J 的"劳动和人口经济"下查找对应项，可以看到相关分类号码为 J6 的"流动性、失业和空位"，翻到"本期期刊文章主题索引"，该项内容为经过分类的最近发表文章的详细列表，依据此表就可以把自己感兴趣的内容进行摘录，帮助进行选题。另外，该期刊也列出了本期期刊的内容并给出了一些书籍和文章的摘要，仔细阅读这些摘要，有助于对题目有更多的了解。

国外的一些杂志，例如经济学 5 大顶刊 "*American Economic Review*" "*Econometrica*" "*Journal of Political Economy*" "*Quarterly Journal of Econom-*

ics""*Review of Economic Studies*"。国内如《中国社会科学》《经济研究》《经济学动态》《财贸经济》《中国工业经济》《经济管理》《数量经济技术经济研究》《金融研究》等期刊，都具有极强的应用性导向，比较适合于作为我们选题的参考。如果在选题的初期只考虑了一个大概范围，那么这些专业杂志可能有助于缩小论文选题的范围。

大多数学生已非常熟悉利用 Internet 进行查询，通过键入关键词、主题等，就可以查询到与关键词或主题相关的内容。在选题过程中，主要注意搜索引擎的专业化和搜索查询的效率。每个学校的图书馆都有丰富的国内外电子期刊搜索，可以在线按照题目、作者或关键词的方式从大量的刊物文章中进行所需信息的搜索。

对收集到的相关文献应注意进行整理。在相关文献的综述过程中，进一步明确别人的主要的观点和分歧，对那些与自己所选题目相似或密切相关的文献，应当特别关注建立计量经济学模型的基本思路，被解释变量和解释变量是如何确定的，采用的数据是哪些类型、数据来源以及测度方法、使用了哪些估计和假设检验方法等。

文献综述部分通常由文献回顾性综述和文献评价两个部分组成。回顾性综述主要是交代所研究问题的理论研究与实证分析的发展沿革、回顾主要研究流派的观点、论点、命题以及支撑这些观点的理论与实证研究方法等。通常对文献的评价可从理论和方法两个方面展开。从理论方面，主要是对理论的前提、理论命题或立论的准确性、论证推理的逻辑性等方面进行评价。从方法方面，主要考证方法的假设条件、应用范围、应用对象以及实证衡量标准等。对文献的评价具有相当难度，需要综合运用所学知识和社会实践经验，对相关文献的现有研究成果给出自己的判定和评价，指出现有研究成果中存在的不足，发现其他尚未涉足的研究领域和内容。对相关文献的评价是一种基本的训练，也有利于发现实证研究项目可能的创新之处。相关文献的回顾性综述是论文不可缺少的组成部分。从课程论文的写作看，文献综述要考虑研究目的、个人写作偏好、论文的长短等因素。有些人习惯于在专门的一章内，对与课程论文相关的文献进行综述，表明作者对所研究问题国内外发展现状的系统把握；也有人将文献综述作为某章（一般是引言或概论的章节）中的一部分，以保持整个课程论文在结构上的连贯性。不过关键不在于形式，而是要注意文献综述的内容与实质。

■ 第二节 模型设定与数据处理

一、建模的基本思路

常用的建模思路，主要有结构模型方法和动态建模方法。

第一章中已介绍了一般的建模步骤，这是被称为"结构模型方法论"的传统计量经济学主导的建模思路。其基本要点是：从先验经济理论出发，在理论模型右边加上一个满足古典假设的误差项，然后采用某种统计方法，如普通最小二乘法，进行估计和检验。如果模型通不过检验，则通过增加变量、删除变量、更换变量、改变函数形式等方式修改模型，重新进行估计和检验，直到模型通过各种检验为止。这种从少数方程和变量的简单模型入手，经过不断修改和补充，直至得到一个更为一般的模型，这种建模方法又被称为从"特殊到一般"的建模方法过程（simple-to-general approach）。从建模思路上看，这是一种以先验经济理论为建立模型的出发点，重点关注模型参数的估计，并将参数估计值与其理论预期值是否一致作为判断标准，以进行不同层次的检验和修正的思路，也称为"理论驱动型"建模思路，在建模中得到普遍应用。

动态建模方法是针对"特殊到一般"建模思路提出的一种建模方法论，将计量经济模型研究的重心从模型估计和检验，转向模型设定方法的探讨，从统计理论和经济理论两个方面，强调逻辑上的一致性。从统计理论角度，分析设定的计量经济模型是否与实证数据具有一致性；从经济理论角度，看设定的计量经济模型是否与经济理论保持了一致性。因此，模型设定过程中的一致性问题是计量经济学研究的中心环节。动态计量经济学的建模过程，是一个"从一般到特殊"的动态建模过程。首先，建立一个包含所有信息的最一般模型，以保证随机扰动项为独立同分布的正态变量；其次，对模型参数加以变化使其向经济理论靠近，并依据各种类型的检验结果，将模型简化为变量和参数都较少的节俭模型；再次，对模型进行严格检验；最后，求出模型中内含的长期稳态解，用于检验经济理论、评价政策和预测未来等。这里需要强调的是，动态建模有着双重含义：一是对数据分布信息的动态挖掘，二是建模过程中有个不断反思与改进的过程。

二、模 型 设 定 的 要 求

模型的建立有理论问题，更为重要的是实践问题。关于建模的依据、变量的选择、模型形式的选择等需要根据一定的原则，只有根据这些原则经过反复调整、反复检验才能得到较为理想的模型。一般说来，判别模型优良程度总有一定的标准，可供参考的标准主要有以下几个方面：

（1）模型应当与数据所表现的现实相一致，这是一条建模的基本准则。

（2）模型应当与经济理论相一致，当存在若干相矛盾的理论时，一个模型至少应与一种理论相一致。

（3）模型必须有外生变量构成其回归变量，并且模型中含有明确的因果关系。

（4）模型中的参数应当具有相对稳定性，这是模型能用于预测和政策分析的必备条件，即估计出的模型参数必须可靠，并具有时不变性，即使将来新数据的协方差与原估算时用的样本数据的协方差不同了，参数的估计值也应不受影响。

（5）模型必须具有对数据的代表性和优良的拟合性，即由模型算出的内生变量估计值与实际观测值之差，只是随机误差。所谓随机误差是指误差值无法由历史数据预测出来，否则就一定存在强于现有模型的设定形式。例如，随机误差出现序列相关，除了采用某些变通的估计方法处理序列相关问题以外，还应把序列相关视为模型设定有误的征兆，通常采用扩充滞后回归变量、重新设定模型的方法来解决。

（6）模型应当具有尽可能大的包容性。当一个模型能够完全解释另一个模型的结论时就称前者包容后者，包容性是衡量模型优劣的一条重要标准。一个成功的模型，应当不仅仅能反映数据中所含的规律性，而且还应能解释其他运用同样数据的对立模型的长处与不足。包容性较强的计量经济模型一般能较好地揭示更普遍的经济规律。

（7）模型的简洁性。从实践上考虑，模型越简洁其自由度也就越大；从认识论上考虑，模型越复杂人们全盘把握它的困难程度就越大，而且，复杂的设计常常能掩盖设计方案中的纰漏。简洁性准则迫使模型设计者采取科学的诚实态度。能满足上述标准的模型，即可称为与理论和数据保持一致性的模型。总而言之，计量经济模型的设定过程，是一个综合考虑经济理论、样本数据、模型特征、使用要求等因素，依据前述标准进行科学性创作的过程。

三、模型变量与函数形式的设定

设定计量经济模型首先要确定模型中的变量。模型变量的选择，要根据模型的研究目的，要以经济理论为指导，通常不可能把所有的因素都列入模型，而只能抓住主要影响因素和主要特征，而不得不舍弃某些因素。因此根据研究的需要，对变量有取舍的问题，为避免出现对变量的设定误差，对模型中变量是否恰当需要加以检验。回归模型的设定除了选择模型中的变量以外，另一重要方面是要使所设定的变量间函数形式能够体现变量间的基本关系。但其真实的函数形式事先并不知道，所谓模型函数形式的设定，是指根据对变量间相互关系的已有认识，把 Y 的条件期望设定为解释变量 X 的某种函数。总体条件期望函数 $E\left(\dfrac{Y}{X_i}\right) = f(X_i)$，可以设定为各种具体的函数形式。在计量经济学的实践中，通常把总体回归函数的具体函数形式设定为初等函数，应当注意的是不同函数形式中参数的经济意义有较大差异。常用的函数形式如表 11.1 所示。

表 11.1　　　　　　　　　　不同函数形式及参数的意义

设定	函数形式	边际效应 $\left(\dfrac{dY}{dX}\right)$	弹性系数 $\left[\left(\dfrac{\frac{dY}{Y}}{\frac{dX}{X}}\right)\right]$	参数 β_2 的意义
线性函数	$Y = \beta_1 + \beta_2 X$	β_2	$\beta_2 \dfrac{X}{Y}$	$\dfrac{dY}{dX}$

续表

设定	函数形式	边际效应 $\left(\dfrac{dY}{dX}\right)$	弹性系数 $\left[\left(\dfrac{\frac{dY}{Y}}{\frac{dX}{X}}\right)\right]$	参数 β_2 的意义
线性对数	$Y = \beta_1 + \beta_2 \ln X$	$\dfrac{\beta_2}{X}$	$\dfrac{\beta_2}{Y}$	$\dfrac{dY}{\frac{dX}{X}}$
倒数	$Y = \beta_1 + \beta_2\left(\dfrac{1}{X}\right)$	$-\dfrac{\beta_2}{X^2}$	$-\dfrac{\beta_2}{XY}$	$-X^2\dfrac{dY}{dX}$
多项式 （二次函数）	$Y = \beta_1 + \beta_2 X + \beta_3 X^2$	$\beta_2 + 2\beta_3 X$	$(\beta_2 + \beta_3 X)\dfrac{X}{Y}$	$\dfrac{dY}{dX} - 2\beta_3 X$
交互作用	$Y = \beta_1 + \beta_2 X + \beta_3 XZ$	$\beta_2 + \beta_3 Z$	$(\beta_2 + \beta_3 Z)\dfrac{X}{Y}$	$\dfrac{dY}{dX} - \beta_3 Z$
对数线性	$\ln Y = \beta_1 + \beta_2 X$	$\beta_2 Y$	$\beta_2 X$	$\dfrac{\frac{dY}{Y}}{dX}$
对数倒数	$\ln Y = \beta_1 + \beta_2\left(\dfrac{1}{X}\right)$	$-\dfrac{\beta_2 Y}{X^2}$	$-\dfrac{\beta_2}{X}$	$-X\dfrac{\frac{dY}{Y}}{\frac{dX}{X}}$
对数多项式 （对数二次函数）	$\ln Y = \beta_1 + \beta_2 X + \beta_3 X^2$	$Y(\beta_2 + 2\beta_3 X)$	$X(\beta_2 + \beta_3 X)$	$\dfrac{\frac{dY}{Y}}{dX} - 2\beta_3 X$
双对数 （对数对数）	$\ln Y = \beta_1 + \beta_2 \ln X$	$\beta_2\dfrac{Y}{X}$	β_2	$\dfrac{\frac{dY}{Y}}{\frac{dX}{X}}$
对数曲线	$\ln\left(\dfrac{Y}{1-Y}\right) = \beta_1 + \beta_2 X$	$\beta_2 Y(1-Y)$	$\beta_2 X(1-Y)$	$\left(\dfrac{1}{1-Y}\right)\dfrac{\frac{dY}{Y}}{dX}$

表 11.1 中被解释变量与解释变量的关系许多都是非线性的，其中有的虽然变量间为非线性的，但对参数而言却是线性的，可直接按对于参数为线

性的回归模型去估计与检验；有的通过初等函数变换就可得到对参数为线性的回归模型。例如：

（1）双对数模型。

如果设定的非线性模型为：

$$Y_i = \beta_1 X^{\beta_2} e^{\mu_i}$$

可通过取自然对数得

$$\ln Y_i = \ln \beta_1 + \beta_2 \ln X_i + \mu_i$$

变换后的模型被解释变量和解释变量都是对数形式，斜率系数 β_2 衡量的是被解释变量 Y 关于解释变量 X 的弹性，即当 X 每变动百分之一时，Y 的均值变动的百分比。

（2）半对数模型。

如果设定的非线性模型为

$$\ln Y_i = \alpha_1 + \alpha_2 X_i + \mu_i$$

或者

$$Y_i = \beta_1 + \beta_2 \ln X_i + \nu_i$$

这种模型也称不变百分率增长模型，其中斜率系数 α_2 衡量的是当变量 X 的绝对量每发生单位变动时，引起被解释变量 Y 平均值的相对变动比率。斜率系数 β_2 衡量的是当变量 X 变动百分之一时，Y 的均值变动的绝对量。

（3）倒数变换模型。

如果设定的非线性模型为

$$Y_i = \beta_1 + \beta_2 \left(\frac{1}{X_i} \right) + \mu_i$$

这种模型表示随着 X 的递增 Y 将呈现非线性的递减，但最终以 β_1 为渐近线。

对于上述可变换为对参数线性的非线性模型，都可以方便地用线性回归的方法去估计和检验模型（具体见第七章）。除此以外，还有一些通过初等函数不能变换为对参数为线性的回归模型，这类模型参数的估计面临一些更为复杂的问题，需要探索专门的方法，例如在满足一定的条件下，可借助于泰勒级数展开来近似线性化，但这已经超出了本书的范围。

四、数据的收集与处理

（一）数据来源

最基本的数据主要来自于各种统计年鉴、月报、季报等，如《中国统计年鉴》及各地区或各部门编制的年鉴、报告等。一些信息类的报刊也经常提供经济数据。现在许多年鉴等数据报告已经通过网络对公众提供，这里仅列举出中国国内最常用的一些网上数据来源。

（1）中国经济信息网（http：//www. cei. gov. cn）。

（2）中国经济统计数据库（http：//db. cei. gov. cn）是一个综合、有序的庞大经济数据库群，内容涵盖宏观经济、产业经济、经济专题、区域经济、行业经济，以及世界经济等各个领域，是一个拥有 15 万指标量，面向社会各界用户提供权威、全面、及时的经济类数据信息的基础资料库。

（3）国家统计局（http：//www. stats. gov. cn/tjsj/）。

（4）中国人民银行统计数据网页（http：//www. pbc. gov. cn/diaocha-tongji/tongjishuju/）。

（5）中国证券监督管理委员会统计数据（http：//www. csrc. gov. cn/cn/statinfo/）。

当所研究的问题无法从公众信息渠道获得时，则需要通过专门组织的调查去获取数据，这当然会面对很多特别的困难。

从各种渠道获取的数据，不能不加分析的拿来就用，应认真分析这些数据的内涵、数据包含的范围、数据的计算方法、数据所说明的问题、与其他数据的关系等。如果数据与模型中变量的要求不一致，则应当对数据做必要的加工或调整，或者应当重新寻求符合模型要求的数据。

（二）数据类型

经济数据的类型有多种（第一章已列举），不同的数据类型有其自身的性质，需要采用有针对性的估计方法。在实证项目计量研究中，常用的数据类型包括横截面数据、时间序列数据、混合横截面数据（pool）、面板数据

（panel）、虚拟变量数据等。

1. 横截面数据

横截面数据在经济学和其他社会科学领域中得以广泛应用，特别是在对不同类型经济活动作比较研究时，更适于使用截面数据。在经济学中，横截面数据分析主要与应用经济领域密切相关，例如地方公共财政、产业组织理论、城市经济学、劳动经济学、人口与健康经济学等。在检验微观经济假设或评价微观经济政策时，有关个人、家庭、企业、城市等的数据都是至关重要的。截面数据见表1.2。

2. 时间序列数据

时间序列数据的重要特征是其与时间的相关性，很少假设经济数据的观测独立于时间。特别是在研究经济活动发展变化的规律性时，适于使用时间序列数据。应当注意，大多数的经济或其他社会科学的时间序列数据都存在着近期的相关性，例如，本期消费支出 Y_t 与上期 Y_{t-1} 之间在增长趋势上总是有着相关性，对上期 Y_{t-1} 增长稳定性的一些了解，会提示本期 Y_t 增长趋势的一定范围。考虑到时间序列数据的时间相关性，要设定时间序列数据模型事先有许多工作要做，包括平稳性检验、协整分析等，以便更好地解释和利用经济时间序列数据的相互依赖性。时间序列数据见表1.1。

3. 混合横截面数据与面板数据

混合横截面数据集（pooled cross section data set）是指既有横截面数据特点又有时间序列数据特征的数据集。面板数据集（panel data set）是不同指标在不同时间的表现形式，即由横截面数据集中每个数据的一个时间序列组成（见表10.1）。

4. 虚拟变量数据

虚拟变量数据是由若干人工变量数据组成，包括两水平数据（0 和 1）、多水平数据（1，2，3，4）等。虚拟变量数据可为解释变量数据，也可为被解释变量数据。不同的虚拟变量数据有着不同的特征和不同的分析方法。如在选举中，投票人的态度（赞成或反对）会受到候选人收入水平的影响，而投票人的态度只能用0（表示反对）或1（表示赞成）来表示，这种数据类型就被称为虚拟变量数据。

（三）数据处理

在实际使用数据估计模型之前，需要对数据作预处理，对数据进行一些初步检查和分析，初步把握样本数据的一些统计特征，包括描述性统计、平稳性检验、协整分析和因果关系分析等。

1. 数据的描述性统计

描述性统计主要分为图解、基本统计量和若干相关性的分析。

图解分析是指对数据的观测值绘制图形，从图中可以得到一些有价值的信息，例如识别数据非正常值；识别被解释变量和解释变量之间的依存关系等。若为时间序列图形，则可以了解到变量的时间路径和基本增长率；若为被解释变量和解释变量之间散点图（见图 11.1），则可查看是否存在非线性关系，以初步选择条件期望方程的具体形式。应当指出的是，图解分析虽然直观，但也可能会产生误导，原因在于图解分析只是建立在样本数据的基础上，图中的形状并不能保证两个变量之间依存关系的真实性。例如，若图形显示两个变量为非线性关系，但这种非线性的关系可能并不真实，因为图形的非线性可能是由于第三个变量的变动而引起的。也就是说，没有在其他变量保持不变的条件下来观测两个变量之间的图形。因此，图解法只是对变量进行的初步了解，而更重要的是根据相关理论去设定总体回归函数，并进行相应的模型设定检验。

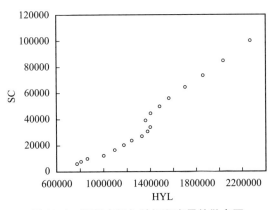

图 11.1　解释变量与被解释变量的散点图

数据的基本统计量，包括最小值、最大值、均值、标准差、峰度、偏态、变异系数、相关系数等。这些统计量在计量经济分析中常有其特定的作用，例如，变异系数描述了变量均值与标准差的比例，若将变异系数较小的变量作为解释变量，这些解释变量的变化不大，可能会表现出非显著性的特征；又如，峰度、偏态等对分布函数的描述有着特殊的图示作用（见表11.2）。

表11.2　　　　　　　　数据的统计描述

Mean	1374189.0	38731.86
Median	1368700.0	32226.95
Maximum	2275822.0	100053.5
Minimum	772682.0	5888.400
Std. Dev.	411583.8	27837.05
Skewness	0.488247	0.725652
Kurtosis	2.728833	2.538515
Jarque – Bera	0.770305	1.739437
Probability	0.680347	0.419070
Sum	24735409	697173.4
Sum Sq. Dev.	2.88E + 12	1.32E + 10
Observations	18	18

再如，在灵敏度分析中通常会采用解释变量的一个标准差变化会引起被解释变量多少个标准差的变化。相关系数矩阵通常被用以分析模型中相联系变量的相关程度。理想情形是被解释变量与某一解释变量之间的相关系数的数值较高（见表11.3），而两个解释变量之间的相关系数的数值较低。

表11.3　　　　　　　　相关系数

变量	Y	X_2	X_1
Y	1	0.9317285842081021	0.9065203222544187
X_2	0.9317285842081021	1	0.456976184844716
X_1	0.9065203222544187	0.456976184844716	1

但也应注意，虽然解释变量之间相关系数较高会形成多重共线，而较小的相关系数并不意味着一定不产生多重共线性问题。若解释变量间的相关系数较高时，应事前予以注意。

2. 时间序列数据的处理

如果经济变量采用的数据是时间序列数据，为了避免"伪回归"，应该按第八章的要求对时间序列变量的平稳性进行单位根检验。如果检验结果表明变量是平稳的，才可以用最小二乘法去估计模型。如果经检验表明时间序列变量为非平稳，则应进行协整分析，若它们之间存在协整关系，即两者的线性组合存在平稳关系，说明它们之间存在一个长期稳定的比例关系。需特别强调，对变量的平稳性检验和对变量之间的协整检验，是利用时间序列变量建立计量经济模型的先决条件。

在时间序列变量平稳性检验的基础上，还可以运用 Granger 因果检验等方法，对变量间的因果关系进行检验，进一步验证所建模型对变量间因果关系的设定是否合理。

第三节　计量经济分析

一、模型的估计

设定的模型确定以后，即可用收集的数据去估计模型中的参数。在本书讨论的范围内所用的估计方法主要是最小二乘法，事实上 OLS 不仅简便易用，而且在很多情形下都是既简便又适用的估计方法。模型中参数的估计与对模型的检验通常是个反复的过程，如果模型估计和检验的结果表明模型完全满足古典假定的要求，模型也通过各项检验，则参数的估计值就是计量的结果。如果经检验发现某些古典假定不能满足，则应按前几章所讨论的方法对模型加以适当调整，或采用其他估计方法，如加权最小二乘（WLS）、广义差分、工具变量等方法去估计模型中的参数。

二、模型的检验

如第一章已说明的，计量经济模型的检验主要包括经济意义的检验、统计推断检验、计量经济学检验、模型预测检验。此外还有模型的诊断性检验，主要包括对变量的检验、残差检验和稳定性检验。对变量的检验包括参数约束、遗漏变量、包含多余变量的检验。残差检验包括正态性、ARCH、White 等检验。

对计量经济模型的检验，首先要检验所估计的模型参数的数值和符号是否符合特定的经济意义。如果所估计的参数与经济理论或实际经验的结论不符合，应当分析模型设定是否有问题，分析是否违反了基本假定。在确认模型、数据、假定、估计方法均无问题的情况下，应当反思经济理论和经验是否不完备，或许你还会发现理论与经验有某些值得创新之处。

对模型的统计推断检验，主要是可决系数的分析、t 检验、F 检验，通过检验分析模型和各个变量是否显著。若模型或某些变量不显著，则应认真分析其原因，特别是要分析是否违反了某种基本假定条件。估计模型并分析 F 统计量、R^2 等可以捕获对被解释变量中变动百分比的解释信息，t 统计量可能表明所选变量显著性的信息，回归系数的符号可能提供估计值的经济背景合理与否的信息。

模型的计量经济学检验，主要是对多重共线性、异方差性、自相关，以及设定误差的检验。在对模型的检验中，除了例行的计量经济检验外，要特别注意解释变量与随机扰动项相关关系的检验，因为在选定了 OLS 作为估计方法后，解释变量与随机扰动项的相关关系将使参数的 OLS 估计具有不一致性。对解释变量与随机扰动项是否相关的检验，可从模型设定误差检验入手。此外，还可检验解释变量的测量误差和联立方程偏倚是否严重，因为解释变量的测量误差和联立方程偏倚也表现为解释变量与随机扰动项的相关性。若测量误差和联立方程偏倚问题不严重，则表明解释变量与随机扰动项的相关程度较弱，不会导致参数估计量较为严重的不一致性。

此外，模型的计量经济学检验中还应考虑对总体回归函数设定的检验，分析设定的条件期望方程的具体函数形式是否恰当，某些变量是否应该表述为对数形式？某些变量是否只取水平值还是需要取其平方值？定性因素的引入方式？虚拟变量的选择是否足够？交互效应的数量分析是否需要？等等。

在模型的计量经济学检验中，对于不同数据类型的模型，通常残差统计检验所关注的重点有所差异。一般说来，对横截面数据应当着重考证异方差性是否存在；对时间序列数据应当特别考证自相关性是否存在。但这并不意味着截面数据不会产生自相关，也不表明时间序列数据不会生产异方差。应当警惕在某些情况下时间序列数据的异方差性，甚至可能比截面数据更为严重。面板数据模型需要进行混合效应、固定效应和随机效应检验。

显然，在模型检验中不存在什么"通行的模式"可以在模型检验过程中遵照执行，因为在模型检验的每个阶段都需要进行大量的判断，并且不同的人所使用的检验方法也不尽相同。鉴于此，某些一般性的建议和指导原则，可能对于完成实证分析是很有益的。首先，要避免在没有对模型进行更多分析之前就仓促地给出结论。建议先依据一些经济理论框架，或对一些基本经济行为的理解去分析模型。其次，运用本书各章介绍的方法对所建模型进行一连串的诊断性检验，以确保所得结论对模型设定的改变不是太敏感。例如，检验是否应当在模型中加入省略变量、检验是否非线性、检验是否存在滞后被解释变量等。最后，在若干类似的模型中，运用所选择统计量的数值来判断某个模型是否优于其他的模型。

三、模型的调整

模型的调整，是指对模型检验提出的问题如何予以解决，包括多重共线性、异方差性、自相关性以及模型设定误差、测量误差等。多重共线性、异方差性、自相关性等的弥补措施在本书相关章节中已进行了详尽地讨论，在实证分析中只是如何灵活运用的问题。例如，若是发现时间序列数据的模型中存在自相关，则或是重新建立模型，或是采用科克伦－奥克特等方法进行校正弥补。若是发现在横截面数据模型中存在异方差性，则可采用加权最小二乘法进行参数估计。若是发现解释变量与随机扰动项之间存在相关性，则应采用工具变量法或二段最小二乘法估计参数，以避免参数估计的不一致性。

值得注意的是，模型的检验与调整并不是截然分离的，这里只是为了论证方便，人为地将其分为了两个阶段去说明。模型的估计、检验和调整通常是一个统一体中的不同侧面，相辅相成，并且模型的估计、检验和调整要进行若干次的重复，即所谓的重新估计、重新检验和重新调整，直到模型满意为止。

四、模型计量结果的分析

经过检验证明所估计的模型是符合要求的，最后应对模型所提供的数量信息作具体的分析。根据建立模型的目的，可能是经济结构分析、经济预测、政策评价，其中经济预测和政策评价都要以所确立的经济结构为基础。所谓经济结构分析主要指模型中变量间的数量关系，这种数量关系是由所估计的参数体现的，所以应对所估计的参数数值与符号的经济意义作具体研究和评价。对实证分析结果的解释力度做出说明，主要体现在对回归系数的符号、大小以及检验结果的解释方式上。除了一般性的解释外，例如回归系数的符号、大小和统计显著性等，还可从灵敏度分析、弹性分析等多个角度，对回归系数的经济意义进行说明，也可从不同估计方法差异性比较的角度进行解释。

五、研究结果的报告

实证项目的计量经济研究的结论得到以后，为了让别人了解研究的成果，应形成研究报告（或课程论文）。研究报告并没有固定的格式，这里对通常可以考虑包括的内容提供一些建议。

（一）引言

引言包含对所研究问题或研究基本目标的陈述，并说明所研究项目的理论意义或应用价值所在。还可包括相关文献综述及评论，以及本项目研究中所得主要结论的简单描述。

（二）理论分析与研究思路

主要对所要研究的问题作简要的理论描述，一般没有必要对经济理论进行完整陈述，只需说明理论上对所研究问题有什么结论，对所提出的有关概念、范畴给出明确的界定和解释。并且从理论上对计量分析的前提条件、基本思路和预计达到的目标作简要说明。

（三）计量经济模型与估计方法

对自己所建的计量经济学模型进行系统全面的论述。主要包括两个方面的内容：一是关于模型的描述，对整个建模思路进行说明，特别是研究的主要对象（被解释变量）的确定、影响因素的分析及解释变量的选择、模型函数形式的假设，等等。二是关于推断方法的描述，主要是所选择的估计和假设检验的方法，指出所用方法与他人在研究类似问题时所使用的方法有何差别等。

（四）数据及处理

说明数据的来源及对数据所作的加工处理。如果采用了代用数据，应说明代用的理由和处理方式。另外，关于数据的初步挖掘分析也应说明，包括对数据进行的描述性统计分析、平稳性检验、协整分析等，这些关于数据的初步挖掘分析，有利于对所设定的模型形式进行改进和完善。

（五）结果分析

结果分析包括回归结果分析、参数估计、假设检验、经济意义检验、模型解释力度等的讨论。对估计和假设检验结果的解释，应当对估计和检验的每个阶段进行详细的说明。建议重点放在陈述所得结果的多种特征，并与建模前对所研究问题的若干假设和期望值的认识进行比较分析，若出现了意料之外的结果，则应给出相应的解释。模型的估计（重新估计）、检验（重新检验）和调整（重新调整）等所有步骤和结果都应当在此部分有所记录，包括中间的失败经历。

（六）结论

主要是对实证项目研究的结论和观点等进行总结，或者根据计量分析结果提出政策建议。另外，在结论部分应当包含本项研究的局限性和下一步研究工作。对研究的局限性还应提出相应的建议和打算。

附录　统计分布表

表1　　　　　　　　相关系数临界值表（P{｜r｜>r_{a(f)}} = α）

f	α				
	0.10	0.05	0.02	0.01	0.001
1	0.99344	0.99692	0.999507	0.999877	0.9999988
2	0.90000	0.95000	0.98000	0.99000	0.99900
3	0.8054	0.8783	0.93433	0.95873	0.99116
4	0.7293	0.8114	0.8822	0.91720	0.97406
5	0.6694	0.7545	0.8329	0.8745	0.95074
6	0.6215	0.7067	0.7887	0.8343	0.92493
7	0.5822	0.6664	0.7498	0.7977	0.8982
8	0.5494	0.6319	0.7155	0.7646	0.8721
9	0.5214	0.6021	0.6851	0.7348	0.8471
10	0.4933	0.5760	0.6581	0.7079	0.8233
11	0.4762	0.5529	0.6339	0.6835	0.8010
12	0.4575	0.5324	0.6120	0.6614	0.7800
13	0.4409	0.5139	0.5923	0.6411	0.7603
14	0.4259	0.4973	0.5742	0.6226	0.7420
15	0.4124	0.4821	0.5577	0.6055	0.7246
16	0.4000	0.4683	0.5425	0.5897	0.7084
17	0.3887	0.4555	0.5285	0.5751	0.6932
18	0.3783	0.4438	0.5155	0.5614	0.6787

续表

f	α				
	0.10	0.05	0.02	0.01	0.001
19	0.3687	0.4329	0.5034	0.5487	0.6652
20	0.3598	0.4227	0.4921	0.5368	0.6524
25	0.3233	0.3809	0.4451	0.4869	0.5974
30	0.2960	0.3494	0.4093	0.4487	0.5541
35	0.2746	0.3246	0.3810	0.4182	0.5189
40	0.2573	0.3044	0.3578	0.3932	0.4896
45	0.2428	0.2875	0.3384	0.3721	0.4648
50	0.2306	0.2732	0.3218	0.3541	0.4433
60	0.2108	0.2500	0.2948	0.3248	0.4078
70	0.1954	0.2319	0.2737	0.3017	0.3799
80	0.1829	0.2172	0.2565	0.2830	0.3568
90	0.1726	0.2050	0.2422	0.2673	0.3375
100	0.1638	0.1946	0.2301	0.2540	0.3211

注：α 表示显著性水平，f 表示自由度，$r_{a(f)}$ 为临界值。

表 2　　　标准正态分布表（$\Phi(z) = \int_{-\infty}^{z} \frac{1}{\sqrt{2\pi}} e^{-\frac{u^2}{2}} du = P(Z \leqslant z)$）

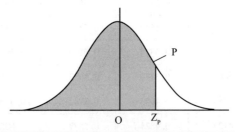

z	0.00	0.01	0.02	0.03	0.04	0.05	0.06	0.07	0.08	0.09
0.0	0.5000	0.5040	0.5080	0.5120	0.5160	0.5199	0.5239	0.5279	0.5319	0.5359
0.1	0.5398	0.5438	0.5478	0.5517	0.5557	0.5596	0.5636	0.5675	0.5714	0.5753
0.2	0.5793	0.5832	0.5871	0.5910	0.5948	0.5987	0.6026	0.6064	0.6103	0.6141

续表

z	0.00	0.01	0.02	0.03	0.04	0.05	0.06	0.07	0.08	0.09
0.3	0.6179	0.6217	0.6255	0.6293	0.6331	0.6368	0.6406	0.6443	0.6480	0.6517
0.4	0.6554	0.6591	0.6628	0.6664	0.6700	0.6736	0.6772	0.6808	0.6844	0.6879
0.5	0.6915	0.6950	0.6985	0.7019	0.7054	0.7088	0.7123	0.7157	0.7190	0.7224
0.6	0.7257	0.7291	0.7324	0.7357	0.7389	0.7422	0.7454	0.7486	0.7517	0.7549
0.7	0.7580	0.7611	0.7642	0.7673	0.7703	0.7734	0.7764	0.7794	0.7823	0.7852
0.8	0.7881	0.7910	0.7939	0.7967	0.7995	0.8023	0.8051	0.8078	0.8106	0.8133
0.9	0.8159	0.8186	0.8212	0.8238	0.8264	0.8289	0.8315	0.8340	0.8365	0.8389
1.0	0.8413	0.8438	0.8461	0.8485	0.8508	0.8531	0.8554	0.8577	0.8599	0.8621
1.1	0.8643	0.8665	0.8686	0.8708	0.8729	0.8749	0.8770	0.8790	0.8810	0.8830
1.2	0.8849	0.8869	0.8888	0.8907	0.8925	0.8944	0.8962	0.8980	0.8997	0.9015
1.3	0.9032	0.9049	0.9066	0.9082	0.9099	0.9115	0.9131	0.9147	0.9162	0.9177
1.4	0.9192	0.9207	0.9222	0.9236	0.9251	0.9265	0.9278	0.9292	0.9306	0.9319
1.5	0.9332	0.9345	0.9357	0.9370	0.9382	0.9394	0.9406	0.9418	0.9430	0.9441
1.6	0.9452	0.9463	0.9474	0.9484	0.9495	0.9505	0.9515	0.9525	0.9535	0.9545
1.7	0.9554	0.9564	0.9573	0.9582	0.9591	0.9599	0.9608	0.9616	0.9625	0.9633
1.8	0.9611	0.9648	0.9656	0.9664	0.9671	0.9678	0.9686	0.9693	0.9700	0.9706
1.9	0.9713	0.9719	0.9726	0.9732	0.9738	0.9744	0.9750	0.9756	0.9762	0.9767
2.0	0.9772	0.9778	0.9783	0.9788	0.9793	0.9798	0.9803	0.9808	0.9812	0.9817
2.1	0.9821	0.9826	0.9830	0.9834	0.9838	0.9842	0.9846	0.9850	0.9854	0.9857
2.2	0.9861	0.9864	0.9868	0.9871	0.9874	0.9878	0.9881	0.9884	0.9887	0.9890
2.3	0.9893	0.9896	0.9898	0.9901	0.9904	0.9906	0.9909	0.9911	0.9913	0.9916
2.4	0.9918	0.9920	0.9922	0.9925	0.9927	0.9929	0.9931	0.9932	0.9934	0.9936
2.5	0.9938	0.9940	0.9941	0.9943	0.9945	0.9946	0.9948	0.9949	0.9951	0.9952
2.6	0.9953	0.9955	0.9956	0.9957	0.9959	0.9960	0.9961	0.9962	0.9963	0.9964
2.7	0.9965	0.9966	0.9967	0.9968	0.9969	0.9970	0.9971	0.9972	0.9973	0.9974
2.8	0.9974	0.9975	0.9976	0.9977	0.9977	0.9978	0.9979	0.9979	0.9980	0.9981
2.9	0.9981	0.9982	0.9982	0.9983	0.9984	0.9984	0.9985	0.9985	0.9986	0.9986
3.0	0.9987	0.9990	0.9993	0.9995	0.9997	0.9998	0.9998	0.9999	0.9999	1.0000

表3   t 分布表（P{t > t$_\alpha$(n)} = α）

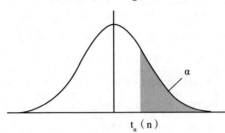

t$_\alpha$(n)

α n	0.25	0.10	0.05	0.025	0.01	0.005
1	1.0000	3.0777	6.3138	12.7062	31.8207	63.6574
2	0.8165	1.8856	2.9200	4.3027	6.9646	9.9248
3	0.7649	1.6377	2.3534	3.1824	4.5407	5.8409
4	0.7407	1.5332	2.1318	2.7764	3.7469	4.6041
5	0.7267	1.4759	2.0150	2.5706	3.3649	4.0322
6	0.7176	1.4398	1.9432	2.4469	3.1427	3.7074
7	0.7111	1.4149	1.8946	2.3646	2.9980	3.4995
8	0.7064	1.3968	1.8595	2.3060	2.8965	3.3554
9	0.7027	1.3830	1.8331	2.2622	2.8214	3.2498
10	0.6998	1.3722	1.8125	2.2281	2.7638	3.1693
11	0.6974	1.3634	1.7959	2.2010	2.7181	3.1058
12	0.6955	1.3562	1.7823	2.1788	2.6810	3.0545
13	0.6938	1.3502	1.7709	2.1604	2.6503	3.0123
14	0.6924	1.3450	1.7613	2.1448	2.6245	2.9768
15	0.6912	1.3406	1.7531	2.1315	2.6025	2.9467
16	0.6901	1.3368	1.7459	2.1199	2.5835	2.9208
17	0.6892	1.3334	1.7396	2.1098	2.5669	2.8982
18	0.6884	1.3304	1.7341	2.1009	2.5524	2.8784
19	0.6876	1.3277	1.7291	2.0930	2.5395	2.8609
20	0.6870	1.3253	1.7247	2.0860	2.5280	2.8453
21	0.6864	1.3232	1.7207	2.0796	2.5177	2.8314

续表

n \ α	0.25	0.10	0.05	0.025	0.01	0.005
22	0.6858	1.3212	1.7171	2.0739	2.5083	2.8188
23	0.6853	1.3195	1.7139	2.0687	2.4999	2.8073
24	0.6848	1.3178	1.7109	2.0639	2.4922	2.7969
25	0.6844	1.3163	1.7081	2.0595	2.4851	2.7874
26	0.6840	1.3150	1.7058	2.0555	2.4786	2.7787
27	0.6837	1.3137	1.7033	2.0518	2.4727	2.7707
28	0.6834	1.3125	1.7011	2.0484	2.4671	2.7633
29	0.6830	1.3114	1.6991	2.0452	2.4620	2.7564
30	0.6828	1.3104	1.6973	2.0423	2.4573	2.7500
60	0.6790	1.2960	1.6700	2.0000	2.3900	2.6600
120	0.6770	1.2890	1.6580	1.9800	2.3580	2.1670
∞	0.6740	1.2820	1.6450	1.9600	2.3260	2.5760

表4 χ^2 分布表 $\left(P\{\chi^2 > \chi_\alpha^2(n)\} = \alpha\right)$

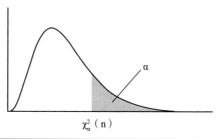

n \ α	0.95	0.99	0.975	0.95	0.90	0.75	0.25	0.1	0.05	0.025	0.01	0.005
1	0.039	0.015	0.001	0.004	0.016	0.102	1.323	2.706	3.841	5.024	6.635	7.879
2	0.010	0.020	0.051	0.103	0.211	0.575	2.773	4.605	5.991	7.378	9.210	10.597
3	0.072	0.115	0.216	0.352	0.584	1.213	4.108	6.251	7.815	9.348	11.345	12.838
4	0.207	0.297	0.484	0.711	1.064	1.923	5.385	7.779	9.488	11.143	13.277	14.860
5	0.412	0.554	0.831	1.145	1.610	2.675	6.626	9.236	11.070	12.833	15.086	16.750

续表

n \ α	0.95	0.99	0.975	0.95	0.90	0.75	0.25	0.1	0.05	0.025	0.01	0.005
6	0.676	0.872	1.237	1.635	2.204	3.455	7.841	10.645	12.592	14.449	16.812	18.548
7	0.989	1.239	1.690	2.167	2.833	4.255	9.037	12.017	14.067	16.013	18.475	20.278
8	1.344	1.646	2.180	2.733	3.490	5.071	10.219	13.362	15.507	17.535	20.090	21.955
9	1.735	2.088	2.700	3.325	4.168	5.899	11.389	14.684	16.919	19.023	21.666	23.589
10	2.156	2.558	3.247	3.940	4.865	6.737	12.549	15.987	18.307	20.483	23.209	25.188
11	2.603	3.053	3.816	4.575	5.578	7.584	13.701	17.275	19.675	21.920	24.725	26.757
12	3.074	3.571	4.404	5.226	6.304	8.438	14.845	18.549	21.026	23.337	26.217	28.300
13	3.565	4.107	5.009	5.892	7.042	9.299	15.984	19.812	22.362	24.736	27.688	29.819
14	4.075	4.660	5.629	6.571	7.790	10.165	17.117	21.064	23.685	26.119	29.141	31.319
15	4.601	5.229	6.262	7.261	8.547	11.037	18.245	22.307	24.996	27.488	30.578	32.801
16	5.142	5.812	6.908	7.962	9.312	11.912	19.369	23.542	26.296	28.845	32.000	34.267
17	5.697	6.408	7.564	8.672	10.085	12.792	20.489	24.769	27.587	30.191	33.409	35.718
18	6.265	7.015	8.231	9.390	10.865	13.675	21.605	25.989	28.869	31.526	34.805	37.156
19	6.844	7.633	8.907	10.117	11.651	14.562	22.718	27.204	30.144	32.852	36.191	38.582
20	7.434	8.260	9.591	10.851	12.443	15.452	23.828	28.412	31.410	34.170	37.566	39.997
21	8.034	8.897	10.283	11.591	13.240	16.344	24.935	29.615	32.671	35.479	38.932	41.401
22	8.643	9.542	10.982	12.338	14.041	17.240	26.039	30.813	33.924	36.781	40.289	42.796
23	9.260	10.196	11.689	13.091	14.848	18.137	27.141	32.007	35.172	38.076	41.638	44.181
24	9.886	10.856	12.401	13.848	15.659	19.037	28.241	33.196	36.415	39.364	42.980	45.559
25	10.520	11.524	13.120	14.611	16.473	19.939	29.339	34.382	37.652	40.646	44.314	46.928
26	11.160	12.198	13.844	15.379	17.292	20.843	30.435	35.563	38.885	41.923	45.642	48.290
27	11.808	12.879	14.573	16.151	18.114	21.749	31.528	36.741	40.113	43.195	46.963	49.645
28	12.461	13.565	15.308	16.928	18.939	22.657	32.620	37.916	41.337	44.461	48.278	50.993
29	13.121	14.256	16.047	17.708	19.768	23.567	33.711	39.087	42.557	45.722	49.588	52.336
30	13.787	14.953	16.791	18.493	20.599	24.478	34.800	40.256	43.773	46.979	50.892	53.672

表 5 　　　　　　F 分布表（P{F > F_α(n₁, n₂)} = α）

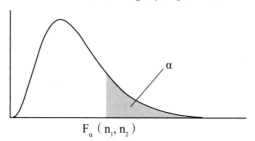

$$F_α(n_1, n_2)$$

α = 0.10

n₂ \ n₁	1	2	3	4	5	6	7	8	9	10
1	39.86	49.50	53.59	55.83	57.24	58.20	58.91	59.44	59.86	60.19
2	8.53	9.00	9.16	9.24	9.29	9.33	9.35	9.37	9.38	9.39
3	5.54	5.46	5.39	5.34	5.31	5.28	5.27	5.25	5.24	5.23
4	4.54	4.32	4.19	4.11	4.05	4.01	3.98	3.95	3.94	3.92
5	4.06	3.78	3.62	3.52	3.45	3.40	3.37	3.34	3.32	3.30
6	3.78	3.46	3.29	3.18	3.11	3.05	3.01	2.98	2.96	2.94
7	3.59	3.26	3.07	2.96	2.88	2.83	2.78	2.75	2.72	2.70
8	3.46	3.11	2.92	2.81	2.73	2.67	2.62	2.59	2.56	2.54
9	3.36	3.01	2.81	2.69	2.61	2.55	2.51	2.47	2.44	2.42
10	3.29	2.92	2.73	2.61	2.52	2.46	2.41	2.38	2.35	2.32
11	3.23	2.86	2.66	2.54	2.45	2.39	2.34	2.30	2.27	2.25
12	3.18	2.81	2.61	2.48	2.39	2.33	2.28	2.24	2.21	2.19
13	3.14	2.76	2.56	2.43	2.35	2.28	2.23	2.20	2.16	2.14
14	3.10	2.73	2.52	2.39	2.31	2.24	2.19	2.15	2.12	2.10
15	3.07	2.70	2.49	2.36	2.27	2.21	2.16	2.12	2.09	2.06
16	3.05	2.67	2.46	2.33	2.24	2.18	2.13	2.09	2.06	2.03
17	3.03	2.64	2.44	2.31	2.22	2.15	2.10	2.06	2.03	2.00
18	3.01	2.62	2.42	2.29	2.20	2.13	2.08	2.04	2.00	1.98
19	2.99	2.61	2.40	2.27	2.18	2.11	2.06	2.02	1.98	1.96
20	2.97	2.59	2.38	2.25	2.16	2.09	2.04	2.00	1.96	1.94

续表

n₂＼n₁	1	2	3	4	5	6	7	8	9	10
21	2.96	2.57	2.36	2.23	2.14	2.08	2.02	1.98	1.95	1.92
22	2.95	2.56	2.35	2.22	2.13	2.06	2.01	1.97	1.93	1.90
23	2.94	2.55	2.34	2.21	2.11	1.05	1.99	1.95	1.92	1.89
24	2.93	2.54	2.33	2.19	2.10	2.04	1.98	1.94	1.91	1.88
25	2.92	2.53	2.32	2.18	2.09	2.02	1.97	1.93	1.89	1.87
26	2.91	2.52	2.31	2.17	2.08	2.01	1.96	1.92	1.88	1.86
27	2.90	2.51	2.30	2.17	2.07	2.00	1.95	1.91	1.87	1.85
28	2.89	2.50	2.29	2.16	2.06	2.00	1.94	1.90	1.87	1.84
29	2.89	2.50	2.28	2.15	2.06	1.99	1.93	1.89	1.86	1.83
30	2.88	2.49	2.28	2.14	2.05	1.98	1.93	1.88	1.85	1.82
40	2.84	2.44	2.23	2.09	2.00	1.93	1.87	1.83	1.79	1.76
60	2.79	2.39	2.18	2.04	1.95	1.87	1.82	1.77	1.74	1.71
120	2.75	2.35	2.13	1.99	1.90	1.82	1.77	1.72	1.68	1.65
∞	2.71	2.30	2.08	1.94	1.85	1.77	1.72	1.67	1.63	1.60

附表 5（续）

$\alpha = 0.10$

n₂＼n₁	12	15	20	24	30	40	60	120	∞
1	60.71	61.22	61.74	62.00	62.26	62.53	62.79	63.06	63.33
2	9.41	9.42	9.44	9.45	9.46	9.47	9.47	9.48	9.49
3	5.22	5.20	5.18	5.18	5.17	5.16	5.15	5.14	5.13
4	3.90	3.87	3.84	3.83	3.82	3.80	3.79	3.78	3.76
5	3.27	3.24	3.21	3.19	3.17	3.16	3.14	3.12	3.10
6	2.90	2.87	2.84	2.82	2.80	2.78	2.76	2.74	2.72
7	2.67	2.63	2.59	2.58	2.56	2.54	2.51	2.49	2.47
8	2.50	2.46	2.42	2.40	2.38	2.36	2.34	2.32	2.29

n_2 \ n_1	12	15	20	24	30	40	60	120	∞
9	2.38	2.34	2.30	2.28	2.25	2.23	2.21	2.18	2.16
10	2.28	2.24	2.20	2.18	2.16	2.13	2.11	2.08	2.06
11	2.21	2.17	2.12	2.10	2.08	2.05	2.03	2.00	1.97
12	2.15	2.10	2.06	2.04	2.01	1.99	1.96	1.93	1.90
13	2.10	2.05	2.01	1.98	1.96	1.93	1.90	1.88	1.85
14	2.05	2.01	1.96	1.94	1.91	1.89	1.86	1.83	1.80
15	2.02	1.97	1.92	1.90	1.87	1.85	1.82	1.79	1.76
16	1.99	1.94	1.89	1.87	1.84	1.81	1.78	1.75	1.72
17	1.96	1.91	1.86	1.84	1.81	1.78	1.75	1.72	1.69
18	1.93	1.89	1.84	1.81	1.78	1.75	1.72	1.69	1.66
19	1.91	1.86	1.81	1.79	1.76	1.73	1.70	1.67	1.63
20	1.89	1.84	1.79	1.77	1.74	1.71	1.68	1.64	1.61
21	1.87	1.83	1.78	1.75	1.72	1.69	1.66	1.62	1.59
22	1.86	1.81	1.76	1.73	1.70	1.67	1.64	1.60	1.57
23	1.84	1.80	1.74	1.72	1.69	1.66	1.62	1.59	1.55
24	1.83	1.78	1.73	1.70	1.67	1.64	1.61	1.57	1.53
25	1.82	1.77	1.72	1.69	1.66	1.63	1.59	1.56	1.52
26	1.81	1.76	1.71	1.68	1.65	1.61	1.58	1.54	1.50
27	1.80	1.75	1.70	1.67	1.64	1.60	1.57	1.53	1.49
28	1.79	1.74	1.69	1.66	1.63	1.59	1.56	1.52	1.48
29	1.78	1.73	1.68	1.65	1.62	1.58	1.55	1.51	1.47
30	1.77	1.72	1.67	1.64	1.61	1.57	1.54	1.50	1.46
40	1.71	1.66	1.61	1.57	1.54	1.51	1.47	1.42	1.38
60	1.66	1.60	1.54	1.51	1.48	1.44	1.40	1.35	1.29
120	1.60	1.55	1.48	1.45	1.41	1.37	1.32	1.26	1.19
∞	1.55	1.49	1.42	1.38	1.34	1.30	1.24	1.17	1.00

附表5（续）

α = 0. 05

n₂ \ n₁	1	2	3	4	5	6	7	8	9	10
1	161. 4	199. 5	215. 7	224. 6	230. 2	234. 0	236. 8	238. 9	240. 5	241. 9
2	18. 51	19. 00	19. 16	19. 25	19. 30	19. 33	19. 35	19. 37	19. 38	19. 40
3	10. 13	9. 55	9. 28	9. 12	9. 01	8. 94	8. 89	8. 85	8. 81	8. 79
4	7. 71	6. 94	6. 59	6. 39	6. 26	6. 16	6. 09	6. 04	6. 00	5. 96
5	6. 61	5. 79	5. 41	5. 19	5. 05	4. 95	4. 88	4. 82	4. 77	4. 74
6	5. 99	5. 14	4. 76	4. 53	4. 39	4. 28	4. 21	4. 15	4. 10	4. 06
7	5. 59	4. 74	4. 35	4. 12	3. 97	3. 87	3. 79	3. 73	3. 68	3. 64
8	5. 32	4. 46	4. 07	3. 84	3. 69	3. 58	3. 50	3. 44	3. 39	3. 35
9	5. 12	4. 26	3. 86	3. 63	3. 48	3. 37	3. 29	3. 23	3. 18	3. 14
10	4. 96	4. 10	3. 71	3. 48	3. 33	3. 22	3. 14	3. 07	3. 02	2. 98
11	4. 84	3. 98	3. 59	3. 36	3. 20	3. 09	3. 01	2. 95	2. 90	2. 85
12	4. 75	3. 89	3. 49	3. 26	3. 11	3. 00	2. 91	2. 85	2. 80	2. 75
13	4. 67	3. 81	3. 41	3. 18	3. 03	2. 92	2. 83	2. 77	2. 71	2. 67
14	4. 60	3. 74	3. 34	3. 11	2. 96	2. 85	2. 76	2. 70	2. 65	2. 60
15	4. 54	3. 68	3. 29	3. 06	2. 90	2. 79	2. 71	2. 64	2. 59	2. 54
16	4. 49	3. 63	3. 24	3. 01	2. 85	2. 74	2. 66	2. 59	2. 54	2. 49
17	4. 45	3. 59	3. 20	2. 96	2. 81	2. 70	2. 61	2. 55	2. 49	2. 45
18	4. 41	3. 55	3. 16	2. 93	2. 77	2. 66	2. 58	2. 51	2. 46	2. 41
19	4. 38	3. 52	3. 13	2. 90	2. 74	2. 63	2. 54	2. 48	2. 42	2. 38
20	4. 35	3. 49	3. 10	2. 87	2. 71	2. 60	2. 51	2. 45	2. 39	2. 35
21	4. 32	3. 47	3. 07	2. 84	2. 68	2. 57	2. 49	2. 42	2. 37	2. 32
22	4. 30	3. 44	3. 05	2. 82	2. 66	2. 55	2. 46	2. 40	2. 34	2. 30
23	4. 28	3. 42	3. 03	2. 80	2. 64	2. 53	2. 44	2. 37	2. 32	2. 27
24	4. 26	3. 40	3. 01	2. 78	2. 62	2. 51	2. 42	2. 36	2. 30	2. 25
25	4. 24	3. 39	2. 99	2. 76	2. 60	2. 49	2. 40	2. 34	2. 28	2. 24
26	4. 23	3. 37	2. 98	2. 74	2. 59	2. 47	2. 39	2. 32	2. 27	2. 22

续表

n₂ ＼ n₁	1	2	3	4	5	6	7	8	9	10
27	4. 21	3. 35	2. 96	2. 73	2. 57	2. 46	2. 37	2. 31	2. 25	2. 20
28	4. 20	3. 34	2. 95	2. 71	2. 56	2. 45	2. 36	2. 29	2. 24	2. 19
29	4. 18	3. 33	2. 93	2. 70	2. 55	2. 43	2. 35	2. 28	2. 22	2. 18
30	4. 17	3. 32	2. 92	2. 69	2. 53	2. 42	2. 33	2. 27	2. 21	2. 16
40	4. 08	3. 23	2. 84	2. 61	2. 45	2. 34	2. 25	2. 18	2. 12	2. 08
60	4. 00	3. 15	2. 76	2. 53	2. 37	2. 25	2. 17	2. 10	2. 04	1. 99
120	3. 92	3. 07	2. 68	2. 45	2. 29	2. 17	2. 09	2. 02	1. 96	1. 91
∞	3. 84	3. 00	2. 60	2. 37	2. 21	2. 10	2. 01	1. 94	1. 88	1. 83

附表5（续）

$\alpha = 0.05$

n₂ ＼ n₁	12	15	20	24	30	40	60	120	∞
1	243. 9	245. 9	248. 0	249. 1	250. 1	251. 1	252. 2	253. 3	254. 3
2	19. 41	19. 43	19. 45	19. 45	19. 46	19. 47	19. 48	19. 49	19. 50
3	8. 74	8. 70	8. 66	8. 64	8. 62	8. 59	8. 57	8. 55	8. 53
4	5. 91	5. 86	5. 80	5. 77	5. 75	5. 72	5. 69	5. 66	5. 63
5	4. 68	4. 62	4. 56	4. 53	4. 50	4. 46	4. 43	4. 40	4. 36
6	4. 00	3. 94	3. 87	3. 84	3. 81	3. 77	3. 74	3. 70	3. 67
7	3. 57	3. 51	3. 44	3. 41	3. 38	3. 34	3. 30	3. 27	3. 23
8	3. 28	3. 22	3. 15	3. 12	3. 08	3. 04	3. 01	2. 97	2. 93
9	3. 07	3. 01	2. 94	2. 90	2. 86	2. 83	2. 79	2. 75	2. 71
10	2. 91	2. 85	2. 77	2. 74	2. 70	2. 66	2. 62	2. 58	2. 54
11	2. 79	2. 72	2. 65	2. 61	2. 57	2. 53	2. 49	2. 45	2. 40
12	2. 69	2. 62	2. 54	2. 51	2. 47	2. 43	2. 38	2. 34	2. 30

n₂ \ n₁	12	15	20	24	30	40	60	120	∞
13	2.60	2.53	2.46	2.42	2.38	2.34	2.30	2.25	2.21
14	2.53	2.46	2.39	2.35	2.31	2.27	2.22	2.18	2.13
15	2.48	2.40	2.33	2.29	2.25	2.20	2.16	2.11	2.07
16	2.42	2.35	2.28	2.24	2.19	2.15	2.11	2.06	2.01
17	2.38	2.31	2.23	2.19	2.15	2.10	2.06	2.01	1.96
18	2.34	2.27	2.19	2.15	2.11	2.06	2.02	1.97	1.92
19	2.31	2.23	2.16	2.11	2.07	2.03	1.98	1.93	1.88
20	2.28	2.20	2.12	2.08	2.04	1.99	1.95	1.90	1.84
21	2.25	2.18	2.10	2.05	2.01	1.96	1.92	1.87	1.81
22	2.23	2.15	2.07	2.03	1.98	1.94	1.89	1.84	1.78
23	2.20	2.13	2.05	2.01	1.96	1.91	1.86	1.81	1.76
24	2.18	2.11	2.03	1.98	1.94	1.89	1.84	1.79	1.73
25	2.16	2.09	2.01	1.96	1.92	1.87	1.82	1.77	1.71
26	2.15	2.07	1.99	1.95	1.90	1.85	1.80	1.75	1.69
27	2.13	2.06	1.97	1.93	1.88	1.84	1.79	1.73	1.67
28	2.12	2.04	1.96	1.91	1.87	1.82	1.77	1.71	1.65
29	2.10	2.03	1.94	1.90	1.85	1.81	1.75	1.70	1.64
30	2.09	2.01	1.93	1.89	1.84	1.79	1.74	1.68	1.62
40	2.00	1.92	1.84	1.79	1.74	1.69	1.64	1.58	1.51
60	1.92	1.84	1.75	1.70	1.65	1.59	1.53	1.47	1.39
120	1.83	1.75	1.66	1.61	1.55	1.50	1.43	1.35	1.25
∞	1.75	1.67	1.57	1.52	1.46	1.39	1.32	1.22	1.00

$\alpha = 0.025$

n₂＼n₁	1	2	3	4	5	6	7	8	9	10
1	647.8	799.5	864.2	899.6	921.8	937.1	948.2	956.7	963.3	968.6
2	38.51	39.00	39.17	39.25	39.30	39.33	39.36	39.37	39.39	39.40
3	17.44	16.04	15.44	15.10	14.88	14.73	14.62	14.54	14.47	14.42
4	12.22	10.65	9.98	9.60	9.36	9.20	9.07	8.98	8.90	8.84
5	10.01	8.43	7.76	7.39	7.15	6.98	6.85	6.76	6.68	6.62
6	8.81	7.26	6.60	6.23	5.99	5.82	5.70	5.60	5.52	5.46
7	8.07	6.54	5.89	5.52	5.29	5.12	4.99	4.90	4.82	4.76
8	7.57	6.06	5.42	5.05	4.82	4.65	4.53	4.43	4.36	4.30
9	7.21	5.71	5.08	4.72	4.48	4.23	4.20	4.10	4.03	3.96
10	6.94	5.46	4.83	4.47	4.24	4.07	3.95	3.85	3.78	3.72
11	6.72	5.26	4.63	4.28	4.04	3.88	3.76	3.66	3.59	3.53
12	6.55	5.10	4.47	4.12	3.89	3.73	3.61	3.51	3.44	3.37
13	6.41	4.97	4.35	4.00	3.77	3.60	3.48	3.39	3.31	3.25
14	6.30	4.86	4.24	3.89	3.66	3.50	3.38	3.29	3.21	3.15
15	6.20	4.77	4.15	3.80	3.58	3.41	3.29	3.20	3.12	3.06
16	6.12	4.69	4.08	3.73	3.50	3.34	3.22	3.12	3.05	2.99
17	6.04	4.62	4.01	3.66	3.44	3.28	3.26	3.06	2.98	2.92
18	5.98	4.56	3.95	3.61	3.38	3.22	3.10	3.01	2.93	2.87
19	5.92	4.51	3.90	3.56	3.33	3.17	3.05	2.96	2.88	2.82
20	5.87	4.46	3.86	3.51	3.29	3.13	3.01	2.91	2.84	2.77
21	5.83	4.42	3.82	3.48	3.25	3.09	2.97	2.87	2.80	2.73
22	5.79	4.38	3.78	3.44	3.22	3.05	2.73	2.84	2.76	2.70
23	5.75	4.35	3.75	3.41	3.18	3.02	2.90	2.81	2.73	2.67
24	5.72	4.32	3.72	3.38	3.15	2.99	2.87	2.78	2.70	2.64
25	5.69	4.29	3.69	3.35	3.13	2.97	2.85	2.75	2.68	2.61
26	5.66	4.27	3.67	3.33	3.10	2.94	2.82	2.73	2.65	2.59

续表

n₂＼n₁	1	2	3	4	5	6	7	8	9	10
27	5.63	4.24	3.65	3.31	3.08	2.92	2.80	2.71	2.63	2.57
28	5.61	4.22	3.63	3.29	3.06	2.90	2.78	2.69	2.61	2.55
29	5.59	4.20	3.61	3.27	3.04	2.88	2.76	2.67	2.59	2.53
30	5.57	4.18	3.59	3.25	3.03	2.87	2.75	2.65	2.57	2.51
40	5.42	4.05	3.46	3.13	3.90	2.74	2.62	2.53	2.45	2.39
60	5.29	3.93	3.34	3.01	2.79	2.63	2.51	2.41	2.33	2.27
120	5.15	3.80	3.23	2.89	2.67	2.52	2.39	2.30	2.22	2.16
∞	5.02	3.69	3.12	2.79	2.57	2.41	2.29	2.19	2.11	2.05

附表 5（续）

$\alpha = 0.025$

n₂＼n₁	12	15	20	24	30	40	60	120	∞
1	976.7	984.9	993.1	997.2	1001	1006	1010	1014	1018
2	39.41	39.43	39.45	39.46	39.46	39.47	39.48	39.40	39.50
3	14.34	14.25	14.17	14.12	14.08	14.04	13.99	13.95	13.90
4	8.75	8.66	8.56	8.51	8.46	8.41	8.36	8.31	8.26
5	6.52	6.43	6.33	6.28	6.23	6.18	6.12	6.07	6.02
6	5.37	5.27	5.17	5.12	5.07	5.01	4.96	4.90	4.85
7	4.67	4.57	4.47	4.42	4.36	4.31	4.25	4.20	4.14
8	4.20	4.10	4.00	3.95	3.89	3.84	3.78	3.73	3.67
9	3.87	3.77	3.67	3.61	3.56	3.51	3.45	3.39	3.33
10	3.62	3.52	3.42	3.37	3.31	3.26	3.20	3.14	3.08
11	3.43	3.33	3.23	3.17	3.12	3.06	3.00	2.94	2.88
12	3.28	3.18	3.07	3.02	2.96	2.91	2.85	2.79	2.72

续表

n₂ \ n₁	12	15	20	24	30	40	60	120	∞
13	3.15	3.05	2.95	2.89	2.84	2.78	2.72	2.66	2.60
14	3.05	2.95	2.84	2.79	2.73	2.67	2.61	2.55	2.49
15	2.96	2.86	2.76	2.70	2.64	2.59	2.52	2.46	2.40
16	2.89	2.79	2.68	2.63	2.57	2.51	2.45	2.38	2.32
17	2.82	2.72	2.62	2.56	2.50	2.44	2.38	2.32	2.25
18	2.77	2.67	2.56	2.50	2.44	2.38	2.32	2.26	2.19
19	2.72	2.62	2.51	2.45	2.39	2.33	2.27	2.20	2.13
20	2.68	2.57	2.46	2.41	2.35	2.29	2.22	2.16	2.09
21	2.64	2.53	2.42	2.37	2.31	2.25	2.18	2.11	2.04
22	2.60	2.50	2.39	2.33	2.27	2.21	2.14	2.08	2.00
23	2.57	2.47	2.36	2.30	2.24	2.18	2.11	2.04	1.97
24	2.54	2.44	2.33	2.27	2.21	2.15	2.08	2.01	1.94
25	2.51	2.41	2.30	2.24	2.18	2.12	2.05	1.98	1.91
26	2.49	2.39	2.28	2.22	2.16	2.09	2.03	1.95	1.88
27	2.47	2.36	2.25	2.19	2.13	2.07	2.00	1.93	1.85
28	2.45	2.34	2.23	2.17	2.11	2.05	1.98	1.91	1.83
29	2.43	2.32	2.21	2.15	2.09	2.03	1.96	1.89	1.81
30	2.41	2.31	2.20	2.14	2.07	2.01	1.94	1.87	1.79
40	2.29	2.18	2.07	2.01	1.94	1.88	1.80	1.72	1.64
60	3.17	2.06	1.94	1.88	1.82	1.74	1.67	1.58	1.48
120	2.05	1.94	1.82	1.76	1.69	1.61	1.53	1.43	1.31
∞	1.94	1.83	1.71	1.64	1.57	1.48	1.39	1.27	1.00

$\alpha = 0.01$

n_2 \ n_1	1	2	3	4	5	6	7	8	9	10
1	4052	4999.5	5403	5625	5764	5859	5928	5982	6022	6056
2	98.50	99.00	99.17	99.25	99.30	99.33	99.36	99.37	99.39	99.40
3	34.12	30.82	29.46	28.71	28.24	27.91	27.67	27.49	27.35	27.23
4	21.20	18.00	16.69	15.98	15.52	15.21	14.98	14.80	14.66	14.55
5	16.26	13.27	12.06	11.39	10.97	10.67	10.46	10.29	10.16	10.05
6	13.75	10.93	9.78	9.15	8.75	8.47	8.26	8.10	7.98	7.87
7	12.25	9.55	8.45	7.85	7.46	7.19	6.99	6.84	6.72	6.62
8	11.26	8.65	7.59	7.01	6.63	6.37	6.18	6.03	5.91	5.81
9	10.56	8.02	6.99	6.42	6.06	5.80	5.61	5.47	5.35	5.26
10	10.04	7.56	6.55	5.99	5.64	5.39	5.20	5.06	4.94	4.85
11	9.65	7.21	6.22	5.67	5.32	5.07	4.89	4.74	4.63	4.54
12	9.33	6.93	5.95	5.41	5.06	4.82	4.64	4.50	4.39	4.30
13	9.07	6.70	5.74	5.21	4.86	4.62	4.44	4.30	4.19	4.10
14	8.86	6.51	5.56	5.04	4.69	4.46	4.28	4.14	4.03	3.94
15	8.68	6.36	5.42	4.89	4.56	4.32	4.14	4.00	3.89	3.80
16	8.53	6.23	5.29	4.77	4.44	4.20	4.03	3.89	3.78	3.69
17	8.40	6.11	5.18	4.67	4.34	4.10	3.93	3.79	3.68	3.59
18	8.29	6.01	5.09	4.58	4.25	4.01	3.94	3.71	3.60	3.51
19	8.18	5.93	5.01	4.50	4.17	3.94	3.77	3.63	3.52	3.43
20	8.10	5.85	4.94	4.43	4.10	3.87	3.70	3.56	3.46	3.37
21	8.02	5.78	4.87	4.37	4.04	3.81	3.64	3.51	3.40	3.31
22	7.95	5.72	4.82	4.31	3.99	3.76	3.59	3.45	3.35	3.26
23	7.88	5.66	4.76	4.26	3.94	3.71	3.54	3.41	3.30	3.21
24	7.82	5.61	4.72	4.22	3.90	3.67	3.50	3.36	3.26	3.17
25	7.77	5.57	4.68	4.18	3.85	3.63	3.46	3.32	3.22	3.13
26	7.72	5.53	4.64	4.14	3.82	3.59	3.42	3.29	3.18	3.09

续表

n₂＼n₁	1	2	3	4	5	6	7	8	9	10
27	7.68	5.49	4.60	4.11	3.78	3.56	3.39	3.26	3.15	3.06
28	7.64	5.45	4.57	4.07	3.75	3.53	3.36	3.23	3.12	3.03
29	7.60	5.42	4.54	4.04	3.73	3.50	3.33	3.20	3.09	3.00
30	7.56	5.39	4.51	4.02	3.70	3.47	3.30	3.17	3.07	2.98
40	7.31	5.18	4.31	3.83	3.51	3.29	3.12	2.99	2.89	2.80
60	7.08	4.98	4.13	3.65	3.34	3.12	2.95	2.82	2.72	2.63
120	6.85	4.79	3.95	3.48	3.17	2.96	2.79	2.66	2.56	2.47
∞	6.63	4.61	3.78	3.32	3.02	2.80	2.64	2.51	2.41	2.32

附表 5（续）

$\alpha = 0.01$

n₂＼n₁	12	15	20	24	30	40	60	120	∞
1	6106	6157	6209	6235	6261	6287	6313	6339	6366
2	99.42	99.43	99.45	99.46	99.47	99.47	99.48	99.49	99.50
3	27.05	26.87	26.69	26.60	26.50	26.41	26.32	26.22	26.13
4	14.37	24.20	14.02	13.93	13.84	13.75	13.65	13.56	13.46
5	9.89	9.72	9.55	9.47	9.38	9.29	9.20	9.11	9.02
6	7.72	7.56	7.40	7.31	7.23	7.14	7.06	6.97	6.88
7	6.47	6.31	6.16	6.07	5.99	5.91	5.82	5.74	5.65
8	5.67	5.52	5.36	5.28	5.20	5.12	5.03	4.95	4.86
9	5.11	4.96	4.81	4.73	4.65	4.57	4.48	4.40	4.31
10	4.71	4.56	4.41	4.33	4.25	4.17	4.08	4.00	3.91
11	4.40	4.25	4.10	4.02	3.94	3.86	3.78	3.69	3.60
12	4.16	4.01	3.86	3.78	3.70	3.62	3.54	3.45	3.36

续表

n₂ \ n₁	12	15	20	24	30	40	60	120	∞
13	3.96	3.82	3.66	3.59	3.51	3.43	3.34	3.25	3.17
14	3.80	3.66	3.51	3.43	3.35	3.27	3.18	3.09	3.00
15	3.67	3.52	3.37	3.29	3.21	3.13	3.05	2.96	2.87
16	3.55	3.41	3.26	3.18	3.10	3.02	2.93	2.84	2.75
17	3.46	3.31	3.16	3.08	3.00	2.92	2.83	2.75	2.65
18	3.37	3.23	3.08	3.00	2.92	2.84	2.75	2.66	2.57
19	3.30	3.15	3.00	2.92	2.84	2.76	2.67	2.58	2.49
20	3.23	3.09	2.94	2.86	2.78	2.69	2.61	2.52	2.42
21	3.17	3.03	2.88	2.80	2.72	2.64	2.55	2.46	2.36
22	3.12	2.98	2.83	2.75	2.67	2.58	2.50	2.40	2.31
23	3.07	2.93	2.78	2.70	2.62	2.54	2.45	2.35	2.26
24	3.03	2.89	2.74	2.66	2.58	2.49	2.40	2.31	2.21
25	2.99	2.85	2.70	2.62	2.54	2.45	2.36	2.27	2.17
26	2.96	2.81	2.66	2.58	2.50	2.42	2.33	2.23	2.13
27	2.93	2.78	2.63	2.55	2.47	2.38	2.29	2.20	2.10
28	2.90	2.75	2.60	2.52	2.44	2.35	2.26	2.17	2.06
29	2.87	2.73	2.57	2.49	2.41	2.33	2.23	2.14	2.03
30	2.84	2.70	2.55	2.47	2.39	2.30	2.21	2.11	2.01
40	2.66	2.52	2.37	2.29	2.20	2.11	2.02	1.92	1.80
60	2.50	2.35	2.20	2.12	2.03	1.94	1.84	1.73	1.60
120	2.34	2.19	2.03	1.95	1.86	1.76	1.66	1.53	1.38
∞	2.18	2.04	1.88	1.79	1.70	1.59	1.47	1.32	1.00

$\alpha = 0.005$

n_2 \ n_1	1	2	3	4	5	6	7	8	9	10
1	16211	20000	21615	22500	23056	23437	23715	23925	24091	24224
2	198.5	199.0	199.2	199.2	199.3	199.3	199.4	199.4	199.4	199.4
3	55.55	49.80	47.47	46.19	45.39	44.84	44.43	44.13	43.88	43.69
4	31.33	26.28	24.26	23.15	22.46	21.97	21.62	21.35	21.14	20.97
5	22.78	18.31	16.53	15.56	14.94	14.51	14.20	13.96	13.77	13.62
6	18.63	14.54	12.92	12.03	11.46	11.07	10.79	10.57	10.39	10.25
7	16.24	12.40	10.88	10.05	9.52	9.16	8.89	8.68	8.51	8.38
8	14.69	11.04	9.60	8.81	8.30	7.95	7.69	7.50	7.34	7.21
9	13.61	10.11	8.72	7.96	7.47	7.13	6.88	6.69	6.54	6.42
10	12.83	9.43	8.08	7.34	6.87	6.54	6.30	6.12	5.97	5.85
11	12.23	8.91	7.60	6.88	6.42	6.10	5.86	5.68	5.54	5.42
12	11.75	8.51	7.23	6.52	6.07	5.76	5.52	5.35	5.20	5.09
13	11.37	8.19	6.93	6.23	5.79	5.48	5.25	5.08	4.94	4.82
14	11.06	7.92	6.68	6.00	5.56	5.26	5.03	4.86	4.72	4.60
15	10.80	7.70	6.48	5.80	5.37	5.07	4.85	4.67	4.54	4.42
16	10.58	7.51	6.30	5.64	5.21	4.91	4.69	4.52	4.38	4.27
17	10.38	7.35	6.16	5.50	5.07	4.78	4.56	4.39	4.25	4.14
18	10.22	7.21	6.03	5.37	4.96	4.66	4.44	4.28	4.14	4.03
19	10.07	7.09	5.92	5.27	7.85	4.56	4.34	4.18	4.04	3.93
20	9.94	6.99	5.82	5.17	4.76	4.47	4.26	4.09	3.96	3.85
21	9.83	6.89	5.73	5.09	4.68	4.39	4.18	4.01	3.88	3.77
22	9.73	6.81	5.65	5.02	4.61	4.32	4.11	3.94	3.81	3.70
23	9.63	6.73	5.58	4.95	4.54	4.26	4.05	3.88	3.75	3.64
24	9.55	6.66	5.52	4.89	4.49	4.20	3.99	3.83	3.69	3.59
25	9.48	6.60	5.46	4.84	4.43	4.15	3.94	3.78	3.64	3.54
26	9.41	6.54	5.41	4.79	4.38	4.10	3.89	3.73	3.60	3.49

续表

n₂＼n₁	1	2	3	4	5	6	7	8	9	10
27	9.34	6.49	5.36	4.74	4.34	4.06	3.85	3.69	3.56	3.45
28	9.28	6.44	5.32	4.70	4.30	4.02	3.81	3.65	3.52	3.41
29	9.23	6.40	5.28	4.66	4.26	3.98	3.77	3.61	3.48	3.38
30	9.18	6.35	5.24	4.62	4.23	3.95	3.74	3.58	3.45	3.34
40	8.83	6.07	4.98	4.37	3.99	3.71	3.51	3.35	3.22	3.12
60	8.49	5.79	4.73	4.14	3.76	3.49	3.29	3.13	3.01	2.90
120	8.18	5.54	4.50	3.92	3.55	3.28	3.09	2.93	2.81	2.71
∞	7.88	5.30	4.28	3.72	3.35	3.09	2.90	2.74	2.62	2.52

附表 5（续）

$\alpha = 0.005$

n₂＼n₁	12	15	20	24	30	40	60	120	∞
1	24426	24630	24836	24940	25044	25148	35253	25359	25465
2	199.4	199.4	199.4	199.5	199.5	199.5	199.5	199.5	199.5
3	43.39	43.08	42.78	42.62	42.47	42.31	42.15	41.99	41.83
4	20.70	20.44	20.17	20.03	19.89	19.75	19.61	19.47	19.32
5	13.38	13.15	12.90	12.78	12.66	12.53	12.40	12.27	12.14
6	10.03	9.81	9.59	9.47	9.36	9.24	9.12	9.00	8.88
7	8.18	7.97	7.75	7.65	7.53	7.42	7.31	7.19	7.08
8	7.01	6.81	6.61	6.50	6.40	6.29	6.18	6.06	5.95
9	6.23	6.03	5.83	5.73	5.62	5.52	5.41	5.30	5.19
10	5.66	5.47	5.27	5.17	5.07	4.97	4.86	4.75	4.64
11	5.24	5.05	4.86	4.76	4.65	4.55	4.44	4.34	4.23
12	4.91	4.72	4.53	4.43	4.33	4.23	4.12	4.01	3.90

续表

n₂＼n₁	12	15	20	24	30	40	60	120	∞
13	4.64	4.46	4.27	4.17	4.07	3.97	3.87	3.76	3.65
14	4.43	4.25	4.06	3.96	3.86	3.76	3.66	3.55	3.44
15	4.25	4.07	3.88	3.79	3.69	3.58	3.48	3.37	3.26
16	4.10	3.92	3.73	3.64	3.54	3.44	3.33	3.22	3.11
17	3.97	3.79	3.61	3.51	3.41	3.31	3.21	3.10	2.98
18	3.86	3.68	3.50	3.40	3.30	3.20	3.10	2.99	2.87
19	3.76	3.59	3.40	3.31	3.21	3.11	3.00	2.89	2.78
20	3.68	3.50	3.32	3.22	3.12	3.02	2.92	2.81	2.69
21	3.60	3.43	3.24	3.15	3.05	2.95	2.84	2.73	2.61
22	3.54	3.36	3.18	3.08	2.98	2.88	2.77	2.66	2.55
23	3.47	3.30	3.12	3.02	2.92	2.82	2.71	2.60	2.48
24	3.42	3.25	3.06	2.97	2.87	2.77	2.66	2.55	2.43
25	3.37	3.20	3.01	2.92	2.82	2.72	2.61	2.50	2.38
26	3.33	3.15	2.97	2.87	2.77	2.67	2.56	2.45	2.33
27	3.28	3.11	2.93	2.83	2.73	2.63	2.52	2.41	2.29
28	3.25	3.07	2.89	2.79	2.69	2.59	2.48	2.37	2.25
29	3.21	3.04	2.86	2.76	2.66	2.56	2.45	2.33	2.21
30	3.18	3.01	2.82	2.73	2.63	2.52	2.42	2.30	2.18
40	2.95	2.78	2.60	2.50	2.40	2.30	2.18	2.06	1.93
60	2.74	2.57	2.39	2.29	2.19	2.08	1.96	1.83	1.69
120	2.54	2.37	2.19	2.09	1.98	1.87	1.75	1.61	1.43
∞	2.36	2.19	2.00	1.90	1.79	1.67	1.53	1.36	1.00

注：＋表示要将所列数乘以100。

附表 5（续）

$\alpha = 0.001$

n_2 \ n_1	1	2	3	4	5	6	7	8	9	10
1	4053 +	5000 +	5404 +	5625 +	5764 +	5859 +	5929 +	5981 +	6023 +	6056 +
2	998.5	999.0	999.2	999.2	999.3	999.3	999.4	999.4	999.4	999.4
3	167.0	148.5	141.1	137.1	134.6	132.8	131.6	130.6	129.9	129.2
4	74.14	61.25	56.18	53.44	51.71	50.53	49.66	49.00	48.47	48.05
5	47.18	37.12	33.20	31.09	27.75	28.84	28.16	27.64	27.24	26.92
6	35.51	27.00	23.70	21.92	20.81	20.03	19.46	19.03	18.69	18.41
7	29.25	21.69	18.77	17.19	16.21	15.52	15.02	14.63	14.33	14.08
8	25.42	18.49	15.83	14.39	13.49	12.86	12.40	12.04	11.77	11.54
9	22.86	16.39	13.90	12.56	11.71	11.13	10.70	10.37	10.11	9.89
10	21.04	14.91	12.55	11.28	10.48	9.92	9.52	9.20	8.96	8.75
11	19.69	13.81	11.56	10.35	9.58	9.05	8.66	8.35	8.12	7.92
12	18.64	12.97	10.80	9.63	8.89	8.38	8.00	7.71	7.48	7.29
13	17.81	12.31	10.21	9.07	8.35	7.86	7.49	7.21	6.98	6.80
14	17.14	11.78	9.73	8.62	7.92	7.43	7.08	6.80	6.58	6.40
15	16.59	11.34	9.34	8.25	7.57	7.09	6.74	6.47	6.26	6.08
16	16.12	10.97	9.00	7.94	7.27	6.81	6.46	6.19	5.98	5.81
17	15.72	10.36	8.73	7.68	7.02	6.56	6.22	5.96	5.75	5.58
18	15.38	10.39	8.49	7.46	6.81	6.35	6.02	5.76	5.56	5.39
19	15.08	10.16	8.28	7.26	6.62	6.18	5.85	5.59	5.39	5.22
20	14.82	9.95	8.10	7.10	6.46	6.02	5.69	5.44	5.24	5.08
21	14.59	9.77	7.94	6.95	6.32	5.88	5.56	5.31	5.11	4.95
22	14.38	9.61	7.80	6.81	6.19	5.76	5.44	5.19	4.98	4.83
23	14.19	9.47	7.67	6.69	6.08	5.65	5.33	5.09	4.89	4.73
24	14.03	9.34	7.55	6.59	5.98	5.55	5.23	4.99	4.80	4.64
25	13.88	9.22	7.45	6.49	5.88	5.46	5.15	4.91	4.71	4.56
26	13.74	9.12	7.36	6.41	5.80	5.38	5.07	4.83	4.64	4.48

续表

n_2 \ n_1	1	2	3	4	5	6	7	8	9	10
27	13.61	9.02	7.27	6.33	5.73	5.31	5.00	4.76	4.57	4.41
28	13.50	8.93	7.19	6.25	5.66	5.24	4.93	4.69	4.50	4.35
29	13.39	8.85	7.12	6.19	5.59	5.18	4.87	4.64	4.45	4.29
30	13.29	8.77	7.05	6.12	5.53	5.12	4.82	4.58	4.39	14.24
40	12.61	8.25	6.60	5.70	5.13	4.73	4.44	4.21	4.02	3.87
60	11.97	7.76	6.17	5.31	4.76	4.37	4.09	3.87	3.69	3.54
120	11.38	7.32	5.79	4.95	4.42	4.04	3.77	3.55	3.38	3.24
∞	10.83	6.91	5.42	4.62	4.10	3.74	3.47	3.27	3.10	2.96

附表 5（续）

$\alpha = 0.001$

n_2 \ n_1	12	15	20	24	30	40	60	120	∞
1	6107 +	6158 +	6209 +	6235 +	6261 +	6287 +	6313 +	6340 +	6366 +
2	999.4	999.4	999.4	999.5	999.5	999.5	999.5	999.5	999.5
3	128.3	127.4	126.4	125.9	125.4	125.0	124.5	124.0	123.5
4	47.41	46.76	46.10	45.77	45.43	45.09	44.75	44.40	44.05
5	26.42	25.91	25.39	25.14	24.87	24.60	24.33	24.06	23.79
6	17.99	17.56	17.12	16.89	16.67	16.44	16.21	15.99	15.75
7	13.71	13.32	12.93	12.73	12.53	12.33	12.12	11.91	11.70
8	11.19	10.84	10.48	10.30	10.11	9.92	9.73	9.53	9.33
9	9.57	9.24	8.90	8.72	8.55	8.37	8.19	8.00	7.80
10	8.45	8.13	7.80	7.64	7.47	7.30	7.12	6.94	6.76
11	7.63	7.32	7.01	6.85	6.68	6.52	6.35	6.17	6.00
12	7.00	6.71	6.40	6.25	6.09	5.93	5.76	5.59	5.42

续表

n₁＼n₂	12	15	20	24	30	40	60	120	∞
13	6.52	6.23	5.93	6.78	5.63	5.47	5.30	5.14	4.97
14	6.13	5.85	5.56	5.41	5.25	5.10	4.94	4.77	4.60
15	5.81	5.54	5.25	5.10	4.95	4.80	4.64	4.47	4.31
16	5.55	5.27	4.99	4.85	4.70	4.54	4.39	4.23	4.06
17	5.32	5.05	4.78	4.63	4.48	4.33	4.18	4.02	3.85
18	5.13	4.87	4.59	4.45	4.30	4.15	4.00	3.84	3.67
19	4.97	4.70	4.43	4.29	4.14	3.99	3.84	3.68	3.51
20	4.82	4.56	4.29	4.15	4.00	3.86	3.70	3.54	3.38
21	4.70	4.44	4.17	4.03	3.88	3.74	3.58	3.42	3.26
22	4.58	4.33	4.06	3.92	3.78	3.63	3.48	3.32	3.15
23	4.48	4.23	3.96	3.82	3.68	3.53	3.38	3.22	3.05
24	4.39	4.14	3.87	3.74	3.59	3.45	3.29	3.14	2.97
25	4.31	4.06	3.79	3.66	3.52	3.37	3.22	3.06	2.89
26	4.24	3.99	3.72	3.59	3.44	3.30	3.15	2.99	2.82
27	4.17	3.92	3.66	3.52	3.38	3.23	3.08	2.92	2.75
28	4.11	3.86	3.60	3.46	3.32	3.18	3.02	2.86	2.69
29	4.05	3.80	3.54	3.41	3.27	3.12	2.97	2.81	2.64
30	4.00	3.75	3.49	3.36	3.22	3.07	2.92	2.76	2.59
40	3.64	3.40	3.15	3.01	2.87	2.73	2.57	2.41	2.23
60	3.31	3.08	2.83	2.69	2.55	2.41	2.25	2.08	1.89
120	3.02	2.78	2.53	2.40	2.26	2.11	1.95	1.76	1.54
∞	2.74	2.51	2.27	2.13	1.99	1.84	1.66	1.45	1.00

表6   **Durbin - Watson 检验表**

α = 0.05

n	k = 1		k = 2		k = 3		k = 4		k = 5	
	d_L	d_U	d_L	d_U	d_L	d_U	d_L	d_U	d_L	d_U
15	1.08	1.36	0.95	1.54	0.82	1.75	0.69	1.97	0.56	2.21
16	1.10	1.37	0.98	1.54	0.86	1.73	0.74	1.93	0.62	2.15
17	1.13	1.38	1.02	1.54	0.90	1.71	0.78	1.90	0.67	2.10
18	1.16	1.39	1.05	1.53	0.93	1.69	0.82	1.87	0.71	2.06
19	1.18	1.40	1.08	1.53	0.97	1.68	0.86	1.85	0.75	2.02
20	1.20	1.41	1.10	1.54	1.00	1.68	0.90	1.83	0.79	1.99
21	1.22	1.42	1.13	1.54	1.03	1.67	0.93	1.81	0.83	1.96
22	1.24	1.43	1.15	1.54	1.05	1.66	0.96	1.80	0.86	1.94
23	1.26	1.44	1.17	1.54	1.08	1.66	0.99	1.79	0.90	1.92
24	1.27	1.45	1.19	1.55	1.10	1.66	1.01	1.78	0.93	1.90
25	1.29	1.45	1.21	1.55	1.12	1.66	1.04	1.77	0.95	1.89
26	1.30	1.46	1.22	1.55	1.14	1.65	1.06	1.76	0.98	1.88
27	1.32	1.47	1.24	1.56	1.16	1.65	1.08	1.76	1.01	1.86
28	1.33	1.48	1.26	1.56	1.18	1.65	1.10	1.75	1.03	1.85
29	1.34	1.48	1.27	1.56	1.20	1.65	1.12	1.74	1.05	1.81
30	1.35	1.49	1.28	1.57	1.21	1.65	1.14	1.74	1.07	1.83
31	1.36	1.50	1.30	1.57	1.23	1.65	1.16	1.74	1.09	1.83
32	1.37	1.50	1.31	1.57	1.24	1.65	1.18	1.73	1.11	1.82
33	1.38	1.51	1.32	1.58	1.26	1.65	1.19	1.73	1.13	1.81
34	1.39	1.51	1.33	1.58	1.27	1.65	1.21	1.73	1.15	1.81
35	1.40	1.52	1.34	1.58	1.28	1.65	1.22	1.73	1.16	1.80
36	1.41	1.52	1.35	1.59	1.29	1.65	1.24	1.73	1.18	1.80
37	1.42	1.53	1.36	1.59	1.31	1.66	1.25	1.72	1.19	1.80
38	1.43	1.54	1.37	1.59	1.32	1.66	1.26	1.72	1.21	1.79
39	1.43	1.54	1.38	1.60	1.33	1.66	1.27	1.72	1.22	1.79
40	1.44	1.54	1.39	1.60	1.34	1.66	1.29	1.72	1.23	1.79

n	k = 1		k = 2		k = 3		k = 4		k = 5	
	d_L	d_U	d_L	d_U	d_L	d_U	d_L	d_U	d_L	d_U
45	1.48	1.57	1.43	1.62	1.38	1.67	1.34	1.72	1.29	1.78
50	1.50	1.59	1.46	1.63	1.42	1.67	1.38	1.72	1.34	1.77
55	1.53	1.60	1.49	1.64	1.45	1.68	1.41	1.72	1.38	1.77
60	1.55	1.62	1.51	1.65	1.48	1.69	1.44	1.73	1.41	1.77
65	1.57	1.63	1.54	1.66	1.50	1.70	1.47	1.73	1.44	1.77
70	1.58	1.64	1.55	1.67	1.52	1.70	1.49	1.74	1.46	1.77
75	1.60	1.65	1.57	1.68	1.54	1.71	1.51	1.74	1.49	1.77
80	1.61	1.66	1.59	1.69	1.56	1.72	1.53	1.74	1.51	1.77
85	1.62	1.67	1.60	1.70	1.57	1.72	1.55	1.75	1.52	1.77
90	1.63	1.68	1.61	1.70	1.59	1.73	1.57	1.75	1.54	1.78
95	1.64	1.69	1.62	1.71	1.60	1.73	1.58	1.75	1.56	1.78
100	1.65	1.69	1.63	1.72	1.61	1.74	1.59	1.76	1.57	1.78

$$\alpha = 0.01$$

n	k = 1		k = 2		k = 3		k = 4		k = 5	
	d_L	d_U	d_L	d_U	d_L	d_U	d_L	d_U	d_L	d_U
15	0.81	1.07	0.70	1.25	0.59	1.46	0.49	1.70	0.39	1.96
16	0.84	1.09	0.74	1.25	0.63	1.44	0.53	1.66	0.44	1.90
17	0.87	1.10	0.77	1.25	0.67	1.43	0.57	1.63	0.48	1.85
18	0.90	1.12	0.80	1.26	0.71	1.42	0.61	1.60	0.52	1.80
19	0.93	1.13	0.83	1.27	0.74	1.41	0.65	1.58	0.56	1.74
20	0.95	1.15	0.86	1.27	0.77	1.41	0.68	1.57	0.60	1.74
21	0.97	1.16	0.89	1.27	0.80	1.41	0.72	1.55	0.63	1.71
22	1.00	1.17	0.91	1.28	0.83	1.40	0.75	1.54	0.66	1.69
23	1.02	1.19	0.94	1.29	0.86	1.40	0.77	1.53	0.70	1.67
24	1.04	1.20	0.96	1.30	0.88	1.41	0.80	1.53	0.72	1.66
25	1.05	1.21	0.98	1.30	0.90	1.41	0.83	1.52	0.75	1.65

续表

n	k = 1		k = 2		k = 3		k = 4		k = 5	
	d_L	d_U	d_L	d_U	d_L	d_U	d_L	d_U	d_L	d_U
26	1.07	1.22	1.00	1.31	0.93	1.41	0.85	1.52	0.78	1.64
27	1.09	1.23	1.02	1.32	0.95	1.41	0.88	1.51	0.81	1.63
28	1.10	1.24	1.04	1.32	0.97	1.41	0.90	1.51	0.83	1.62
29	1.12	1.25	1.05	1.33	0.99	1.42	0.92	1.51	0.85	1.61
30	1.13	1.26	1.07	1.34	1.01	1.42	0.94	1.51	0.88	1.61
31	1.15	1.27	1.08	1.34	1.02	1.42	0.96	1.51	0.90	1.60
32	1.16	1.28	1.10	1.35	1.04	1.43	0.98	1.51	0.92	1.60
33	1.17	1.29	1.11	1.36	1.05	1.43	1.00	1.51	0.94	1.59
34	1.18	1.30	1.13	1.36	1.07	1.43	1.01	1.51	0.95	1.59
35	1.19	1.31	1.14	1.37	1.08	1.44	1.03	1.51	0.97	1.59
36	1.21	1.32	1.15	1.38	1.10	1.44	1.04	1.51	0.99	1.59
37	1.22	1.32	1.16	1.38	1.11	1.45	1.06	1.51	1.00	1.59
38	1.23	1.33	1.18	1.39	1.12	1.45	1.07	1.52	1.02	1.58
39	1.24	1.34	1.19	1.39	1.14	1.45	1.09	1.52	1.03	1.58
40	1.25	1.34	1.20	1.40	1.15	1.46	1.10	1.52	1.05	1.58
45	1.29	1.38	1.24	1.42	1.20	1.48	1.16	1.53	1.11	1.58
50	1.32	1.40	1.28	1.45	1.24	1.49	1.20	1.54	1.16	1.59
55	1.36	1.43	1.32	1.47	1.28	1.51	1.25	1.55	1.21	1.59
60	1.38	1.45	1.35	1.48	1.32	1.52	1.28	1.56	1.25	1.60
65	1.41	1.47	1.38	1.50	1.35	1.53	1.31	1.57	1.28	1.61
70	1.43	1.49	1.40	1.52	1.37	1.55	1.34	1.58	1.31	1.61
75	1.45	1.50	1.42	1.53	1.39	1.56	1.37	1.59	1.34	1.62
80	1.47	1.52	1.44	1.54	1.42	1.57	1.39	1.60	1.36	1.62
85	1.48	1.53	1.46	1.55	1.43	1.58	1.41	1.60	1.39	1.63
90	1.50	1.54	1.47	1.56	1.45	1.59	1.43	1.61	1.41	1.64
95	1.51	1.55	1.49	1.57	1.47	1.60	1.45	1.62	1.42	1.64
100	1.52	1.56	1.50	1.58	1.48	1.60	1.46	1.63	1.44	1.65

注：n 是观测值的数目，k 是解释变量个数（不包括常数项）。

表 7   ADF 分布临界值表

模型	n	α							
		0.01	0.025	0.05	0.10	0.90	0.95	0.975	0.99
无常数项 无趋势项	25	−2.66	−2.26	−1.95	−1.60	0.92	1.33	1.70	2.16
	50	−2.62	−2.25	−1.95	−1.61	0.91	1.31	1.66	2.08
	100	−2.60	−2.24	−1.95	−1.61	0.90	1.29	1.64	2.03
	250	−2.58	−2.23	−1.95	−1.62	0.89	1.29	1.63	2.01
	500	−2.58	−2.23	−1.95	−1.62	0.89	1.28	1.62	2.00
	∞	−2.58	−2.23	−1.95	−1.62	0.89	1.28	1.62	2.00
有常数项 无趋势项	25	−3.75	−3.33	−3.00	−2.63	−0.37	0.00	0.34	0.72
	50	−3.58	−3.22	−2.93	−2.60	−0.40	−0.03	0.29	0.66
	100	−3.51	−3.17	−2.89	−2.58	−0.42	−0.05	0.26	0.63
	250	−3.46	−3.14	−2.88	−2.57	−0.42	−0.06	0.24	0.62
	500	−3.44	−3.13	−2.87	−2.57	−0.43	−0.07	0.24	0.61
	∞	−3.43	−3.12	−2.86	−2.57	−0.44	−0.07	0.23	0.60
有常数项 有趋势项	25	−4.38	−3.95	−3.60	−3.24	−1.14	−0.80	−0.50	−0.15
	50	−4.15	−3.80	−3.50	−3.18	−1.19	−0.87	−0.58	−0.24
	100	−4.04	−3.73	−3.45	−3.15	−1.22	−0.90	−0.62	−0.28
	250	−3.99	−3.69	−3.43	−3.13	−1.23	−0.92	−0.64	−0.31
	500	−3.98	−3.68	−3.42	−3.13	−1.24	−0.93	−0.65	−0.32
	∞	−3.96	−3.66	−3.41	−3.12	−1.25	−0.94	−0.66	−0.33
$t_{(\infty)}$	N(0, 1)	−2.33	−1.96	−1.65	−1.28	1.28	1.65	1.96	2.33

注：表中数据为统计量 τ 值，n 为样本容量，α 为显著性水平。

表 8   协整检验临界值表

N	模型形式	α	ϕ_∞	ϕ_1	ϕ_2
1	无常数项　无趋势项	0.01	−2.5658	−1.960	−10.04
		0.05	−1.9393	−0.398	0.00
		0.10	−1.6156	−0.181	0.00
	有常数项　无趋势项	0.01	−3.4336	−5.999	−29.25
		0.05	−2.8621	−2.738	−8.36
		0.10	−2.5671	−1.438	−4.48
	有常数项　有趋势项	0.01	−3.9638	−8.353	−47.44
		0.05	−3.4126	−4.039	−17.83
		0.10	−3.1279	−2.418	−7.58
2	有常数项　无趋势项	0.01	−3.9001	−10.534	−30.03
		0.05	−3.3377	−5.967	−8.98
		0.10	−3.0462	−4.069	−5.73
	有常数项　有趋势项	0.01	−4.3266	−15.531	−34.03
		0.05	−3.7809	−9.421	−15.06
		0.10	−3.4959	−7.203	−4.01
3	有常数项　无趋势项	0.01	−4.2981	−13.790	−46.37
		0.05	−3.7429	−8.352	−13.41
		0.10	−3.4518	−6.241	−2.79
	有常数项　有趋势项	0.01	−4.6676	−18.492	−49.35
		0.05	−4.1193	−12.024	−13.13
		0.10	−3.8344	−9.188	−4.85
4	有常数项　无趋势项	0.01	−4.6493	−17.188	−59.20
		0.05	−4.1000	−10.745	−21.57
		0.10	−3.8110	−8.317	−5.19
	有常数项　有趋势项	0.01	−4.9695	−22.504	−50.22
		0.05	−4.4294	−14.501	−19.54
		0.10	−4.1474	−11.165	−9.88

续表

N	模型形式	α	ϕ_∞	ϕ_1	ϕ_2
5	有常数项　无趋势项	0.01	−4.9587	−22.140	−37.29
		0.05	−4.4185	−13.641	−21.16
		0.10	−4.1327	−10.638	−5.48
	有常数项　有趋势项	0.01	−5.2497	−26.606	−49.56
		0.05	−4.7154	−17.432	−16.50
		0.10	−4.4345	−13.654	−5.77
6	有常数项　无趋势项	0.01	−5.2400	−26.278	−41.65
		0.05	−4.7048	−17.120	−11.17
		0.10	−4.4242	−13.347	0.00
	有常数项　有趋势项	0.01	−5.5127	−30.735	−52.50
		0.05	−4.9767	−20.883	−9.05
		0.10	−4.6999	−16.445	0.00

注：①临界值计算公式为 $C(\alpha) = \phi_\infty + \phi_1 T^{-1} + \phi_2 T^{-2}$，其中 T 为样本容量。②N 表示协整回归式所含变量个数，α 表示显著性水平。③N = 1 时，协整检验即转化为单变量平稳性的 ADF 检验。

参 考 文 献

1. 李子奈、潘文卿：《计量经济学》，高等教育出版社 2015 年版。

2. 马慧慧：《EViews 统计分析与应用》，电子工业出版社 2016 年版。

3. 高铁梅：《计量经济分析方法与建模 EViews 应用及实例》，清华大学出版社 2021 年版。

4. 庞浩：《计量经济学》，清华大学出版社 2017 年版。

5. 童恒庆：《理论计量经济学》，科学出版社 2005 年版。

6. 王维国：《计量经济学》，东北财经大学出版社 2002 年版。

7. 谢识予：《计量经济学教程》，复旦大学出版社 2005 年版。

8. 于俊年：《计量经济学软件 EViews 的使用》，对外经济贸易大学出版社 2010 年版。

9. 张晓峒：《计量经济学》，清华大学出版社 2017 年版。

10. 赵国庆：《计量经济学》，中国人民大学出版社 2016 年版。

11. 赵卫亚：《计量经济学教程》，上海财经大学出版社 2003 年版。

12. 郭存芝、杜延军、李春吉：《计量经济学——理论·方法·EViews 应用》，科学出版社 2021 年版。

13. William H Greene. Econometric Analysis. State of New Jersey：Pearson Education Press，2003.

14. Damodar n. Gujarrati. Basic Econometrics. New York：The McGraw - Hill Company Press，2001.

15. R Pindyck，D Rubinfeld. Econometric Model and Economic Forecast. New York：McGraw Hill Company Press，1998.

16. Jeffrey M Wooldridge. Econometric Analysis of Cross Section and Panel Data. Massachusetts: The MIT Press, 2001.

17. Jeffrey M Wooldridge. Introductory Econometrics: A Modem Approach. New York: South – Western Press, 2003.